"粮食工程"专业系列教材

油脂加工与精炼工艺学

李 杨 主编

科 学 出 版 社
北 京

内 容 简 介

本书为“粮食工程”专业系列教材之一，全书共分为四章：第一章为植物油料，包括植物油料的化学组成、主要油料及其制油特点；第二章为植物油脂制取，包括油料的预处理、机械压榨法制油、浸出法制油、生物解离法制油及其他制油方法；第三章为油脂精炼，包括油脂脱胶、油脂脱酸、油脂脱色、油脂脱臭、油脂脱蜡等加工工艺；第四章对油脂深加工产品进行了介绍，包括人造奶油、起酥油、可可脂及代用品和调和油等。

本书可作为高等院校农业、轻工业等相关专业的教材，也可作为相关科研及生产部门技术人员的参考书，同时可供油脂加工及精炼工艺的加工企业、个体户等行业人员使用。

图书在版编目(CIP)数据

油脂加工与精炼工艺学 / 李杨主编. —北京：科学出版社，2018.7
“粮食工程”专业系列教材

ISBN 978-7-03-052664-9

Ⅰ. ①油… Ⅱ. ①李… Ⅲ. ①油脂制备-高等学校-教材 Ⅳ. ①TQ644

中国版本图书馆 CIP 数据核字(2017)第 094062 号

责任编辑：席 慧 马程迪/责任校对：王晓茜
责任印制：赵 博/封面设计：铭轩堂

科 学 出 版 社 出版
北京东黄城根北街 16 号
邮政编码：100717
http://www.sciencep.com

三河市骏杰印刷有限公司印刷
科学出版社发行 各地新华书店经销
*
2018 年 7 月第 一 版 开本：787×1092 1/16
2025 年 12 月第九次印刷 印张：16 1/4
字数：373 000

定价：69.80 元

(如有印装质量问题，我社负责调换)

《油脂加工与精炼工艺学》编写委员会

主　编　李　杨　　（东北农业大学）

副主编　黄雨洋　　（黑龙江广播电视大学）

　　　　齐宝坤　　（东北农业大学）

　　　　王中江　　（东北农业大学）

　　　　王　欢　　（东北农业大学）

　　　　赵城彬　　（吉林农业大学）

　　　　乔国华　　（沈阳师范大学）

参　编（按姓氏笔画排序）

　　　　马文君　　（东北农业大学）

　　　　冯红霞　　（贵阳学院）

　　　　朱　颖　　（东北农业大学）

　　　　朱建宇　　（东北农业大学）

　　　　刘宝华　　（东北农业大学）

　　　　孙禹凡　　（东北农业大学）

　　　　李　红　　（东北农业大学）

　　　　吴长玲　　（东北农业大学）

　　　　佟晓红　　（东北农业大学）

　　　　张雅娜　　（绥化学院）

　　　　陈惠惠　　（东北农业大学）

　　　　胡　淼　　（东北农业大学）

　　　　钟明明　　（东北农业大学）

　　　　韩天翔　　（哈尔滨市食品产业研究院）

　　　　曾　琪　　（东北农业大学）

　　　　檀　政　　（东北农业大学）

主　审　江连洲　　（东北农业大学）

前　言

随着经济的发展和人民生活水平的提高，食用油脂的生产呈现日益重要的地位，食用油脂工业设备和技术在过去20年中得到迅速发展，主要表现在油料的清理和预处理，油脂的制取，油脂的精炼和深加工等方面。

世界发达国家的食用油脂设备和技术发展迅速，油厂十分集中，生产规模日益大型化，工艺过程普遍连续化和高度自动化，从而大大提高了生产效率，明显降低生产成本，改善了产品质量。另外，近年来油脂制取和加工技术有了新的发展，出现了一些新工艺，如高含油油料的一次直接浸出和膨化-浸出，浸出粕的低温脱溶及作蛋白源的利用，超临界 CO_2 在油脂浸出方面的应用研究，油脂的物理精炼技术等。近年来，通过引进并吸收国外先进设备和技术，我国食用油脂工业有了很大的发展，油厂规模正趋向中、大型化，生产过程正趋向连续化和自动化，电子计算机和自动控制技术已开始获得应用。对国外的新设备和新技术，我们也正在大力开展研究。只要我们密切注视国外趋势，扎扎实实地做好基础研究工作，我国的油脂工业将会跟上时代的步伐，得到长足的进步。

生物解离技术是一种新兴的绿色提油技术，被油脂科学界称为“一种油料资源的全利用技术”、“新一代制油技术”，生物解离技术不仅可以克服常规制油工艺在经济、环境、安全等多方面的弊端，且在制油的同时可以有效地回收油料中其他营养物质。生物解离制油技术已开发应用到山东省高唐蓝山集团总公司，同步制备油脂和蛋白质产品。生物解离制油技术有着广阔的应用前景，是未来油脂工业的发展方向之一。

对于油脂精炼方向的研究日益受到重视，食用油脂的质量越来越受到关注，从而促进了油脂精炼技术的发展，在发达国家，除橄榄油等少数油脂外，均需经过脱胶、脱酸、脱色、脱臭，某些油脂还需进行脱蜡，以生产高级烹饪油和色拉油。为了减少各种消耗、降低生产成本，提高精炼率和劳动生产率，油脂精炼工程也和油脂浸出一样，日益向大型化、连续化和自动化发展。

本书由李杨教授任主编，黄雨洋、齐宝坤、王中江、王欢、赵城彬、乔国华任副主编。编写分工如下：绪论由李杨、黄雨洋编写；第一章由齐宝坤、王中江、冯红霞、马文君、朱建宇编写；第二章由黄雨洋、王欢、朱颖、刘宝华、孙禹凡编写；第三章由赵城彬、李红、佟晓红、张雅娜、陈惠惠、曾琪编写；第四章由乔国华、吴长玲、胡森、钟明明、韩天翔、檀政编写；全书由李杨统稿。

本书编写过程中参考引用了相关兄弟院校、研究院所和相关单位的教材、资料和学术论文。同时，李秋慧、毕爽、张雷、武燕华、李明达、陈凡凡、周艳、田甜等参与了工艺制图、校稿及整理文稿的工作，编者在此一并表示深致谢忱。

编　者

2018年4月

前言

目　录

绪　论

第一节　油脂加工的意义

油脂加工有着悠久的历史，早在人类穴居时代，古代劳动人民就在生产和实践中发现可以从曝晒的植物籽仁中取得大量油脂。在发掘古埃及的坟墓和金字塔时探索人员发现了陶罐，其中存有油脂残余物，包括棕榈油及其分解产物棕榈酸。据历史学家考察论证，在大约2000年前，尼罗河的山谷中，古老的埃及人已经能够把亚麻分离开，用来提取油脂和加工纤维。早在14世纪初叶，我国已经有完整的榨油记录。17世纪，农书《天工开物》里面，对我国特有的水代法制取和加工油脂的技术已有很详细的记载，那时世界的油脂工业基本上还处于一种原始的手工生产阶段。到了18世纪，产业革命兴起、城市人口集中，传统方法制取加工所得的油脂供应不足，而人们迫切地需要大量的高品质油脂。至此，近代的油脂工业才拥有了产生的基础（刘玉兰，2006）。

油脂工业的原料是植物油料，由于植物油料中含有较多的脂肪、糖类、维生素、蛋白质、磷脂等营养物质，这些营养物质是人类和其他动物用于维持正常生理活动所必需的（刘玉兰，2015）。因此，油脂是人类生产生活的必需品，它的主要功能是为人体提供所需热量和必需脂肪酸及脂溶性维生素。油脂的产热量大，单位质量的油脂产热量约是蛋白质和糖类的两倍。此外，油脂还可以提供人体无法合成而必须从植物油脂内获得的必需脂肪酸（EFA），如α-亚麻酸、γ-亚麻酸、亚油酸、花生四烯酸、EPA（二十碳五烯酸）、DHA（二十二碳六烯酸）等，它们对人体健康的保持有重要的生理作用。α-亚麻酸是合成 EPA、DHA 的前体物质；γ-亚麻酸则具有治疗免疫性疾病的作用；而当婴儿缺乏亚油酸时会出现皮肤干燥、生长发育迟缓等症状；EPA 和 DHA 是二十烷基蛋白体（生物活性化合物，如前列腺素、血小板等）的前体，它们能够防治多种疾病，如动脉血栓、老年性痴呆、冠心病、高血脂等，并且 EPA 和 DHA 均是构成细胞膜的重要成分。油脂还可以为我们提供一些脂溶性维生素，如维生素 A、维生素 D、维生素 E、维生素 K 等，如果缺少这些物质，人体将会产生很多疾病甚至会危及生命（陶瑜，1999）。另外，油脂还作为重要的食品加工热媒介质（如煎、炸等），能够很好地改善和增进食物的风味。而油脂经深加工得到的制品（如起酥油等）可用作食品造型、起酥等，可以赋予食品更好的口感和风味。油料中还含有糖类、磷脂、甾醇等一些其他的营养物质和微量生物活性成分。例如，大豆磷脂对治疗脂血症、肝功能障碍、动脉粥样硬化有一定的作用；大豆异黄酮则是一种有效的抗氧化剂，可以抑制低密度脂蛋白胆固醇的氧化进而减少动脉粥样硬化的发生，还可以作为弱雌性激素用来增强妇女绝经后免患心脏病的能力。而大豆皂苷则可以通过降低血浆的胆固醇来预防结肠癌。将油料中除蛋白质和油脂以外的生物活性成分和其他营养物质在油脂的加工生产过程中提取出来再加以利用，也开始逐渐成为植物油脂加工的重要内容（刘玉兰，2006）。

新型油脂含有丰富的亚油酸、亚麻酸等不饱和脂肪酸，同时富含多种微量元素和生物活性物质，是我国开发功能性油脂的重要油源。例如，米糠油中不饱和脂肪酸高达73.32%，其中亚油酸含量居多，亚油酸富含人体不能合成的必需脂肪酸。此外，米糠油还含有谷维素、维生素E（生育酚、生育三烯酚）、植物甾醇、角鲨烯等活性成分，长期食用，具有降血脂、提高人体免疫力、抗氧化及镇静催眠作用（赵旭和董殿文，2010）。油茶在我国分布面积广，有400多万平方千米，开发潜力巨大。其中油茶籽油中油酸含量高达74%～87%，且富含茶多酚、山茶苷、山茶皂苷等特定生理活性物质，在维护心脑血管健康方面发挥着重要作用（王珊珊等，2011）。食用油营养成分如表0-1所示。

表0-1　食用油营养成分一览表（以每100g含量计）

<table>
<tr><th colspan="2" rowspan="2">项目</th><th colspan="12">品种</th></tr>
<tr><th>花生油</th><th>大豆油</th><th>菜籽油</th><th>橄榄油</th><th>玉米油</th><th>胡麻油</th><th>芝麻油</th><th>棕榈油</th><th>茶油</th><th>大麻油</th><th>棉籽油</th><th>米糠油</th></tr>
<tr><td colspan="2">脂肪/g</td><td>99.9</td><td>99.8</td><td>99.9</td><td>99.9</td><td>99.2</td><td>100</td><td>99.7</td><td>100</td><td>99.9</td><td>99.9</td><td>99.8</td><td>98.7</td></tr>
<tr><td colspan="2">饱和脂肪酸/%</td><td>17～18</td><td>10～13</td><td>5～10</td><td>9～11</td><td>10～13</td><td>10</td><td>15</td><td>51</td><td><10</td><td>15</td><td>24</td><td>20</td></tr>
<tr><td colspan="2">单不饱和脂肪酸/%</td><td>50～68</td><td>20～25</td><td>70～80</td><td>84～86</td><td>23～30</td><td>23.1</td><td>41</td><td>39</td><td>80</td><td>39</td><td></td><td>43</td></tr>
<tr><td rowspan="2">多不饱和脂肪酸/%</td><td>ω-6（亚油酸）</td><td>22～28</td><td>50～55</td><td>5～10</td><td>4～7</td><td>56～60</td><td>15.20</td><td rowspan="2">44</td><td rowspan="2">10</td><td rowspan="2">10</td><td rowspan="2">46</td><td>55～60</td><td rowspan="2">37</td></tr>
<tr><td>ω-3（α-亚油酸）</td><td>0～1</td><td>5～7</td><td>0～1</td><td>1～3</td><td>0.01</td><td>51.7～57</td><td>0~1</td></tr>
<tr><td colspan="2">能量/kJ</td><td>3761</td><td>3757</td><td>3761</td><td>3696</td><td>3745</td><td>3766</td><td>3757</td><td>3766</td><td>3761</td><td>3761</td><td>3761</td><td>3738</td></tr>
<tr><td colspan="2">碳水化合物/g</td><td>0</td><td>0</td><td>0</td><td>0</td><td>0.5</td><td>0</td><td>0.2</td><td>0</td><td>0</td><td>0</td><td>0.1</td><td>1.3</td></tr>
<tr><td colspan="2">灰分/g</td><td>0.1</td><td>0</td><td>0</td><td>0</td><td>0.1</td><td>0</td><td>0</td><td>0</td><td>0</td><td>0</td><td>0</td><td></td></tr>
<tr><td colspan="2">胡萝卜素/mg</td><td>0</td><td>0</td><td>0</td><td>0</td><td>0</td><td>0</td><td>0</td><td>110</td><td>0</td><td>0</td><td>0</td><td></td></tr>
<tr><td colspan="2">维生素E（T）/mg</td><td>42.06</td><td>93.08</td><td>60.89</td><td>11.9</td><td>50.94</td><td>389</td><td>68.53</td><td>15.24</td><td>27.9</td><td>8.55</td><td>86.45</td><td>120</td></tr>
<tr><td colspan="2">α-生育酚/mg</td><td>17.45</td><td></td><td>10.81</td><td>0</td><td>14.42</td><td></td><td>1.77</td><td>12.62</td><td>1.45</td><td>0</td><td>19.31</td><td></td></tr>
<tr><td colspan="2">β-γ-生育酚/mg</td><td>19.31</td><td></td><td>38.21</td><td>0</td><td>35.13</td><td></td><td>64.65</td><td>2.62</td><td>10.3</td><td>8.15</td><td>67.14</td><td></td></tr>
<tr><td colspan="2">δ-生育酚/mg</td><td>5.3</td><td></td><td>11.87</td><td>0</td><td>1.39</td><td></td><td>2.11</td><td>0</td><td>16.5</td><td>0.4</td><td>0</td><td></td></tr>
<tr><td colspan="2">钙/mg</td><td>12</td><td>13</td><td>9</td><td>0.2</td><td>1</td><td>3</td><td>9</td><td>0</td><td>5</td><td>15</td><td>17</td><td></td></tr>
<tr><td colspan="2">磷/mg</td><td>15</td><td>7</td><td>9</td><td>1.2</td><td>18</td><td>5</td><td>4</td><td>8</td><td>8</td><td>6</td><td>16</td><td></td></tr>
<tr><td colspan="2">钾/mg</td><td>2</td><td>3</td><td>2</td><td>0</td><td>2</td><td>0</td><td>0</td><td>0</td><td>2</td><td>3</td><td>1</td><td></td></tr>
<tr><td colspan="2">钠/mg</td><td>3.5</td><td>4.9</td><td>7</td><td>0</td><td>1.4</td><td>0.6</td><td>1.1</td><td>1.3</td><td>0.7</td><td>1.5</td><td>4.5</td><td></td></tr>
</table>

续表

项目	品种											
	花生油	大豆油	菜籽油	橄榄油	玉米油	胡麻油	芝麻油	棕榈油	茶油	大麻油	棉籽油	米糠油
镁/mg	2	3	3	0	3	1	3	0	2	4	1	
铁/mg	2.9	2	3.7	0.3	1.4	0.2	2.2	3.1	1.1	3.1	2	
锌/mg	0.48	0.23	0.54	0	0.26	0.3	0.17	0.08	0.34	0.43	0.74	
铜/mg	0.15	0.16	0.18	0.32	0.23	0.02	0.05	0	0.03	0.1	0.08	
锰/mg	0.33	0.01	0.11	0	0.04	0.03	0.76	0.01	1.17	0.02	0	

蛋白质对于人的生命是非常重要的，即“生命是蛋白质的存在形式”。而蛋白质除了可以供给人体能量外，还是人体物质基础的主要组成部分。当人体缺乏任何一种必需氨基酸时，都会使生理机能发生反常或产生各种疾病。油料中含有较为丰富的蛋白质，因此油料不仅是重要的油脂资源，还是重要的蛋白质资源。例如，豆类中的油料蛋白约占全世界总蛋白质资源的13%。用加工工艺提取油脂后所剩余的油料饼粕可以用作饲料。例如，大豆饼粕的80%都用作饲料，是动物配合饲料中蛋白质的重要原料，而大豆饼粕约占全世界饲料所使用饼粕的62%，现已经在世界动物饲料的市场发展中处于决定性地位。油料饼粕现在也越来越多地应用于食品的生产，如利用低温脱脂豆粕可以生产很多可食用的大豆蛋白产品（如浓缩蛋白、大豆分离蛋白等），这些产品广泛应用于肉类食品的配料、高蛋白饮料或其他食品当中。而对于一些含有毒性的饼粕（如茶籽饼粕、棉籽饼粕、菜籽饼粕等），经过脱毒处理后，既可用作饲料，也可直接用作肥料（刘玉兰，2006）。近几年，随着国家经济的飞速发展，人民生活的水平也不断提高，因此对蛋白质的需求量也越来越大，而作为蛋白质重要资源之一的植物性蛋白越来越引起人们关注。如何能将植物油料进行综合性开发，油脂加工则显得尤为重要，不但需要从油料中提取出传统的可食用油脂和工业用油，而且需要提取植物性蛋白用于食用及饲用，而有效利用油脂加工提取各种营养物质也将成为今后油脂工业的重要发展方向。

油脂还是重要的工业原料。油脂加工工业的任务是从植物的油料中提取出油脂，并对提取出来的毛油进行精炼，去除其中的非油物质，进而得到精制的可食用的油脂产品；利用油脂的改性技术，可以生产出多种食品专用的油脂制品；在提取油脂过程中应保持并改善饼粕的质量，生产出高品质的饲用饼粕；提取油脂的过程中应保持油料中蛋白质不变性，从低变性的油料饼粕中提取出油料蛋白，并利用蛋白质的改性技术生产出多种功能性蛋白质制品；对油料进行精加工和油料的综合利用，从油料和油脂生产的副产物中提取出高附加值的产品，如油脂可以直接用来生产肥皂、皮革、油漆、润滑油等；还可以用油脂化学品（如脂肪醇、脂肪酸等）生产蜡烛、化妆品、润滑剂、表面活性剂、增塑剂、乳化剂、织物处理剂、石油添加剂等；此外，这些油脂化学品在石油、机械、冶金、航空、汽车、化工、纺织、电器、建筑、医药等工业领域也有广泛的应用（陆启玉，2004）。

油脂加工工业是我国粮油食品加工工业重要的组成部分，它可以说是农业生产加工的后续产业，也是食品加工工业、饲料加工工业、轻工业和化学加工工业的基础工业，它肩负着建设国家经济和满足人们日益增长的物质需要的双重任务，在我国的国民经济中具有非常重要的作用。同时，油脂加工工业也是食品工业基础的分支，可以为食品工业提供充足的原料。像我国这样的一个农业大国,各种植物油的生产加工不但在农副业产品生产中占有重要比例，而且在整个国民经济中具有重要的地位。因为它的主要产品不仅包括可食用的油脂、工业用的油脂，还包括含植物蛋白较高的食用或饲料用的许多种副产品，为食品工业或者其他工业提供许多重要的原料。因此，油脂加工工业的发展，不仅能够提高人们物质生活的水平，还能够带动相关的产业，如养殖业、种植业、饲料工业、机电设备制造和食品工业的进步与发展。将植物性的油料进行综合性转化和开发，不但能从油料中提取传统食用油或工业油，而且能够提取植物蛋白、生理活性物质等一些高附加值产品，由此既可以为社会供给更多产品，又可以加速企业的经济发展，增强企业对抗外界的竞争力。

目前，我国的油料和油脂人均生产总量还不是很高，尽管我国的油脂加工工业已经取得了很大的进步，但是与国外的一些国家特别是发达国家相比，差距依然很大，并且我国粮油生产产量尚不稳定，因此还需要相当大的进口量来满足我国国内的需求。虽然近些年来转基因大豆进口数量在增加，可以说暂时缓解了国内的油料短缺现状，然而国际上对于转基因大豆的安全性仍然存在很大的争议。目前我国的油脂生产已经由三级食用油朝二级、一级食用油的生产发展，而高级食用油脂的总量占国家油脂的总产量比例也在增加。

近年来，我国食用油脂消费量呈稳步上升趋势，需求量从2011年的3336万t上升至2012年的3478万t，增长4.3%。但国内油脂加工能力有限，必须大量进口才能满足需求。据统计，2011年我国从马来西亚进口约400万t棕榈油，2012年进口大豆总量约6000万t，我国油脂油料净进口折油总量已由2000年的461.4万t上升到2010年的2088.9万t，10年增长353%；2013年我国进口约2600万t油脂油料（李宗哲等，2014）。油脂自给率已由21世纪初的60%下降到现在的37%左右，2014年国内油脂产量总体下降，因此对进口油料的依赖程度也进一步增加。随着经济形势的好转和人口增长，国内油料的消费量也将持续增加，社会日益强大的需求量仍然是推动油脂加工技术发展的重要动力。

第二节 油脂生产与加工现状

油脂工业生产的原料是植物油料，因此植物油料的发展是油脂工业持续发展的基础。我国的油脂工业和其他工业一样，在非常长的时间内，由于受历史条件的限制，发展十分缓慢。我国的早期油脂精炼技术只是采用一些过滤、脱胶等简单的方法。新中国成立的前夕，我国大多数地区的植物油料加工仍然采用以人力为主的土法榨油方法，机械化生产的油脂加工厂寥寥无几。据资料记载，1949年我国的植物油脂产量只有9万多吨。而当时只有一家浸出油厂，且植物油厂全部的动力螺旋榨油机仅有30多台,其余大多数油厂采用土榨或水压机榨等，导致整个油脂工业远远地落后于世界水平。但新中国成立后，我国曾在1962年、1974年和1978年分别对油脂的精炼设备和工艺进行了一些标准化改造。1954年前，我国榨油的技术十分落后，如大豆的出油率一般仅为8%。1954年以后，由于李川江大豆榨油法的推广，大豆的出油率才提高到了12%。1958年我国自主生产了一批200型螺旋榨油机，这才极大地提高了我国的油脂制取技术。在此期间，我国还自行设计并建造了一些油脂浸出的工厂，使得油脂制取出油率大大提高。1972年我国召开了全国油脂浸出会，会上大力推广使用浸出法制油。到了20世纪80年代，油脂浸出技术被国家列为“六五”重点推广的项目（汪学德，2004）。从此，我国浸出法制取油脂得到了飞速的发展。当时我国粮食企业引进了大约40套油脂可连续精炼的设备，其中包括物理精炼、化学精炼、起酥油、人造奶油、代可可脂、氢化、冬化、脱臭及脱色等加工设备与生产工艺。1983 年，我国油脂浸出企业仅有 300 多个。1987 年，在北京南苑油厂建成了我国第一条自行设计生产的能够全连续精炼油脂的生产线（王宏建和周伯川，2000）。进入 20 世纪 90 年代后，许多油脂生产厂家都配备了比较先进的连续式的油脂精炼车间，因此油脂精炼的发展趋势也专注于增加油脂精炼的生产线处理数量。自此，我国油脂的精炼能力迅速增长，油脂精炼的技术水平大幅度提高，油脂精炼的产业开始进入一个新的发展阶段。现在油脂的精炼能力已经可以超过 800 万t，单条的精炼生产线处理能力每天已可达到 1000t。

国内的油脂工业生产经过多年来的艰苦努力，已经取得了长远的进步和发展。全国已经出现了1000多个浸出油工厂，浸出油脂的产量已经超过了国内全部产量的85%，油脂的生产规模同样也越来越大，从最初的每天生产30t增长到每天生产3000t。同时，我国经济政策开始了对外开放，特别是这几年对外开展了很多种形式的技术交流，大型外资型企业的建立及国外先进技术的引进，对于我国的油脂工业及工艺设备的进程发展起到了极大的促进作用，使得油脂的生产工艺技术、产品质量和生产装备及综合的经济技术指标都达到了相当高的水准，使国内油脂的工业现代化成为了现实。例如，1996年，油脂加工企业增长到3300个。1999年，我国食用植物油企业已经达到5846个，油料的总加工能力已经达到7000万t。行业调查的统计资料显示，2004年，我国油料加工企业中有228家每日处理原料在200t以上，其中处理原料在200～400t的企业共有107个，处理原料在400～1000t的企业共有74个，而处理原料1000t以上的企业则有47个。有5个油料加工企业的生产能力每日超过10 000t，而最大的油料加工企业每日的生产能力可以达20 000t左右。油料加工的单条生产线上最大生产能力可以达到5000t（杨帆，2004）。

目前，世界上第一大油料作物是大豆，其次是棕榈、菜籽、葵花籽、花生、棉籽。据报道，全球主要的油料作物种植面积大约为 2 亿 hm^2，总油料产量为 2.7 亿～2.9 亿 t，折合成油脂后的总量约为 5720 万 t。其中，大豆约 1.6 亿 t，约占油脂总产量的 57%，折合成大豆油约为 2364 万 t；油菜籽约 4000 万 t，约占油脂总产量的 16%，折合成菜籽油约为 1616 万 t；葵花籽约 2750 万 t，约占油脂总产量的 10%，折合成葵花籽油约为 657 万 t；花生约 3200 万 t，约占油脂总产量的 12%，折合成花生油约为 460 万 t；棉籽油为 477 万 t 左右；芝麻油约为 70 万 t；玉米胚芽油和亚麻籽油等一些其他油脂为 80 万 t 左右。剩下的其他多年生油料折合成油脂约为 2480 万 t。其中棕榈油大约有 1750 万 t，棕榈仁油大约有 217 万 t，椰子油有 330 万 t，橄榄油则有 183 万 t。植物油脂的总产量每年要超过 8200 万 t。我国是世界上主要的油料生产国家之一（王兴国，2011）。

国家统计局 2004 年发布的数据显示，2004 年，我国用于榨取成油的 8 种植物油料产量共为 5937 万 t，大豆产量为 1720 万 t 左右，油菜籽产量为 1304 万 t 左右，花生产量为 1431 万 t 左右，芝麻产量为 90 万 t 左右，葵花籽产量为 197 万 t 左右，棉籽产量为 1074 万 t 左右，油茶籽产量为 84 万 t 左右，亚麻籽产量为 38 万 t 左右。2004 年，国内进口大豆约为 2023 万 t，油菜籽约为 47 万 t。国产和进口的可供加工的油料总量约为 8000 万 t。2004 年国内进口的豆油约为 252 万 t，进口的菜籽油约为 35 万 t，进口的棕榈油约为 370 万 t。食用油的总供给量约为 2112 万 t，其中国产油料折油为 1086 万 t 左右，进口油为 1025 万 t 左右，人均每年提供量可达 16 200g。2004 年的食用油消费量为 1750 万 t 左右，人均每年的消费量可达13 500g（王瑞元，2005）。其中，新国家标准一级油、二级油类的高等级油脂的消费量达50%以上，小包装类的油脂产品销售达高等级油脂销售总量的70%以上。近年来，随着我国的经济增长和人民生活水平提高，食用植物油的消费量逐年增长，人均年消费量已经接近 15kg（世界人均年消费的水平），但是与一些发达国家的人均油脂年消费量水平和世界卫生组织（WHO）所建议的每年成年人油脂消费量20～25kg仍有一定的差距。因此，我国油料的加工和油脂生产的发展仍具有很大的潜力，油脂工业生产和加工空间是巨大的（刘玉兰，2006）。现在我国已经开始关注传统产业升级技术的创新研究工作，目前酶技术在玉米、花生、葵花籽等资源上已取得较大突破（王瑛瑶等，2008）。结合油料特定预处理工艺，我国在大豆加工中还应用了膨化预处理-生物解离法提油技术（李杨等，2009）。

第三节 发展我国植物油脂产品的建议

一般来说，浸出法制取油脂的工艺应用比例及其应用的技术指标、节能程度和消费水准是衡量一个国家制取油脂的工业技术水平的重要标准。发达国家的应用比例通常均在90%以上。而我国的古老油脂工业仅仅在新中国成立的几十年后，特别是在20世纪70年代中期，才开始消化吸收、并大力推广此先进技术，自此我国才迅速赶上了世界潮流，跨入了先进行列。至此，我国不仅已普及了浸出法制油的技术，而且在产品质量、生产水平、消费档次和主要的经济技术指标上均已达到国际水平。在许多新建或扩建的现代化大型油厂中，规模效益、人才效益、质量效益已经得到了充分的发挥。同时，对于各种油脂加工产品，如起酥油、色拉油、人造奶油、高烹油和磷脂等，在产品质量、生产量、生产的成本、节能环保技术和消费普及与应用等方面，也均获得了长足的进展。尤其是在加入了世界贸易组织（WTO）之后，我国正在不断增强自己在国际市场竞争中的能力。然而，就当时的总体情况而言，我国的油脂工业还存在着以下的问题：①可食用的油脂（尤其是色拉油）的生产量仍然较低，尽管我国的人均年消费量从 1991 年到 2000 年已经上升了约 5kg，但与世界平均年消费总量14.4kg相比还存在着较大的差距；②油厂的数量过多，粗略估计当时就有2000余家，且大多数规模不大，加工能力不强并且工艺技术并不是十分先进，因此我国国有油脂加工厂的产业结构和体制急需根本改造；③油脂的精深加工和副产品的开发利用起步较晚，还尚未形成优质化、规模化、系列化、适合营销的产品和有着不断扩大的供应需求量的市场（倪培德，2003）。

对于发展我国植物油脂产品的建议，有如下几个方面。

1. 扩大我国油脂企业的生产规模 近几年来，我国油脂企业的建设规模显现出了不断扩大的趋势。大型化的油脂加工企业采用了先进的工艺加工技术、生产加工设备和自动化加工装置，以及其具有的投资经济的合理性使得这些企业有了实现油料的资源和油料的能源综合利用的可能，使最终的产品质量可靠稳定，大大降低了生产成本，使得油料的综合技术和经济指标更具有优越性。从20世纪70年代初期开始，世界发达国家的油脂企业建设规模均在1000t/d 以上，而我国到了20世纪90年代中期，油脂企业建设的规模通常也就在300t/d左右。近年来，外资企业在国内建设的油脂企业数目越来越多，所建设的油脂加工企业生产规模也逐渐扩大，单条生产线的生产能力已经达到了1500～4000t，并且引进的工艺设备技术的水平也愈加先进，这些都为国内的油脂工业发展注入了新能量，同时也为深入地了解和吸取国外先进技术提供了有利的条件，促进并且带动了中国大型油脂企业的建设（刘玉兰，2004）。

2. 创新加工理念 传统的食用油脂加工仅要求在加工过程中保证食用油脂不出现质量安全问题，而忽视资源的重新利用，致使副产品综合利用低、附加值小，这一理念已经不符合现代食用油脂加工的要求。现代加工理念不仅要保证食用油脂的质量安全，还要提高副产品的综合利用率，实现加工过程的零排放和资源节约的目的，按照循环经济、绿色经济的理念，提高油脂资源综合加工能力，不断提高米糠、油脚、皮壳等副产物的综合利用水平，从而提高油脂产品的附加值。要树立高效、节能和环保意识，加大节能减排及环境保护力度，积极发展低耗、节能、环保、高效的现代加工模式，降低水、电、化学试剂等资源的消耗，减少污染物排放（金国明，2003），建设安全、高效、低耗、环保的现代食用油脂加工体系，加快我国食用油脂加工的发展（李宗哲等，2014）。

3. 采取更加先进的制取工艺技术，在原有的基础上迅速加快技术更新 随着现代科学技术的飞速发展，油脂的工艺技术和生产理论也在不断发展和完善，与此同时，在油脂生产中新技术和新设备也得到了广泛应用。例如，油料的预处理过程将不再仅仅重视料坯结构和性能对取油结果的影响，而是更加重视对于油料中成分的影响，以及由此造成的一些负面作用，如毛油品质降低、精炼效果较差、最终产品质量不过关等。因此，油料脱皮、膨化料坯、湿热处理料坯等预处理的制取油脂工艺技术已被人们广泛接受并应用于生产。油脂的浸出生产更重视降低其粕残油、能量消耗和溶剂损耗及提高浸出的毛油质量。因此，混合油的负压蒸发法，湿粕脱溶的预脱、自蒸蒸脱、干燥冷却方法，溶剂的蒸汽冷凝回收方法，尾气中的溶剂矿物油吸附回收方法及乏汽余热的利用技术等均得到了深入详细的研究，并应用于生产实践中，且已经取得了明显的效果。油脂的精炼在追求达到更高精炼效率的同时，在使产品质量（如良好的感官评价指标和产品的质量稳定性）更好和使辅料的消耗更低的方面也取得不错的成效。除此之外，自动化计算机的开展使用也为保证油脂的生产可以在最佳的条件下稳定运行、提高生产管理效果、降低生产成本等起到了重要作用。除了一些常规的油脂产品生产技术外，超滤和反渗透技术及超临界流体萃取油脂技术等在油脂工业生产上有很大希望最终获得广泛应用。以微生物工程、酶工程和蛋白质工程为代表的生物技术已经在油脂的生产及油脂新产品的开发中取得很大成功（王瑞元，2005）。

4. 提高装备水平 具有优良的工艺性能和机械性能的生产设备是保证生产连续高效稳定运行的前提条件，对提高产品质量也起着重要作用。国外的油脂生产企业和国内的外资企业都十分重视生产设备的装备水平对提高油脂生产综合效果的作用，因此其生产设备的装备水平通常都很高。目前，油脂加工工业正在逐渐摆脱传统生产装备的一些简陋、粗糙局面，而向着现代化生产装备水平的方向迈步。当然，这些得益于我国发展和进步的油脂机械制造业，也得益于通过对国外引进设备的消化、理解、吸收和应用。与此同时，我国大型油脂产品加工企业的建设也促成了大型的生产设备、输送设备和其他一些配套设备的研制和开发。利用现代化的先进加工技术，加大对落后的加工技术和加工装备的改造，不断提高国内现有食用油脂加工水平，提高整体竞争力。不断充实和更新食用油脂加工全过程中所需的各种装备，使其达到国际化、大型化、自动化水平。在食用油脂加工中引入和推广高压蒸汽炉等清洁装备，替代现有的导热油炉中的导热油介质的使用（李子明等，2003），继续加大力度推广微波装备的使用，提高食用油脂加工效率，提高消化吸收和自主创新能力，加快新型节能、环保、高效油脂加工装备的研发，提高油脂装备单机技术水平、单机最大处理能力及成套装备的研发能力，促进食用油脂加工装备向着综合性、专业化、大型化的方向发展。

5. 要提高副产品的质量，还要开发新型产品 传统的油脂生产都只是以获取油脂为基本目的，而如今油脂工业产品与副产品的种类纷繁，且产品的质量也很优良，如调味油、起酥油、色拉油、人造奶油、高级烹调油、浓香花生油、风味调和油、小磨芝麻香油、营养调和油等多种产品，可用来满足不同人群和不同用途的消费者的需求。随着现代生活水平的不断提高，人们对油脂产品提出更高的要求，这些要求不仅体现在感官方面，如颜色、味道等，还体现在营养方面和机能调节方面。各种功能性的油脂和食品的专用油脂开发与生产将会受到极大重视。根据油料中饼粕不同的用途，可以在生产油脂的过程中适当调节生产的工艺条件以生产更多的饼粕产品。例如，蛋白质含量不同的饲用豆粕，可以用于提取出食用油料蛋白的豆粕。利用此种豆粕可以生产出大豆浓缩蛋白和大豆分离蛋白、脱脂豆粉和低脂豆粉、大豆组织蛋白及功能性大豆蛋白等。除此之外，随着油脂生产技术的进一步提高，将来会有更多新产品问世，如新型油脂含有丰富的亚油酸、亚麻酸等不饱和脂肪酸，同时富含多种微量元素和生物活性物质，是我国开发功能性油脂的重要油源。这些新产品将会为油脂加工企业创造出更多的经济效益。

6. 着眼于油料的精深加工及综合利用 提高生产过程中在植物油料中存在的多种生物活性成分和微量有益成分，在油脂生产的过程中或后续处理中将这些有益成分提取出来，将会有效地提高油料的利用价值。例如，从豆粕、油脚等脱臭后馏取出的物质中提取出皂苷、磷脂、维生素E、异黄酮、脂肪酸、低聚糖等；还可以从棉籽粕中提取出棉酚等。在选取油脂生产的工艺和技术条件上需要考虑制取过程中副产物的提取利用，而加大对副产物的综合利用和开发力度，也将会成为我国油脂制取工业发展过程中的一项重要内容。

7. 增强我国自身的环保意识 与其他工业生产一样，在对油脂生产产生的废物进行有效控制和处理植物油脂的生产过程中，总会伴随着产生一些废物，然而尽管这些废物不像一些化学生产工业产生的废物那样严重地污染环境，但是仍然会对环境产生许多不良影响，还有潜在的危害。目前，随着我国的油脂工业逐渐向高标准的工业化水平发展，有效地控制和处理油脂生产过程中产生的废物，也正在成为油脂的生产过程中一项重要的内容。而油脂生产加工过程所产生的废水、废气和固体废物的处理和控制，对于国内小型的油脂企业还是一个较为薄弱的环节，基本上还没有十分有效的处理装备。而新建成的大型油脂生产企业基本都配备了一些有效的废物处理设备，但大多数只是对废水进行处理，而对其他的废物进行控制和处理还十分欠缺。随着我国环境保护法的实施力度不断加大，要求所有的油脂生产加工企业都必须积极地在生产油脂中控制废料的产生，用以减少废物的排放量和废物污染物的浓度。最后，再采用废物处理技术完善，对其进行有效的处理，使其最终达到国家要求的排放废物标准，甚至可能实现零排放生产废物。因此，对于研究和应用这些排污量少的生产油脂工艺，改进浸出的溶剂质量或者寻找新的溶剂，选择安全的油脂脱臭介质，都是在油脂的生产过程中保护环境需要综合考虑的问题（刘玉兰，2009）。

油脂工业的发展可以说是世界各国一直在追求的一项永恒的事业，相信我国正处于发展中的植物油脂工业的前景十分广阔。因为：①我国国内的市场还是非常巨大的，为油脂工业提供了十分巨大的发展空间，国务院印发的《国家人口发展规划（2016—2030 年）》中提出，2020 年全国总人口达到 14.2 亿左右，若按照推荐的人均消费量来估算，油脂在国内总的消费量将达到 21Mt，也就是说国内必须生产出 21Mt 食用油，才不用从国外进口食用油，因此我国的油料加工产量在目前的基础上需要增长，油脂的生产必须达到规模化生产水平。

②采用一些高新技术来发展和提高植物油脂加工水平是我国的永恒主题。新的技术、新的工艺和新的设备在改造中国传统植物油脂工业方面已经产生了十分巨大的作用，并且许多生物技术、微胶囊造粒技术、膨化技术、超声波化工技术、微波加热技术、膜分离技术、超微粉碎技术、超临界流体萃取技术和计算机控制技术等的应用，为提高传统的植物油脂工业产品的质量和生产效率、新工艺技术的研究和产业结构的改善、产品加工技术的综合利用、开发新型产品和开拓国内外的市场提供了非常可靠的保障。

参考文献

金国明. 2003. 21世纪的机械加工理念——绿色制造. 中国建设信息, 12: 100.
李杨. 2015. 大豆生物解离技术. 北京: 化学工业出版社.
李杨, 江连洲, 许晶, 等. 2009. 挤压膨化预处理水酶法提取大豆油工艺的研究. 中国油脂, 34(6): 6-10.
李子明, 相海, 周海军. 2003. 我国油脂加工装备业的现状和发展要点. 粮油加工与食品机械, 8: 9-13.
李宗哲, 李德远, 邵剑钢. 2014. 我国食用油脂加工研究进展及发展对策. 中国食物与营养, 11: 30-33.
刘军海, 任惠兰. 2000. 植物油加工过程中微量成分的变化. 中国油脂, 25(4): 49-51.
刘玉兰. 2006. 油脂制取工艺学. 北京: 化学工业出版社.
刘玉兰. 2009. 油脂制取与加工工艺学. 2版. 北京: 科学出版社.
刘玉兰. 2015. 现代植物油料油脂加工技术. 河南: 河南科学技术出版社.
陆启玉. 2004. 油脂化工产品生产技术. 北京: 化学工业出版社.
倪培德. 2003. 油脂加工技术. 北京: 化学工业出版社.
陶瑜. 1999. 油脂加工工艺与设备. 北京: 中国财政经济出版社.
汪学德. 2004. 油脂制备工艺与设备. 北京: 化学工业出版社.
王兴国. 2011. 油料科学原理. 北京: 中国轻工业出版社.
王宏建, 周伯川. 2000. 油脂精炼技术的发展及其与国外的差距. 中国油脂, 25(2): 3-6.
王瑞元. 2005a. 突飞猛进的中国油脂工业. 中国油脂, 30(10): 8-13.
王瑞元. 2005b. 中国油脂工业发展史. 北京: 化学工业出版社.
王珊珊, 王晓玲, 李秋, 等. 2011. 中国西部特种食用油资源开发利用状况. 中国西部第六届营养与健康学术会议论文集: 310-317.
王瑛瑶, 栾霞, 魏翠平, 等. 2010. 酶技术在油脂加工业中的应用. 中国油脂, 35(7): 8-11.
王瑛瑶, 王璋, 罗磊, 等. 2008. 水酶法提花生油中乳状液性质及破乳方法. 农业工程学报, 12: 259-263.
赵旭, 董殿文. 2010. 米糠油的功能特性及膨化浸出工艺. 农业科技与装备, 3: 38-41.

第一章 植物油料

凡植物种子或粮食、食品加工副产物中含油率在8%以上，且具备工业提取价值的都称为植物油料。全世界的油料植物不下4500种，尽管植物油料品种繁多、分布范围广且成分复杂，但在研究制油工艺时，总可以找到其共同点与规律，即可以根据油料组成的相似性确定其共同且相适应的加工工艺（倪培德，2003）。

第一节 植物油料的化学组成

一、水 分

油料种子的含水率与种子的成熟程度密切相关，一般未成熟的种子含水率较高，成熟后则较低（刘玉兰，2006）。成熟种子中的水分以自由水和结合水两种状态存在。自由水以游离态存在于细胞毛细管及细胞间的孔隙中，它有普通水的物理性质，能参与物质代谢过程。结合水是与蛋白质、糖类及其他亲水物质以氢键相结合而成的胶态水分，成为细胞原生质体结构的一部分，这种水分不容易蒸发，0℃时不会冻结，不能溶解酸和糖等物质。细胞原生质体中的结合水约占全部水分的4.5%。自由水、结合水与细胞内其他组分联合在一起构成了原生质体的胶体状态，形成一种密不可分的体系。油料中含有较多疏水性的脂肪，因此干燥种子中的水分几乎全部集中在蛋白质、糖类等亲水物质里（梁少华，2009）。水分对油料的物理性质，如弹性、塑性、导热性和组织结构等有很大影响。同时水分对油料中酶的活性也有极大的影响，会影响油脂的质量。所以，一般在油脂的预处理工艺中要添加油料的水分调节步骤，对于油料中水分杂质的去除，一般的使用方法是在常压或减压的状态下进行加热使油料中的水分蒸发，因为水分和油脂的临界温度不同。

二、固 体 杂 质

粗油中的固体杂质是指在制油或储运的过程中产生的部分油渣，如粗油中的一些泥沙、饼粉、纤维、壳屑、草屑和其他固体杂质。这些杂质的存在会促使油脂酸败，因此必须除去。而由于这类杂质不溶于油脂，因此可用沉降法、过滤法等分离出去（韩景生，1989）。

沉降法是利用油脂和杂质之间密度不同，借助重力使它们自然分开的一种方法。此种方法所用的设备简单，一般能存放油脂的容器均可以利用。但是此方法沉降的时间较长、设备的利用率低，在生产中已经很少采用（李新华，2003）。

过滤法是在一定的温度条件下，借助重力、离心力等的作用，用滤布来分离油脂和杂质的方法。利用此种方法不仅能将毛油中的机械杂质分离开，还可以在精炼的其他工序中分离氢化油中的催化剂，以及固体脂、蜡、油。

三、胶溶性杂质

胶溶性杂质一般是 0.1～1.0nm 的粒子分布在油脂中呈现出溶胶的状态，其存在状态易受水分、温度及电解质的影响而改变。它们在油脂中的含量因油料品种、制油方法而不同，一般分为以下几种（韩景生，1989）。

（一）磷 脂

磷脂在结构和理化性质上是与油脂类似的类脂物。油料作物的种子中游离态的磷脂非常少，如向日葵籽中游离的磷脂只占总脂的30%左右，而棉籽中的游离磷脂仅占10%左右，它们大部分都与碳水化合物、蛋白质等结合，以复合物的形式呈现出胶体的状态存于油料植物的种子内，并且在取油的过程中伴随着油脂溶出。这些复合物在粗油中的含量与油料的品种和制油的方法有关，一般的粗植物油中含1%～3%，而粗豆油中含量有时可达到5%，蒸炒的效果差、入榨的温度高和用萃取法制取出的粗油中复合物的含量较高。表1-1为几种粗油的磷脂含量。

表 1-1 几种粗油的磷脂含量

油品	磷脂含量/%	油品	磷脂含量/%
豆油	1.1～3.2	芝麻油	0.1
玉米胚芽油	1～2	菜籽油	0.1
麦胚油	0.08～2.00	红花籽油	0.48～0.58
棉籽油	0.7～0.9	乳脂	1.4
米糠油	0.5	牛脂	0.07
亚麻籽油	0.3	猪脂	0.05
花生油	0.3～0.4	羊脂	0.01

一般的磷脂是多元醇（如甘油）和脂肪酸及磷酸进行酯化作用，接着磷酸根再和氨基醇等物质酯化得到的结合物。在自然界中常见的有卵磷脂（即磷脂酰胆碱）和脑磷脂（即磷脂酰乙醇胺和磷脂酰丝氨酸），它们分别由胆碱、乙醇胺和丝氨酸酯化磷酸根生成，几乎存在于所有的植物油料中。

在自然界中，磷脂大多为 α-型。而 β-型磷脂结构具有对称性，使得亲水性较弱。在植物的粗油中还广泛地存在着另一类磷脂，即磷酸肌醇酯。此类磷脂是由环己六醇和脂肪酸、磷酸、半乳糖和酒石酸乙醇胺结合成的，并且种类很多。

在植物粗油中，油料品种不同，磷脂和胶质的组成也不同。例如，在豆油磷脂中，卵磷脂占总磷脂的 2%左右，脑磷脂占 30%左右，环己六醇磷脂占 40%左右；在菜油胶质中，卵磷脂约为 22%，脑磷脂约为 15%，环己六醇磷脂约含有 18%，此外，还含有少量半乳糖磷脂；在红花油磷脂胶质中，磷脂酰乙醇胺约占 15%，卵磷脂约占 36%，环己六醇磷脂约占 23%，而磷脂酰丝氨酸一般少于 2%。表 1-2 为几种油料种子的磷脂组成。

表 1-2　几种油料种子的磷脂组成

油料品名	卵磷脂/%	脑磷脂/%	其他磷脂
大豆	29～30	30	环己六醇磷脂 40%
向日葵	38.5	61.5	
菜籽	20.0	60.0	溶于热乙醇中物质 20%
花生	35.7	64.3	
棉籽	46.2	53.8	
亚麻籽	36.2	63.8	
芝麻	52.2	39.4	溶于热乙醇中物质 7.2%

磷脂中的脂肪酸大部分都和甘油酯中的脂肪酸相同，除了某些高度不饱和酸，如 C_{20} 酸、C_{22} 酸外。但是油脂与磷脂中的各种脂肪酸占的比例不同，磷脂中含有的不饱和脂肪酸种类一般都要比油脂多，几种植物油磷脂的脂肪酸组成如表 1-3 所示。

表 1-3　几种植物油磷脂的脂肪酸组成

脂肪酸	大豆油[a]	大豆油[b]	菜籽油[a]	菜籽油[b]	棉籽油	花生油	向日葵油	亚麻仁油
豆蔻酸	—	—	—	0.8	—	—	—	—
棕榈酸	11.7	17.3	15.8	8.3	17.3	16.2	14.7	11.3
硬脂酸	4	—	6.3	—	7.3	2.8	5.1	10.6
十六碳烯酸	3.6	5.5	—	2.1	1.5	—	—	3.5
油酸	9.8	19.0	13	22.4	20.3	427.1	19.3	33.6
亚油酸	63	53.0	62.9	42.2	44.4	22.7	45.9	20.4
亚麻酸	1	3.7	2	—	—	—	—	17.4
C_{20}～C_{26} 不饱和酸	5.5	1.5	—	—	6.4	4.1	5.5	3.2
芥酸	—	—	—	22.7	—	—	—	—

a 溶于乙醇的部分（卵磷脂）；b 不溶于乙醇的部分（粗脑磷脂）

磷脂分子的结构包括两个部分——疏水基团和亲水基团。卵磷脂可以溶于无水的油中呈内盐结构，还可以与树脂、糖类、蛋白质结合，但是如果油中存在水分时，卵磷脂则会吸水膨胀，凝聚后可从油中分离出来。因为磷脂中存在着酸性羟基和碱性羟基，因此既可以和碱作用，也可以和酸作用。在磷脂的分子结构中，不饱和酸在脂肪酸中占优势，极不稳定，因此油脂容易氧化而酸败。磷脂是对油脂有抗氧化作用的一类极富营养的物质，但是当它混入油中时，油的颜色会变深、变暗、浑浊。遇热时将会焦化，不利于使用，还会影响油品的质量与油脂的深度加工，因此油脂的分离在工业上一般采用水化、酸炼和碱炼等方法。

（二）蛋白质、糖类、黏液质

粗油中蛋白质大多数是以简单蛋白质和磷酸、色素、脂肪酸及碳水化合物结合而成的糖朊、脂朊、磷色朊和蛋白质的降解产物（朊类和胨类），它们的含量与油料蛋白质生物合成和水解的程度有关。

糖类包括多缩戊糖（$C_{18}H_{30}O_{16}\cdot 5H_2O$）、戊糖胶、硫代葡萄糖苷及糖基甘油酯（单半乳糖脂）等。游离态的较少，多数与蛋白质、磷脂、甾醇等组成复合物而分散于油脂中。

黏液质是单糖（半乳糖、鼠李糖、木糖、阿拉伯糖、葡萄糖）和半乳糖酸的复杂化合物，其中还可能结合无机元素。黏液质主要存在于亚麻籽和白芥籽中（韩景生，1989）。

四、脂溶性杂质

在真溶液的状态下完全溶解于油脂的一类杂质称为脂溶性杂质，主要分为以下几种。

（一）游离脂肪酸

游离脂肪酸是指在未成熟的油料种子中，没有生成酯的脂肪酸和因油料受潮、发热，在解脂酶作用下及油脂自身氧化分解而产生的脂肪酸，并且在油脂中呈游离的状态。它的含量与油料的品种和储藏的条件有关。

如果游离脂肪酸在油脂中的含量过高，会使油脂产生刺激性气味，影响油脂风味，还可促进油脂水解，因此需要将其除去。

游离脂肪酸可以与碱发生中和反应生成皂，并且絮凝成皂脚，容易与油脂分离，游离脂肪酸还可以在高温高真空的条件下从油脂中气化，从而与油脂分离。物理法脱酸的应用不仅可以用于游离脂肪酸含量过高的油脂，还可以用于游离脂肪酸含量中、低的油脂，用来减少脱酸的炼耗。

（二）甾　醇　类

甾醇是类固醇的一类，是含有羟基的类固醇，又称为固醇。根据结构中R基不同，甾醇分为很多种。其中动物油脂中的主要是胆固醇，而植物油中的则是许多种甾醇混合物，这些混合物统称植物甾醇，主要有麦角甾醇、菜油甾醇、豆甾醇等。另外，一些植物油中也发现存在少量的胆固醇。

油脂中的甾醇含量也与油的种类有关，如椰子油和棕榈油中甾醇的含量比较低，而玉米胚油中甾醇的含量较高。表1-4为几种油脂中的甾醇含量。

表1-4　几种油脂中的甾醇含量（粗油）

油品	甾醇含量/%	油品	甾醇含量/%
小麦胚油	1.30～1.70	罂粟籽油	0.25
玉米胚油	0.58～1.00	豆油	0.15～0.38
米糠油	0.75	花生油	0.19～0.25
蓖麻油	0.50	氢化豆油	0.15～0.24
芝麻油	0.43～0.55	氢化棉油	0.15～0.24
鳕鱼肝油	0.42～0.54	猪油	0.11～0.12
菜油	0.35～0.50	牛脂	0.08～0.14
亚麻仁油	0.37～0.42	棕榈仁油	0.06～0.12

续表

油品	甾醇含量/%	油品	甾醇含量/%
牛乳油	0.24～0.50	羊脂	0.03～0.10
棉籽油	0.26～0.31	椰子油	0.06～0.08
橄榄油	0.23～0.31	棕榈油	0.03

胆固醇是机体合成激素的重要原料，但是存于油中却会影响油脂的品质，需要除去。植物甾醇可溶解于有机溶剂，但是难溶于乙醇、丙酮等，不溶于酸碱和水，较耐热，对化学药品也很稳定，可以采用分子蒸馏法及高温水蒸气脱臭等方法除去。

（三）生 育 酚

生育酚为稠杂环的体系，为氢化苯肼吡喃的衍生物之一，有 7 种同系物、异构体（表 1-5），并且各种生育酚均存在相应的三烯生育酚。

表 1-5 生育酚的同系物、异构体

生育酚		三烯生育酚
α-生育酚	5,7,8-三甲基生育酚	α-三烯生育酚
β-生育酚	5,8-二甲基生育酚	β-三烯生育酚
γ-生育酚	7,8-二甲基生育酚	γ-三烯生育酚
δ-生育酚	8-甲基生育酚	δ-三烯生育酚
ε-生育酚	5-甲基生育酚	ε-三烯生育酚
ζ-生育酚	5,7-二甲基生育酚	ζ-三烯生育酚
η-生育酚	7-甲基生育酚	η-三烯生育酚

生育酚在一般的植物油中含量很少，但在胚油、豆油、米糠油和棉籽油中含量很多，表 1-6 是常见油脂中生育酚的含量（温运启等，2017）。

表 1-6 常见油脂中生育酚的含量

油品	生育酚含量/%	油品	生育酚含量/%
麦胚油	0.140～0.550	菜籽油	0.058
米糠油	0.101	花生油	0.020～0.060
豆油	0.090～0.280	亚麻籽油	0.023
玉米胚油	0.090～0.250	芝麻油	0.018～0.100
红花籽油	0.080	棕榈油	0.002～0.056
棉籽油	0.080～0.120	橄榄油	0.003～0.030
葵花籽油	0.070～0.120	椰子油	0.003～0.009

生育酚有抗氧化能力，无色无味。在无氧时耐热，是一种重要的营养物质，一般的食用油脂制取时要尽量保留它。但是生育酚在有氧时被氧化会生成棕红或棕褐色的生育醌，而一般的方法则脱除不了。因此，如果对于有特殊用途的油脂，生育酚就必须除去。

（四）色　　素

油脂中色素有天然的和外来的。天然的色素是油料特有的色素，包括类胡萝卜素和叶绿素两种。植物油中比较常见的是β-胡萝卜素（叶红素），其含量与油品种类有关。胡萝卜素和番茄红素属于烃类类胡萝卜素，叶黄素、玉米黄质为醇类类胡萝卜素，醇类类胡萝卜素是烃类类胡萝卜素的羟基衍生物。

某些油脂如橄榄油、菜籽油、青皮大豆油等呈现绿色，是因为其中含叶绿素或去镁叶绿素。α-叶绿素、β-叶绿素就是含叶绿醇、镁离子的化合物。在自然界中，α-叶绿素约占75%，β-叶绿素约占25%（毕艳兰，2005）。

原料在储运或加工过程中，蛋白质和糖类分解的产物重新结合时会产生色素，以及油脂与其他的类脂物氧化而产生的色素称为油脂中的外来色素。这类色素用一般脱色方法很难除去，因此在储存和加工过程中应该尽量防止产生。

在碱性条件下，色素的稳定性较好，但经光照、氧化、加氢、吸附和热分解时色素会分解，因此可用这些方法除去。

（五）烃　　类

油脂中存在的烃类大多数为不饱和高碳的烃类，其在油脂中的含量是0.1%～0.2%，在萃取油脂的过程中，有时会由于溶剂的蒸脱过程不彻底而混进少量的外来烷烃。而烃类的存在与油脂的气味和滋味有关，因此需要脱除。在一定的温度和压力下，烃类的饱和蒸气压要比油脂的高，因此可以在减压条件下用水蒸气蒸馏法将烃类脱除（毕艳兰，2005）。

（六）脂肪醇和蜡

植物油中存在的脂肪醇几乎不呈游离态，它们的存在形式大多为高级脂肪酸酯。下面为蜡的分子式：R_1COOR_2，其中R_1（C_{20}～C_{26}）、R_2（C_{26}～C_{32}）分别是高级脂肪酸的烃基和高级脂肪醇的烃基。棉籽油、大豆油、芝麻油、玉米胚油和葵花籽油中脂肪醇和蜡均较多。它们的存在，会使油脂在冷却时产生浑浊的现象，会影响油品的外观和质量，因此应该将其除去。

脂肪醇和蜡对热和碱都较稳定，脂肪醇不发生皂化，而蜡很难皂化，因此用一般的方法精炼很难除尽，需要用低温结晶或者液-液的萃取法来除尽（毕艳兰，2005）。

（七）其他杂质

其他杂质主要是指操作不慎混入油脂中的杂质，如油脂在制取及储运的过程中产生的甘油、醛、酮、酰甘油和甘油二酯等。由于存在着这些杂质，油脂的品质、稳定性将会受到影响。而金属离子杂质不但是导致油脂酸败的催化剂，还对油脂的脱臭工艺产生影响，因此需要除去（毕艳兰，2005）。

五、毒性物质

（一）毒　　苷

1. 氰苷类　氰苷主要是指一类α-羟氰苷，存在于某些豆类、核果和仁果的果仁中，木薯块根中也含有少量。常见的含氰苷的果仁有枇杷仁、苦桃仁和苦杏仁，甜杏仁也含有少量氰苷（朱德修和郭树武，2003）。氰苷中毒会出现口中苦涩、流涎、头晕、头痛、恶心、呕吐、心悸及四肢软弱无力等症状。中毒严重者感到胸闷，并有不同程度的呼吸困难，甚至意识不清、大小便失禁、目光呆滞、对光反射消失、全身性痉挛等症状，最后可因呼吸麻痹或心脏停搏死亡。氰苷毒性源于其水解后产生的氢氰酸，氢氰酸解离出的氰离子极易与细胞色素氧化酶中的铁结合，破坏细胞色素氧化酶在生物氧化中传递氧的功能，使机体陷入窒息状态（赵霖和鲍善芬，2004）。

2. 皂苷类　皂苷又称为皂甙、皂素，种类繁多。在豆类中，皂苷普遍存在且是一种有毒成分。目前认为，其毒性主要体现在溶血性及其水解产物皂苷元的毒性上。低浓度皂苷水溶液即可破坏红细胞产生溶血，这可能是由皂苷与胆甾醇结合形成复合物导致。而皂苷元可强烈刺激胃肠道黏膜，引起局部充血、肿胀、炎症，以致造成恶心、呕吐、腹泻等症状（娄在祥和王洪新，2008）。

（二）植物蛋白和非蛋白氨基酸类及其致毒机制

1. 凝集素　植物凝集素是一类具有至少一个非催化结构域，并能可逆性地结合特异单糖或寡聚糖的植物蛋白。已发现近1000种，广泛分布于豆科、茄科、禾本科等植物中。不同来源的凝集素毒性差别很大，毒性较大的是蓖麻凝集素，大豆和菜豆凝集素毒性大约为其0.1%（王洪新和娄在祥，2007）。植物凝集素在与糖分子特异结合的位点对红细胞、淋巴细胞或小肠绒毛特定糖基加以识别结合，使其产生病变和发育异常，进而干扰消化吸收过程。小肠壁受损伤后，引起糖、氨基酸、维生素吸收不良，且肠黏膜损伤使黏膜上皮通透性增加，植物凝集素、一些肽类和肠道有害微生物产生的毒素被吸入体内，对器官和机体免疫系统产生不同程度的损伤（娄在祥和王洪新，2008）。

2. 酶抑制剂　在豆类、谷物和油料作物等一些植物中含有可抑制酶活性的具有毒性的蛋白质，如胰蛋白酶抑制剂和淀粉酶抑制剂等。其中在蛋白质中，胰蛋白酶抑制剂存在最为广泛，它的抑制机制是其链环状结构中存在的活性部位（氨基酸残基）和胰蛋白酶氨基酸之间发生了络合作用，从而使酶失去了酶解能力，使酶的活性得到了抑制。

3. 非蛋白氨基酸　非蛋白氨基酸多为基本氨基酸的类似物或取代衍生物，如甲基化、磷酸化、交联等。除此之外，还包括β、γ、δ氨基酸及D-氨基酸，多以游离或小肽的形式存在于生物的各种细胞和组织中。在一些植物代谢过程中，形成的非蛋白氨基酸有很大一部分有毒，当人食入含毒非蛋白氨基酸食物后，代谢和生长会受影响，如人类某些疾病与体内的D-氨基酸的积累水平有关。另外，某些非蛋白氨基酸可作为“伪神经递质”进入中枢神经系统产生神经系统毒素，某些含氰、硫的非蛋白氨基酸则可分解为有毒物质，间接产生毒性作用（俞文兰和李彦琴，2004）。

（三）生物碱及其致毒机制

大多数生物碱存在于双子叶植物中，如茄科、豆科、夹竹桃科、伞形科等。生物碱引起的中毒症状主要有胃肠道症状，如呕吐、腹痛、腹泻等；神经系统疾病症状，如麻痹、沉郁、沮丧等；心血管症状，如心跳加快、溶血等（李林，2007）。茄科植物普遍含有对人体有害的糖苷生物碱，因天然含量很低，一般不影响食用品质，但若使用不当则会引起食物中毒。人对其毒性非常敏感，口服1～5mg/kg就能引起严重中毒反应。其致毒机制有两个方面：

①对胆碱酯酶的抑制作用。该酶失活后造成乙酰胆碱积累，致使神经兴奋增强。②能使甾醇类物质的生物膜破裂，使糖苷生物碱被血液、肝脏等运输、吸收，破坏肠道细胞结构或其他组织和器官（李盛钰等，2007）。龙葵素是发芽马铃薯的主要有毒物质，人摄入 0.2～0.4g 便能引起严重中毒。在成熟马铃薯中，其含量极低，正常食用不会引起中毒，但在未成熟、表皮发绿或发芽的马铃薯的绿皮部位、芽及芽孔周围含量较高，有时高达 0.43%，食用时未妥善处理就会中毒（田秀红和闫峰，2006；霍权恭和范璐，2005）。

（四）萜类及其致毒机制

常见含萜类植物有蔷薇科、禾本科、伞形科、菊科等。许多混合萜有强烈毒性，包括多种重要的植物毒素。有毒萜类主要是倍半萜内酯、二萜、三萜毒素。倍半萜内酯化合物主要存在于菊科，可引起过敏性接触性皮炎。佛波醇脂等二萜脂类成分具有强烈的皮肤刺激作用，并能促进癌细胞生长（俞文兰，2004）。

（五）酚类及其致毒机制

酚类主要有棉酚和单宁。棉酚可与钠、钾、镁等矿质元素作用，不利于矿质元素的吸收，还可与血红蛋白中的铁结合，导致缺铁性贫血和维生素 A 缺乏症。粗制棉籽油中含的棉酚能降低机体对铁的吸收，杀死精子，并有致癌作用（赵霖和鲍善芬，2004）。单宁普遍存在于豆科、谷物等植物果实中，能和蛋白质结合形成不溶性复合物。单宁在体内能与消化酶发生变互反应，抑制酶活性，破坏胃肠消化吸收，影响机体健康（朱南山等，2006）。

（六）其他有毒成分

如草酸、植酸、膳食纤维等，对人体也有一定的毒性。草酸存在于许多植物中（如菠菜），会影响钙的吸收。植酸和膳食纤维则影响一些矿物质（如钙、镁、铁、锌等）的吸收率。另外，后者还会抑制少量氨基酸，尤其是色氨酸的吸收（侯恩太等，2009）。

第二节　主要油料及其制油特点

一、主要油料作物

油料作物是我国重要的大宗农产品。当前，我国油料作物以草本植物为主，其他兼用型和木本植物油料为辅，其中大豆、花生和油菜籽三大油料的产量占油料总量的 91%（徐雪高，2012），是我国居民消费的主要产品。本书在分析油料加工前的预处理、生产过程、后期油脂精炼时，以大豆、花生、油菜籽等为主。

油脂加工工业通常将含油率高于 10%的植物性原料称为油料。人类对油料的最基本需求是食用，食用植物油不仅是人类赖以生存和发展的最基本的生活资料之一，同时也是食品工业、烹饪行业最重要的基础原料。植物油料主要有植物的种子、果肉、块茎等，但大多数油料的原料来源于植物的种子。

（一）油料种子的形态结构

油料种子的种类繁多，外部形状也各具特点，但基本结构大致相同，即都是由种皮、胚、胚乳等组成。种皮包在种子的外面，主要起保护胚和胚乳的作用；种皮中含有大量的纤维物质，其颜色及厚薄随油料的品种各有不同。种子最重要的部分是胚，大多数油料的油脂储存在胚中。胚由胚根、胚芽、子叶和胚轴 4 部分组成。胚乳是胚发育时营养的主要来源，含有糖类、蛋白质、脂肪、维生素及微量元素等。但是有些种子的胚乳在发育过程中已被耗尽，因此种子可分为有胚乳种子和无胚乳种子两大类。大部分油料作物的种子属于无胚乳种子，如大豆、花生、油菜籽、棉籽及葵花籽等（李里特，2002）。

（二）油料种子的细胞结构

油料种子和其他有机体一样，都由大量的细胞组织组成。不同油籽及油籽不同组成部分的细胞大小及形状不同。例如，大豆的细胞横剖面积为1530μm^2，棉籽的细胞横剖面积为399μm^2。细胞的形状可呈圆柱形、球形、纺锤形、多角形等，一般单个细胞呈球形。组成油料种子各组织的细胞，其大小、形状及所具有的生理功能虽不相同，但基本构造类似，即都是由细胞壁和原生质体构成（李里特，2002）。

我国是世界油料生产大国，花生、菜籽、棉籽、芝麻的产量居世界第一，大豆、葵花籽生产量也名列前茅（陈允正，2011）。我国油料植物资源极为丰富，目前已经整理出 86 科 600 种油料植物，这些油料植物按植物学进行分类（表 1-7）。

表 1-7　主要油料作物的植物学分类

作物	科属	学名	含油率/%	起源或原产地
大豆	豆科大豆属	*Glycine max* Merr.	16～22	中国
欧洲油菜	十字花科芸薹属	*Brasssica napus*	36～48	欧洲（甘蓝）；中国、印度（白芥）
花生	豆科落花生属	*Arachis hypogaea*	40～50	南美洲（巴西、亚马孙河）
向日葵	菊科向日葵属	*Helianthus annuus*	18～33	墨西哥、秘鲁
芝麻	胡麻科芝麻属	*Sesamum indicum*	50～59	非洲
亚麻	亚麻科亚麻属	*Linum usitatissimum*	37～47	中亚细亚（埃及、中国）
红花	菊科红花属	*Carthamus tinctorius*	21～37	印度、阿富汗、埃及
蓖麻	大戟科蓖麻属	*Ricinus communis*	45～60	非洲东部
油桐	大戟科油桐属	*Vernicia fordii*（Hemsl.）	35	中国
油茶	山茶科山茶属	*Camellia oleifera* Abel.	25～33	中国
椰子	棕榈科椰子属	*Cocos nucifera* L.	65～75	中美洲
油棕	棕榈科油椰属	*Elaeis guineensis* Jacq.	20～65	非洲潮湿森林边缘地区
木犀榄	木犀科齐墩果属	*Olea europaea* L.	35～60	地中海沿岸

油料种子中的油脂是指种子在成熟过程中碳水化合物分解形成的脂肪酸与甘油合成的物质，是油籽中主要的化学成分。油料种子的种类很多，不同油籽的化学成分及其含量不尽相同，但各种油料种子中一般都含有糖类、蛋白质、油脂、脂肪酸、磷脂、色素、蜡质、烃类、醛类、酮类、醇类、脂溶性维生素、水分及灰分等物质。表 1-8 列出了几种油料种子的主要化学成分（齐玉堂，2011）。

表 1-8 几种油料种子的主要化学成分（%）

名称	化学成分						
	水分	脂肪	蛋白质	磷脂	碳水化合物	粗纤维	灰分
大豆	9.5～14	16～20	30～45	1.5～3.0	25～35	6 左右	4～6
葵花籽（仁）	5～7	45～54	30.4	0.5～1.0	12.6	3 左右	4～6
花生仁	7～11	40～50	25～35	0.5 左右	5～15	1.5 左右	2 左右
油菜籽	7～11	35～45	24～30	0.5～0.6	—	6 左右	4～5
棉籽	6～12	14～25	16～26	1.26～1.75	25～30	15～20	3～4
芝麻	5～8	50～58	15～25	—	15～30	6～9	4～6
蓖麻籽	—	40～48	15～28	0.25～0.30	—	—	—
米糠	—	15～20	—	—	—	—	—
亚麻籽	—	35～40	25（仁）	0.44～0.73	—	—	—
玉米胚	—	55	—	—	—	—	—
大麻籽	—	35～35	23	0.8	—	—	—
苏籽	—	45～50	25	—	—	—	—

油料作物是以榨取油脂为主要用途的一类作物。在我国，可以大量获取的植物油脂原料种类很多，但油料加工工业最重要的大众油料主要有油菜籽、花生、大豆、棉籽、芝麻、葵花籽、油茶籽、蓖麻籽和米糠等（苗水清，2013）。这些油脂原料的主要特征和生产概况如下。

1. 油菜籽 十字花科作物油菜的果实，呈圆球形，角果较长，结荚多，粒本饱满（娄正，2015）。主要分布在印度、中国、加拿大、法国、德国、日本。出口油菜籽较多的是加拿大和法国。总产量为亚洲最多，我国居首位。我国油菜栽培已有 2000 多年的历史，古代称油菜为“芸薹”，《本草纲目》中说“芸薹”来自内蒙古，故名“胡菜”。由于油菜籽可以提油，后人称之为“油菜”。

油菜是我国播种面积最大、地区分布最广的油料作物。油菜是喜凉作物，对热量要求不高，对土壤要求不严。根据播种期的不同，可分为春、冬油菜，春、冬油菜分布的界限，相当于春、冬小麦的分界线而略偏南。我国以种植冬油菜为主。长江流域是全国冬油菜最大产区，其中四川省的播种面积和产量均居全国之首，油菜也是云南省的主要油料作物（章胜勇，2005）。油菜籽的一般成分见表 1-9。

表 1-9 油菜籽的一般成分（以干基%计）

成分	含量	成分	含量
水分	6.5～10.5	油脂	37～48
磷脂	6.5～10.5	碳水化合物	16.6～38.6
蛋白质	19.0～31	灰分	3.3～7.5
粗纤维	4.6～11.2		

2. 花生 花生属于豆科，一年生草本，又名落花生、地豆、地果，皆由其生长特性得

名。花生先在地上开花，花落后才在地下结果，故有“落花生”之称。又因花生营养丰富，具有增进人体健康、延年益寿的功能，故民间又称为“长生果”（殷冬梅，2011）。花生主要生长在热带和亚热带及地中海沿岸。它是我国最主要的油料作物之一，主要产地在黄河流域的中下游，在山东、河北、河南、江苏、广东、广西等地产量较多，辽宁、四川、安徽、湖北等省产量也较大。花生果含仁率为 68%～72%，果仁外包裹着一层厚 0.3～0.5mm 的种皮（俗称“红衣”），仁的含油率为 44%～54%，蛋白质的含量为 24%～34%，属于高油分软质油料（董新红，2011）。花生油是最重要的植物油脂和蛋白质资源之一。在各种油料作物中，花生的单位产量高，含油率高（Kholief，1987），是喜温耐瘠作物，对土壤要求不严，最适宜种植在排水良好的沙质土壤上。

由于花生含油和蛋白质极为丰富，油中具有人们喜爱的香味。世界上大多数国家和地区都有种植，其中亚洲地区种植最多，面积和产量占世界的一半以上。我国种植面积仅次于印度，居世界第二位，但单位面积产量远超过印度。20 世纪以来，其种植面迅速扩大，发展成为我国的另一种主要油料作物。一般生花生成分如表 1-10 所示。

表 1-10　一般生花生成分如下（以干基%计）

成分	含量	成分	含量
水分	5.33～9.16	油脂	44.27～53.86
磷脂	0.5～1.5	碳水化合物	9.89～23.62
蛋白质	23.96～33.94	灰分	2.67～5.26
粗纤维	2.67～5.26		

3. 大豆　大豆别名黄豆、白豆，属豆科，一年生草本，茎粗壮，密生褐色长硬毛。大豆原产我国，由野生大豆进化而来。我国栽培大豆已有五六千年的历史。世界各国栽培的大豆，都是直接或间接从我国传出的。我国的主要产区是东北地区和黄淮地区，大豆的含油量为 16%～24%，蛋白质的含量为 35%～50%（表 1-11），是所有粮食作物中蛋白质和脂肪含量最多的一种作物，比小麦、玉米、大米高好几倍（王芳，2012）。大豆是具有多种用途的农作物，还是重要的油料、饲料和工业原料，豆饼又是良好的农家肥料。由于大豆的根系有固氮能力，它在农业生产中也是轮作倒茬、培养地力的重要作物。大豆是食用植物油脂和蛋白质的重要来源之一，还是我国的重要出口物资。我国是大豆的故乡，大豆生产遍布全国，以东北各省及黄淮平原各省较为集中。东北土质肥沃，气候适宜，光照充足，雨量充沛，十分有利于大豆的生长，素称“大豆之乡”。目前，东北大豆的种植面积占全国大豆总面积的 40%，黄淮流域占 38%，长江流域及南方地区占 17%，其余占 5%。

表 1-11　大豆的一般成分（以干基%计）

成分	含量	成分	含量
水分	9～13	油脂	16～24
磷脂	1.5～3.0	碳水化合物	17.8～31.0
蛋白质	35～50	灰分	4～5.5
粗纤维	4.2～6.2		

4. 棉籽 即棉花的种子。棉花生长在热带和亚热带地区，在我国棉花分布很广，东至我国台湾，南至海南岛，西至新疆，北至运河流域，但90%以上的棉田集中在长江流域和黄河流域（赵冬冬，2009）。近几年，棉花生产布局已有较大调整，黄淮海平原棉区田面积迅速增加，南方丘陵棉田和北部特早熟棉区的棉田已经缩减，新疆棉田面积扩大，产棉县的棉田也有所集中。

棉籽油俗称棉油，是以棉籽浸制的油，可用于烹调食用，也可用于工业生产作原料。棉籽含壳 40%～55%，果仁占 45%～60%，棉籽含油 15%～25%。棉仁含油脂 28%～39%，蛋白质的含量为 30%左右。棉壳中含油量极少，可以忽略。棉籽油是棉花种植业的副产品，是世界各国的食用油之一，也是我国重要食用油之一。棉籽油中含有大量的必需脂肪酸，其中亚油酸的含量最高，可达 44.0%～55.0%。此外，棉籽油中还含有 21.6%～24.8%的棕榈酸、1.9%～2.4%的硬脂酸、18.0%～30.7%的油酸、0.1%左右的花生酸。棉清油中含有大量人体必需的脂肪酸，最宜与动物脂肪混合食用，因为棉清油中亚油酸的含量特别多，能有效抑制血液中胆固醇上升，维护人体的健康，人体对棉清油的消化吸收率为 98%。棉籽油在工业上一般可用于生产肥皂、甘油、油墨、润滑油及农药溶剂。棉籽中含有 0.8%～1.2%的棉酚，它是一种轻毒害物质（Hoffer，1983），在制取油脂过程中会有少部分的棉酚进入油脂中，使油脂不能食用。因此，棉籽油必须经过精炼，除去棉酚杂质，才可以食用。

5. 芝麻 属胡麻科，是胡麻的籽种，一年生直立草本植物，高60～150cm，其种子呈扁圆椭圆形，有黑、褐、白等几种颜色。它遍布世界上的热带地区及部分温带地区，在我国主要产于中部地区。芝麻是我国主要油料作物之一，具有较高的应用价值，我国自古就有许多用芝麻和芝麻油制作的食品和美味佳肴，一直著称于世（刘玉兰，2010）。芝麻籽含油45%～63%，蛋白质含量为19%～31%，白芝麻含油率最高，黑芝麻含油率最低。芝麻油取自芝麻的种子，用常规方法制取的芝麻油（称“大槽油”）呈淡黄色，香味较淡。经直接火焙炒后用水代法或压榨法制取的芝麻油（又名“香油”“小麻油”或“小磨香油”）呈红棕色，有令人喜爱的特殊香味，是我国人民膳食中上等的凉拌油脂。它的营养价值高，在东方被称为“油脂国王”；在西方则为“油料作物皇后”（杨湄，2009），足见人们对芝麻及其油脂的厚爱。因在加工过程中会有芝麻酚进入油脂当中，所以芝麻油富有一种特殊的芳香味。芝麻种子的外皮含有较多的蜡质，制油时蜡质溶至油中，使芝麻油在较低温度下常有絮状物析出，影响油品的外观。

芝麻有抗衰老作用，含丰富的蛋白质、脂肪、矿物质及维生素，能养阴润肺、滋补肝肾（Lazarou，2007）。芝麻中所含的维生素 E，具有促进细胞分裂和延缓衰老的功效。芝麻中所含的亚油酸等不饱和脂肪酸，容易被人体分解、吸收和利用，促进胆固醇代谢，并有助于消除动脉血管壁上的胆固醇沉积。

6. 葵花籽 葵花籽，菊科草本植物向日葵的种子，即向日葵的果实，其主要组成成分如表 1-12 所示。向日葵又名丈菊、向阳花、葵花。在全国各地均有种植，分布很广。主要产区是东北、河北、山西、内蒙古、新疆和山东沿海的盐城地区，在南方也已经大面积推广。吉林、内蒙古、辽宁三个省（自治区）的栽培面积占全国总面积的 80%。由于葵花籽是植物的种子，含有大量的油脂，因此葵花籽还是重要的榨油原料。葵花籽富含不饱和脂肪酸、多种维生素和微量元素，加上其味道可口，因而成为一种十分受人们欢迎的休闲零食和食用油源。葵花籽油是近几年来深受营养学界推崇的高档健康油脂（唐文婷，2011）。

表 1-12　葵花籽的组成（以干基%计）

成分	含量	成分	含量
脂肪	49.9	碳水化合物	13
蛋白质	23.9	其他	13.2

葵花籽含脂肪达 50%左右，其中主要为不饱和脂肪，而且不含胆固醇；亚油酸含量可达 70%，有助于降低人体血液中的胆固醇水平，有益于保护心血管健康。它还具有治疗失眠、增强记忆力的作用。对癌症、高血压和神经衰弱有一定的预防功效。

7. 油茶籽　油茶为常绿小乔木，因其种子可榨油（茶油）供食用，故得名。茶油是优质的食用油之一，油茶籽为木本油料植物油茶的种子，是中国特有的油脂原料。油茶主要盛产于南方地区，尤其是江西、湖南较多。油茶果含仁率为 50%～72%，油茶籽仁含油率平均为 40%～60%，蛋白质含量为 8%～9%（彭阳生，2003）。我国是世界上茶科油茶属植物分布最广的国家，是世界上最大的油茶籽油生产基地，除此之外只有东南亚、日本等地区和国家有少量的分布。油茶的中心产地则分布在我国的西南及湖南、江西南部，其栽培历史有 2300 年以上，是我国特有的油料树种。

8. 蓖麻籽　蓖麻（*Ricinus communis*）为大戟科蓖麻属一年生或多年生草本植物，热带或南方地区常成多年生灌木或小乔木，是一种适应性很强、各种土质均可种植的油料作物。蓖麻籽含壳率为 20%～30%，全籽含油率为 48%～51%，蓖麻籽仁的含油率为 65%～70%（彭阳生，2003），蓖麻籽油为不干性油，具有很高的营养、工业、医药和经济价值。蓖麻籽取油后的饼粕，经加热水解处理，使其毒性消失，可以作为饲料。

蓖麻种子可榨油，油黏度高，凝固点低，既耐严寒又耐高温，在−10～−8℃不冰冻，在 500～600℃不凝固和变性，具有其他油脂所不及的特性。蓖麻油为重要的工业用油，可制表面活性剂、脂肪酸甘油酯、脂二醇、干性油、癸二酸、聚合用的稳定剂和增塑剂、泡沫塑料及弹性橡胶等，并且是高级润滑油原料。还可作药剂，有缓泻作用。饼粉中富含氮、磷、钾，为良好的有机肥，经高温脱毒后可作饲料。茎皮富含纤维，为造纸和人造棉原料（罗明亮，2014）。

9. 米糠　稻谷是我国第一大粮食品种，目前年产 1.85 亿 t 左右，占全国粮食总产量的 42%，世界上稻谷产量占粮食总产量的 37%。稻谷在加工成精米的过程中要去掉外壳和占总重 10%左右的种皮和胚，米糠就是由种皮和胚加工制成的，是稻谷加工的主要副产品。国内外的研究结果和资料表明，米糠中富含各种营养素和生理活性物质。由于加工米糠的原料和所采用的加工技术不同，米糠的组成成分并不完全一样。一般来说，米糠中平均含蛋白质 15%，脂肪 16%～22%，糖 3%～8%，水分 10%，热量大约为 125.1kJ/g（彭阳生，2003）。脂肪中主要的脂肪酸为油酸、亚油酸等不饱和脂肪酸，因此，米糠可用于榨取米糠油。

米糠油营养价值很高，属于保健型食用油，同时也是生育酚、谷维素的医药化工产品的原料之一，我国是世界稻米的主产国，进一步扩大米糠制油的综合利用及其深加工产品的开发，有很好的发展前景（何东平，2013）。

二、植物油料制油特点

油脂是人类食品原料之一，是健康膳食平衡必不可少的成分，也是人体能量来源之一，除提供热量外，油脂还提供人体无法合成而必须从植物油脂中获得的必需脂肪酸（亚油酸、亚麻酸等），以及供给各种脂溶性维生素（维生素 A、维生素 D、维生素 E 和维生素 K），油脂可促进人体对这些脂溶性维生素的消化、吸收和利用。植物油料提取的油脂中，含有丰富的人体必需脂肪酸，如油酸、亚油酸、α-亚麻酸等。其中亚油酸在油中所占的比例，最受人们的重视，含丰富亚油酸的油脂广受消费者欢迎。油脂中的饱和脂肪酸，可提高成人血浆低密度脂蛋白胆固醇水平，增加动脉粥样硬化（心血管疾病）的危险。相反，摄入多不饱和脂肪酸，则可以起到降低血压的作用，保证机体正常的新陈代谢（钱生球，1988）。例如，红花油含亚油酸量高达80%，是商品食油中含亚油酸最高的油脂，而且性质较稳定，不会出现风味、色泽变坏的情形。红花油是一种很有特点的营养型油脂。玉米胚油（又称粟米油）中，富含亚油酸及维生素 E，在调整人体血液中胆固醇含量和降低血压等方面都有重要的作用。米糠油中含有多种具有生理功效的组分，如生育酚、谷维素、植物甾醇等，其中的生育酚（即维生素 E）是有效的天然抗氧化剂。谷维素则影响机体胆汁酯类的排泄及人体自主神经的调节。另外，谷维素成分经提取后可用作医药的原料。米糠油本身富含的亚油酸及植物甾醇等组分，可较明显地降低人体血清胆固醇的含量。米糠毛油中含有4%以上的不皂化物，其中主要为植物甾醇等成分，甾醇类物质可用于调节机体的代谢，作为心血管疾病、顽固性溃疡、哮喘病的治疗药物，以及用于生产多种的类固醇药物与化妆品等。大豆油含有丰富的必需脂肪酸，并含有生育酚和异黄酮等生理活性成分。营养专家研究表明：人体吸收亚麻酸和亚油酸的恰当比例约为1∶2。根据各种植物油脂营养特点的偏差，建议在食用油脂方面，不要长期食用单一品种的油脂；食用各种调和油不失为良好的选择。随着我国经济的发展、人民生活水平的提高，需要油脂品质更优异、功能更突出、品种更多样的加工产品。根据对食用油脂产品营养观点的更深入认识，适时调整油脂加工产品的结构和工艺，提高油脂加工的水平，才能更好地满足人民的生活需要（樊金拴，2013）。

一种植物油料作物，可以按成品质量的不同，加工出几个不同等级的产品进行销售。每一种植物油料作物，都有其独特的加工特点。食用植物油脂产品通常分为 4 个品质等级，即二级食用油、一级食用油、高级烹调油和色拉油。二级食用油和一级食用油称为普通食用油，高级烹调油和色拉油称为高级食用油。但是，随着产品市场的发展，已经出现了各种各样的对应消费者的产品。随着人们对食品营养功能的深入研究和认识，油脂加工企业有必要根据各种植物油脂的营养特性，优化加工工艺，开拓更广阔的油脂产品市场。

油脂加工的一般工艺流程如下（师俊玲，2012）。

油料预处理（清理、筛选、剥壳、干燥）→油料生坯的制备（破碎、软化、轧坯）→油料生坯的挤压膨化→油料熟坯的制备（湿润、加热、蒸坯、炒坯）→压榨法取油/浸出法取油→油脂加工（精炼—脱胶—脱酸—脱色—脱臭—脱蜡）→油脂改性（分提、酯交换、氢化）→油脂制品

1. 油菜籽 目前绝大多数油菜籽加工企业常用的制油工艺是压榨制油、溶剂直接浸出和两种结合起来的预榨—浸出工艺，尤其是以预榨—浸出工艺最为常用（吴谋成，2009）。油菜籽经预处理后，得到的料坯进行预榨，获得60%～75%的毛油，残留在饼粕中9%～12%的油再通过溶剂浸出，使饼粕残油含量低于1%。将上述的预榨毛油和浸出毛油再进行精炼，得到符合标准的食用膳食油。

油菜籽的预榨—浸出工艺的优点是工艺简单，技术成熟，饼粕残油率低，是目前公认的

最有效的制油方法（彭阳生，2003）。主要缺点与压榨工艺一样，预榨温度较高，毛油色泽较深，给精炼带来较大麻烦，饼粕蛋白质变性严重。其工艺流程如下。

油菜籽料→清理→软化→轧坯→蒸炒→预榨

毛菜籽油←过滤←预榨毛油

浸出→混合物→混合油处理→浸出毛菜籽油

浸出粕→湿粕脱溶→菜籽粕

关于油菜籽的预榨，根据经验发现，若蒸炒时的温度偏高，将增加毛油中的总含磷量（即磷脂含量），并使色泽加深及加大含硫量。这对于生产高级食用油和菜籽油的选择性氢化，是非常不利的。

普通食用菜籽油精炼工艺流程如下。

浸出或预榨毛油→过滤→水化脱胶→碱炼脱酸→脱水或脱溶→普通食用菜籽油

油脚　皂脚

菜籽油中含有较高的芥酸，据对全国 18 个省市的油菜品种分析，芥酸含量在 48%左右。近年来，国内外推广种植低芥酸品种的油菜。菜籽油主要用作煎炸油和色拉油（钱生球，2003）。

2. 花生　花生油是通过压榨法或浸出法从花生仁中制取的，其品种良好，具有花生香味，适合食用。

花生仁的预榨—浸出法制油工艺流程如下。

花生仁→破碎→轧坯→蒸炒→压榨→花生饼→溶剂浸出

花生毛油←过滤←花生压榨毛油

混合油处理→花生浸出毛油→进一步精炼

对于优质花生仁取得的压榨花生油，应尽量减少精炼的加工工序，以保留花生油的天然风味（彭阳生，2003）。而花生饼经溶剂浸出所得的花生毛油，则应进行全面精炼。将浸出花生毛油精炼成普通花生油的工艺，与普通大豆油的工艺相同。浓香花生油加工如前所述，只需将压滤毛油沉降和冷过滤即可。据观察，完全成熟后收获的花生仁所制取的花生油，其色泽较浅。花生油是制备食用油脂精深加工产品的良好原料（Hue，2009）。

制取浓香花生油的工艺流程如下（田养儒，2008）。

20%花生仁→炒籽→冷却→破碎

优质花生→清理→分级→80%花生仁→破碎→轧坯→蒸炒→压榨→毛油

杂质　饼

冷却→冷藏→过滤→浓香花生油

冷冻水

花生油是一种风味比较好的油脂，其风味在正常贮存期内相当稳定。但是，花生仁及花生油易于受到黄曲霉毒素的污染。因此，国家卫生标准规定，其产品中的黄曲霉毒素 B_1 的含量要小于 20μg/kg。如果花生油中黄曲霉毒素 B_1 含量超标，则应精炼脱除（Sugita-konishi，2010）。花生蛋白是一种优质的食用蛋白质，根据花生蛋白的利用要求，可以对花生的取油工艺进行相应的调整（彭阳生，2003）。

3. 大豆 大豆油通常是用浸出法从大豆中浸取。浸出法制油工艺按浸出前对大豆的处理过程可分为两种：预榨浸出工艺和一次浸出工艺。预榨浸出工艺就是大豆经预处理后，先用压榨机预先榨取一部分油脂，所得的预榨饼（含油率12%～14%）再用溶剂浸出制油。一次浸出工艺就是将预处理后的大豆，轧坯后直接用浸出法取油。制取大豆油后的饼粕除用于饲料外，还用于酿造及食品方面。大豆油除了作为煎炸油、色拉油外，还作为人造奶油、起酥油等的原料油脂（钱生球，1988）。

大豆的含油率较低，为 16%～22%。现在，大豆油的生产基本上都是采用一次浸出工艺，生产工艺流程如下。

大豆→清理→破碎→软化→轧坯→调质→浸出
浸出→浸出湿粕→湿粕脱溶→豆粕
浸出→混合油→混合油处理→浸出毛豆油

进行大豆破碎时，应根据破碎前后料的情况，严格控制粉末度。调质主要是调整豆坯水分，使其达到适宜的入浸标准。如果原料中的水分适宜，则可简化该项操作。在大型浸出器的生产中，大豆轧坯料可以略厚一些，以适应于抵抗浸出格料层增高的承压力，同时适当延长浸泡的经历时间。当脱脂豆粕需要作食用蛋白原料使用时，大豆的预处理可根据要求，进行脱皮和膨化（彭阳生，2003）。

大豆普通食用油的间歇式精炼工艺流程如下。

过滤毛油→预热→水化→静置沉降→分离→含水脱胶油→干燥→大豆普通食用油
含水脱胶油→脱溶→大豆普通食用油
分离→富油油脚→油脚处理→回收油→过滤毛油
油脚处理→贫油油脚

操作要点：精炼中，水化温度控制在 90～95℃，加水量为毛油胶质含量的 3～3.5 倍，水化时间为 30～40min，并沉淀分离去油脚。碱炼操作初温为 35℃，终温为 60～65℃，碱液浓度为 16°Bé。中和后，静置沉降，分离出皂脚，并用热水洗涤数次。脱溶温度为 160℃左右，操作压力不大于 7.0kPa，脱溶时间为 1～3h。

大豆高级食用油间歇式精炼工艺流程如下。

浸出毛豆油→加酸脱胶→碱炼脱酸→吸附脱色→蒸馏脱臭→大豆高级食用油
碱炼脱酸→皂脚
吸附脱色→废白土

从毛油到精制食用油一般还需经过脱胶、脱色、脱臭及碱炼等工艺。首先要进行预处理，通过过滤、离心分离等方法除去油脂中的水分和不溶性物质，然后进行脱胶、脱色、脱臭及脱酸处理，即可得到精制豆油。

为了获得色泽浅、风味佳、氧化稳定性好的成品豆油，必须脱除毛油中几乎所有的磷脂成分。进行大豆油碱炼，一般用17～18°Bé 的烧碱液。加酸脱胶与碱炼可以不分开进行，但如果要求获得大豆磷脂副产品，则必须单独进行水化脱胶。关于脱色操作，这对于要进行脱臭的豆油来说，可以将吸附脱色和热敏脱色结合进行。因为大豆油具有热敏脱色效果，尤其是在高于204℃时。关于脱臭操作，脱臭大豆油有“回味”现象，要注意克服生产中的有害因素。

大豆油是目前世界上产量最高的油脂。精炼后的大豆油含有独特的香味，其所含脂肪酸以亚油酸为主（表1-13），亚油酸有降低胆固醇及血脂的作用，可预防或减轻动脉粥样硬化症的发生与发展（张遵禧，1989），是我国人民所喜爱的食用植物油。它的主要用途是食用，工业上将它氢化制成硬化油，作为人造奶油和起酥油的基本原料。大豆油经过环氧化反应制成环氧化大豆油是聚氯乙烯的优良增稠剂和稳定剂。

表 1-13　大豆油脂肪酸组成（以干基%计）

成分	含量	成分	含量
油酸	15～33	棕榈酸	7～11
亚油酸	43～56	硬脂酸	2～6
亚麻酸	5～9	C_{20}以上酸	0.3～3

4. 棉籽　　棉籽油主要是通过压榨法从棉籽中制取。棉籽油含有对人体有害的色素棉酚，必须除去后方可食用。它主要作为高级油酸人造奶油、起酥油的原料（Magnoli，2008）。

棉籽油采用预榨—浸出法制取，其工艺流程如下。

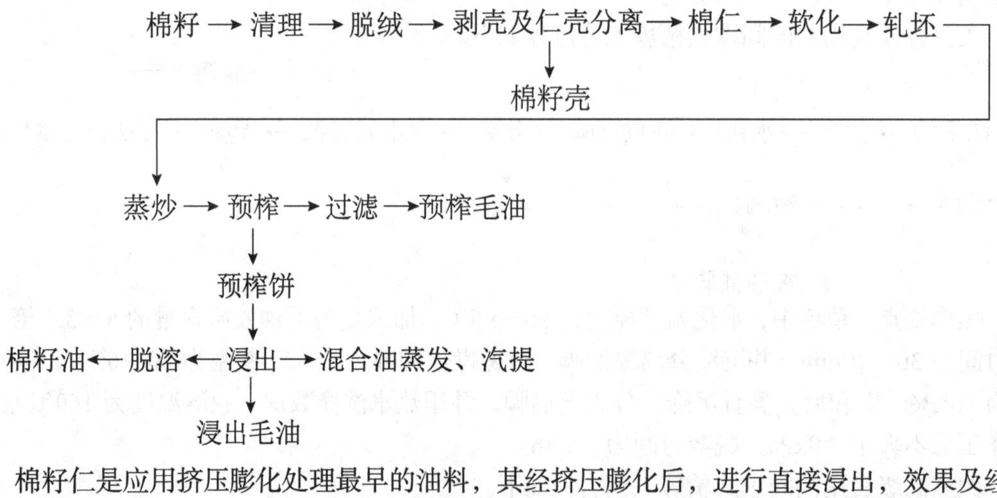

棉籽仁是应用挤压膨化处理最早的油料，其经挤压膨化后，进行直接浸出，效果及经济效益都有显著提高。以棉籽仁膨化浸出应用为例，其生产中的混合油浓度可提高到 34%～40%；混合油处理中可节约能源 20%～40%，蒸烘机节能为 50%，同时溶耗也大为降低。

棉籽油精炼时，在棉籽油进行脱色或其他深度加工之前，需要先除去油中的游离脂肪酸、磷脂、棉酚和微量金属等杂质，否则就会对油的脱色、脱臭及氢化加工产生不利影响，影响产品质量。经验证明：毛棉籽油经过烧碱液碱炼，即可除去毛油中的游离脂肪酸、磷脂和部分色素，以及毛棉籽油中含有的棉酚毒素等杂质，可使棉清油的色泽明显变浅（胡秦琪，1989）。

棉籽油精炼工艺如下。

毛棉籽油→过滤除杂→碱炼脱酸→水洗、干燥或脱溶→三级棉籽油

碱炼脱酸↓皂脚；水洗、干燥或脱溶↓废水

三级棉籽油→吸附脱色→脱臭→二级棉籽油

吸附脱色↑废白土

脱臭↓冬化脱脂→一级棉籽油

冬化脱脂↓固脂

棉籽油在脱臭后的冷却时，应添加占油量0.0059%～0.01%的柠檬酸到油中，以延长棉籽油的保质期。棉籽油的煎炸稳定性较好，并且其煎炸制品的风味也较好（比花生油、大豆油好）。所以，棉籽油通常与菜籽油、大豆油一起调制成调和油，用来进行烹调（彭阳生，2003）。

5. 芝麻　芝麻油是从芝麻中制取的油脂，它具有独特的香味，主要用于食用和医药方面。芝麻可提取品质和风味都良好的芝麻香油和普通芝麻油。普通芝麻油和机制芝麻油通常不需要进行任何精炼，即可直接食用，它们是天然的色拉油。芝麻油中因含有芝麻素、芝麻酚等抗氧化物而相当稳定，是最不容易氧化变质的植物油脂。如果将芝麻油进行碱炼、脱臭等精炼加工，其稳定性将下降。取油后的芝麻油饼渣，含有丰富的蛋白质，是良好的饲料蛋白添加物（彭阳生，2003）。

普通芝麻油的制取工艺流程如下。

芝麻→清理→轻轧坯→蒸炒→压榨→芝麻饼

压榨↓毛油过滤→普通芝麻油

芝麻饼→溶剂浸出→混合油处理→浸出芝麻毛油

溶剂浸出↓湿粕脱溶→芝麻油

机制芝麻油，一般经过滤除去杂质即可食用。浸出的芝麻毛油，则应进行严格的精炼加工。其工艺流程如下。

浸出芝麻毛油→水化脱胶→脱水及脱溶→普通芝麻油

6. 葵花籽　葵花籽油，是以油用型葵花籽制取的油脂。葵花籽油清淡，风味柔和，无刺激性，适合于保留加工食品的天然风味。成品油的色泽淡黄，透明且澄清。因此，葵花籽油可作为优质油，用于凉拌、焙烤及煎炸等食品加工。

葵花籽油的饱和脂肪酸含量很低，而多不饱和脂肪酸（亚油酸）的比例很高，有利于降低血清胆固醇，是一种健康型食用植物油脂。葵花籽油含有很丰富的生育酚（即维生素E，为45mg/100g油），是主要植物油脂中生育酚含量最高者。油脂中的亚麻酸组分会很快氧化，引起油脂变质，葵花籽油的亚麻酸含量低（0.5%），一般不需要部分氢化就趋稳定。若用作人造奶油和起酥油的原料，葵花籽油则需进行氢化，直至达到需要的程度。

葵花籽油的制取工艺葵花籽油的制取多采用预榨—浸出法，其工艺流程如下。

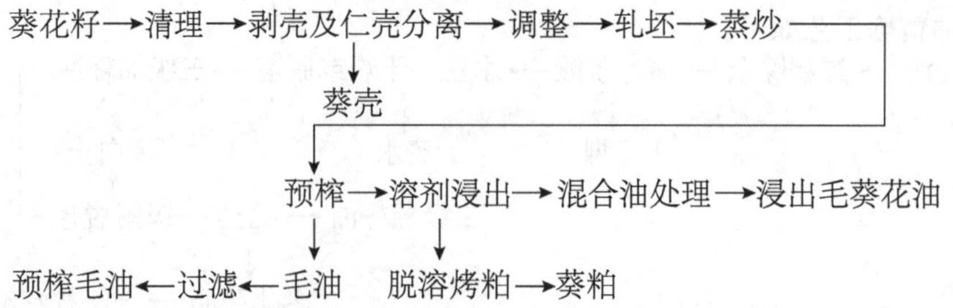

葵花籽的剥壳及仁壳分离是较复杂的，而且不彻底。葵壳中含蜡量较多，若葵仁中含壳量高，则毛油中就会含有较多的蜡质。因此，应尽量除去葵壳，以减少毛油中的含蜡量。

普通葵花籽油精炼的工艺流程如下。

葵花毛油 → 过滤 → 冷却 → 碱炼脱酸 → 沉淀分离 → 洗涤 → 干燥脱水 → 普通葵花籽油

（洗涤 ↓ 废水）

为了除去毛油中含有的少量蜡质（约 0.1%），可采用低温碱炼，使蜡质及皂脚同时与油脂分离，其操作要点如下。

1）过滤　　操作与豆油工艺相同。

2）碱炼　　碱炼前毛油先冷却至 9℃左右，加入 15～16°Bé 的液体碱，同时添加硫酸铝（加入量为油重的 0.25%～0.5%，配制成浓度为 14%～24%的水溶液），反应历时 70min 左右。再将油温调整到 16～18℃，使油与含蜡皂脚经沉淀而分离。

3）水洗　　碱炼油要水洗几次，至分离出的废水呈中性为止。

4）干燥　　水洗后的油需进行脱水干燥，真空脱除溶剂浸出的毛油，需进行真空干燥，以脱除溶剂（彭阳生，2003）。

7. 油茶籽　　从油茶籽中制取山茶籽油，有液压榨油机压榨法、螺旋榨油机压榨法和预榨—浸出法。用传统的液压榨油机法热榨，所得山茶籽油颜色较清，味道也较纯。油茶籽应于采收、晾干后，及时进行压榨取油，可榨取得到优质的可直接用于烹饪的普通食用油（彭阳生，2003）。

油茶籽由茶籽壳和茶籽仁组成。油茶籽油是茶籽仁经过压榨或浸出所制得的油脂。油茶籽油色清味香，油酸和亚油酸的含量高达 90%，其中油酸的含量达 80%以上。因为它的脂肪酸组成可与地中海地区橄榄油媲美，油脂具有稳定性强、不易氧化等特点，所以素有“东方橄榄油”的美称，长期食用有利于防止血管硬化、高血压和肥胖病（庄燕鸿，2007）。

8. 蓖麻籽　　从蓖麻籽中制取的油品，简称蓖麻油。从化学组成来看，蓖麻油是一种独特的含有羟基脂肪酸的油脂。它的脂肪酸组成为蓖麻油酸 80%～85%，硬脂酸 3%，油酸 3%～9%，亚油酸 2%～3%（张遵禧，1989）。

由于蓖麻油酸带有羟基，因此表现出与一般油脂所不具备的特殊性质。在物理性质上，一般油脂都难溶于乙醇而易溶于轻汽油；而蓖麻油恰恰相反，易溶于乙醇而不溶于汽油。蓖麻油密度和黏度要比一般植物油大得多，凝固点偏低（–18～10℃），利用这些特性就可以将蓖麻油与其他植物油区别开来（张遵禧，1989）。

制取蓖麻油工艺如下。

蓖麻籽 → 清理 → 破碎 → 软化 → 轧坯 → 蒸炒 → 压榨 → 粗蓖麻油

（压榨 ↓ 蓖麻饼）

将蓖麻籽破碎成3～4瓣。轧坯时，轧辊的间隙为2～2.5mm。蒸炒时，料坯至出料口时的水分（入榨水分）是1%～1.5%，入榨温度为130℃，压榨饼厚1.5～2.0mm，干饼残粕含量控制为6%～8%。

蓖麻籽油属于油分子中含羟基酸的不干性油。这一分子结构特点，使得进行蓖麻籽油的脱胶工序时，不宜采用常规的水化工艺，而多采用淡碱处理法进行脱胶。

精制蓖麻油的工艺流程如下。

稀碱液（→中和脱胶）　活性白土（→吸附脱色）

粗蓖麻油→过滤→中和脱胶→分离洗涤→吸附脱色→蒸馏脱臭→过滤→精制蓖麻油

稀碱中和操作温度为25～35℃，中和搅拌历时约15min，反应终温为90℃左右。中和完毕后，添加占油量25%的软水溶解皂，然后静置沉降15～20min，分离中层及下层的皂合水溶液，转入皂脚罐中回收残油。上层净油送入洗涤锅，洗去残皂。洗涤中，温度控制为85～90℃，每次水洗的加水量为油量的15%～25%，洗涤至废水呈中性为止。脱色温度为85℃左右，操作绝对压力为2.6～4.0kPa。脱色时间为20min，加入的活性白土量为占油量的4%。脱臭温度为175～180℃，操作绝对压力为0.4～0.7kPa，脱臭历时5h（彭阳生，2003）。

9. 米糠　从稻谷加工产物——米糠中制取油脂，可以得到米糠油。这是粮食加工综合利用的一个重要方面。米糠油也是一种不可多得的、品质功能良好的谷类植物油脂。在日本和泰国等国家，米糠油是作为降低胆固醇的重要油脂而进行深入开发利用的。

油脂专家在不断研究中陆续发现，米糠油中含有丰富的油酸和亚油酸，以及维生素E（含量为0.10%～0.25%）、阿魏酸酯（即谷维素，含量为1.8%～3.0%）、甾醇（含量为1.5%～2.1%）等物质。这些物质对降低人体胆固醇，对血清脂质都有良好的影响。制取加工米糠油时，要求对大米加工后所得新鲜米糠进行及时处理，即在较短的时间内，对新鲜米糠进行稳定化（即钝化）处理。其处理情况的好坏，将决定所获得米糠毛油的质量，并影响米糠成品油的得率。

小型立式液压榨油机的基本工艺流程如下（彭阳生，2003）。

米糠→筛选→炒糠→蒸糠→做饼包饼→装垛→轻压顶垛→预压→勤压久沥→卸榨及饼边复榨

预压、勤压久沥→糠油→过滤→毛糠油

米糠液压榨油的要求，可概述为新糠上榨，高温蒸炒，高压成型，单圈薄饼，轻压顶垛，轻压勤压，沥油不断，加强保温，饼边复榨。由于米糠油中含有较多的蜡，黏度较大，比其他油脂过滤要困难一些，因此常用水洗除杂代替过滤除杂。若用过滤，毛油需加热到80℃再进行（苏望懿，1990）。

油脂若贮藏保管不善，会发生一系列物理、化学及感官变化，产生一些令人不愉快的气味（难闻的哈喇味），这种现象称为油脂变质，油脂的变质过程也称为油脂的酸败。鉴于油脂酸败产生的严重后果，有必要对其进行有效预防，在日常使用中，应从以下几方面着手。

1）正确贮藏　应将油脂贮存于干燥、避光、低温处，如用绿色或棕色玻璃瓶（不宜用塑料容器）加盖密封存放于阴暗处。此外，存放时间也不宜过长，一旦开启应尽快食用。

2）控制油温和加热时间　油脂不宜高温使用，一般认为油脂在超过180℃时容易发生氧化，因此油温最好控制在180℃以下；同时油脂的加热时间不宜过长，一般以不超过60s为宜。

3）*避免油脂反复加热和冷却* 不要把使用过的油倒回新鲜油中，否则会使油脂纯度降低，加速其氧化过程。

参考文献

毕艳兰. 2005. 油脂化学. 北京: 化学工业出版社.

陈允正, 杨校生, 格日乐图. 2011. 中国主要油料作物及食用植物油产业变动特征. 山西农业科学, 03: 197-201.

董新红, 赵谋明, 蒋跃明. 2011. 花生蛋白改性的研究进展. 中国粮油学报, 12: 109-117.

樊金拴. 2013. 野生植物资源开发与利用. 北京: 科学出版社.

韩景生. 1989. 油脂精炼工艺学. 北京: 中国财政经济出版社.

何东平. 2013. 油脂化学. 北京: 化学工业出版社.

侯恩太, 倪士峰, 贾娜, 等. 2009. 食用植物天然毒性成分概况. 畜牧与饲料科学, 01: 151-152.

霍权恭, 范璐. 2005. 储存条件对马铃薯品质的影响. 河南工业大学学报, 26(6): 47-49.

李里特. 2002. 粮油贮藏加工工艺学. 北京: 中国农业出版社.

李林. 2007. 马钱子药效和减毒研究概述. 亚太传统医药, (5): 20-21.

李盛钰, 赵雪淞, 何大俊, 等. 2007. 茄科植物糖苷生物碱的药用活性研究进展. 中草药, 38(1): 147-149.

李新华. 2003. 粮油加工学. 北京: 中国农业大学出版社.

梁少华. 2009. 植物油料资源综合利用. 2版. 南京: 东南大学出版社.

刘玉兰. 2006. 油脂制取工艺学. 北京: 化学工业出版社.

刘玉兰, 陈刘杨, 汪学德, 等. 2010. 芝麻品种和制油工艺对芝麻油品质的影响. 中国油脂, 02: 6-10.

娄在祥, 王洪新. 2008a. 豆类植物凝集素抗营养机理研究. 粮食与油脂, (1): 16-19.

娄在祥, 王洪新. 2008b. 七种新鲜豆荚中总皂苷含量及凝集素活性的比较研究. 食品科学, 29(3): 123-126.

娄正, 刘清, 师建芳, 等. 2015. 我国主要油料作物加工现状. 粮油加工(电子版), 02: 28-34.

罗明亮. 2014. 水酶法提取蓖麻油工艺研究. 株洲: 中南林业科技大学硕士学位论文.

苗水清, 贾伟, 果文帅. 2013. 中国主要油料作物产量增长因素的实证研究. 中国农业科技导报, 01: 38-42.

倪培德. 2003. 油脂加工技术. 北京: 化学工业出版社.

彭阳生. 2003. 植物油脂加工实用技术. 北京: 金盾出版社.

齐玉堂. 2011. 油料加工工艺学. 郑州: 郑州大学出版社.

钱生球. 1988. 油脂化学原理与深度加工工艺. 贵阳: 贵州人民出版社.

师俊玲. 2012. 食品加工过程质量与安全控制. 北京: 科学出版社.

苏望懿. 1990. 油脂加工工艺学. 武汉: 湖北科学技术出版社.

唐文婷, 蒲传奋. 2011. 葵花籽油的氧化稳定性研究. 粮油食品科技, 06: 19-22.

田秀红, 闫峰. 2006. 食品原料中的天然化学性污染及其预防. 中国食物与营养, (12): 18-20.

田养儒, 冉萍, 柏云爱. 2008. 浓香花生油制取工艺设计实践. 中国油脂, 33(8): 14-16.

王芳, 冯冲, 简在荣, 等. 2012. 大豆蛋白含量多样性分析. 安徽农业科学, 11: 6403-6405.

王洪新, 娄在祥. 2007. 莱豆毒素及中毒机理研究. 安徽农业科学, 35(25): 7733-7735.

温运启, 刘玉兰, 王璐阳, 等. 2017. 不同食用植物维生素E组分及含量研究. 中国油脂, 42(5): 35-39.

吴谋成. 2009. 油菜籽加工与综合利用. 北京: 中国轻工业出版社.

徐雪高, 曹慧, 刘宏. 2012. 中国油料作物及食用植物油供需现状与未来发展趋势分析. 农业展望, 11: 9-15.

杨湄, 黄凤洪. 2009. 中国芝麻产业现状与存在问题、发展趋势与对策建议. 中国油脂, 01: 7-12.

殷冬梅, 张幸果, 王允, 等. 2011. 花生主要品质性状的主成分分析与综合评价. 植物遗传资源学报, 04: 507-512.

俞文兰. 2004. 有毒植物中毒的诊断与处理与原则. 中国临床医生, 32(6): 11-14.

俞文兰，李彦琴. 2004. 有毒植物毒性成分、毒性表现与中毒救治原则. 卫生研究, 33(5): 654-648.
张洪渊. 2006. 生物化学. 2版. 北京：化学工业出版社.
张遵禧. 1989. 油脂的利用. 武汉：湖北科学技术出版社.
章胜勇. 2005. 中国油料作物比较优势及生产布局研究. 武汉：华中农业大学博士学位论文.
赵冬冬，刘晓宇. 2009. 棉籽蛋白的研究进展. 农产品加工(学刊), 05: 27-30.
赵霖，鲍善芬. 2004. 天然食物、中草药、微量元素与食品安全. 中国食物与营养, (3): 8-11.
朱德修，郭树武. 2003. 常见的几种有毒植物性食品与中毒预防. 山东食品科技, 5(2): 22-24.
朱南山，张彬，李丽立. 2006. 单宁的抗营养作用机理及处理措施. 中国饲料, (17): 26-28.
庄燕鸿. 2007. 调味品养生调理妙方. 上海：第二军医大学出版社.
Delplanque B, Combe N, Boue-Vaysse C, et al. 2006. Pure or blended rapeseed oil intake to reach human alphalinolenic recommendation increase plasma availability and conversion to eicosapentaenoic(EPA). Athorosclerosis Supplements, 7(3): 449.
Dominguez H, Sineiro J, Nunez MJ, et al. 1996. Enzymatic treatment of sunflower kernels before oil extraction. Food Research International, 28(6): 537-545.
Ghosh M. 2007. Review on recent trends in rice bran oil processing. J Amer Oil Chem Soc, 84: 315-324.
Hoffer AP. 1983. Effecfs of gossypol on the seminiferous epithelium in the rat: A light and elertron microscope study. Biol Reprod, 28: 1007.
Hue N, Eva M, Campia W, et al. 2009. Effect of oxidative deterioration on flavor and aroma components of lemon oil. Food Chemistry, (112): 388-393.
Kholief TS. 1987. Chemical composition and protein properties of peanuts. Zeitschrift fur Ernghrungswiessenschaft, 26: 56-61.
Lazarou D, Grougnet R, Papadopoulos A. 2007. Antimutagenic properties of a polyphenol-enriched extract derived from sesame-seed periperm. Mutation Research, 634: 163-171.
Magnoli AP, Tallone L, Rosa CAR. 2008. Commercial bentonites as detoxifier of broiler feed contaminated with aflatoxin. Appl Clay Sci, 40: 63-71.
Sugita-konishi Y, Sato T, Saito S, et al. 2010. Exposure to aflatoxins in japan: risk assessment for aflatoxin B_1. Food Additives and Contaminants: Part A, 27(3): 365-372.

第二章 植物油脂制取

第一节 油料的预处理

油料的预处理，就是指在制油前对油料进行清理除杂、水分调节、剥壳脱皮、破碎、软化、轧坯、蒸炒挤压膨化等一系列工序的处理。其目的是除去杂质，将其制成具有一定结构性能的物料，以满足不同制油工艺的要求，提高油脂产品和副产品的质量。根据油料品种和油脂制取工艺的不同，所选取的预处理工艺和方法也有差异。

一、油 料 清 理

（一）油料清理目的和方法

1）清理的目的　油料在收获、运输和贮藏过程中会混入一些杂质，尽管在贮藏油料前常常会进行初清理，但仍会残留少量杂质，不能满足油脂生产的要求。所以，在制取油脂前还需要进一步清理。清理的目的在于除去油料中的杂质，将杂质含量降到工艺要求的范围之内，通过清理减少油分损失、提高出油率、提高油脂产品和饼粕的质量、提高设备的处理能力、减轻对设备的磨损、保证生产的安全，减少和消除车间的尘土飞扬，改善操作环境等（秦文，2013）。

2）清理的方法　进行油料清理时，应根据油料籽粒和杂质之间物理性质的差别，确定有效的分离方法。例如，根据油料种子与杂质在颗粒大小、形状、表面状态、硬度、密度、磁性、气体动力学等物理性质上的差异，采用筛选、磁选、风选、比重去石等方法和利用相应的设备，进行有效分离（赵云霞，2013）。选择除杂设备时应当根据原料含杂情况而定，力求设备简单、操作工艺流程简短、以提高除杂的效率。

3）清理的要求　经过清理后的油料，不得含有石块、铁杂、麻绳、蒿草等大杂质。总杂质含量应当符合相应的工艺要求，如花生、大豆的含杂量不得超过 0.1%，棉籽、油茶籽、芝麻等的含杂量不得超过 0.5%。

（二）筛　　选

筛选是利用油料和杂质在颗粒大小（宽度、厚度、长度）上的差别，借助含杂油料和筛面的相对运动，通过筛孔将大于或小于油料的杂质清除掉的过程。油厂常用的筛选设备有固定筛、振动筛、旋转筛等，它们主要工作部分是筛面，要根据油料和杂物的形状及大小合理地选择筛孔（齐玉堂，2011）。一般来讲，菜籽、芝麻等小颗粒油籽宜用正方形筛孔的筛网进行筛选，花生仁、亚麻籽宜用长圆形筛孔的筛板进行筛选，其余植物油料宜用圆形筛孔的筛板进行筛选。圆形筛孔应用最为广泛，表 2-1 列出了几种主要油籽筛选所用筛孔的形状和大小。

表 2-1 几种主要油籽筛选所用筛孔的形状和大小

油料	筛除大杂质				筛除小杂质			
	筛板		筛网		筛板		筛网	
	孔形	直径或宽×长/mm	孔形	每 2.54cm 筛面长度的孔数	孔形	直径或宽×长/mm	孔形	每 2.54cm 筛面长度的孔数
大豆	圆	8	方	3	圆	2.4	方	8
菜籽	圆	2.4	方	8	圆	0.8～1	方	22～24
花生仁	长圆	10×20	方	8	圆	4	方	5
棉籽	圆	16～19	方	8	圆	3～4	方	20～24
芝麻	圆	16～19	方	8	圆	3～4	方	20～24
米糠	长圆	1.2×20	方	20～24	圆	1.8～2.2	方	14
亚麻籽	长圆	1.2×20	方	20～24	圆	1.8～2.2	方	14

1. 筛孔的大小和形状

1）筛孔大小的确定　利用筛选设备对油料进行清选，首先要选择合适的筛孔尺寸。假设油料由三部分组成：净油籽、小杂质和大杂质，而且每一部分的粒度组成互相不重叠，即大杂质的最小尺寸 d_2 比油籽的最大尺寸要大，而小杂质的最大尺寸 d_1 比油籽的最小尺寸要小。当选用筛孔直径为 d_2 的筛面进行筛选时，筛上物是大杂质，筛下物是油籽和小杂质。油籽和小杂质再经过筛孔直径为 d_1 的筛面进行筛选，则油籽成为筛上物，小杂质穿过筛孔成为筛下物。这样油料就分离成净油籽、大杂质、小杂质三个部分。但实际上油籽和杂质的粒度组成是彼此互相重叠的，在这种情况下，按上述方法选择筛孔直径进行筛选的结果是，第一层筛面筛上物的大杂质中将含有一部分较大的油籽，而第二层筛面的筛下物小杂质中将含有一部分小颗粒油籽，筛选效果不能达到预期的要求。要想达到好的筛选效果，必须根据油籽和杂质的粒度组成，合理选择筛孔尺寸。由于油料品种和产地的不同，即使是同种油籽，其颗粒大小也往往有较大差距，因此在实际应用时，还必须根据油籽颗粒的实际大小来选择（周裔彬，2013）。

2）筛孔形状的确定　筛板上的筛孔，可以按照筛选物料或杂质的外形冲制成各种不同的形状，油脂加工厂多采用圆形或长圆形筛孔，有时也冲制成六角形筛孔。筛网上的筛孔是由金属丝编制而成的，故其筛孔的形状只有正方形和长方形两种。筛孔形状不同，其性能和用途也有所区别。圆形及正方形筛孔，主要是按照物料颗粒的直径或长度来进行分选，筛孔直径的大小需要以油籽与杂质颗粒直径或长度的差异来定。长圆形筛孔按照物料颗粒的宽度来进行分选，因此筛孔的宽度取决于油籽与杂质颗粒的宽度差别。筛孔长度一般取 20mm（汪学德，2004）。

2. 筛的几种类型

1）固定筛　其筛面固定不动，筛面倾斜一定的角度，一般是30°～40°，筛料时主要借助油料自身的重量，使油料在筛面由上向下流动时与大小杂质分离。

固定筛的特点是结构简单，不需要动力带动，操作简单。但是，它除杂效果较差，仅适用于散落性良好的油料，或者小型加工厂的油料粗清理使用。

2）振动筛　又称平筛，是筛面做前后往复运动的筛选设备。振动筛清理效率高，工作可靠，适用于各种油料的清理，因此是油厂应用最广泛的一种筛选设备。振动筛的结构一般由进料机构、筛体、筛面、筛面清理机构、振动机构、传动机构、吸风除尘机构等部件组成（于殿宇，2012）。进料机构的作用是保证整个筛面上料流的均匀和稳定，由进料斗、压力门和进口吸风管等组成。振动筛的筛体通过振动机构做往复运动。筛体内安装有按清选要求组合而成的筛面，筛面可以直接固定在筛体上，也可以做成活动的筛格，从进料端插入筛体或从筛体中推出，以便于筛面的清理、检修及更换。筛面下可设置橡皮球清理装置，以利用筛体的运动自动清理筛面。吸风除尘机构常装在振动筛的出料口处，在出料口处的垂直吸风道中利用料流均匀分散的条件，通过调节吸风道中挡板的位置来控制合适的风速，以清除油料中的灰尘和各种轻杂质。

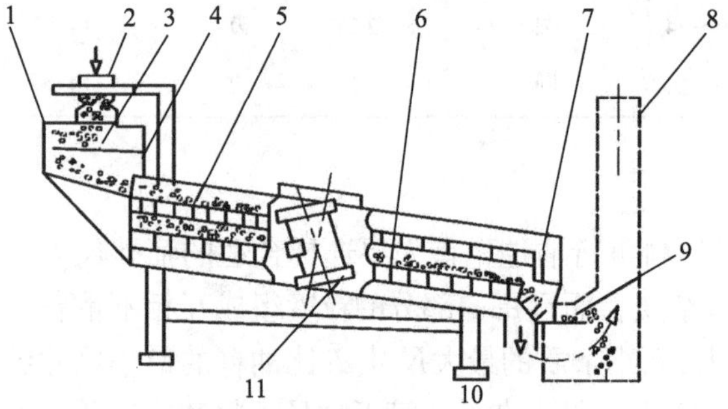

图 2-1　振动清理筛（引自于殿宇等，2012）

1. 喂料箱；2. 进料口；3. 可调分流淌板；4. 挡板；5. 上层筛面；6. 下层筛面；7. 大杂质出口；8. 配套吸风管；9. 油料出口；10. 小杂质出口；11. 振动电机

图 2-1 所示为常用的振动清理筛的结构示意图，其工作过程为：物料通过进料管进入带有偏心锥形漏斗的进料口，通过布筒进入喂料箱的散料板上，锥形漏斗可以旋转使得物料正确地落到散落板中间。随着筛体的振动，物料均匀地撒在进料箱的底板上，并沿底板流到筛面的整个宽度上。在喂料箱与筛面的连接处安装压力门，它使物料能均匀分散于同一高度，物料通过压力门后布满了第一层筛面，第一层筛面的筛下物落到第二层筛面了，筛上物（大杂）则由出料口导出，第二层筛面的筛下物（小杂）到底板上，从机器中部的出料口导出。第一层筛面的筛上物经过压力门导出到垂直吸风分离器进行风选，去除土和轻型杂质，垂直吸风分离器中的风速可通过调节手轮进行调节，以达到最佳的分离状态，从垂直吸风分离器排出的即是清理后的净料，振动电机位于机器两侧的中部，使筛体不断地进行往复运动。

3）旋转筛　又称回转筛或筒筛，是利用做旋转运动的筒形筛面进行筛选的一种筛选设备。它的筛面是圆筒形或圆锥形、六角锥形。工作时，被筛选的油料借助筛筒体的回转运动，在筛筒中不断翻动，完成油籽与杂质的筛分。其特点是噪声低、效率高，而且属于全封闭式结构，在密闭的空间内进行筛选工作，适用于筛分散落性差的物料，如棉籽的清理和棉籽剥壳后的仁壳分离、葵花籽清理及仁壳分离。旋转筛的振动由直立式电机产生，电机上、下两端安装有偏心重锤，将电机的旋转运动转变为水平、垂直、倾斜的三次元运动，再把这个运动传递给筛面。然后通过不断振动将粉末状物料渗入筛面下方，而其他的杂物或固体物料则被留在筛面上，从而达到物料的筛选功能。

4）平面回转筛　这是一种筛面工作时随着筛体做平面圆周运动的清理设备。其特点是，工作时筛体旋转速度较低，工作平稳，无强烈振动。常用于清理小颗粒油料和米糠中的碎米等。平面回转筛筛体可分二层型、多层型筛面，结构如图 2-2 所示（彭阳生，2003）。

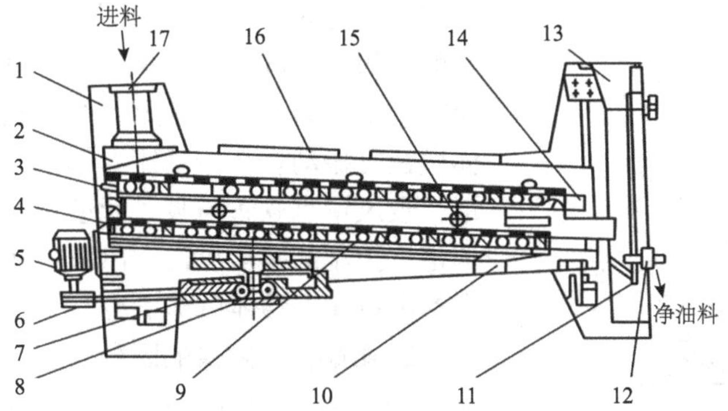

图 2-2　平面回转筛（引自彭阳生，2003）

1. 机架；2. 淌板；3. 上层筛板；4. 下层筛板；5. 电动机；6. 减震装置；7. 偏心块；8. 传动机构；9. 橡皮球；10. 小杂质出口；11. 观察窗框；12. 重砣；13. 垂直吹风道；14. 大杂质出口；15. 压紧机构；16. 观察窗；17. 进料口

3. 影响筛选效果的因素

（1）油料的性质。包括油料的杂质含量、水分含量、油籽的粒度组成、油籽与杂质在形状和大小上的差别等。油料的含杂率越高，水分含量越大，油籽与所含杂质的形状及大小越接近，筛选效果越低。

（2）筛面的选择。包括筛面上筛孔的形状和大小、筛面的长度和宽度、筛面的运动形式、筛面的斜度、筛面的振幅和转速、筛面的表面状态等（王如福，2006）。筛孔的形状和大小必须根据油籽与杂质在形状和大小上的差异进行合理选择，筛孔的排列形式，在满足筛面强度要求的前提下，应尽量先采用交错排列。筛面宽度应依据生产量进行选择，但筛面过宽容易造成筛宽方向物料流量的不均匀，影响筛选效率，同时将导致筛体庞大和操作不便。筛面长度应保证油籽有足够的筛理路程来进行自动分级，并使小于筛孔的物料有较多的机会穿过筛孔，通常筛长与筛宽的关系为 1∶（2～3）。

（3）筛选设备的操作。为了保证好的筛选效果，必须保证筛选设备的单位负荷量及均匀性。筛面单位负荷量过大，将使筛面上的料层加厚，造成自动分级困难，同时会导致筛体振幅或回转半径减小等，影响筛选效率（齐玉堂，2011）。若流量过小，则筛面料层过薄，筛体的振幅或回转半径将增大，易使物料在筛面上发生跳动，使筛选效果降低，同时也会降低筛选设备的产量，使设备利用率降低，通常料层厚度控制在 10～15mm（于殿宇，2012）。

（三）比重法去石

油料经过筛选和风选，其中大部分的大杂质、小杂质和轻杂质已被除去，但还存在着与油籽大小相近的杂质，此类杂质可通过比重法去石除去。比重法去石是根据油籽与杂质的相对密度及悬浮速度不同，利用具有一定运动特性的倾斜筛面和穿过筛面的气流的联合作用达到分级去石的目的（于殿宇，2012）。

1. 去石机的工作过程　图 2-3 是分级比重去石机结构示意图。它主要由进料装置、筛体、偏心传动机构、吸风装置、机架等组成（李里特，2002）。机器顶部为进料口，其下部由软套管与料箱相连，料箱内装有可调弹簧的淌料挡板，料箱下缘连接到振动体上。振动体内装有两层抽屉式筛格，上层筛面用于分级并去除轻杂，下层筛面为弹簧编织网，用于去除砂石、泥块。在下层筛面的出石端设有可调节的反向导风板，调节导风板与筛面的距离，可以

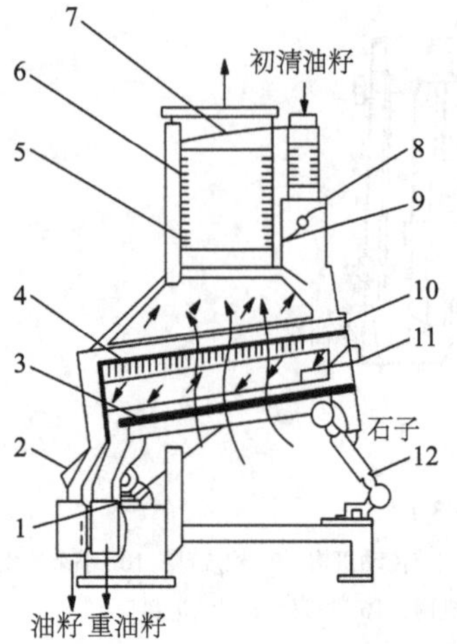

图 2-3 分级比重去石机结构示意图（引自于殿宇等，2012）

1. 支撑弹簧；2. 振动电机；3. 下层筛面；4. 上层筛面；5. 机架；6. 风管；7. 碟形风门；8. 料箱；9. 淌料挡板；10. 筛体；11. 圆风门；12. 调节杆

控制石子的排出。整个密闭的振动体由后部的两组弹簧及前端的一个可调支撑杆支撑。两台振动电机并排安装在振动体后部的大轴上，两电机相向旋转，使振动体做往复振动。在振动体上部中间装有一个大的吸风罩，吸风罩靠软管与吸风管道相连，管道内有一个外部把手控制的碟形风门。出石口在机器前部两端处，净料出口在振动体后部下边。

2. 影响去石效果的因素

1）进机油料的含杂情况　进入去石机的油料不应再含有大杂质和小杂质。大杂质易堵塞进出料口和出石口（因设备闭风的需要，进出料口和出石口都很小）。小杂质会堵塞筛孔，使气流不能均匀穿过整个筛面而降低去石效果。

2）流量　去石机的流量大小应符合设备额定产量的要求且流量稳定均匀。流量过大，筛板上的物料层过厚，风力不能使油籽形成悬浮状态，也不能使石子与油籽形成充分的自动分级，造成油籽与石子分离不清的后果。流量过小，筛板上料层过薄，料层易被气流吹穿，造成气流在筛板上分布不均，甚至石子也被气流吹起，降低去石效率。

3）风速　风速是油籽和石子分离的重要条件。风速过大，筛板上的料层会被吹穿，破坏油料的自动分级，或造成石子与油籽一起悬浮，使去石操作无法正常进行。风速过小，筛板上油料不能形成悬浮，油籽与石子沿筛面一起上行，造成石子中含油籽量增多。

4）设备的密封　为保证去石机工作时必需的风量及风量的稳定，设备的进出料口、出石口及其观察孔等都要进行闭风，防止由于气流短路造成通过筛面风量的减少而降低去石效果（于殿宇，2012）。

（四）磁　　选

磁选是利用磁铁清除油料中磁性金属杂质的方法。油料均为非磁性物质，在磁场里不发生磁化现象。而磁性杂质如铁、钴、镍等金属碎片或矿渣等在磁场里则被磁化，与磁场的异性磁极相吸引的原理便可将它们分开。在生产中，油料进入机械设备或安全要求较高的设备之前，都需要用磁选装置去除铁杂。油厂常用的磁选装置有永磁滚筒磁选器、圆筒磁选器和带式电磁除铁器（何东平，1998）。永磁滚筒磁选器如图 2-4 所示。

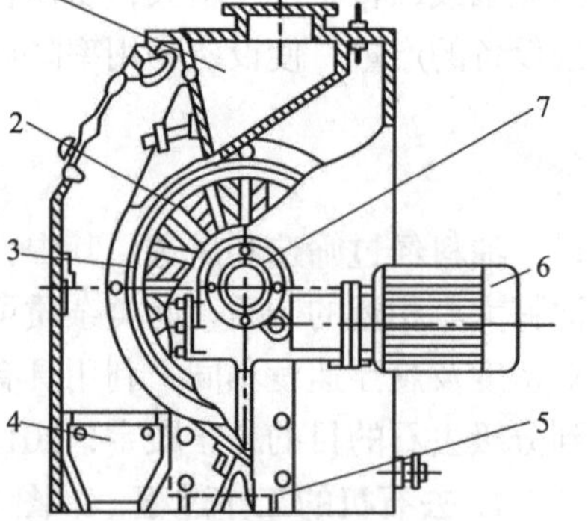

图 2-4 永磁滚筒磁选器（引自何东平，1998）

1. 淌板；2. 永久磁铁；3. 滚筒；4. 出料口；5. 铁杂出口；6. 电机；7. 减速机

永磁滚筒主要由进料斗，上、下机体，旋转滚筒，磁芯和排料装置等组成。永磁滚筒的磁芯由 48 块磁钢组成，它们呈 170°的半圆形固定在不旋转的轴上。磁芯与滚筒的间距约为2mm，外筒采用无毒性的聚氨酯耐磨涂料涂于表面，以增加其使用寿命（于殿宇，2012）。

永磁滚筒是一种具有自排杂能力、除杂效果较好的磁选设备。它主要由上、下机体，磁铁滚筒，观察传动机构等部分组成（沈瀚，2009）。磁铁滚筒采用外筒转、磁芯不转的结构。因外筒质量轻，转动量小，可节省动力。

（五）风　选

根据油料和杂质悬浮速度的差别，借助风力分离油料中杂质的方法称为风选。风选可去除油料的轻杂质及灰尘，同时还能除去部分石子、土块、金属等较重的杂质，还可用于油料剥壳后的仁壳分离。此法常用于棉籽和葵花籽等油料的清理。风力分选器可分为吹式和吸式两种（于殿宇，2012；何东平，1998）。

1. 风选的基本原理　凡处于气流中的物体都将受到气流的作用力，其大小与物体本身的形状、体积、表面状态及物体在气体中的位置、气流的速度、空气密度等有关。根据气体动力学原理（贾健辉，2012），气流对物体产生的作用力可用式（2-1）表示。

$$P = 0.124KFv^2 \tag{2-1}$$

式中，P 为气流对物体的作用力（N）；K 为阻力系数［（N·S^2）/m^4］，与物体性质有关，见表2-2；F 为物体在垂直于气流方向的平面上的投影面积（m^2）；v 为气流与物体的相对速度，即气流与物体的绝对速度之差（m/s）。

表2-2　不同油料的阻力系数

油料	阻力系数/［（N·S^2）/m^4］	油料	阻力系数/［（N·S^2）/m^4］
棉籽	0.32	葵花籽	0.51
亚麻籽	0.53	葵花籽仁	0.53
大麻籽	0.34	大麻籽仁	0.27
蓖麻籽	0.37	蓖麻籽仁	0.38

由式（2-1）可知，当气流速度不变时，由于各种物体所具有的阻力系数 K 和投影面积 F 各不相同，它们在气流中所受到的作用力 P 的大小也就不同，它们之间的这种差异成为利用气流分离油籽和杂质的重要依据。

处于气流中的物体受到重力、空气浮力和气流作用力3个力的作用，如不考虑空气的浮力，那么物体所受到的重力与气流作用力的关系，可呈如下两种情况（李建成，2011）。

（1）在垂直向上的气流中，物体将受到自身重力 G 和气流作用力 P 这两个力的作用。如图2-5A所示，当 $P>G$ 时，物体将被气流带着上升；当 $P<G$ 时，物体便下落；当 $P=G$ 时，物体将悬浮于气流中。此时物体的下降速度设为 v_s，气流速度为 v_a，则物体运动的绝对速度 $v=v_s-v_a$。当 $v_s=v_a$ 时，物体的绝对速度 $v=0$，即物体在气流中将处于静止或悬浮状态，此时的气流速度称为物体的临界速度或悬浮速度。主要油料和杂质的悬浮速度和输送气流速度如表2-3所示。

表 2-3　主要油料和杂质的悬浮速度和输送气流速度

物料	悬浮速度/（m/s）	气流速度/（m/s）	物料	悬浮速度/（m/s）	气流速度/（m/s）
大豆	1.8～14.2	14～26	油菜籽	6.4～8.4	15～24
葵花籽	5.9～7.4	12～18	光棉籽（带短绒）	4.3～5.6	10～16
葵花籽仁	6.9	11～16	棉籽仁	6.5	12～18
葵花籽壳	4.4	8～10	棉籽壳	3.2	8-13
米糠	2～3	6～13	花生果	8～11.6	15～23
芝麻	5.3～7.2	18～22	花生仁	9.5～14	20～28
亚麻籽	5.6～6.2	12～18	花生壳	4.2	10
蓖麻籽	9.5～11.9	15～22	玉米	9.5～13.5	18～28

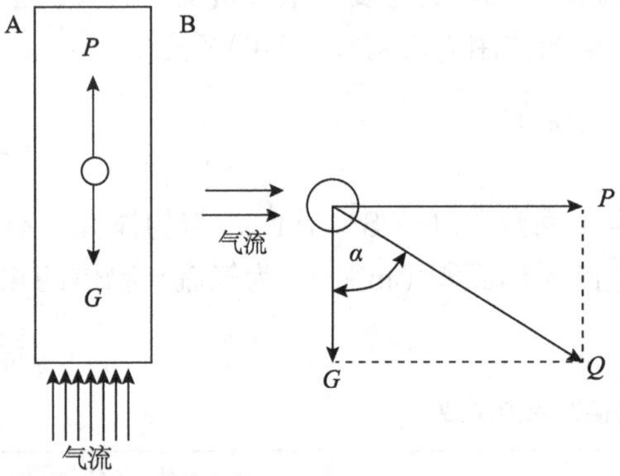

图 2-5　物料在气流中的受力情况（引自于殿宇等，2012）

A. 在垂直向上气流中；B. 在横向平行气流中

（2）在横向的平行气流中，如图 2-5B 所示，物体同样受到重力 G 和气流作用力 P 的作用，其合力为 Q，物体在气流中将沿着合力 Q 的方向运动。合力 Q 与重力 G 的夹角 α 是随 G 的增大而减小或随 P 的减小而减小。而 α 角的大小则决定了物体在气流区域里抛落下来位置的远近。α 角越大，物体被抛送得越远。因此可知，在一个具有一定气流速度的水平气流作用下，密度越小，或受气流作用的投影面积和阻力系数越大的物体，将被气流抛送得越远，反之，物料被抛送得越近（于殿宇，2012）。

2. 影响风选效果的因素　为了保证风选效果，首先要根据油料和杂质的密度差别选择合理的风速；其次物料经过风选设备时料层要薄、受风均匀；此外，设备和管道要进行密封，防止由于气流短路引起风量减少而降低风选效果（刘玉兰，2009）。

（六）除　尘

油料在清理和输送过程中会飞扬起大量的灰尘，这些飞扬的灰尘不仅影响油脂、饼粕质量，还会污染空气，影响车间的环境卫生和操作人员的身体健康，因此必须进行清除。除尘的方法首先是密闭尘源，缩小灰尘的影响范围，然后设置除尘风网，将含尘空气集中起来并将其中的灰尘除去（陈智斌，2012）。

除尘风网主要由吸尘口、风管、风机及除尘器等部分组成。图 2-6 是除尘网络示意图。吸尘口是含尘空气的吸入口，应装在设备上方和靠近尘源的位置。风管包括直风管、弯头、三通、连接法兰等。风管将吸尘口与风机、除尘器等连接起来，使含尘空气在其中以一定的路线和速度流动，形成除尘网路。风管直径的大小应按风管内所选用的气流速度和所需的输送风量来确定。

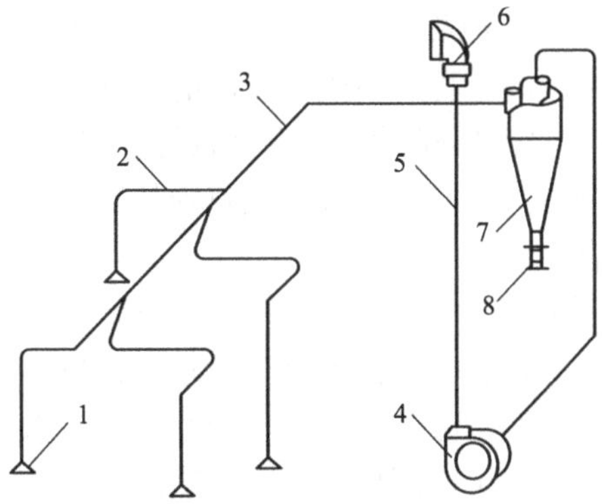

图 2-6 除尘网络示意图（引自于殿宇等，2012）

1. 吸尘口；2. 风管；3. 汇集风管；4. 风机；5. 排风口；6. 风帽；7. 除尘器；8. 闭风器

风机是除尘网络中气流的动力源，油厂常用低压和中压离心通风机。风机型号可根据除尘系统所需的总风量及压力损失参阅有关设计手册选择使用。

除尘器用来清除被吸空气中的灰尘。根据我国《工业“三废”排放试行标准》规定，生产性含尘空气经净化后排入大气的含尘浓度不能超过 150mg/m^2（张怀珠，2009）。这就要求除尘器具有高的除尘效率。除尘器有干式和湿式两类，干式除尘器有离心除尘器、布袋除尘器等，湿式除尘器有水浴除尘器、喷淋除尘器等。油厂常用离心除尘器和布袋除尘器。

离心除尘器结构简单，造价低，管理维修方便，因此应用普遍。但离心除尘器去除细小尘粒的效果较差，适用于对除尘要求不很高的场所或作为初级除尘。布袋除尘器是利用多孔的纤维性滤布的过滤作用来进行除尘的。

二、油料水分的调节

（一）油料水分调节的意义和要求

油料水分对油料储藏和油料加工的效果产生重要影响。这是因为油料水分几乎对油料的所有物理性质都产生影响，也对油料中某些化学组分的性质产生影响，同时对油料的储藏性质产生影响。例如，油料水分对油料的弹性、塑性、机械强度、导热性、组织结构等物理性质产生影响，而油料的这些物理性质直接影响油料加工的效果。油料水分对油料中各种酶的活性有重要影响，而酶的作用是改变油料中某些组分的性质，进而影响产品及副产品的质量及得率。为了保证油料安全储藏、提高油脂生产工艺效果及产品质量，一般在油脂生产工艺中都有必要设置油料水分调节工序。油料水分调节包括油料干燥和油料增湿，在油脂生产中最常用的是油料干燥（王瑞元，2009）。油料干燥分为储藏干燥和生产干燥。为了降低油料或饼粕的水分含量，保证其安全储藏所进行的干燥称为储藏干燥。为了调整油料或加工半成品的水分含量，以保证油脂生产工艺效果所进行的干燥称为生产干燥。

水分的调节与油料的储藏、剥壳、破碎、去皮、轧坯、蒸炒、挤压膨化、压榨乃至浸出等工艺过程均有密切关系（陈智斌，2012）。在油脂生产的不同工序所进行的油料水分调节有很多相同之处，但也存在着不同的特点和要求，需要根据各生产过程的具体要求选择合适的工艺条件进行处理，以使油料含水量达到最利于加工的适宜水分。可以这样认为，油料加工适宜水分，即油料的物理性质对某一工艺过程产生最好效果时的油料水分。

进入油脂加工厂的油料因其品种及来源不同，其含水量也不相同甚至会出现很大差别。当油料水分接近于加工适宜水分时，可以不进行专门的水分调节，但当油料水分与加工适宜水分相差较大时，必须对油料进行水分调节，以保证良好和稳定的生产效果（刘玉兰，2009）。

根据水分与油料间的结合方式不同，水分在油料中的存在形式一般分为机械结合水分、物理化学结合水分和化学结合水分。

1）机械结合水分　机械结合水分主要有湿润水分和毛细管水分，物料和水分之间没有一定的数量关系。湿润水分是指和水直接接触时黏附在物料上的水分。毛细管水分是多孔性物料的孔隙中所含的水分。湿润水分和毛细管水分基本保持水分原有的性质，其蒸汽压等于纯水在同温度下的饱和蒸汽压，可以用机械方法或蒸发方法较容易地除去。

2）物理化学结合水分　物理化学结合水分主要有吸附水分和渗透水分，水分和物料间没有严格的数量关系。吸附水分是湿物料的粗糙外表面和毛细管壁内表面上附着的水分。由前可知，油料不仅具有起吸附作用的外表面，而且还具有巨大的毛细管壁内表面，两者均能在吸附过程中吸附水分子。但是由于水蒸气分子首先要通过毛细管才能到达内表面，导致内表面的吸附过程进行得较慢。吸附水分和物料间主要靠分子力场的作用进行连接，在两相界面上固体物料的表面自由能可以吸附水蒸气分子是造成吸附水分的原因之一，但更重要的是由分子间的非反应力引起的。在油料成分中，蛋白质的多肽结构带有各种不同的极性基团，这些基团极易与水起作用，在蛋白质球体的表面，由于亲水基的存在，可以吸聚水分子形成水化外膜。物料吸附水蒸气分子时，在表面上，特别是在极性基团部分的第一层吸附分子（单分子层吸附）结合得比较牢固，随着吸附分子层的增加，多分子层吸附结合能力逐步减弱。

物理化学结合水分产生不正常的低气压，其蒸汽压低于同温度下液态水的蒸汽压，较机械结合水分难以去除。

3）化学结合水分　化学结合水分是指结合时产生化学反应，形成新物质的水。结合后水分子成为新物质的组成部分，水分和物料间具有严格的数量关系。这种结合非常牢固，用通常的蒸发或干燥条件不能除去化学结合水分，化学结合水的解离不应视为干燥过程（于殿宇，2012）。

（二）油料水分调节机制

油料与周围气体介质接触时，水分转移的方向和程度取决于油料含水量及介质相对湿度。现将物料的等温解吸过程说明如下，在图 2-7 中，吸湿（解吸）等温线将图分成吸湿区和解吸区两个区域。线的左上部为吸湿区，如果介质相对湿度与物料含水量的交点落在这一区域，则物料产生吸湿过程。线的右下部为解吸区，如果介质相对湿度与物料含水量的交点落在这一区域，则物料产生解吸过程。对于需要调节水分的油料，可以根据增湿或去湿的要求，在图中找出所需介质的相对湿度（达到平衡状态）。当物料水分超过吸湿状态区或大于吸湿点的含水量时，则不能通过与介质达到吸湿平衡的方法使物料增湿，而只能借助加水及喷汽冷凝的方法进行增湿。

当固体物料超过其平衡湿度而与干燥介质接触时，虽在开始时水分均匀地分布在物料中，但由于湿物料表面水分的汽化逐渐形成物料内部与表面间的湿度梯度，于是物料内部的水分就以此湿度梯度为推动力借扩散作用向其表面转移，并在表面汽化向气相中传递。因此，油料的干燥过程存在着两种基本现象：一种是物料表面水分汽化并被介质带走；另

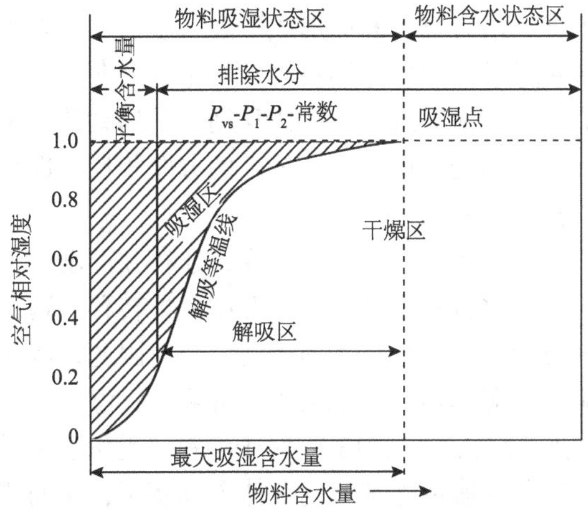

图 2-7　等温吸湿过程图解（引自于殿宇等，2012）

P_{vs}. 物料上的蒸汽压；P_1. 游离液体上的蒸汽压；P_2. 游离液体上的饱和蒸汽压

一种是物料内部发生着传热和传质过程引起水分向表面扩散。表面水分汽化和内部水分向表面扩散虽然是同时进行的，但其速度并不一定恰巧相等。由于物料的结构、性质、温度等及周围介质情况的影响，只有在很少情况下，水分内部扩散与表面汽化的速度才恰巧相等。

当表面水分汽化速度小于内部水分扩散速度时，物料的干燥过程主要取决于表面汽化速度，属于汽化控制过程；反之，当物料内部扩散速度低于表面汽化速度时，由于物料内部的水分不能及时扩散至表面，造成表面首先干燥而物料的蒸发表面逐渐向内转移，使干燥过程复杂化，属于内部扩散控制过程。显然，要提高干燥效率，应从控制因素着手。在物料的增湿过程中，存在着与干燥方向相反的物料内部水分扩散，这种水分扩散是增湿过程的控制因素。

1. 自由表面水分的汽化　自由表面是指与气体介质相接触的表面，自由表面同其他的固体及液体之间无任何接触联系。由于水分的汽化，自由表面上会形成一层为水蒸气所饱和的气体薄膜（边界层），其温度与汽化水分的温度相同。如果水分汽化表面的温度为 0，则边界层中水蒸气的分压为该温度下的饱和蒸汽压，用 P_{vs} 表示。若周围气体介质的温度为 t，水蒸气分压为 P_v，而且 $P_v<P_{vs}$，那么，因存在分压差（$P_{vs}-P_v$），边界层中的水蒸气必须向气体介质中扩散，致使边界层中的水蒸气分压下降，破坏了自由表面水分与边界层之间汽化和凝结的动态平衡状态，于是自由表面水分继续汽化。

自由表面水分汽化的速度与水蒸气分压差（$P_{vs}-P_v$）成正比，还与汽化系数 C（即自由表面水分与周围气体介质间的水分交换系数）有关，而 C 与周围气体介质运动有关。当介质处于静止状态时，水分的汽化速度减慢。当介质运动时，能够吸取水蒸气的气体介质部分地代替了为水蒸气所饱和的气体的位置，从而使水分汽化速度加快，并随着介质流速的逐步加大，水蒸气向介质中扩散逐步加快，汽化系数也增大。C 和气体介质流速 v 之间为线性函数关系，其实验范围为气流速度 1～7m/s，温度 60～250℃，绝对湿度 100g/m^3。C 的数值也与气体介质的运动方向有关。当气体垂直流向汽化表面时，汽化系数 C 要比平行流过时约增大 1 倍。以上讨论结果不仅适用于自由表面水分的汽化，对于其他液体在自由表面上的汽化也同样适用。

2. 物料内部水分的转移　在热力干燥过程中，由于表面水分的汽化，物料从中心到表面各层水分含量都存在差异，沿着物料断面形成湿度梯度。当物料中存在湿度梯度时，水分就会由于受到毛细管力和扩散渗透力的作用从水分含量高处向水分含量低处移动，此过程称为湿传导。湿传导中水分可以以液态或气态形式移动，其运动速度及特性在很大程度上取决于物料和水分的结合形式，其移动方向与湿度梯度的方向相反，即从物料中心指向表面。湿传导的速度和湿度梯度成正比关系。

在热力干燥过程中，物料中不仅存在湿度梯度，还存在温度梯度。温度梯度能引起热量的转移，而热量转移又会导致水分由温度高处向温度低处转移，这种现象称为湿热传导。湿热传导的方向和湿传导的方向相反，即从表面指向中心。因此，湿热传导就成为水分从物料内部向表面转移的一种阻力。湿热传导的现象可以解释为：温度较高时，液体的黏度和表面张力都减小，而蒸汽压增加（赵云霞，2013）。对于油料等毛细管多孔胶体来说，当毛细管中存在空气时，温度升高、空气膨胀使毛细管内液体受到挤压，从而能使水分沿着热流方向移动。湿热传导引起的水分转移量与温度梯度成正比关系。

在通常采用的水分调节条件下，物料内的温度梯度一般都很小。水分的转移可以认为主要是由湿传导引起的，即湿传导所引起的水分转移量比湿热传导所引起的水分转移量要多，并且水分从物料中间向物料表面移动，即水分移动方向与湿度梯度减小的方向相同（齐玉堂，2011）。当采用高温介质进行悬浮干燥、气流干燥或红外线干燥时，物料内的温度梯度很大，湿热传导的影响便不可忽视。

在增湿过程中，水分转移的方向与干燥过程相反。湿传导在增湿中的方向是向油料内部转移，同时由于增湿过程往往伴随着升温，因而湿热传导的方向也是向油料内部转移，即增湿过程中湿热传导可以加速水分的转移。

在高温条件下增湿，如果物料温度超过其周围介质的饱和温度，则由于蒸汽压力梯度所引起的水分转移与物料的增湿方向相反，形成增湿的阻力，甚至会阻碍水分转移，因而增湿效果适得其反。

应当指出，由于油籽组织结构的复杂性，油籽内部还经常产生一系列的生理变化，因而使油籽内部水分转移的机制更为复杂（Ruchi，2008）。在水分调节的开始阶段，物料表面因素的影响很大，随着过程的进展，表面传质的作用下降，直至过程结束，其速度主要由物料内部的传质决定（于殿宇，2012）。

（三）油料水分调节的动力学

在恒定干燥条件下，干燥速度是指单位时间在单位干燥面积上被干燥物料汽化的水分重量。所谓的恒定干燥条件，即保持干燥介质温度、湿度、流速及与物料的接触方式等在整个干燥过程中不变（王如福，2006）。例如，用大量的干燥介质干燥少量的湿物料，即为恒定干燥条件的近似情况。在工业生产上，干燥条件多属于变动干燥，但当干燥条件变化不大时，则可按恒定干燥情况处理。干燥速度用微分式表示为

$$v = \frac{-\mathrm{d}w}{F\mathrm{d}t} \tag{2-2}$$

式中，v 为干燥速度［kg/（m^2 · h）］；w 为汽化水分量（kg）；F 为干燥面积（m^2）；t 为干燥时间（h）。

由于汽化水分量等于湿物料质量的减少，即 $\mathrm{d}w=-G_c\cdot \mathrm{d}c$，所以式（2-2）可以改写为

$$v=\frac{-\mathrm{d}w}{F\mathrm{d}t}=-\frac{-G_c\mathrm{d}c}{F\mathrm{d}t} \tag{2-3}$$

式中，G_c 为湿物料中所含干物质量（kg）；c 为湿物料的含水量（kg 水/kg 绝对干料）。

反映物料量与干燥时间关系或反映物料湿度与干燥时间关系的曲线统称为干燥曲线。有了干燥曲线，再根据干燥速度的定义，求取干燥速度与时间的关系，以及干燥速度与湿度的关系，表示这种关系的曲线，称为干燥速度曲线。干燥速度曲线显示出干燥速度与干燥过程时间或与物料水分之间的相互关系特性。图 2-8 所示为湿物料的干燥速度曲线。

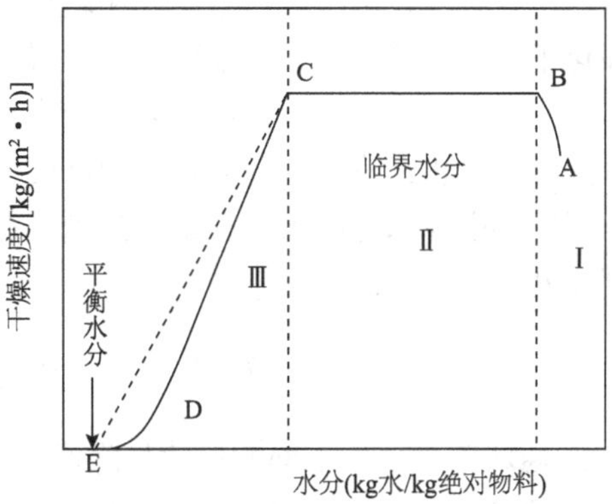

图 2-8 湿物料的干燥速度曲线（引自刘玉兰，2009）
Ⅰ. 预热阶段；Ⅱ. 恒速干燥阶段；Ⅲ. 降速干燥阶段
A、B、C、D、E为不同干燥阶段对应的物料含水量

在干燥速度曲线上可以明显地看出，干燥过程可分为三个具有不同特点的阶段，即预热阶段、恒速干燥阶段和降速干燥阶段。在不同阶段内，物料干燥的机制和影响干燥速度的因素也不相同。

1）预热阶段　在此阶段中，介质供给物料的热量主要用来提高物料的温度，只有一部分用于水分的汽化。随着物料温度的升高，表面蒸汽分压也不断提高，水分汽化速度迅速增加，使水分汽化所需的热量不断增加，而加热物料所需热量逐渐减少，最后当介质供给的热量正好等于水分汽化所需的热量时，物料温度便不再升高，干燥速度也不再变化，干燥进入恒速阶段。这个阶段时间的长短，由物料进口温度而定，当进料温度达到介质的湿球温度时，物料便不再升温。

2）恒速干燥阶段　在此阶段中，物料表面上的水蒸气压都处于与物料温度相应的饱和状态，干燥速度达到最大值并且维持不变，物料中水分呈直线下降。如果热量仅由介质提供，则物料的温度在此阶段也为定值，并且等于介质的湿球温度。若物料可由其他热源取得热量（如由周围温度较高物体的辐射取得），则其温度将会高于湿球温度，干燥速度也会加快。

3）降速干燥阶段　当物料表面上某一部分的水分降到吸湿水分之后再继续干燥，则这部分表面上的水蒸气压力将下降，因而平均干燥速度也将降低，干燥过程进入降速阶段。在此阶段中，物料水分含量的下降速度减慢，物料的温度再度上升。

恒速干燥和降速干燥的交点 C，又称第一临界点，此时物料的平均水分为第一临界水分。如上所述，当物料表面上某一部分的水分降到吸湿水分之后，降速干燥阶段即将开始，但这时其他部分的水分经常要比吸湿水分高。因此，第一临界水分常会大于吸湿水分。物料各部分的水分越不均匀，物料表面和内部水分含量相差越大，则第一临界水分与吸湿水分的差异就越大。第一临界水分点的出现，不仅与物料的吸湿水分有关，而且与物料本身的形状、大小及干燥情况有关。随着干燥速度的减慢、物料尺寸的减小及介质相对湿度的增加（从而相应的湿球温度提高），第一临界水分将会减小，物料表面与内部水分的差异也将变小，即干燥

速度的均匀性提高。

第一临界水分的降低，表明物料内部水分扩散与表面汽化取得了较好的配合。或者说，第一临界点的延迟意味着恒速干燥阶段的延长（彭阳生，2003）。试验表明，介质温度越高，干燥速度越快，干燥时间越短，第一临界点出现得就越早，表明物料内部水分转移与表面水分汽化的严重不协调，会对物料的品质产生不良影响。由试验得知，采用阶段干燥，即将整个干燥过程分成几个阶段，依次先用较低温度介质、后用较高温度介质进行干燥，可以达到既强化干燥过程又使恒速阶段延长的效果。

当物料整个表面水分都已达到平衡水分时，其内部水分常比平衡水分高，此时物料表面水分的汽化终止，汽化表面向物料内部转移，此即干燥过程的第二临界点D。如继续进行干燥，当物料中各部分的水分含量均达到平衡水分时干燥速度降低为0。物料温度上升至介质温度（刘玉兰，2009）。

（四）油料水分调节的工艺与设备

1. 油料干燥　干燥的目的是降低物料的含水量，以利于长期储藏保管或达到某一加工工序的适宜水分，使物料在加工中取得良好的工艺效果（Soto，2007）。在油料加工过程中油料干燥的主要方法是热力干燥。按照热能传给湿物料的方式不同，干燥方法可分为对流干燥（热风干燥）、传导干燥（接触干燥）、辐射干燥、介电干燥及由上述任何两种方式结合的联合干燥。油脂加工厂普遍应用的是对流干燥和传导干燥。对流干燥采用的干燥介质一般是高温热空气，有时也采用烟道气和空气的混合气体，气体干燥介质既是热载体又是湿载体。传导干燥是靠传热面的导热将热量间接传给与壁面接触的物料，热源可以是水蒸气、热水、热空气等（于殿宇，2012）。

1）影响干燥的主要因素

（1）油料自身因素。油料的化学成分、吸湿性能、组织结构、水分与物料的结合形式、形状、大小及干燥前后的水分含量等，均对干燥过程有不同程度的影响。

（2）干燥介质因素。干燥介质的温度越高，物料表面水分的汽化速度越快，湿球温度也相应提高，因而必然影响物料被加热的温度，使热导率增大，内部扩散过程加快。但介质的最高温度应不能影响油料的品质（沈瀚，2009）。此外，由于介质温度升高对加速表面汽化和内部扩散的影响程度不一定相同，以致常会因表面强烈干燥而产生硬结，成为内部扩散很大的阻力，使干燥速率减慢。

干燥介质的湿度越低，越能促使物料表面水分汽化加快。但在相同温度下，介质湿度越低，其相应的湿球温度也越低，油料被加热的温度也较低，从而使内部扩散速率变慢。因此，如果仅以降低介质湿度的方法来强化干燥过程，有时会导致表面汽化与内部扩散的不协调，造成表面硬结等不良后果。相反，若适当提高介质湿度以控制表面汽化速度，并相应地使内部扩散加快，则常常能使整个干燥过程加快。

增大干燥介质的流速能强化干燥，但流速超过一定范围时，这种影响便相对减小。此外，介质流速还受到不能吹走物料的限制（贾健辉，2012）。

（3）干燥介质与物料接触的情况。干燥介质和油料间的相互流动方向，应根据油料水分的高低、干燥的最终水分及油料对高温的稳定性等因素确定（刘延奇，2007）。逆流干燥的优点是能充分利用介质的热能和水容量（$1m^3$ 的干燥介质在一定温度下，其中水蒸气含量从不饱和状态到达饱和状态所能吸收的水量)，干燥效果较好。在顺流操作中，干燥速率随油料含水量的减小而降低。其缺点是限制了油料水分降低的程度；优点是油料出干燥器的温度较低，有利于保持油料品质的稳定。

干燥介质与物料的接触方式主要有三种：介质掠过物料表面、介质穿过物料层和物料悬浮于介质流中。当介质与物料均匀混合接触，并且介质能很好地环绕物料流动时，可加快干燥速率。所以，第三种的接触效果最佳，不仅传热传质系数最大，而且单位质量物料的干燥面积也最大；第二种的接触效果次之；第一种的效果较差（于殿宇，2012）。

（4）料层的厚度。当采用介质穿过物料层的干燥方法时，料层厚度是影响干燥效率的重要因素。在其他条件不变的情况下，随着料层厚度的增加，所需干燥的时间将逐渐延长，干燥介质的单位消耗量也逐渐增大。在干燥过程中，介质沿料层高度的方向温度迅速下降，直至等于废气温度为止。

2）油料干燥设备　由于被干燥物料的形态（原料、料坯、饼粕等）和性质不同，对干燥产品的要求（含水量、粉末度、温度等）不同，生产能力的大小不同，干燥设备的形式有多种。油脂加工厂常用的干燥设备有塔式热风干燥机、回转式干燥机、振动流化床干燥机、平板干燥机、干燥输送机等（赵萍，2004）。油料经过烘干后，通常还需要经过冷却降温才能进行储藏，同时油料在冷却过程中还可除去一部分水分，一般除水率为0.5%～1.0%。

（1）塔式热风干燥机。主要用于原料的干燥，原料经干燥后，可进入仓库储存或进入生产车间。塔式热风干燥机通常上部为烘干段，中部为缓苏段，下部为冷却段，可一次完成烘干—缓苏—冷却过程，既有利于保证油料品质，又简化了生产工艺。

塔式热风干燥机的基本工作过程：潮湿油料从塔顶部进入干燥器，经加热器加热后的热气（或烟道气）与空气的混合气体由风机送入干燥室，油料在干燥室经过干燥后进入冷却室，在冷却室中热油料被外部进入的空气冷却降温，然后排出。有的塔式干燥机在干燥塔分段排布有间接空气排管，采用热风干燥和传导干燥（间接蒸汽加热）结合的干燥形式。塔式干燥机有顺流式、顺-逆流式、混流式和错流式等不同的型式（何东平等，2012）。

（2）回转式干燥机。回转式干燥机又称转筒式干燥机，它是一个与水平略成倾斜的旋转筒（倾斜角一般为5°～6°)，圆筒外壳上有一个齿圈和两个铸铁导轨，驱动装置通过齿轮齿圈的啮合使整个筒身均匀转动（其转速一般为1～8r/min)，托轮通过导轨支撑整个筛重量。在圆筒内壁上装有抄板，它的作用是把物料抄起来又撒下，以增大物料与干燥介质的接触表面，提高干燥速率，并促使物料自圆筒较高一端运行至较低一端排出（何东平，1998）。

（3）振动流化床干燥机。其主机设备结构由振床、振槽、槽盖、加料口、出料口、底座、减震器等组成，如图2-9所示。辅助设施有离心通风机和空气加热器。工作时，振动电机产生的激振力使床身振动，物料从加料口进入后在给定方向激振力的作用下在筛板上跳跃前进。同时，流化

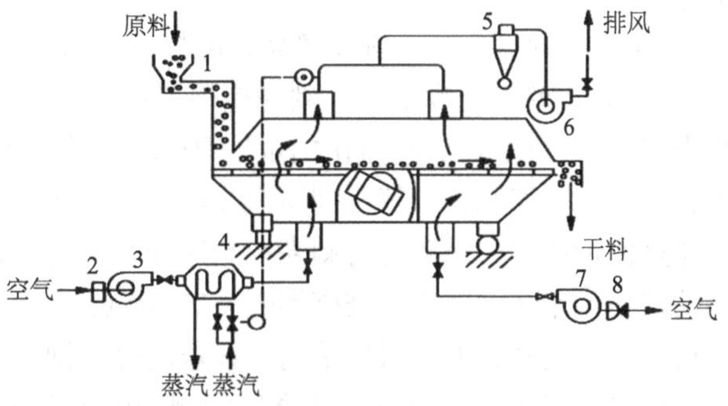

图2-9　振动流化床干燥机结构示意图（引自于殿宇，2012）
1. 振动给料器；2，8. 空气过滤器；3，7. 送风机；4. 空气加热器；5. 集尘器；6. 排风机

床底输入的热风均匀穿过多孔筛板与物料接触进行湿热交换，并使物料处于热湿状态。湿空气由排风引出，经除尘净化后放空，干料由排出口排出（何东平等，2012）。

2. 油料增湿 在油料加工过程中，有时需要对油料增湿。例如，在棉籽加工中，当棉籽含水量低时，棉壳和仁都有较大的脆性，剥壳后混合物的粉末度大，仁壳不容易完全分离，且细小的仁粉粘在壳上，造成油分损失（倪培德，2007）。此时应先对棉籽湿润，使棉籽水分达到剥壳适宜水分，然后再对棉籽剥壳，以提高剥壳和仁壳分离的效果。在油料的增湿过程中，加入的水分越多，水分在油料之间及在油料内部的分布越不均匀，水分均布所需的时间越长。

最简单的增湿方法是在油料上喷水，但用这种方法增湿既不均匀，又需较长的水分均布时间。用饱和蒸汽和水混合后喷射到输送中的油料上，可以取得较好的润湿效果，水分均布的时间也缩短。在油脂加工厂，油料或半成品的润湿通常在生产设备中结合工艺操作进行，油料润湿后的水分均布缓苏的过程可以在中间储器中进行（于殿宇，2012）。

三、油料的剥壳及脱皮

油料的剥壳及脱皮是带皮壳油料在制油之前的一道重要生产工序。

（一）油 料 剥 壳

1. 剥壳的目的、要求和方法

1）剥壳目的 提高出油率，提高毛油和饼粕的质量。对于含壳量高于2%的油料籽粒（即含壳油料），在制取油脂前通常要进行剥壳及仁壳分离的前处理，如棉籽、花生、葵花籽、油桐籽、油茶籽和蓖麻籽等油料。而含壳率低于2%的油料，只是在要求充分利用其含有的蛋白质时，才会考虑脱去其外皮（彭阳生，2003），如大豆、菜籽、芝麻等。油料的皮壳主要由纤维素和半纤维素组成，含油量极少。不少油料带皮壳量相当高，有的甚至高达50%以上。而且皮壳中色素、胶质及蜡质含量较高，如果带壳制油，皮壳不仅不出油，反而会吸附油脂残留在饼粕中，降低出油率。皮壳中的色素等杂质在制油过程中会转移到毛油中，使毛油的色泽加深，质量品质降低。采取油料剥壳脱皮后再进行制油，不仅可以提高出油率、提高油脂和饼粕的质量，充分发挥制油设备的生产能力，还可以减少油分损失，减少设备的磨损和维修费用，降低生产用电力消耗，并有利于轧坯等后续工序的进行及皮壳的综合利用等（刘玉兰，2009）。

2）剥壳的要求 剥壳率高，漏籽少，粉末度小，利于剥壳后的仁壳分离。

3）常用的剥壳方法 剥壳应根据各类油料皮壳的不同特性，油料的形状、大小，以及壳仁间的附着情况等方面的不同，采取不同的方法（赵云霞，2013）。常用的剥壳方法有碾搓、撞击、剪切和挤压等。利用粗糙面的碾搓作用使油料皮壳破碎进行剥壳；利用打板的撞击作用使油料皮壳破碎进行剥壳；利用锐利面的剪切作用使油料皮壳破碎进行剥壳；利用轧辊的挤压作用使油料皮壳破碎剥壳（Vursavus，2005）。在剥壳之后，还需要进行仁壳分离。进行仁壳分离时，通常采用筛选（如振动筛、圆打筛）和风选的方法。

2. 剥壳设备 油脂工业常用的剥壳设备主要有圆盘剥壳机、刀板剥壳机、齿辊剥壳机、离心剥壳机和锤击式剥壳机等。

1）圆盘剥壳机 圆盘剥壳机结构如图 2-10 所示。它主要由喂料器、固定磨盘、活动磨盘、磨片、底座、机壳和调节器等组成，棉籽进入喂料器后，在喂料翼的作用下均匀落下，调节板的作用是控制进料量。棉籽通过进料通道进入固定磨盘和活动磨盘中间，受到磨盘的搓碾作用而被剥壳或破碎，剥壳后的棉籽从下面的出口排出。工作时，固定磨盘不转动。活动磨盘固定在转动的主轴上并随轴转动，其上装有 4 把打刀，两把为里叶打刀，两把为外叶打刀。打刀的作用是使油料甩入磨盘之间而进行破碎。活动磨盘和固定磨盘上都装有 6 块扇形磨片，组成环形工作面。磨片有斜条槽纹和方格槽纹两种，方格槽纹常用于大豆、花生仁等的破碎，斜条槽纹用于剥壳。每块磨片上有 3 个孔，以便用沉头螺钉将它固定在磨盘上。调节器主要用于调节磨盘间距，另外还可自动排除混入磨盘之间大的硬杂。传动机构包括主轴和喂料轴两部分，其中主轴是通过一对三角皮带轮由电机带动，而喂料轴则通过一对齿轮和一对平皮带轮由主轴带动（于殿宇，2012）。

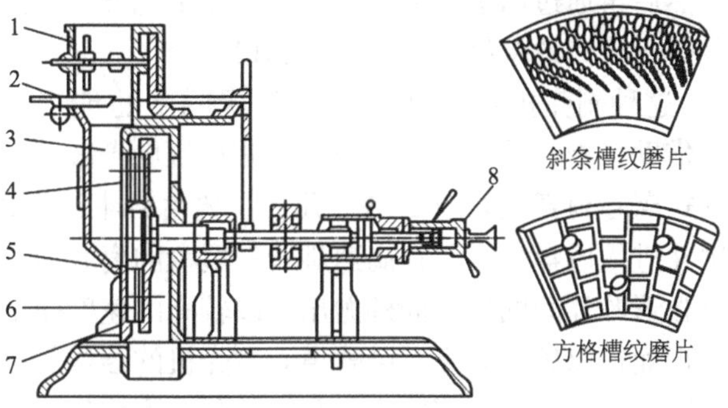

图 2-10　圆盘剥壳机结构示意图（引自于殿宇等，2012）

1. 喂料器；2. 调节板；3. 进料通道；4. 固定磨盘；5. 活动磨盘；6、7. 磨片；8. 调节器

2）*刀板剥壳机*　它是棉籽剥壳专用设备，其特点是剥壳后的整仁率高，粉末度小，仁壳容易分离，但易漏籽，剥壳率较低，常要与籽壳分离设备联合使用，以便整籽返回重剥（中国农业机械化科学研究院，2007）。

刀板剥壳机结构如图 2-11 所示。主要由喂料器、磁铁、转鼓、固定刀板座、机架和传动装置组成。喂料机构由进料斗、喂料辊、可调料门及传动机构等组成，其作用是保证均匀供料。喂料辊下面有一块装有磁铁的导向挡板，将油料引入做高速旋转运动的转鼓和固定刀板座之间。棉籽受到转鼓和固定刀板座上刀板口相对运动产生的剪切作用而被剥壳。转鼓上一般装有 12～16 排刀板（或称刀片），刀板靠刀板压板及内六角螺栓固定在转鼓上，刀板多采用 20Cr 钢经热处理后制成，刀刃经表面渗碳淬火，一般渗碳深度为 0.8～1.0mm，经调质处理后硬度达 60～63HRC，转鼓的转速为 1000r/min 左右。刀板座上装有 5～8 条刀板，刀板座装置在固定刀板架上并可以通过刀板架上的偏心轴套进行调节，以保证转鼓刀板与固定刀板之间的工作间隙，其工

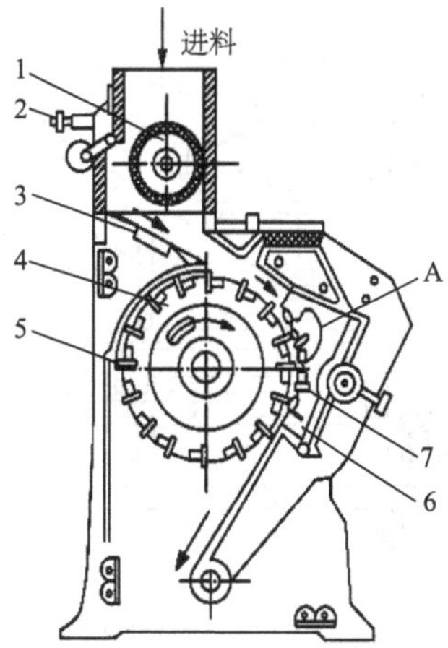

图 2-11 刀板剥壳机结构示意图（引自于殿宇等，2012）

1. 喂料器；2. 调节器；3. 磁铁；4. 转鼓；5，7. 刀板；6. 刀板座

作间隙一般为 3.5～5.0mm。转鼓和刀板座都由球墨铸铁铸制（于殿宇，2012）。

3）齿辊剥壳机　它是一种剥壳机与仁壳分离机相结合的新型棉籽剥壳设备，既可以用于大豆、花生等大颗粒油料的破碎，也可以通过改变辊面拉丝，用于棉籽剥壳和大豆脱皮工艺中的破碎。齿辊破碎机上下两对齿辊分别平排安放，每对齿辊相向转动，其中一个为快辊，另一个为慢辊，主要是通过两个有速差的齿辊对油料的剪切和挤压作用，实现破碎过程（马传国，2005）。齿辊之间的间隙，可根据调节装置对破碎或剥壳油料的颗粒大小进行调节。该机处理量大，破碎效率高，粉末度小。若是用于油料剥壳去皮整仁率高，仁壳易分离。

图 2-12 是用于棉籽剥壳和仁壳分离的齿辊剥壳机组，它由齿辊剥壳机、六联打筛、振动平筛及风选系统组成。经齿辊剥壳机剥壳后的仁壳混合物直接落到下面的一组六联打筛和振动平筛进行筛选分离，然后再通过风选分离，将仁壳较完全地分开。齿辊剥壳机组的工艺合理，结构紧凑，剥壳及仁壳分离效果好（于殿宇，2012）。

4）离心剥壳机　这种剥壳机主要用于葵花籽的剥壳，也能用于油桐籽、油茶籽及核桃等油料的剥壳。它是借助打板和挡板的撞击作用，使料粒皮壳破碎的剥壳机。离心剥壳机有卧式和立式两种。卧式离心剥壳机如图 2-13 所示，主要由料斗、甩盘、冲击板、转动轴及机架等组成。油籽从料斗进入甩盘中心，在高速旋转的甩盘的离心力作用下，沿着甩盘上按半径方向安装的若干条弧形叶片间的通道向外抛出，以较高的速度撞击在甩盘周围的冲击板上，使外壳产生弹性变形而得以破碎剥壳。卧式离心剥壳机的结构简单，剥壳效率较高，但由于籽粒进入甩盘中心时集中于下部，籽粒在甩盘中的分布不均匀，故与冲击板产生的冲击作用也不均匀，致使冲击板局部磨损较严重。此外，由于籽粒在甩盘及冲击板之间反复地撞击，使得油籽剥壳后的粉碎度加大（贾成祥，2004）。

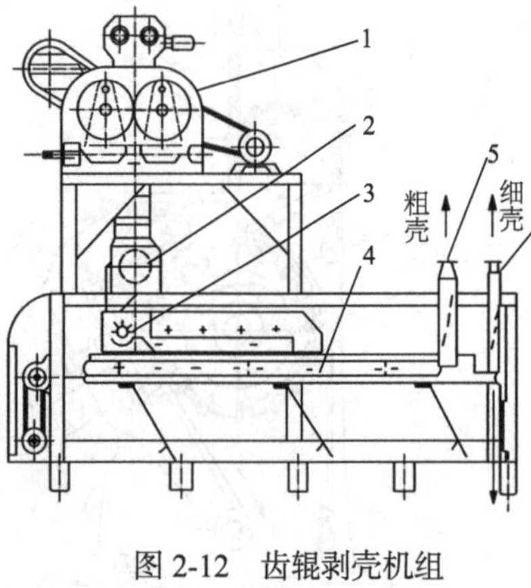

图 2-12　齿辊剥壳机组
（引自于殿宇等，2012）
1. 齿辊剥壳机；2. 分配螺旋输送机；3. 六联打筛；4. 振动平筛；5，6. 吸风道

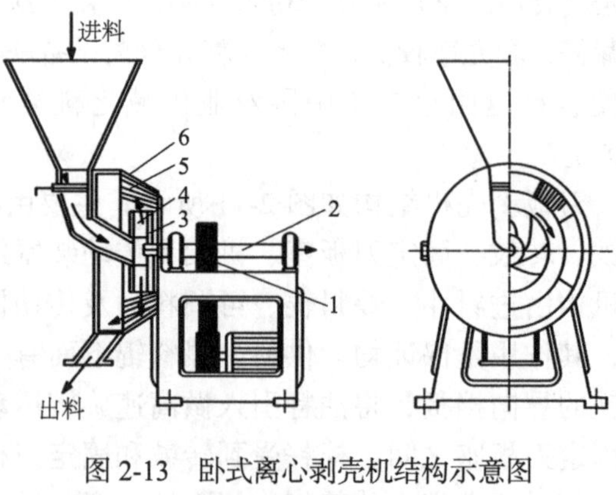

图 2-13　卧式离心剥壳机结构示意图
（引自于殿宇等，2012）
1. 传动皮带盘；2. 转动轴；3. 甩盘；4. 弧形叶片（或甩片）；5. 冲击板；6. 机壳

5）锤击式剥壳机　锤击式剥壳机主要用于花生果的剥壳，图2-14所示为锤击式花生剥壳机组。它是利用带有锤击头的转动辊在圆形箅栅内旋转，将进入箅栅的花生果锤击使之破碎，然后通过筛选和风选将仁壳分离。剥壳辊的转速约100r/min。振动筛共有三层，上层分离花生果及花生仁，筛上物花生果需返回重剥，中层筛面分离大花生仁和一般的小花

生仁，下层筛面中间有一段筛孔较小的筛板，以除去部分细小杂质，其余部分为淌板（于殿宇，2012）。

3. 影响剥壳效率的因素

1）油料的性质　影响剥壳效果的油料性质主要是油籽外壳的机械性质及壳仁之间的附着情况。油料种类、成熟程度及含水量不同，油籽外壳的机械性质及壳仁之间的附着情况也不同，剥壳的难易程度也就不同（何东平，2004）。例如，葵花籽的外壳具有纤维状组织结构且很脆，外壳容易顺着纤维打开；棉籽外壳坚韧而有弹性，且表面带有绒毛，不易剥壳。籽粒的成熟程度好，籽粒饱实，容易剥壳，反之，不易剥壳。油籽水分含量对外壳的强度、弹性和塑性及仁的粉碎度都有直接影响。以葵花籽为例，当水分为6%～9%时，其外壳强度最大，小于6%或大于9%时壳强度均将下降。一般情况下，油籽含水量越低，其外壳越脆，剥壳时易破壳，但剥壳后混合物的粉末度增加；反之，外壳的韧性好，剥壳时的破壳率低，但剥壳后的整仁率提高。在油料剥壳时应保持油籽最适当的水分含量，使外壳和仁具有最大弹性变形和塑性变形的差异，这样一方面使外壳含水量低到使其具有最大的脆性更易破碎剥壳，另一方面又不至于使仁在机械外力作用下粉末度太大。因此，控制油料剥壳时的最佳水分含量，对提高剥壳效率和减少粉末度都十分重要（陈智斌，2012）。当剥壳油籽的含水量不适宜时，可以在剥壳前对油料水分进行调节。此外，油籽外壳强度与温度也有一定关系，对油籽加热时，其外壳强度有所降低。油籽仁与壳之间的空隙加大，仁壳结合松懈，易剥壳分离。否则，难以剥壳分离。

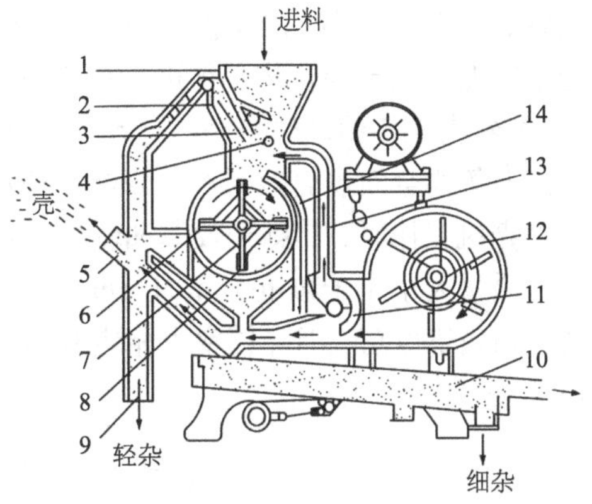

图 2-14　锤击式花生剥壳机组（引自于殿宇等，2012）

1. 布料斗；2、6. 调节器；3. 导风板；4. 拨料辊；5. 集壳管出口；7. 剥壳辊；8. 箅栅；9. 集壳管；10. 振动筛；11. 调节活门；12. 风机；13. 风道；14. 溜管

油籽粒度组成对剥壳效果也会产生影响。油籽粒度不均匀，剥壳设备最佳操作条件的确定比较困难，使剥壳效率和粉末度无法达到最佳的平衡，剥壳效果下降。为提高剥壳效果，可采取循环剥壳和二次剥壳的工艺，当粒度相差太大时，最好采取分级剥壳，以达到较好的工艺效果。

油籽的表面状态也影响剥壳效果，如在相同条件下，带绒棉籽和脱绒棉籽的剥壳率不同，带绒棉籽难以破碎，故其剥壳率较低，粉碎度小，而剥壳设备的动力消耗较大。

2）剥壳方法和设备的选择　不同油籽的皮壳性质、仁壳之间附着情况、油籽形状和大小均不相同，应根据其特点尤其是外壳的力学性能——强度、弹性和塑性，选用不同的方法和设备进行剥壳。选用的剥壳方法和设备不同，剥壳效果显示出很大的差别（Aydin，2003）。例如，对于葵花籽的脆性外壳应选择撞击方法进行剥壳，对于棉籽的韧性外壳应选用剪切或碾搓方法进行剥壳等。当采用圆盘剥壳机对棉籽进行碾搓剥壳时，棉籽受到磨片的多次连续搓碾作用而破碎剥壳，剥壳率很高，但剥壳后混合物的粉碎度增加，影响了仁壳分离效果，并且大量的含油碎仁屑黏附在外壳上，使外壳含油率增加，造成油分损失。在利用剪切法进行剥壳的刀板剥壳机中，棉籽虽然受到活动刀板和固定刀板的多次作用，但因其作用不是连续的而是周期性的，仅仅是在活动刀片与固定刀片相接触的瞬间受到剪切作用，因此棉籽经剥壳后的粉碎度很小，仁粒较为完整，有利于仁壳较完善地分离，但易发生油籽的漏剥现象，剥壳率较低，剥壳混合物必须进行籽壳分离，将漏籽重剥。

3）剥壳设备的工作条件　剥壳设备转速的选用、油料流量是否均匀、剥壳工作面的磨损情况等均会对剥壳效果产生影响，应根据不同的油料和剥壳要求进行合理选用。例如，离心剥壳机工作时，其剥壳效率和剥壳质量与剥壳机转盘的转速、转盘的结构、打板的数量、籽粒的质量大小（千粒重）和均匀度、下料量大小等有很大关系。当原料含水分相同时，转速高，剥壳率也高，但碎仁率也相应升高。籽粒饱实，千粒重且大，剥壳率也就高（于殿宇，2012）。

（二）油料剥壳后的壳仁分离

1. 壳仁分离的要求　仁中含壳率（10目筛检验）：棉籽仁不超过10%，花生仁不超过1%，葵花籽仁不超过15%。壳中含仁率（手捡，如有整籽，剥壳后计入）：棉籽壳不超过0.5%，花生壳不超过0.5%，葵花籽壳不超过1%。

2. 壳仁分离的方法　油料经剥壳后成为含有整仁、壳、碎仁、碎壳及未剥壳的整籽的混合物。必须将这些混合物有效地分成仁、壳及整籽三部分。仁和仁屑进入下道制油工序，壳和壳屑送入仓房打包，整籽返回剥壳设备重新剥壳。仁壳分离直接关系到出油率的高低，对仁壳分离的要求是通过仁壳分离程度的最佳平衡而达到最高的出油率。若强调过低的仁中含壳率，势必造成壳中含仁增加而导致油分的损失。而仁中含壳太多，同样会由于壳的吸油而造成较高的油损失。

生产上常根据仁、壳、籽等组分的线性大小及气体动力学性质方面的差别，采用筛选和风选的方法将其分离（Guner，2003）。大多数剥壳设备本身就带有筛选和风选系统组成联合设备，以简化工艺，同时完成剥壳和仁壳分离过程。

1）筛选法　按仁壳混合物各组分的线性大小进行分离。常用的筛选设备有振动筛、旋转筛、螺旋筛等。用于仁壳分离的筛选设备，其工作原理和结构与油料清理时相同，不同的是筛孔大小和筛面组合。用于仁壳分离的振动筛筛面常被做成瓦楞状，筛孔直径由小到大（如棉籽为4mm、5mm、6mm），以利于缠绕在壳中的仁的筛出。旋转筛的筛孔自大到小（如棉籽为6mm、5mm、4mm），因为经过打棒的不断拍打翻动，物料逐渐松散粉碎，适当缩小筛孔可以减少通过筛孔混入仁中的壳屑。螺旋筛是一种变形的螺旋输送机，其壳体用筛板制成，在螺旋叶片上装有角钢制成的刮料板，其他部件均与螺旋输送机相似。安装设备时，上、中、下三层错开装配，通过螺旋筛筛出的仁落入下面的螺旋输送机送出，经三层筛分离后的棉壳从最下层筛的末端出壳口排出。

2）风选法　当油料剥壳后的混合物在外形和大小上无明显区别，难以用筛选的方法进行有效分离时，可利用混合物各组分悬浮速度的不同，采用风选的方法将其分离。实际生产中常把筛选和风选结合起来进行仁壳的分离，如在仁壳分离筛选设备的出料端加装吸风管以吸去壳屑。也有单独设置的仁壳分离风选设备，如籽壳分离机、沸腾床。

3. 影响仁壳分离效果的因素

1）剥壳混合物的性质　在剥壳过程中，油籽外壳受外力作用而破裂，但仁从壳中脱落分离的难易程度则因油料品种的不同而异。例如，花生仁与壳的结合很松，花生壳破碎后仁很易从壳中脱落出来，仁壳分离比较容易。而棉仁与壳的附着较紧，棉壳被剥开后，仍有部分棉仁存在于破碎的壳中不能脱落出来，且由于棉壳的散落性较差，部分棉仁会被缠裹在棉壳中，仁壳分离比较困难。剥壳后混合物的粉碎度对分离效果产生很大影响，粉碎度越大，仁壳分离就越困难。因为仁屑和壳屑的分离要较整仁和壳的分离困难得多，当剥壳混合物的粉碎度很大时，即使增加很多分离设备也很难达到理想的分离效果（于殿宇，2012）。

2）剥壳与仁壳分离工艺　剥壳与仁壳分离工艺的选择，对仁壳分离效果产生重要影响。选择合理的、完善的剥壳及仁壳分离工艺才能取得好的仁壳分离效果。仁壳分离工艺应根据油料品种、剥壳设备型式、剥壳混合物的性质、油脂加工厂生产规模、设备投资、动力消耗等多方面因素进行选取（齐玉堂，2005）。油料品种不同，剥壳后混合物的散落性及仁壳之间的附着情况都不同，分离工艺也各有特点。如前所述，花生仁壳分离较棉籽仁壳分离容易，因此花生剥壳和仁壳分离工艺较简单，而棉籽剥壳后的仁壳分离工艺较复杂。分离工艺的选择还要考虑剥壳设备的型式，剥壳设备的型式不同，剥壳后混合物的粒度组成和粉碎度就不同，分离工艺也有区别。例如，采用圆盘剥壳机对棉籽剥壳，剥壳后混合物的粉碎度大，但剥壳率高，漏籽很少，分离工艺主要应考虑强化对碎仁与碎壳的分离。若采用刀板剥壳机对棉籽剥壳，剥壳后的整仁率很高，混合物的粉碎度小，但漏籽较多，因此分离工艺必须考虑对壳中未剥开整籽的分离，将未剥开整籽回收重剥。

一次剥壳分离工艺的流程简短，使用设备少，但为了得到较高的剥壳率，通常剥壳混合物的粉碎度较大，难以实现仁壳的较完善分离，仁中含壳率和壳中含仁率均较高，造成生产过程油分的损失（汪学德，2004）。

两次剥壳分离工艺是在第一次剥壳时控制油料剥壳破碎的粒度稍大些，之后将剥壳混合物进行仁、壳、籽分离，分出的整籽再返回剥壳机循环重剥，或进入下道剥壳机进行二次剥壳，二次剥壳时油料剥壳破碎的粒度较小。两次剥壳工艺减少了油料剥壳时的粉碎度，剥壳混合物中整仁率高，利于仁壳的完善分离，因而使仁中含壳率特别是壳中含仁率减少，有效地降低了生产过程中的油分损耗，但两次剥壳分离工艺较复杂，所用设备较多。剥壳后的仁、壳、籽混合物比较松散，最好直接进入分离设备进行仁壳分离，若通过输送设备等过程，会使原本松散的物料缠绕结团，不利于仁壳的分离。此外，仁壳分离工艺最好采用“先分后打”的组合，即对剥壳后的松散混合物先用振动平筛分离，再用圆打筛分离，这样可以提高分离效率且分出的仁、壳粉末度小（王瑞元，2009）。

3）设备和工艺条件　仁壳分离设备的结构和工艺条件也是影响分离效果的因素，如筛选分离时筛面的选择，风选分离时风量、风速的合理选用，物料通过风道时的受风均匀度等。

4. 油料脱皮

1）脱皮的目的、方法和要求　传统大豆制油工艺往往只注重加工中的浸出环节，但预处理中的各项指标会直接影响到原油的质量、得率及豆粕的质量。油料脱皮的目的是提高饼粕的蛋白质含量和减少纤维素含量，提高饼粕的利用价值。同时也使浸出原油的色泽、含蜡量降低，提高浸出原油的质量。油料脱皮还可以增加制油设备的处理量，降低饼粕的残油量，减少生产过程中的能量消耗。油脂生产企业主要是对大豆进行脱皮，以生产高蛋白质含量的豆粕。大豆脱皮技术目前已经比较成熟，被国内外油脂加工业普遍采用。

大多数油料的种皮较薄，与籽仁的结合附着力也较强，特别是当油料含水量较高时，种皮韧性增大，使脱皮难以进行，即使籽仁在外力的作用下破碎后，种皮也可能仍然附着在破碎的仁粒上。因此，油料含水量高低是去皮工艺中非常关键的因素。在生产中通常是首先调节油料的水分，然后利用搓碾、挤压、剪切和撞击的方法，使油料破碎成若干瓣，籽仁外面的种皮也同时被破碎并从籽仁上脱落，然后用风选或筛选的方法将仁、皮分离。脱皮时一般要求脱皮率要高，脱皮破碎时油料的粉末度要小，皮、仁能较完整地分离，油分损失尽量小，脱皮及皮仁分离工艺尽量简短，设备投资及脱皮过程的能量消耗尽量小等（于殿宇，2012）。

2）大豆的脱皮技术

（1）大豆脱皮的要求与方法。大豆含有约8%的种皮。为了充分利用制油后的大豆粕做食品蛋白用，就需要将富含纤维素的皮层脱去。脱皮的要求是脱皮率要高，粉末度要小，其中的蛋白质热变性要低。据试验，大豆干燥后，存放一定时间，再进行破碎脱皮，可减小仁皮结合率（表2-4）。

表 2-4　大豆干燥后存放时间与仁皮结合率的关系

项目	参数					
干燥后存放时间/h	10	12	20	36	52	72
仁皮结合率/%	0.65	0.6	0.4	0.2	0.13	0.1

为了降低破碎后豆仁与皮的附着率，烘干大豆的水分要适当，最好是控制在 9.5%～10%。表 2-5 说明烘干后大豆水分与仁皮附着情况的关系。但是，大豆烘干后的水分也不能太低。

表 2-5　大豆水分与仁皮附着情况的关系

参数/%	干燥条件			
	未烘干	烘干至	烘干至	烘干至
大豆水分	12.0	10.5	8.5	9.5
破碎后仁皮附着率	4.2	2.9	1.6	0.6

（2）大豆脱皮的工艺。

A. 工艺流程如下。

剎克龙→风机
↑皮
大豆→干燥→调质→清选→破碎→喂料器→吸风分离→仁皮加工

对于小规模的生产，干燥可采用晒干的方法。如果大豆原料的水分本来就低于 12%时，则可不经干燥而直接破碎脱皮。

B. 操作要点。工业化生产的流程设计是，预清理后的大豆经过贮仓，由提升机送到竖式热风干燥塔中干燥，使大豆料所含的水分由13%左右降低至9%。为保证大豆中的蛋白质不变性，干燥过程中大豆料温应控制在60℃以下。若大豆料含水分较低，也可使用流化床进行干燥。然后，将其送到脱皮前的存料仓，再通过清理筛，清除杂质后过秤计量。

在冷却和输送过程中，大豆种皮从豆仁上松脱开。然后将大豆送入双对辊破碎机，破碎成每粒 2～6 瓣。接着，使其进入一双层清理筛。该筛的上层筛孔径为 6mm，下层筛孔径为 2mm。分离后，上层筛的筛上物为少数整粒大豆，被回流去再破碎。而松脱剥离的豆皮被吸风送至剎克龙沉降下来。下层筛的筛上物为碎豆与豆皮。其进入筛内垂直吸风道后，较轻的豆皮被风吸走，较重的豆仁流出机外。下层筛的筛下物为细碎豆粉，与豆仁合并后被送去下一道工序（彭阳生，2003）。

四、油料生坯的制备

无论采用压榨法还是溶剂浸出法从油籽中提取油脂，必须先把油料制成适合于取油的料坯。而为了保证轧坯的工艺效果，通常需要在轧坯之前对油料进行破碎和软化等工序。

（一）油料的破碎

1. 油料破碎的目的和要求

1）*破碎的目的*　在油料轧坯之前，必须对大颗粒的油料进行破碎。其目的是通过破碎使油料具有一定的粒度以符合轧坯条件；油料破碎后的表面积增大，利于软化时温度和水分的传递，软化效果提高，对于颗粒较大的压榨饼块，也必须将其破碎成为较小的饼块，才更有利于浸出取油。

2）*破碎的要求*　油料破碎后应达到粒度均匀，不出油，不成团，粒度符合要求。大豆破碎粒度为4～6瓣，破碎豆的粉末度控制为通过20目/in①筛不超过10%；花生破碎粒度为6～8瓣，粉末度控制为通过20目/in筛不超过5%，预榨饼破碎后的最大对角线长度为6～10mm（陈智斌，2012）。为了达到破碎的要求，必须严格控制破碎时油料的水分含量。水分含量过高，油料不易破碎，且容易被压扁、出油，并且还会造成破碎设备不易吃料、产量降低等一系列问题；水分含量过低，破碎物的粉末度增大，含油粉末容易黏附在一起结团。此外，油料的温度也会对破碎效果产生影响。热油籽破碎后的粉末度小，而冷油籽破碎后的粉末度大。通常大豆的适宜破碎水分为10%～15%，而花生适宜破碎水分为7%～12%。

2. 油料破碎的方法和设备　油料破碎的方法有撞击、剪切、挤压和碾磨等几种形式。油厂常用的破碎设备主要是齿辊破碎机，此外也可采用锤式破碎机、圆盘剥壳机等（于殿宇，2012）。

齿辊破碎机是目前油脂加工厂预处理工段首选的破碎设备，它既可以用于大豆、花生等大颗粒油料的破碎，也可以通过改变辊面拉丝，用于棉籽剥壳和大豆脱皮工艺中的破碎。图2-15是双对辊齿辊破碎机的结构示意图，它主要是由进料装置、破碎辊、辊距调节装置、传动机构、机座等部分组成。进料装置由存料斗、喂料辊、永久磁铁、喂料淌板组成，其作用是调整喂料量及保证在整个辊长方向上流量的均匀，并清除进机油料中的铁杂，防止齿辊的损坏。

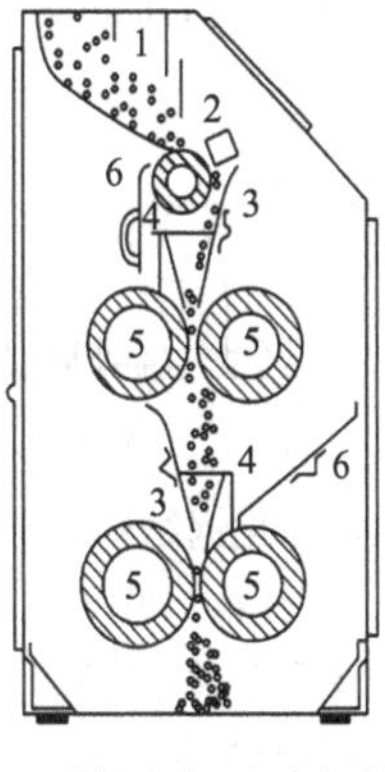

图2-15　双对辊齿辊破碎机结构示意图（引自于殿宇等，2012）

1. 喂料器；2. 磁铁；3. 导向板；4. 导向楔形物；5. 轧辊；6. 盖板

为保证油料的破碎效果，必须控制油料的水分、温度、含杂量及流量。保持破碎机合理的工作条件，如辊齿的磨损情况、齿辊两端挡板的密封情况、齿辊两端间隙的调整需一致等。

① 1in（英寸）≈2.54cm

（二）油料的软化

软化是调节油料的水分和温度，使其变软，增加塑性的工序。

1. 软化的目的和要求 软化的目的是通过对油料温度和水分的调节，使油料具有适宜的弹塑性，减少轧坯时的粉末度和黏辊现象，保证坯片的质量。软化还可以减轻轧坯时油料对轧辊的磨损和机器的振动，有利于轧坯操作的正常进行。

软化后的料粒应有适宜的弹塑性且内外均匀一致，能够满足轧坯的工艺要求。为此，软化时应根据油料种类和所含水分的差异制订不同的软化操作条件，确定软化操作是加热去水还是加热湿润（柏云爱，2005）。当油料含水量高时，应在加热的同时，适当去除水分。反之，应在加热的同时，适量加入水蒸气进行湿润。油料含水量较高时软化温度要稍低些。反之，软化温度应高一些。另外，必须保证有足够的软化时间，同时还应根据轧坯效果调整软化条件。

大豆的含油量较低，可塑性较差，轧坯前一般都要进行软化（若轧坯前已采用大豆热脱皮工艺就不需要再进行软化操作）。软化温度应根据大豆含水量、软化设备类型而定。采用层式软化锅，大豆水分在13%～15%时，软化温度通常在70～80℃，软化时间为15～30min；滚筒软化锅，大豆软化温度为62～65℃，工作蒸汽压力为0.4～0.5MPa，大豆软化时间一般为25min。软化好的大豆软而嫩，透而匀，用手紧握有松软的感觉。棉籽仁中所含的皮壳使料粒软硬不一致，为获得适宜的料坯并减轻皮壳对轧辊的磨损，也需先经过软化再进行轧坯，棉仁的软化温度一般为60～65℃，水分为9.5%～11.5%。菜籽属于高油分油料，但菜籽颗粒小，表皮坚硬，对于含水量在8%以下的油菜籽，特别是陈年菜籽，轧坯前应先进行软化（刘大川，1990）。新收获的菜籽含水量较高，一般在10%以上，甚至高达15%，若软化后再轧坯，轧坯时很容易出现黏辊，甚至有轧辊不吃料的现象，因此一般不进行软化操作。菜籽软化温度一般为60～70℃，水分含量为8%～9%。对于其他高油分的油料，如花生仁、蓖麻籽仁、椰子干等，一般不需要进行软化而是直接轧坯，以防止软化后造成轧坯时出油及黏辊等不良现象。

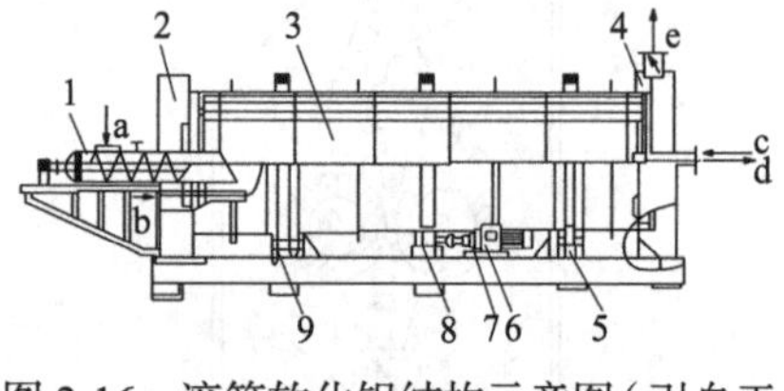

图2-16 滚筒软化锅结构示意图（引自于殿宇等，2012）

1. 进料螺旋输送机；2. 进料端箱底；3. 旋转筒体；4. 出料端箱体；5. 滚轮装置；6. 调速电机；7. 摆线针轮减速器；8. 小齿轮传动机构；9. 挡轮装置；a. 进料口；b. 调质水汽进口；c. 加热蒸汽进口；d. 冷凝水出口；e. 蒸发水汽出口

2. 软化设备 软化是大豆等油料预处理的重要工序，常用的软化设备有层式软化锅和滚筒软化锅（又称卧式软化锅）。层式软化锅的结构如层式蒸炒锅。滚筒软化锅是伴随着油厂大型化发展起来的设备，目前被大、中型植物油厂广泛应用（Louzx，2010）。滚筒软化锅结构如图2-16所示，其主要由滚筒、传动齿圈、导轨、加热列管、蒸汽分配室、进料口、卸料口、拔气管、机体支架等组成。滚筒软化锅的筒体外壳上有一个传动齿圈和两个环形导轨，驱动装置通过齿轮和齿圈的啮合，使整个筒体均匀转动，托轮通过导轨支撑整个滚筒的重量。滚筒内装有若干组随筒体转动的加热列管，加热列管形成的管束由管子两端的管板固定，进料端管板上的加热列管由压盖锁紧在管板上，受热可自由伸缩；出料端管子焊接于蒸汽分配室的管板上，为固定端。加热蒸汽从旋转接头的外管进入蒸汽分配室，然后输送到管束中的所有管子，管子里充满压力蒸汽，经过换热作用产生冷凝水，由于筒体安装时有一定斜度，冷凝水向下流聚集在蒸汽分配室，通过虹吸管等排出筒体。滚筒内壁焊有内螺旋板。

物料通过喂料绞龙输送到筒体内，绞龙安装在滚筒的前端，一部分深入筒体内。滚筒软化锅一般设3个卸料口，截面呈长方形，沿滚筒径向均匀分布。滚筒安装的倾斜角为5°～6°，物料由喂料绞龙输送到筒体内。通过管束内外周的内螺旋板把物料抄起。由于筒体的倾斜和内螺旋板的推动，物料每次被提起到落下都朝着卸料口方向移动，最终到达滚筒的另一端卸出。滚筒的转速可以通过变频调节，改变物料在滚筒内的停留时间。物料在滚筒中被加热列管加热软化，在加热过程中产生的水蒸气通过拔气管排到空中。滚筒软化锅的优点是滚筒的转动使物料的翻动更加均匀，避免了由于物料运动的死角而造成的焦煳现象，软化效果均匀透彻，处理量大，动力消耗低，是立式软化锅所需动力的1/6～1/4；缺点是管束加热器结构复杂。

（三）油料的轧坯

1. 轧坯的目的和要求　轧坯就是在油料通过清理、破碎和软化后，利用机械作用将油料由粒状轧成片状的过程。轧坯是油料预处理工艺最关键的步骤之一，它直接关系到取油效率和生产成本，尤其是对大豆生坯直接浸出制油工艺非常重要（汪学德，2004）。

1）轧坯的目的　轧坯的目的是破坏油料的细胞组织，以提高浸出或压榨时的出油速度和出油率（于殿宇，2012）。

油料籽仁由无数细胞组成，油料细胞的表面是一层由纤维素及半纤维素组成的比较坚韧的细胞壁，油脂和其他物质包含在细胞壁中，要提取细胞内的油脂，就必须破坏其表面的细胞壁结构，破坏油料的细胞组织。轧坯时可以利用机械外力的作用破坏油料的细胞组织，破坏部分细胞的细胞壁。油料碾轧得越薄，细胞组织破坏得也越多，油脂提取效果越好。轧坯使油料由粒状变成片状，减小了其厚度，增大了表面积，在溶剂浸出取油时料坯与溶剂的接触表面增大，油脂的扩散路程缩短，有利于提高浸出速率（王如福，2006）。油料被轧制成薄的坯片后，在蒸炒过程中有利于水分和温度的均匀作用，蒸炒效果提高。对于生坯直接浸出取油，只有用轧坯来破坏油料细胞组织并保证浸出所需要的料坯结构。因此，轧坯效果在很大程度上决定了浸出取油的效果。对于压榨取油和预榨取油，轧坯厚薄没有像生坯直接浸出取油那样严格，因为压榨前料坯蒸炒过程的湿热作用和压榨过程的压力和发热作用能使油料细胞进一步破坏。

2）轧坯的要求　轧坯的要求是料坯薄而均匀，粉末度小，不漏油。无论压榨法取油还是浸出法取油，料坯厚度对出油率都有很大影响。表2-6显示出豆坯厚度对压榨出油率的影响。表2-7和图2-17显示出豆坯厚度与浸出时间及饼粕残油率的关系。从中可知，料坯越薄，出油率越高，料坯厚度对浸出取油的影响比压榨取油的影响更显著。但要求料坯薄而不碎，尽量减少料坯粉末度，以避免料坯粉末对后续的蒸炒、压榨、浸出所带来的不利影响。

表2-6　豆坯厚度对压榨出油率的影响

大豆含油率/%	豆坯厚度/mm	出油率/%
18.35	0.5	13.58
18.35	0.8	12.95

表2-7　豆坯厚度与浸出时间及干饼粕残油率的关系

豆坯厚度/mm	干饼粕残油率/%			豆坯厚度/mm	干饼粕残油率/%		
	5min	10min	20min		5min	10min	20min
0.216	0.78	0.39	0.25	0.332	2.48	1.09	0.68
0.216	1.37	0.67	0.4	0.430	—	2.11	1.33

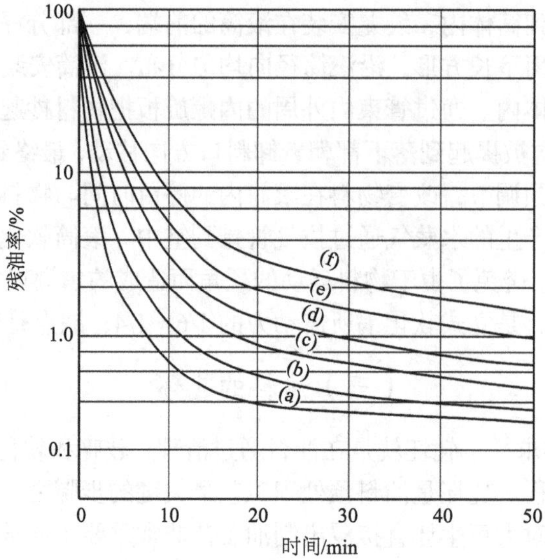

图 2-17　豆坯厚度与浸出时间及饼粕残油率的关系（引自于殿宇等，2012）

（a）豆坯厚度为0.202mm；（b）豆坯厚度为0.254mm；（c）豆坯厚度为0.305mm；（d）豆坯厚度为0.356mm；（e）豆坯厚度为0.406mm；（f）豆坯厚度为0.457mm

对于不同油料和不同制油工艺，要求料坯的适宜厚度有所不同。高油分油料的料坯应厚些，低油分油料的料坯厚度应薄些；直接浸出工艺的料坯应薄些，预榨浸出或膨化浸出的料坯可厚些。要求轧坯厚度：大豆一次浸出 0.3mm 以下，棉仁 0.4mm 以下，菜籽 0.35mm 以下，花生仁 0.5mm 以下。在轧坯时，还需防止高油分油料的受轧出油，避免由于辊面带油而造成轧辊的吃料困难和料坯黏辊现象。当高油分油料的水分含量较高时，轧坯时更容易出现漏油和黏辊现象（汪学德，2004）。

2. 轧坯原理　轧坯时，油料受到轧坯机轧辊施加的机械外力作用，由粒状变为片状。轧辊对料粒施加外力的形式和大小是由轧辊的形式及两辊间的圆周速度决定的。轧坯机工作时，被轧物料的粒子从轧坯机的喂料斗落入两轧辊之间的空隙，受到物料与辊面之间的摩擦力作用被拉入和顺次通过轧辊中心线的工作缝隙，在此过程中，物料受到轧辊施加的机械碾压作用而发生变形，成为薄的坯片。轧辊对料粒辗轧作用的程度，随两个轧辊圆周速度的比值而变化（王如福，2012）。

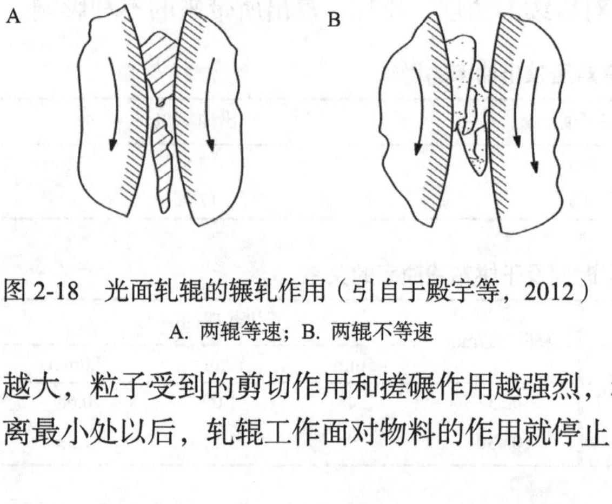

图 2-18　光面轧辊的辗轧作用（引自于殿宇等，2012）

A. 两辊等速；B. 两辊不等速

如果两个轧辊的圆周速度相同，如图 2-18A 所示，则物料在工作缝隙中只受到挤压作用，产生弹性变形和塑性变形而形成薄片；如果两个轧辊的圆周速度不同，如图 2-18B 所示，物料不仅受到挤压作用，还受到搓碾和剪切作用，这时物料粒子的两边分别受到以不同速度运动的辊面的摩擦力作用，使料粒内部在某一平面或某些平面发生了位移。两辊圆周速度的差异越大，粒子受到的剪切作用和搓碾作用越强烈，粉碎的粒子也越多。当物料通过两辊之间距离最小处以后，轧辊工作面对物料的作用就停止，物料与辊面脱离了接触，落入轧坯机下部被送走或进入下一对轧辊的缝隙中（于殿宇，2012）。

3. 轧坯设备　油厂使用的轧坯设备可分为直列式轧坯机和平列式轧坯机两类。直列式轧坯机由于其辊面压力和生产能力较小，在新建油厂已很少使用。目前油厂应用最多的是平列式对辊轧坯机。对辊轧坯机主要由喂料装置、轧辊、辊距调节装置、刮刀、挡板、机架及传动装置组成（孟宏昌，2008）。图2-19所示为弹簧紧辊对辊轧坯机。

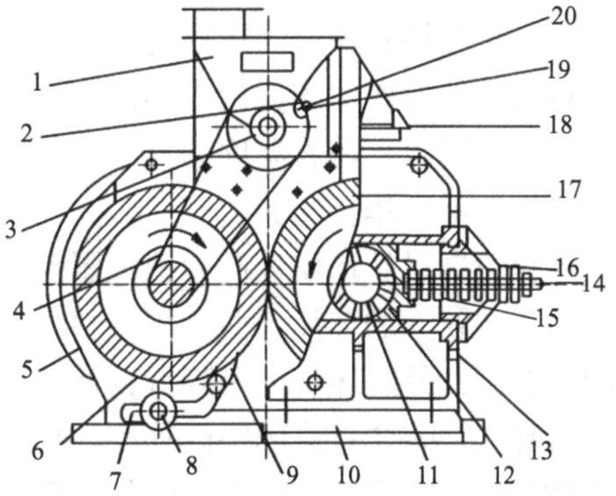

图 2-19　弹簧紧辊对辊轧坯机

1. 料斗；2. 下料活门；3. 喂料辊；4. 链条；5. 皮带轮；6. 后辊；7. 重锤柄；8. 重锤；9. 刮刀；10. 机座；11. 轴承；12. 轴承座；13. 机架；14. 调节螺杆；15. 弹簧；16. 锁紧螺母；17. 前辊；18. 调节手柄；19. 凸轮轴；20. 凸轮

喂料装置由旋转着的喂料辊、料斗及控制闸门组成，其作用是保证在整个轧辊长度上均匀下料。轧辊是光面辊，而且直径较大，为了减轻重量、节省钢材和减少动力消耗，常将轧辊做成空心的，辊体壁厚一般为100～150mm。轧辊在运转中对油料进行强烈的挤压，并与油料相摩擦，容易受到损坏，必须具有一定的耐磨性和足够的强度和刚度。轧辊一般采用高强度的合金铸钢或铸铁，用冷铸法或双金属离心浇铸法制成。辊面硬度可达50～60HRC，硬层深度20～50mm。

轧距调节装置主要是起到改变两辊间的工作间隙的作用，以调整坯片的厚度，另外是当两辊间进入大块坚硬的杂质时，可自动拉大两辊间距，以免损坏轧辊。轧距调节装置有弹簧式和液压式两种。弹簧式紧辊装置在调节轧距时必须停机，产生的压紧力也受到一定的限制，不能满足工艺上较高的要求。目前大型轧坯机都采用硬度液压紧辊装置，它的进退辊、两辊间压力调节、异物掉入辊间后轧辊瞬间脱开等动作都由液压系统来实现，其显著特点是动作灵敏、辊间压力大而稳定，轧制的坯片薄而结实、粉末度小、质量好，生产时的噪声低、振动小、处理量大等。

4. 影响轧坯效果的因素

1）油料的性质　对轧坯效果影响较大的油料性质主要有含油量、含水量、含壳量、含杂量、粒度、温度、可塑性等（Lamsal，2007）。进入轧坯机的油料必须经过严格的除杂过程，不得含有硬杂质，否则将造成轧辊表面损伤，甚至造成轧辊掉边的严重事故。未经严格清选除杂质的油料不得直接送入轧坯机。油料粒度必须符合轧坯的要求并保证轧辊对其有足够小的啮入角，同时要求油料粒度均匀一致，以保证轧坯后的料坯基本均匀。对于大颗粒油料必须在轧坯前适当破碎，否则会造成轧辊不吃料或设备生产能力降低。要将油料轧成薄而坚韧的坯片，油料必须有适宜的弹塑性。油料温度、含油量、含水量、含壳量直接影响其弹塑性，对可塑性较差的油料必须在轧坯前进行适当的软化，使其力学性能符合轧坯的最佳要求。

在轧坯过程中，油料受轧辊的外力作用而发生变形，油料抵抗外力作用的能力（或弹塑性）随油料水分而变化。干燥油料有很明显的脆性，轧制成的坯片上有很多裂痕，稍加压力即容易粉碎（Dudonne，2009）。潮湿油料具有很大的可塑性，受压时易成片状。当油料水分含量高时，在轧辊的作用下会分离出部分油脂使坯片黏结起来，形成很薄的带状。当油料水分含量很高时，在轧辊的作用下会形成油，使油料与轧辊之间的摩擦力减小，甚至会使轧坯操作停止。在轧坯和其后的运输过程中，坯片可能损耗1%的水分。

油料抵抗外力作用的能力也随温度而变化。温度越低，油料的弹性越大，可塑性越小；反之，可塑性越大。随着温度的提高，油料可塑性增加，且所含油脂的黏度降低，在轧坯时更容易出油（梁少华，2009）。

油料含油量对轧坯质量产生很大影响，轧坯时油料受到轧辊压力的作用，油脂被挤压出来，并附着在新生的坯片表面。当油料含油量很高且坯片又轧制得很薄时，被挤压出的大量油脂润滑辊面，使轧坯机产量降低，甚至无法工作。

油料籽仁中若含过多的坚硬外壳，在轧坯时会因外壳有较高的抵抗外力作用的能力而使辊间缝隙增大，造成轧坯质量的降低或质量的不稳定。

2）*轧坯设备*　轧坯设备的形式、结构、力学性能、轧辊质量等对轧坯效果产生很大影响。例如，直列式轧坯机和平列式轧坯机对油料碾轧的次数不同，轧坯效果不同。轧辊的辊面形式、轧辊速比等对油料的作用形式产生影响，因此所轧制的坯片质量不同（李里特，2002）。轧辊的紧辊方式不同，辊面压力也不同，轧坯效果会产生差异。轧辊的辊径、圆度、辊面硬度、辊面平整度等不仅对轧坯质量产生影响，而且也对轧坯机的运行、使用寿命及动力消耗产生影响。轧辊的转速和轧辊直径影响到轧坯的时间和轧坯机的动力消耗。轧辊转速一般根据轧坯时所需的辊面线速度来决定。根据经验，小直径轧辊的辊面线速度为3.5～4.5m/s，大直径轧辊的辊面线速度为5～6m/s，液压紧辊轧坯机的辊面线速度为10～11m/s，与之对应的轧辊转速为150～300r/min。

3）*轧坯操作*　轧坯时油料的流量必须均匀稳定，油料必须均匀分布在整个辊面上。油料流量过大会造成轧坯机的堵塞；流量太小或断料，都会因轧辊空转而造成轧辊相互碰撞，损伤轧辊表面甚至造成轧辊掉边。在辊面上的下料不均会造成轧辊表面的不均匀磨损，形成马鞍形辊和圆台形辊，由此造成轧坯厚薄不一致并且很容易形成轧辊掉边的现象。轧辊未松开前，不得空转，若受条件限制不能开，也应尽量缩短空转时间。为防止由于断料后轧辊空转而造成轧辊的损坏，有些轧坯机安装了低料位报警装置，当料斗中存料高度低于规定的位置时，喂料辊自动停转，轧辊电机停电并报警显示。

为了经常保持轧辊表面较高的平整度及相互平行度，必须让刮刀保持良好的工作状态，彻底清除黏附在辊面上的生坯，并根据辊面的磨损情况定期磨辊。经常检查整个轧辊长度上料坯的厚薄均匀情况，若厚薄不均，应检查轧辊两端的松紧是否一致或轧辊长度上辊径是否一致。无论是弹簧紧辊还是液压紧辊，都要求轧辊两端的缝隙和压力大小一致，以保证料坯质量（秦文，2007）。还应经常检查轧辊两端挡板的密封情况，防止油料的漏扎。

（四）生坯干燥

生坯干燥的目的是满足溶剂浸出取油时对浸入料坯水分的要求，在油脂生产中主要是对大豆生坯的干燥。通常，大豆轧坯的适宜水分为11%～13%，而大豆生坯的适宜入浸水分为8%～10%，为了使大豆生坯的水分满足浸出工艺的要求，多数情况下都需要对大豆生坯进行干燥（彭阳生，2003）。对生坯干燥的要求是干燥效率高，且不能对生坯产生粉碎作用。生坯干燥设备多采用平板干燥机和气流干燥输送机。

平板干燥机结构如图2-20所示，由加热板、刮板链条、链轮、链轮张紧装置、无级调速电机、减速器、机架及壳体组成。在长方体的干燥室内，装有多层带有夹层的加热板和回转的刮板链条输送器。夹层加热板内通入蒸汽（压力为0.3～0.5MPa），物料由进料口落入最上层平板，在刮板链条的推动下慢速向前移动（直线速度为1.2～1.5m/min），至末端翻滚落入下层，在下层反方向继续被刮板链条推动移动，这样逐层水平运动和下落，直至底部出料。在此过程中，物料被底夹层内的蒸汽加热，物料吸热达到一定温度，其中的水分发生相变而汽化，水蒸气靠自然排汽或风机强制抽出。加热蒸汽放热冷凝，从夹层底部的冷凝水出口排出。刮板链条在加热板上移动的速度较慢，而且料层又薄。因此，干燥过程中不会造成料坯的粉碎且干燥效率较高，该机运转平稳、动力消耗低，但设备体积庞大，占地面积较大（殷涌光，2006）。平板干燥机去水能力一般为1%～3%。

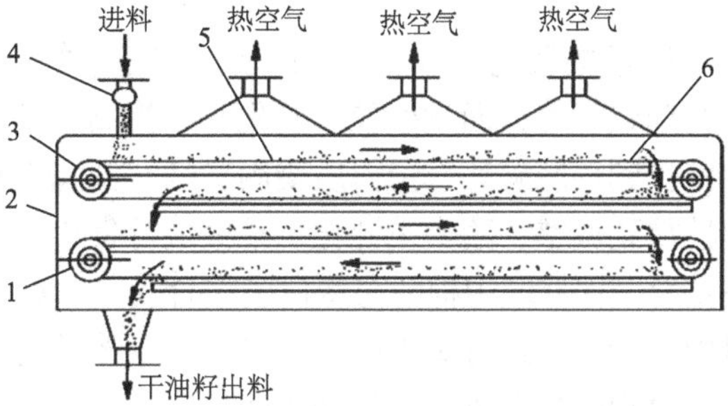

图2-20　平板干燥机（引自于殿宇等，2012）

1. 主动轮；2. 机壳；3. 从动轮；4. 分配器；5. 刮板链条；6. 平板夹层

气流干燥输送机是在输送过程中同时进行干燥的设备，主要用于大豆生坯的输送干燥，也可用于浸出粕的烘干、冷却及油料的加热输送。其结构如图2-21所示，它主要由密闭的机壳、机壳内的水平筛板或栅板、刮板链条、链轮、传动机构、张紧装置、空气加热器、离心通风机等组成。豆坯通过分料装置均匀地落在干燥输送机的水平筛板上，在刮板链条的拖动下向前移动，同时风机鼓入的热风穿过筛板和料层，将料层加热并进行干燥，干燥后的料坯在筛板末端缺口处排出机外，而载湿空气从机壳上部的出气口排出。气流干燥输送机将豆坯输送和干燥过程结合起来，利用较长的豆坯输送距离进行豆坯的干燥，其结构合理，节省了设备投资及车间面积，避免了豆坯在较长的输送距离中，因豆坯温度降低、形成表面水分而对浸出产生不利影响。而且采用热空气直接对流干燥，对料坯加热均匀，干燥速率较高。输送干燥过程中物料的翻动少，料层运行平稳，粉碎度小。但当输送距离较短时，料坯的升温会受到影响，从而导致干燥效果下降。此外，要注意避免料坯在干燥器中的局部滞留，否则容易引起料坯的焦煳，通常热风的温度为90～110℃（于殿宇，2012）。

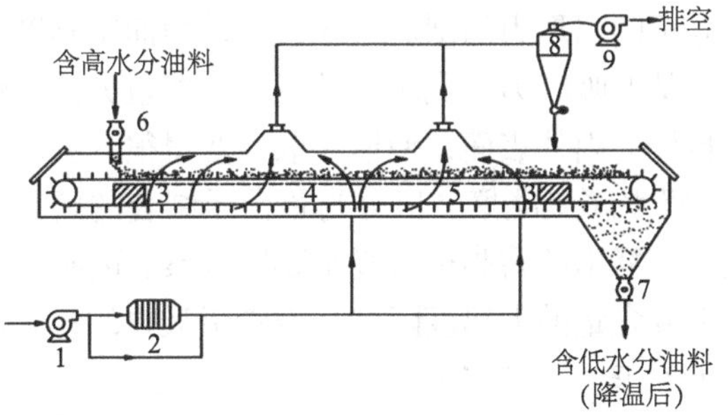

图2-21　气流干燥（冷却）输送机（引自于殿宇等，2012）

1. 鼓风机；2. 加热器；3. 挡风装置；4. 拖料链条；5. 透风栅板；6，7. 避风装置；8. 旋风分离器；9. 引风机

五、油料蒸炒

油料生坯经过湿润、加热、蒸坯、炒坯等处理，发生一定的物理化学变化，其内部的结构改变，转变成熟坯的过程称为蒸炒。蒸炒是压榨制油工艺过程中重要的工序之一（何东平，1998）。

（一）蒸炒的目的和要求

1. 蒸炒目的　蒸炒借助水分和温度的作用，目的在于使料坯在微生态结构、化学组成及物理状态等方面发生较大变化，以提高压榨出油率及改善油脂和饼粕的质量。蒸炒使油料细胞受到彻底破坏、蛋白质凝固变性、油脂聚集、油脂黏度和表面张力降低、料坯的弹性和塑性得到调整、酶类被钝化、某些成分发生结合（如油脂与蛋白质结合、磷脂和棉酚的离析与结合、棉籽坯中棉酚与蛋白质结合）等（刘玉兰，2015）。而这些变化不仅有利于油脂从油料中比较容易地分离出来，而且有利于改善毛油质量。所以，蒸炒效果的好坏，对整个制油生产过程的顺利进行、出油率的高低及油品、饼粕的质量都有着直接的影响（何东平，1998）。

1）蛋白质的变化　湿润时，由于大量水分子吸附于蛋白质分子的极性基上形成水化膜，从而使蛋白质膨胀，这一变化使分散的油脂聚集，并促使完整的细胞破裂（李殿宝，2013）。炒坯时的高温使蛋白质变性，变性后的蛋白质凝结成固态，因而其塑性下降、弹性上升。蛋白质结构遭到破坏后，其分子从刚性环状的有规则排列形式变成柔性展开的不规则排列形式，使原来分子内部的疏水基释放出来，与疏水基结合的油脂也暴露在表面。所以，蛋白质的变性对提高出油率是非常有利的。

2）油脂的变化　生坯湿润时，水分的作用导致生坯膨胀及生坯粒子的互相聚集，使油脂从生坯的油体原生质内挤出，并通过分子内聚力停留在生坯颗粒的表面。加热生坯时，由于温度升高，引起油脂分子热运动的增强及分子间内聚力的削弱，导致生坯中油脂黏度和表面张力的降低，使油脂很容易摆脱蛋白质疏水基的吸附力、克服流动时的摩擦阻力。蒸炒后的料坯，其所含的油脂聚集成大油滴分散在料坯的内外表面，使压榨取油变得很容易。

3）其他变化　生坯中的磷脂在湿润时，吸水膨胀凝聚。部分与蛋白质结合的磷脂随着蛋白质结构的破坏而释出，如果湿润水分较高，释出的磷脂也会吸水膨胀凝聚。磷脂凝聚后，其在油中的溶解度降低。炒坯时，因料坯水分含量的大幅度降低，被磷脂吸收的水分也逐渐减少，使磷脂在油中的溶解度又逐渐回升（刘玉兰，2015）。

2. 蒸炒要求　对油料蒸炒的要求因蒸炒方法的不同而异，两种常用的蒸炒方法——“湿润蒸炒”和“加热—蒸坯”的要求如下。

1）湿润蒸炒的要求

（1）高水分蒸坯，低水分压榨。蒸炒后熟坯的水分（即入榨水分）应根据榨油机的特点，提出不同的要求（何东平，1998）。总的原则是掌握低水分压榨，以利于提高出油率。

（2）生熟均匀。生熟均匀是指每片料坯的表面和内部生熟一致。因此，为使料坯生熟均匀，就必须保证生坯的厚度、粉末度、蒸炒设备中料层的高度、搅拌速度、搅拌叶的角度和蒸汽夹层的结构等都要符合一定的要求。

（3）高温入榨。料坯主要靠蒸炒而获得高温，根据制油工艺要求，应尽可能地提高料坯的温度，但一般不超过130℃，否则容易使料坯产生焦化现象。

（4）保证足够的蒸炒时间。确保料坯中各种成分的变化符合制油工艺要求。特别是高水分蒸坯，更要有足够的时间才能除去大量水分，以达到低水分入榨的要求。蒸炒时间通常在2h左右为宜。

2）“加热—蒸坯”的要求

（1）根据原料水分进行湿润。由于原料的产地、品种和含水量的不同，蒸坯时必须根据原料的含水量进行加水，以保证油料蒸得透、炒得熟，又不致炒焦。

（2）根据火力大小、炒坯时间长短进行加水。由于炒子机大多数是直接用火加热，因此，难以掌握火力的大小。而炒坯的时间各厂又不一样，所以必须根据具体情况加水。

（3）提高蒸坯温度。蒸灶蒸坯时，往往因为蒸汽量不大，蒸汽温度不高而影响蒸坯温度，所以将蒸灶改为锅炉，以增大蒸汽量，提高蒸汽温度。

（4）掌握熟坯水分。应根据原料品种和榨油机种类的不同，适当掌握熟坯水分（何东平，1998）。

（二）润湿蒸炒理论

1. 生坯的结构和性质　生坯的结构包括外部结构和内部结构。生坯的外部结构是指其外形、大小、粒度组成、粒子间的孔隙度及是否有粒子聚集体存在（刘玉兰，2009）。生坯的内部结构是指各个料粒细胞结构的破坏情况。生坯的结构取决于油籽本身的特性及轧坯的程度。例如，含油量低的生坯互相结合的能力很弱，接近于散粒物体；含油量高的生坯由于油脂分离出来较多，所以易黏结成团块。经过轧坯，初步地破坏油料细胞组织，油料生坯中有已经破裂的细胞、从破裂细胞中散落出的原生质碎片及尚未破坏的完整细胞。料坯轧制得越薄，细胞破坏程度就越深。随着轧坯过程细胞组织的破坏，生坯中油脂的位置与完整油籽相比已发生了重大变化，一部分油脂随着细胞的破裂、原生质凝胶结构的破坏而从细胞凝胶结构中分离出来，在生坯表面分子力场的作用下结合在生坯粒子的内外表面，还有一部分油脂仍存在于完整细胞的内部。

通过轧坯处理，油料形态发生改变及部分细胞结构遭受破坏，但油料中的亲水凝胶部分和疏水油脂部分，除少量蛋白质发生变性外，基本上仍保持原来的性质存在于生坯中。由于生坯是凝胶和油脂两部分组成的整体，因此它的性质应是这两部分性质的复杂配合。例如，含油量低的生坯在蒸炒时表现出好的吸水性能；含油量高的生坯吸水能力弱，在蒸炒过程中易出油等。

2. 蒸炒时的湿润作用　按照湿润蒸炒的工艺要求，在投入蒸炒前或在蒸炒中应首先对生坯进行湿润，使其达到最优出油的水分，其目的是为蒸炒达到最佳效果提供有利条件。在生坯湿润时，其凝胶部分进行水的吸收和膨胀是生坯润湿时进行的主要过程。生坯吸收水分的速度在很多情况下取决于润湿条件，特别是取决于加水的方法及润湿时的搅拌强度（汪学德，2004）。同时，吸收水分的速度还与润湿物料的性质有关，即取决于生坯中亲水凝胶部分和疏水含油部分的数量关系。生坯的含油率越高，水分吸收得就越慢。生坯凝胶部分对水分的吸收最终导致凝胶部分的体积膨胀，因而造成细胞组织的破坏和油脂的聚集，并促使油脂向表面析出。蒸炒时的湿润作用主要有以下几个方面。

1）*破坏油料的细胞组织*　在轧坯过程中，油料细胞组织受到初步破坏，生坯中仍然存在有相当数量的完整细胞。油脂在生坯中的分布仍然是以超显微状态为主，与蛋白质形成乳状液形态，不利于油脂的提取（王如福，2006）。为了提高油脂提取的速度和提油率，必须设法彻底破坏油料的细胞结构，而细胞结构中的细胞膜在一定程度上维持着油脂在原生质中的显微分散状态。在油料细胞中凝胶部分蛋白质等成分的表面具有极强的亲水基，当对生坯进行湿润时，水分便渗透进入完整细胞的内部，被凝胶部分吸收并引起凝胶部分的膨胀，在加热和机械搅拌的配合作用下使细胞膜破裂。细胞膜破裂后，油体原生质散落出来，从而有利于细胞组织的进一步破坏和油脂的聚集分离。

2）*对蛋白质的作用* 在湿润操作时通常伴随着加热，因而湿润对蛋白质的作用主要有三个方面。第一，在湿润时由于大量水分子吸附于蛋白质分子的极性基上形成水化膜，从而使蛋白质产生膨胀作用，这一作用会使油体原生质中分散的油脂产生聚集，并促使完整的细胞膜破裂。第二，由于湿润时的加热，料坯中的蛋白质会产生热变性作用。但由于湿润的温度不太高，因此在一般情况下，湿润阶段以第一种作用为主。第三，湿润有利于加速蒸炒过程中蛋白质的变性。因为在蒸炒过程中蛋白质受热变性的程度随所含水分的多少而异。在蒸炒条件基本一致的情况下，湿润水分越高，蛋白质变性程度越高，反之，变性程度越低。

3）*油脂分散状态的变化* 湿润时，料坯中油脂原来的显微分散状态被破坏，油脂由细小的油滴聚集成较大的油滴，并由于料坯表面分子力场的作用和分子内聚力作用存在于料坯颗粒的表面。

生坯湿润时油脂分散状态的变化主要源于三个方面的作用（于殿宇，2012）。第一是生坯湿润时，水分子在料坯分子力场的作用下与料坯结合，同时将原来处于分子力场上相应部分的油脂分子游离出来，使油滴局限在凝胶结构中的非极性基部分。湿润水分越多，被水占据的分子力场部分越大，油脂占据的部分越小，由此发生油脂的聚集并使得生坯对油脂的结合性减弱。第二是湿润时，由于生坯凝胶部分吸水膨胀，充满油脂的各种显微通道被压缩，而将通道中的油脂挤压出来并产生聚集。第三是湿润时，由于生坯粒子的黏结作用而使料坯的自由表面缩小，这种结合也会使油脂从这一部分表面被排挤出来（刘玉兰，2009）。

（三）润湿蒸炒设备

湿润蒸炒设备称为蒸炒锅，湿润蒸炒操作可以在一个设备中完成，也可以先在一个设备中进行湿润和蒸坯，再在另一个设备中进行炒坯。生产中通常先采用层式蒸炒锅进行湿润蒸坯，再用榨机调整炒锅进行炒坯。蒸炒设备结构并不复杂，但工艺性强。主要设备有立式和卧式蒸炒锅、转筒式炒锅、平底炒锅等（贾成祥，2004）。

1）*立式蒸炒锅* 立式蒸炒锅是国内外油料加工厂用于油料蒸炒的主要设备，根据单机处理能力的不同，蒸炒锅的直径一般为1.5～3.3m，锅体层数为4～8层。在工作过程中立式蒸炒锅完成对油料的润湿、蒸焖和干燥三个阶段，通过调节水分和温度，使生坯中蛋白质变性熟化（王瑞元，2009）。

立式蒸炒锅结构紧凑，运行稳定，操作方便，蒸炒物料效果好，易于密封，故使用普遍。但热能消耗大，动力配备大。它是由数个蒸炒锅单体上下叠置而成的层式蒸炒设备（图2-22）。可作为辅助蒸炒锅单独使用，也可直接装在榨油机上使用。辅助蒸炒锅通常有4～5层，榨油机上的蒸炒锅一般有2～3层。

工作时，生坯从上部进料口进入锅体，在第一层、第二层由湿润装置加入水使之湿润，然后通过间接蒸汽在100℃左右的温度下进行加热蒸坯。在搅拌刮刀的作用下，料坯经自动料门落到下一层，逐渐过渡到炒坯，以使坯料达到入榨前所需要的温度和水分，最后从底层锅体的出料门排出锅外（贾成祥，2004）。

2）*层式蒸炒锅* 层式蒸炒锅是国内油脂加工厂常用的蒸炒设备。其结构如图2-23所示，由数层蒸锅单体重叠装置而成（于殿宇，2012）。

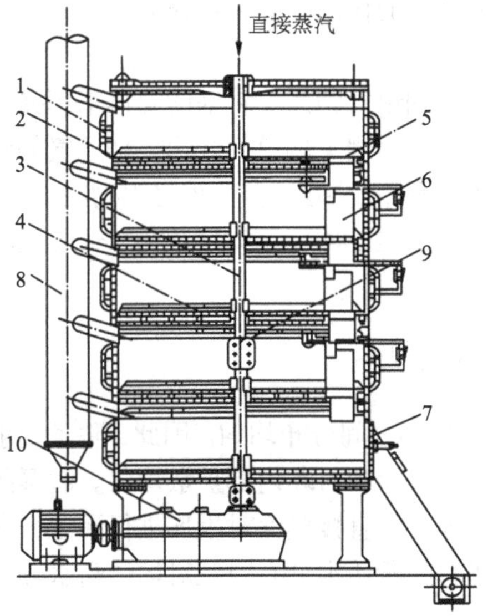

图 2-22　立式蒸炒锅的结构（引自贾成祥，2004）

1. 边夹套；2. 底夹层；3. 搅拌轴；4. 搅拌翅；5. 落料孔；6. 自动料门；7. 出料口；8. 排气总管；9. 联轴器；10. 减速装置

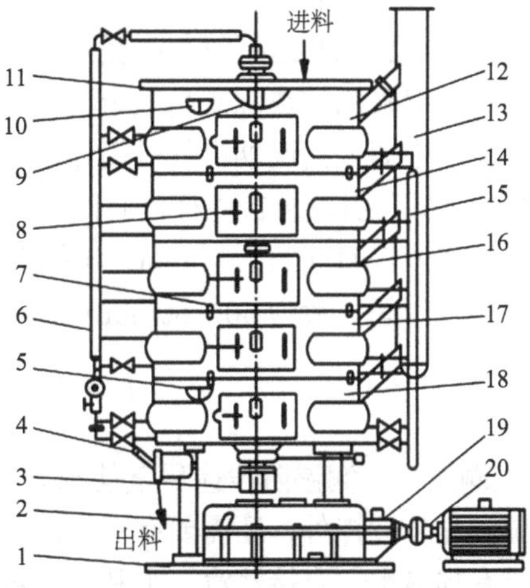

图 2-23　层式蒸炒锅的结构（引自于殿宇等，2012）

1. 底座；2. 支柱；3. 刚性联轴器；4. 出料机构；5. 料层指针；6. 进汽管路；7. 定位固定块；8. 检修门；9. 搅拌装置；10. 料门装置；11. 锅顶；12. 第一层蒸锅；13. 排气管；14. 第二层蒸锅；15. 冷凝水管路；16. 第三层蒸锅；17. 第四层蒸锅；18. 第五层蒸锅；19. CO32型减速器；20. 弹性联轴器

每一层蒸锅单体的结构基本相同，都有边夹层和底夹层，夹层中通入蒸汽以加热料坯。蒸炒锅中心有一垂直轴通过各层，在每一层蒸锅单体中有转速为 25～35r/min 的两把桨式搅拌翅固定在垂直轴上，对料层进行搅动。在每层锅体底板上开有正方形或长方形的落料孔，每层落料孔处均安装有自动料门装置，通过控制落料量调节每层锅体中的料层高度。湿润装置一般安装在层式蒸炒锅的第一层至第二层，有喷水管和喷汽管两种形式。喷汽管装在搅拌桨叶的背面，蒸汽经上段空心的搅拌轴通过喷汽管喷入料层中：每层蒸锅单体的侧壁均有排气管，共同接到总排气管上，以排出蒸炒过程中蒸发的水蒸气。生坯从第一层进入，依次经过各层，最后从蒸炒锅最底层的出料孔排出。传动装置采用装置在蒸炒锅下面的电机和三级齿轮减速箱。

层式蒸炒锅结构紧凑，蒸炒过程中料层有很好的自蒸作用，蒸炒时间可通过各层底板上的料门机构方便地调节，但蒸炒过程中料坯受热不太均匀，而且动力消耗较大（王瑞元，2009）。榨机蒸炒锅的结构与层式蒸炒锅相似，只是锅体直径较小，并直接安装在榨油机的机架上。

3）卧式蒸炒锅　　国外生产的大型螺旋榨油机常配置卧式蒸炒锅。卧式蒸炒锅由若干个重叠安放的圆筒体组成，每个圆筒体外壳都有夹套，向夹套中通入加热蒸汽以对筒内的料坯进行加热。筒体内部有一带有螺旋形桨叶的水平搅拌轴，借以搅拌并向前推进料坯。在上边的圆筒体中喷入直接蒸汽或蒸汽与水，以对料坯进行湿润蒸炒。其入料口和出料口处均有气封装置，以造成锅体内较大的湿度。通常将料坯加热至 90℃，并在水分含量为 10%～12% 的条件下保持 15～20min，就足以使蛋白质变性。下边的圆筒体用来将料坯干燥至 2%～3% 的水分。卧式蒸炒锅的优点是升温快、受热均匀、动力消耗较小。

4）圆筒炒锅　　圆筒炒锅主要用于机榨芝麻香油和浓香花生油生产工艺中对芝麻和花生仁的炒籽（沈瀚，2009）。经圆筒炒锅烘炒的油籽色泽均匀，表面疏松，温度高，入榨水分低，压榨油香味浓郁。圆筒炒籽锅的筒体呈30°左右的倾斜，筒体内壁上焊有斜向翅片。油籽从进料口进入筒体后，由于筒体的旋转及筒体内壁上炒板的作用，油籽被充分翻动，并向出料口运行，在翻动和运行过程中受热，完成炒籽过程。

圆筒炒锅采用的热源有高温烟道气和直接火两种。烟道气圆筒炒籽锅的筒体采用夹层式装置，夹层中通入高温烟道气对筒体中的油籽进行焙炒。为避免烟道气外逸，烟道气的流动采用吸风方式，引风机在炒籽机后面。直接火圆筒炒籽锅设有夹层，整个炒籽锅砌在炉膛中。高温烟道气炒籽时间约为 15min，出锅时油籽温度达 200～220℃，筒体转速为 3～12r/min。直接火炒籽时间一般为 40～60min（于殿宇，2012）。

（四）润湿蒸炒工艺技术

1. 润湿　润湿阶段应尽量使水分在料坯内部和料坯之间分布均匀。因此，除了要求均匀润湿和充分搅拌外，还需要有一定的时间让水分在料坯间和料坯内部扩散均匀。润湿的方法主要有加热水、直接蒸汽、水和直接蒸汽混合喷入等。用直接蒸汽对生坯进行润湿，润湿速度快且均匀，但有时不能满足蒸炒工艺的要求，如润湿所达水分有限及对棉仁高水分蒸坯等不宜采用（刘恩岐，2006）。

料坯的润湿水分一般为 13%～15%，在设备条件许可的情况下可适当加大。几种油料的最高润湿水分为：大豆 16%～20%、油菜籽 16%～18%、花生仁 15%～17%、芝麻 14%～16%、棉籽 18%～22%（夏季水分容易挥发，可提高至 20%～22%）。润湿时为使料坯有充分的时间与水分接触，保证料坯润湿均匀，蒸锅润湿层的装料要满，装料量一般控制在 80%～90%。关闭排气孔，保持蒸炒锅密闭，以防水分散失。当采用高水分润湿时，必须有足够的蒸炒条件与之配合，以保证满足低水分入榨的要求。为此，可以在料坯进入蒸锅之前进行润湿，以延长蒸炒时间。

2. 蒸坯　生坯润湿之后，应在密闭的条件下继续加热，使料坯表面吸收的水分渗透到内部，并通过一定时间的加热，促使蛋白质、棉酚等物质发生较大变化。蒸坯时要求料坯要蒸透蒸匀。为此，蒸坯层的装料要满，装料量控制在 80%～90%，以延长蒸坯时间。要关闭排气孔，保持蒸炒锅密闭，以增大蒸锅空间的湿度，充分发挥料坯的自蒸作用，并防止油脂氧化和棉酚的变性。经过蒸坯，料坯温度应提高至 95～100℃，润湿与蒸坯时间需 50～60min。

3. 炒坯　炒坯的主要作用是加热除去水分，使料坯达到最适宜压榨的低水分含量。炒坯时要求尽快排除料坯中的水分，因此需将排气孔打开，加强蒸锅中水蒸气的排出。锅中的存料量要少，一般装料量榨制在40%左右（齐玉堂，2005）。经过炒坯，出料温度应达到105～106℃，水分含量在5%～8%，炒坯时间约20min。

经层式蒸炒锅蒸炒的料坯在入榨油机之前，还需在榨机炒锅中进一步调整水分和温度，以满足料坯高温、低水分入榨的要求。料坯的入榨水分和温度随油料品种及压榨工艺的不同而异。一般含油量较高的料坯入榨水分较低；反之，水分较高。预榨工艺的料坯入榨水分较高，压榨工艺的料坯入榨温度较高。例如，料坯一次压榨的入榨水分通常为 1.0%～2.5%，入榨温度为 125～130℃；而料坯预榨的入榨水分为 4%～5%，入榨温度为 110～115℃。蒸炒过程必须有充分的时间，保证料坯发生完善的变化，而高水分蒸坯更需要足够的时间将料坯含水量降至适宜的程度，因此蒸炒全过程通常需要 90～120min（沈瀚，2009）。其中料坯在层式蒸炒锅中约需 1.5h，在榨机蒸锅中约需 0.5h。当然，对于不同油料及不同的预处理要求，各阶段的时间可以调整。

4. 均匀蒸炒　蒸炒对熟坯性质的基本要求是必须具有合适的塑性和弹性，同时要求熟坯要有很好的一致性。熟坯的一致性包括熟坯总体一致性和熟坯内外部的一致性。总体一致性是指所有熟坯粒子大小和性质（水分、可塑性）的一致，而内外部一致性则是指每一料坯粒子表里各层性质的一致。

采用现行的连续蒸炒工艺和设备时，由于生坯本身质量的不一致、料坯通过蒸炒锅的时间不一致、部分料坯润湿时的结团及部分料坯受传热面的过热作用形成硬皮等，必将导致料坯蒸炒过程中的不一致性。为了减少蒸炒过程的不一致性，生产上必须采取措施以保证料坯的均匀蒸炒，保证进入蒸炒锅的生坯质量（水分、坯厚及粉末度等）合格和稳定，应均匀进料，对料坯的润湿应均匀一致，防止结团。蒸坯时充分利用料层的自蒸作用，防止硬皮的产生，蒸炒锅各层存料高度要合理，料门控制机构灵活可靠，加热应充分均匀，保证加热蒸汽质量及流量的稳定，夹套中空气和冷凝水的排出要及时，保证各层蒸锅的合理排汽，保证足够的蒸炒时间，回榨油渣的掺入应均匀等（于殿宇，2012）。

六、油料的挤压膨化

挤压膨化技术开始于20世纪60年代中期的米糠挤压膨化，70年代开始尝试用于大豆及其他油籽。目前，油料挤压膨化浸出工艺和设备的研究及应用已取得很大进展，在国内外油脂工业中得到广泛应用。膨化机的形式越来越多，用途增加，单机产量也不断提高。可以说，油料挤压膨化浸出技术是最近 20 年来在油脂制取工艺上取得的最大进展之一（汪学德，2004）。

油料的挤压膨化是利用挤压膨化设备对经过破碎、轧坯或整粒油料施以高温、高压然后减压，利用物料本身的膨胀特性和其内部水分的瞬时蒸发，使物料的组织结构和理化特性发生变化，转变成多孔的膨化料粒的过程。油料膨化浸出在我国20世纪80年代开始试用，90年代后期，在制油技术进展中得到了较大的发展。目前油料挤压膨化主要应用于大豆生坯的膨化浸出工艺，菜籽生坯、棉籽生坯及米糠的膨化浸出工艺也得到了应用，还可对整籽油料如大豆做挤压膨化处理以供压榨取油之用（于殿宇，2012）。

（一）油料挤压膨化的目的、作用及原理

1. 油料挤压膨化的目的　油料经挤压膨化后，膨化料粒的容重增大（较生坯增大约50%），油料细胞组织被彻底破坏，内部具有更多的空隙度，外表面具有更多的游离油脂，粒度及机械强度增大，在浸出时溶剂对料层的渗透性大为改善（渗透速度较生坯提高约4倍），浸出速率有很大提高，浸出时间明显缩短，因此可使浸出器的产量增加30%～50%。膨化料粒浸出后的湿粕含溶仅为生坯浸出后湿粕含溶的60%（湿粕含溶由30%降为20%），这可使湿粕脱溶设备的产量提高，以及湿粕脱溶所需的能量消耗大大降低。这是由于引起结团的植物蛋白在膨化过程已变性，因此湿粕脱溶时的结团现象明显减少。且因为膨化颗粒的粉末度减少及豆皮已结合在膨化颗粒中，湿粕脱溶时混合蒸汽中含粕末量减少，减轻了粕末捕集的负荷。膨化料粒浸出时的溶剂残留量比生坯浸出时降低40%左右，约为0.65：1，这使浸出后的混合油浓度达到30%～35%，大大节省了混合油蒸发过程中的能量消耗。且混合油中粉末度减少，减轻了混合油净化的负荷，提高了混合油蒸发效果及浸出毛油的质量。此外，膨化浸出工艺降低了对破碎、轧坯工序的要求，使这些设备的产量提高。但

颗粒较大的、坚固的膨化料粒会使溶剂通过料层的速度过快，造成料粒与溶剂的接触时间明显缩短，因此对浸出效果产生不利影响。生产中可以通过减小膨化料粒尺寸及在浸出器内增加混合油的循环速率和循环量来克服这些不利影响。油料在挤压膨化过程中蛋白质变性，因此膨化浸出不适合用作提取蛋白质的豆粕的生产（刘玉兰，2009）。

2. 挤压膨化处理的作用

1）破坏油脂细胞结构　短时间加热及挤压等强烈物理作用，迅速而彻底地破坏了油籽细胞结构，使油的微粒均匀扩散并凝聚，这有利于后续用溶剂浸泡取油。

2）改善油料渗浸性状　生坯料中的淀粉糊化胶凝、蛋白质充分变性，使其结构变成多孔而结实的颗粒状熟坯料，浸出时显著改善了渗透性和浸出速率，从而使浸出湿粕含溶低，大大减少了脱溶所消耗的蒸汽；同时还可降低溶剂料坯比，提高混合油浓度，进而大大降低了溶剂损耗和蒸汽的消耗。

3）抑制或钝化酶活性　挤压膨化处理，可抑制或钝化油籽中一些酶的活性，防止发生氧化，有利于油料贮存与加工过程中的稳定。

4）其他作用　挤压膨化处理可降低油脂中非水化磷脂含量，提高副产品中的磷脂得率（大豆卵磷脂可增加高达 1 倍），改变一些工艺技术条件可有效地起到脱毒作用（如脱去棉酚、黄曲霉毒素、芥子苷分解产生的异硫氰酸酯和噁唑烷硫酮）（李淑芳，2010）。

3. 油料挤压膨化的原理　料坯由喂料绞龙送入膨化机，喂入原料以其原有水分，或直接注入蒸汽，使其达到适宜的膨化水分。在连续的物料和不连续的挤压螺旋作用下而产生自热，其压力、温度、湿度均不断增加，到达出料段之后，由于突然泄压，物料中的水分快速汽化、蒸发，物料体积膨胀并在压力下通过模板的槽孔被挤压出来，形成多孔状结构。原料同时伴随蛋白质的凝聚、黏结作用，物料中的小颗粒被聚集到一起，物料酥而不碎。而且，由于挤压膨爆作用，油料细胞发生破裂，原来卷曲在内部的油脂便裸露于表面。对于高含油油料，还会挤压出一部分油脂。更换模板，模板上槽孔的大小及形状的变化，可以改变挤压机机膛内的压力及膨化料粒直径。在挤压机的出口处，压力突然从高压转变成大气压，这就造成水分迅速地从原料组织结构中蒸发出来，致使膨化料粒中呈现上千个细微小孔（Salazar-Villanea，2014）。此外，在挤压机机膛，由于温度、水分及揉搓捏合作用有助于植物细胞的破坏及蛋白质变性，一部分油脂会游离释放出来。刚从挤压机出来的料粒显得松脆易碎，但在冷却大约 60s 后即变得有足够硬度，在输送过程中不会被粉碎（何东平，1998）。

（二）油料挤压膨化设备

油料挤压膨化设备可以分为 3 种：一种是适用于低含油料生坯的膨化机；一种是适用于高含油料生坯的膨化机；另一种是用于整粒油籽或破碎油籽的膨化机。

低含油料生坯挤压膨化机（即闭壁式挤压膨化机）的结构如图 2-24 所示。在圆筒形机膛内装有一根螺旋轴，螺旋轴上的螺旋叶片间断而不连续。固定销深入圆筒内壁突出至各个螺旋叶片之间的间隔之中。工作时，转动的螺旋叶片与固定销的联合作用给予物料充分的捏合。在接近进料端的机壳壁上装有加水管，在接近出料端的机壳壁上装有蒸汽注入管。喷射直接蒸汽（蒸汽压力 6～8MPa）的作用是增加水分并供热使物料达到软化状态。物料入口处有一喂料螺旋输送机，物料出口处装有一块开有槽孔的模板，模板外有随轴旋转的切割器（于殿宇，2012）。

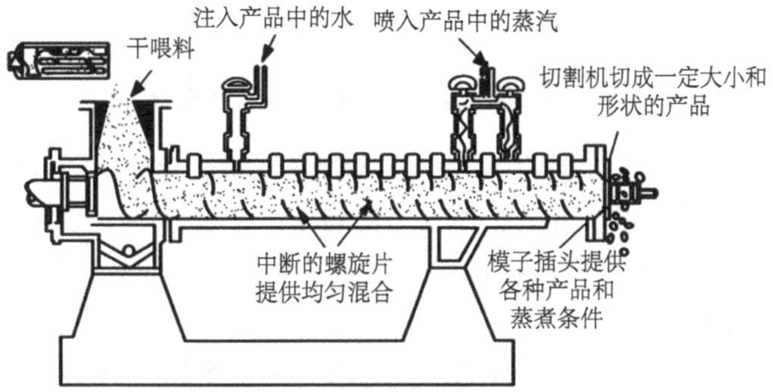

图 2-24　闭壁式挤压膨化机结构示意图（引自刘玉兰，2006）

油料挤压膨化机也采用锥形塞出料装置（王瑞元，2009）。装置在出料端液压活塞上的锥形塞与装置在机体上的锥形止推座配合形成圆环形出料缝隙，且锥形塞可随活塞杆进行轴向移动改变出料缝隙的大小，以此圆环形出料缝隙的改变而改变膨化料粒的厚度和机膛内的压力。锥形塞的移动及工作时位置的固定都由液压系统控制。液压系统还可以使圆锥体浮动或自动调整及部分补偿挤压机内的压力并把锥体推到更紧密的位置，从而保持工作时机膛内压力的恒定。从锥形塞排出的料流进入大气即膨化，形成 4～6mm 厚的多孔饼片，饼片的组织结构与模板排出的膨化料粒相似，只是颗粒较小且形状不规则。应当注意，采用模板不能实现自动调整以响应挤压机内的压力变动。

当采用闭壁式挤压膨化机对高含油料生坯进行挤压膨化时，挤压膨化过程释放出来的油将积聚在机膛内，影响料坯的膨化效果和设备运行的稳定性（汪学德，2004）。因此，对高含油料生坯膨化应采用开槽壁式挤压膨化机。该膨化机在出料端的机壳上装有一段有缝的排油榨笼，料坯在挤压过程中释放出来的油可通过榨笼缝隙排出，料坯从膨化机末端的出料装置排出，含油 20%～30%的膨化料送去浸出。

开槽式挤压膨化机能用于棉籽、油菜籽、红花籽、葵花籽、花生仁、玉米胚芽等油料生坯的膨化浸出，从而取代传统的预榨浸出，简化了高含油料的制油工艺，节省了设备投资，提高了产品质量。一般来说，膨化料粒的残油大于预榨饼，但其多孔性优于预榨饼，这可以在一定程度上弥补因膨化颗粒残油高而对浸出效果造成的不利影响。

闭壁式膨化机和开槽壁式膨化机都可以装配可调节的颚式出料器，代替模板及锥形塞机构，机筒出料端法兰与固定的锥形牙槽连在一起，锥形塞由一液压活塞推进至锥形牙槽内，锥形塞与锥形牙槽“啮合”后，塞牙和槽牙之间形成近百个端部截面约为 14mm×14mm、长 55mm 的孔洞，物料从这些孔洞中挤出，膨化成条状料。液压活塞可带动锥形塞移动，当锥形塞被推挤到较开位置时，槽与塞的齿牙间隔增加，模孔孔径增大，长度减小，物料挤出压力减小；当液压活塞推进至较大冲程处，槽与塞和齿牙间隔变小，模孔孔径减小，长度增加，膨化机压力随之增加。锥形塞始终处于浮动位置，自动调整与部分补偿挤压机内的压力扰动。

还有一种干式膨化机可用于破碎或未经破碎、预热或未经预热、含水量 10%～14%的油籽的挤压膨化，挤压膨化过程磨碎了油料颗粒并使油料细胞破裂，同时摩擦发热使油料粉粒的温度上升到 121～148℃，油料粉粒从挤压机排出时受到颚式出料器高剪切力的挤压作用，成为一种热的、泡沫状的、半流态的粉粒挤出物，同时水分急剧蒸发，使含水量下降（何东平，1998）。经这种挤压机处理的物料不需干燥和冷却即可送入螺旋榨油机进行压榨取油（王瑞云，2009）。

（三）影响油料挤压膨化效果的主要因素

1. 原料因素 一般淀粉、脂肪含量较高的油料易被膨化，生产效率较高；粗纤维含量高的物料较难膨化，产量偏低。此外，原料粒度对生产率也会产生影响。粒度越细，越有利于调质，使膨化产量提高，通常要使物料在膨化机内获得充分的膨化和均匀一致的组织结构，避免夹生，防止挤出模孔堵塞。

2. 调质因素 在调质过程中，控制蒸汽压力与蒸汽添加量，使物料达到最佳调质状态，可提高膨化生产率。适合的蒸汽压力为0.2～0.5MPa，压力波动不应大于0.05MPa。一般情况下，对于水分低的物料，宜采用低压力蒸汽，对于水分高的物料，宜采用压力较高的蒸汽。对于蒸汽添加量，生产时可根据原料组成、水分含量等情况，以及“物料温度每升高11℃将吸收约1%的水分”这一经验，来添加适量蒸汽。

3. 膨化机构件配置因素 膨化机的气塞配置与模板配置对生产率有较大影响。在膨化机挤压腔内，物料是通过气塞与挤压腔之间的环形间隙挤出，如气塞配置偏小，即环形间隙偏大，物料温升小，产量增大。因此，在保证膨化温度的前提下，尽量采用较小气塞，可提高生产率。模板对膨化产量的影响，实际上是出料模板的模孔直径直接影响生产率，模板孔径越大，产量越大。一般是在不影响膨化参数和产品质量的前提下，采用大模孔来提高膨化生产率（齐玉堂，2011）。

4. 物料的性能

1）含水量 物料含水量的高低决定其塑性的大小，也对破坏细胞结构、释放油脂、造成多孔结构起着很关键的作用（于殿宇，2012）。若含水量太高，物料的塑性大，致使膨化机内不能建立正常的挤压压力，在出料口处无法产生膨爆现象；若含水量太低，物料的黏性大，可能出现焦化，且物料和筒壁间润滑差，导致挤压压力增加，使能耗和机械消耗大。另外，物料在出料口处由于汽化的水分太少，不能较好地破坏细胞结构、释放油脂和造成足够多的细微小孔结构而使膨化不透。油料膨化水分要求为 12%～16%，膨化料的密度随水分含量的降低而增大（于殿宇，2012）。

2）温度 进膨化机料温随原料种类不同而异。在保证进机水分适宜的条件下，温度过低，料易夹生，膨化料不结实，松散易碎；而温度过高，油料熟化早，物料中的凝胶作用失去，在膨化机内不能挤压成型（刘玉兰，2009）。油料膨化温度常为110～145℃。出料温度在110℃左右，微带油迹，手握松软，冷却后发硬。出料要全部熟化，不能外熟内生，若出现此现象，可提高蒸汽温度和减少进料量。

5. 挤压膨化机的结构及操作

1）压缩比 压缩比是指挤压膛内螺旋轴进料端第一导程与出料端的一个导程所对应的空余体积之比。它是决定挤压膛内压力大小的重要参数（张敏，2006）。压缩比大，会使油料大量出油，成了榨油机；而压缩比小，会使挤压膛内压力太小，物料在出料口时无法形成足够大的压力降以致膨化不充分，甚至难以产生膨化效果。

2）挤压膨化机出料结构 挤压膨化机出料处的阻力是组成机膛内压力的重要部分，产生此阻力的部件是模板或锥形塞。若出口阻力大，易使物料阻塞或发焦；反之，物料的压力降太小，膨化不充分。在料流产生变化时，对模板式膨化机，要调整模板的模孔数量，以减少或增加模孔总面积达到增压或减压的目的；对锥塞式膨化机，要调节出饼圈和锥塞圈之间间隙以达到增压或减压的目的（席德清，2009）。

3）主轴转速　主轴转速的快慢对物料的膨化时间和设备的生产能力有一定的影响。转速太快，物料在机膛内所受的压力过小、温度作用的时间过短，水分来不及分布到物料内部各处，淀粉凝胶作用也不够，膨化后不能获得很多均匀分布的细微小孔，且料粒的机械强度低；转速太慢，物料在机膛内的动摩擦减少，升温慢，使压力和温度对物料的作用均有所降低，且降低了设备的处理量（倪培德，2009）。

4）进料操作　连续稳定的进料是膨化的关键，物料在机膛内随着螺旋轴和内壁的空间越来越小，产生摩擦、压缩，在直接蒸汽的进入下使蛋白质变性，挤出机膛，如果不连续进料就不能保持机膛压力（齐玉堂，2011）。没有压力的料在出模板孔或通过锥形塞时没有爆发力，也就丧失了膨化能力。进料量的大小由进料绞龙转速来调整。

第二节　机械压榨法制油

一、压榨法取油

压榨法制取油脂是一种既古老又传统的机械制油方法，此种方法经过不断改进后成为现今常用的压榨法制油。目前普遍的压榨法有连续式压榨法和间歇式压榨法，与间歇式压榨法相比，连续式压榨取油采用的设备是螺旋榨油机，该种压榨法具有劳动强度低、单机处理量大、连续化、出油效果良好、综合利用高、饼薄易粉碎等众多优点，但仍然有一些问题，如动力消耗大、维修成本高、易耗件多和温度升高影响饼和油的质量等（倪培德，1982）。

（一）压榨法制油概述

压榨法制油是将油脂通过物理压力直接从油料中分离出来的一种操作，全过程不添加任何化学药品，保证产品安全、无污染、卫生，天然营养成分不受破坏（雕鸿荪，1985）。

传统压榨法的原理是基于高尔道夫斯基提出的“孔道假说”。由于细胞原生质有凝胶结构，这种结构的特点是存在能够互相连通且有一定空隙的微胶粒网，油脂即填充在微胶网络的通道之中。这样一来，凝胶和油脂在谷物籽粒中就会形成连续相，且油脂在其中以显微均匀状态存在。虽然可以通过高温等操作使油籽细胞内部的蛋白质发生变性，切断其与油脂的联系，使油脂释放出来，但同时也产生了许多弊端。一方面，料坯在高温蒸炒时可能造成局部焦煳，加剧糖类物质与蛋白质之间的美拉德反应，产生大量黑色素，使原油的颜色加深，给精炼过程造成一定困难。另一方面，油籽细胞中的色素会在高温条件下大量溶入油中。而且饼粕中过多的蛋白质破坏会造成油饼的营养价值下降（倪培德，1993）。

随着取油技术工艺的创新发展与完善，油脂制备工业也将会慢慢地由压榨法取油过渡到浸出法制油。但是，由于压榨法制油的操作工艺比较简单，在相当长一段时间内压榨法取油仍将占有很大的比例。就我国压榨法取油来说，1957 年压榨法所占比例为 97%，20 世纪 60 年代中期所占比例下降到 92%，直到 80 年代初期仍然占有 85%左右。虽然对很多发达国家来说，压榨法取油所占比例小些，但压榨法取油特别是动力螺旋榨油机仍然具有其继续存在和发展的必要性。总的来说，压榨法取油适应性强，操作简便，同时可以补充和辅助浸出法，有利于提高出油效率、完善取油工艺。

除此之外，在水压机榨油方面，对于压榨某些特殊油料，随着材料及新型压力泵的应用，以及结构上的改进，逐步实现灌浆、压榨、退榨卸饼等步骤之间的自动调节与连续化，使古老的水压机获得了新生。就机械法取油本身也有许多不同的设备型式，如水压机、离心力挤压、偏心轮挤压、搅拌挤压及螺旋挤压分离法取油等方法（中国农业机械化科学研究院，2007）。虽然随着工艺条件、油料品种及设备的不同也会有各不相同的效果，但这些设备的基本取油原理相差不多。因此，就目前而言，如何改进压榨工艺，降低能耗，充分利用现有油料资源，提高出油效率，改善原油质量，仍是非常值得研究的。

（二）压榨法取油发展历程

油脂工业是指从植物油料中提取油脂和精炼油脂的工业，其发展历程长达近 200 年。

（1）原始生产阶段。烘烤兽肉、曝晒油料、敲榨油料、杠杆榨、木榨。此阶段以锲式木榨为代表。

（2）近代生产阶段。该阶段的代表为机械连续化压榨。18 世纪初期，工业开始应用液压榨油机对油料压榨制油。1895 年我国建造了第一座水压机榨油厂，20 世纪初发明了连续式的动力螺旋榨油机（95 型），目前我国常见的是 90 型液压榨油机并不断改进成了 200 型、202 型、204 型等，这些设备的压榨能力不断扩大。

（3）现代化生产阶段。自 1950 年发明了连续浸出工艺以来，油脂工业步入了现代化生产阶段。该阶段以油料连续浸出工艺为代表（刘玉兰，2003）。

（三）压榨法制油的基本原理

压榨取油的过程，就是借助机械外力的作用，使油脂从榨料中分离出来的过程。在压榨过程中，主要发生的是物理变化，如物料变形、摩擦发热、水分蒸发、油脂分离等一系列变化。但受微生物、温度、水分等的影响，同时也会产生某些生物化学方面的变化，如酶的钝化和破坏、蛋白质变性、某些物质的结合等。压榨时，榨料粒子在压力作用下内外表面相互挤紧，致使其液体部分和凝胶部分分别产生两个不同过程，即油脂从榨料空隙中被挤压出来同时榨料粒子变形可形成坚硬的油饼（刘玉兰，2015）。

1. 油脂与凝胶部分分离的过程　在压榨的主要阶段，受压油脂近似遵循黏液流体的流体动力学原理，即油脂的榨出可以看作变形了的多孔介质中不可压缩液体的运动。因此，油脂流动的平均速度主要取决于孔隙中液层内部的摩擦作用（即黏度）和推动力（即压力）的大小。同时，油路长短及液层厚薄（孔隙大小和数量）也会对这一阶段排油速度产生重要影响。一般来说，黏度越小、压力越大的油脂越能越快地从孔隙中流出。同时，流油路程长、孔隙小则会降低流速而使压榨速度变慢。

在强力压榨作用下，榨料粒子表面挤紧到最后会产生一种临界的情况，即在挤紧的表面上最终会留下单分子油层，或者多分子油层。在受到表面巨大分子力场的作用下，完全结合在表面之间，它已不再符合一般流体动力学规律，也不再可能从表面间的空隙中压榨出来。此时，油脂分子可排列成一层极薄的吸附膜。

2. 油饼的形成过程　压榨微粒在强压力作用下随着油脂的排出而不断挤紧，直接接触的微粒之间相互产生压力而造成塑性形变现象，特别是在油膜破裂处将会相互结合形成一体。因此，在压榨结束时，松散体开始变成完整的可塑体，这种可塑体称为油饼。值得注意的是，油饼是一种不完全结合的具有大量孔隙的凝胶多孔体，而并非是全部粒子都结合，即粒子除了部分发生结合作用而形成饼的连续凝胶骨架以外，在粒子之间或结合成的粒子组之间仍然留有许多孔隙。这些孔隙一部分互不连接而封闭了油路，而另一部分则相互连接形成通道，仍有可能压榨取油。可见，饼中残留的油脂，包括油路封闭而包容在孔隙内的油脂和粒子内外表面结合的油脂及未被破坏的油料细胞内残留的油脂。实际的压榨过程由于压力分布不均、流油速度不一等因素存在，必然会形成榨后饼中残留油分布不一致。同时在压榨最后阶段，由于摩擦发热或其他因素存在，会造成排出油脂中含有一定量的水蒸气，这个现象不可忽视。因此，实际的压榨取油过程应包括两种情况，即在变形多孔介质中液体油脂的榨出和水蒸气与液体油脂混合物的榨出（丁保淼，2015）。

对于压榨结构的要求：①物料条件，物料多孔性好；②预处理（主要是蒸炒）要充分及油料本身的成分、料颗粒大小应适当并一致；③榨料容重在不影响内外结构的前提下越大越好；④油脂黏度与表面张力尽量要低，榨料粒子具有足够的可塑性；⑤榨料的机械性质特别是可塑性对压榨取油效果的影响最大，可塑性主要受水分、温度及蛋白质变性的影响。

对于压榨条件的要求：①合适的压力，压力要克服出油阻力；②必要的压榨时间，要保证足够的压榨时间；③受压油脂的黏度要低，压榨过程保温；④水分含量称为“最优水分”或临界水分。对于某一种榨料，在一定条件下，都有一个较狭窄的最优水分范围。当然，最优水分范围同时与温度、蛋白质变性程度等密切相关，榨油机榨料性质是由水分、温度、含油率、蛋白质变性等因素的相互配合体现出来的。

3. 影响压榨制油效果的因素

（1）物料结构性质对出油效果的影响。物料结构性质主要取决于油料本身的成分和预处理效果两部分。物料本身的性质包括凝胶部分，油脂数量、存在形式及可分离程度等因素。其中，水分、温度及蛋白质变性等是影响物料性质的主要因素。

（2）压榨条件影响出油效率。其中，主要包括榨膛内的压力、压榨时间及温度的影响。

（四）压榨法制油工艺

压榨法制油工艺可以分为静态压榨和动态压榨两种。

1. 静态压榨的典型机械为液压式榨油机 液压式榨油机是利用液体传送压力的原理，使油料在饼圈内受到挤压，将油脂取出的一种间隙式压榨设备（李新华，2011）。

该榨油机的优点如下。

（1）结构简单，动力消耗小，操作方便，油饼质量好，能够加工多种油料，适用于油料品种多、数量又不大地区的小型油厂，进行零星分散油料的加工。

（2）操作方便、效率高，机电一体化设计，故障率低、自动化程度高，从装料到出饼 8min 之内即可完成，外观精美，操作简单。纯物理压榨，出油率高，冷榨过程中不产生热，不破坏油料的有机成分，油质好、含杂质少，饼值高、应用范围广。

液压榨油机的压榨范围：热榨油料类有芝麻、胡麻、花生、小麦胚芽、玉米胚芽等；冷榨油料类有松子、杏仁、橄榄、核桃仁、山茶籽、澳洲坚果等；调味品及中药有花椒、芥籽、紫苏等。

2. 动态压榨的典型机械为螺旋榨油机 螺旋榨油机是国际上普遍采用的较先进的连续式榨油设备。其工作原理是：旋转着的螺旋轴在榨膛内的推进作用，使榨料连续地向前推进，同时由于榨料螺旋导程的缩短或根圆直径增大，榨膛空间体积不断缩小而产生压力，把榨料压缩，并把料坯中的油分挤压出来，油分从榨笼缝隙中流出。同时将残渣压成饼块，从榨轴末端不断排出（李诗龙，2003）。

该榨油机的优点如下。

（1）连续化生产，单机处理量大，劳动强度低，出油效高，饼薄易粉碎，有利于综合利用，故应用十分广泛。

（2）与老式设备相比，出油率高，节能，省工，用途广，多级压榨，一次榨净且油质纯，占地小。

（3）设计科学、结构合理、操作简便、安全稳定，采用全自动化装置，从投料到成品一次完成仅需几分钟；材质优良，工艺精密。

（4）采用高碳钢，经高频淬火、耐热处理而成，硬度高，强度大，耐磨性好，适应高温高压连续作业，提高了榨油机的使用寿命，使用时间可达几十年之久（席德清，2009）。

（五）冷榨法取油

冷榨法取油即在较低的入榨温度和出油温度下进行压榨。由于采用物理机械式的取油方式，营养成分保留极为完整，同时避免了可能造成的污染，符合人们所推崇的食用天然有机无污染食品的理念（忻耀年，2005）。但冷榨法取油也有其缺点，即出油率较低。

1. 冷榨法取油工艺　油料冷榨的基本工艺如下。

油料→清理→低温干燥→破碎或脱壳→冷榨→冷榨油的干燥过滤→包装成品

2. 冷榨法取油的优点

（1）无污染、绿色工艺。由于在生产过程中采用低温冷榨工艺，所获得的冷榨油不需进一步常规油脂精炼工序，可以避免冷榨油在精炼过程中与碱液、磷酸、脱色白土等的直接接触和高温可能对油脂造成的破坏，最大限度地保存了油脂中各种其他脂溶性营养成分和油脂的独特风味。

（2）环境污染影响较小。由于在冷榨工艺中采用了低温冷榨技术，所获得的冷榨油可以直接满足食用的要求，而不需要进一步的油脂精炼，因此得以避免各类化工原料的消耗及各种反应废料对环境的污染，以及在精炼过程中所进行的加热、真空等各项能量的消耗和因此对环境所造成的污染（如电、蒸汽的消耗和冷却的真空废水）。虽然对于未变性蛋白原料的冷榨法提油会加大榨油机的能耗，但由于在前处理工序中不需要像常规工艺那样对产品进行精炼和对原料进行蒸炒，因此冷榨工艺总的能源消耗远低于常规法制油。

3. 冷榨法取油的缺点

（1）冷榨饼残油高。一般而言，冷榨饼的残油在12%～20%，为热榨饼的2～3倍。虽然增加压榨次数或加大冷榨压力可降低冷榨饼的残油量，但该调整是在牺牲冷榨温度和降低冷榨油的品质来实现的，显然是不可用的。

（2）能耗比高。由于冷榨原料是没有经过常规工艺蒸炒过的油料，原料中的油脂仍然是以超显微状态存在而且蛋白质并未变性，因此对于冷榨机的要求更高。普遍来看，相同装机量，冷榨机的处理量仅是热榨机处理量的1/2，同时冷榨饼的残油量相比较热榨饼高1～2倍，这无疑是资源的浪费，但该缺点可以弥补，如冷榨饼下一步入膨化机进行膨化处理以利于浸出，浸出原油进行精炼得成品普通食用油（陈智斌，2012）。

二、压榨原油的除渣

压榨原油所得到的许多粗的或细铁屑、饼渣称为“油渣”。压榨原油中饼渣的含量随榨料坯性质、压榨条件、榨机结构的不同而不同，一般在2%～15%。压榨过程的排渣量一般要求控制在10%以下。由于压榨原油中的饼渣会对原油的输送、暂存及油脂精炼等产生不良影响，所以必须将压榨取油操作之后的饼渣及时分离除去，并将分离出来的含油饼渣经输送设备运回榨机炒锅同料坯一起进行复榨（国家粮食局人事司组织，2007）。

（一）压榨原油的特点及除渣方法

在实际生产中，压榨原油的油渣分离一般分为粗分离（即饼渣分离）和细分离（即悬浮物分离）两个步骤。压榨原油经过粗分离（即饼渣分离），可以将其中较大、较重的固体杂质去除，但仍然存在一些细小的杂质。所以，在压榨原油进行粗分离后，应对原油中悬浮物进行细分离，经细分离后原油中的悬浮杂质应控制其含量在0.1%以下。

（二）压榨原油除渣设备

一般压榨原油的粗分离采用沉降法，细分离采用过滤法。

1. 沉降法

1）沉降分离的原理

（1）重力沉降分离法是在静置状态下，由于油脂与悬浮杂质之间的密度有所不同，悬浮杂质能够从油中沉降下来从而达到与油脂分离的目的。油脂中分散悬浮的单一颗粒或颗粒群，在颗粒不引起接触或碰撞的前提下所发生的沉降过程，称为自由沉降。若为球形颗粒，理论上颗粒的沉降速度则可用斯托克斯定律来表述：

$$V_e = \frac{d^2(\rho_1 - \rho_2)g}{18\mu_s} \tag{2-4}$$

式中，V_e为颗粒的自由沉降速度（m/s）；d为杂质颗粒直径（m）；ρ_1为杂质颗粒密度（kg/m³）；ρ_2为油脂的密度（g/cm³）；μ_s为油脂与悬浮微粒组成的胶溶体系的动力黏度（Pa·s）；g为重力加速度（m/s²）。

由式（2-4）可知，颗粒的沉降速度与直径、固液相密度差成正比，与体系的黏度成反比。一定程度上重力沉降分离的效果与固体粒子直径、固液相密度差和体系黏度密切相关。当微细粒子分离时，由于其直径及与油脂的密度差都很小，并且体系的黏度比较大，所以沉降的过程很慢，沉降分离所需时间较长，效率也比较低。因此，通常情况下重力沉降分离法只适用于分离原油中大颗粒悬浮杂质（刘玉兰，2009）。

（2）离心沉降分离法是指在惯性离心力作用下球形颗粒的自由沉降，当流体围绕某一中心轴做圆周运动时，便形成了惯性离心力场。当流体带着颗粒旋转时，如果颗粒的密度大于流体的密度，则惯性离心力将会使颗粒与流体发生相对运动而飞离中心，进而达到分离的效果。

2）沉降分离设备

（1）重力沉降分离设备。重力沉降分离法是根据悬浮杂质与油脂的相对密度不同，在静置状态下，通过使悬浮杂质从油脂中沉降下来而达到与油脂分离的目的的方法。向油中添加电解质和水，能够促使悬浮物凝聚或在其吸水膨胀后相对密度增加，从而使沉降分离速度加快（汪学德，2004）。

重力沉降分离设备有澄油箱、暂存罐和沉降池等，澄油箱常用于原油粗沉降分离。如图 2-25 所示，澄油箱为一长方体，箱内有一回转的刮板输送机，油箱上面有一组特制的长形筛网板。经螺旋输送机将原油送入澄油箱内，自然静置沉淀，并通过几道隔板从溢流管流入净油池，经过泵将其打入滤油机中进行进一步分离，从而除去所含细渣。刮板输送机以较低的速度持续移动，将沉入箱底的油渣输送上来，在通过上面的筛板时，饼渣会随着刮板的移动而被移到澄油箱的另一端，落入横穿澄油箱的螺旋输送机内，并被送往榨油机进行复榨，而油渣中所含的油则会通过筛孔漏入箱内（何东平，2005）。

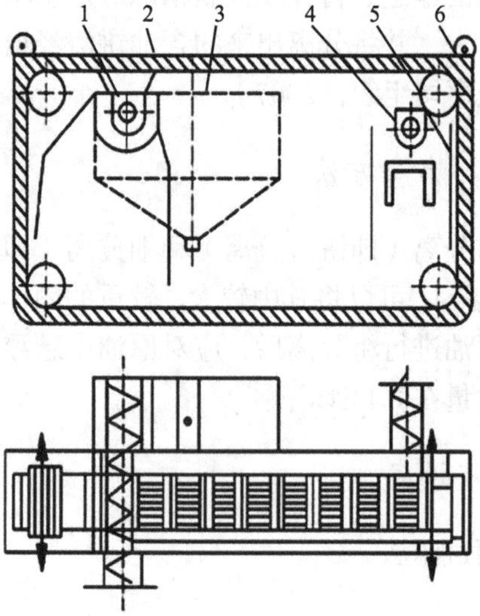

图 2-25　澄油箱（引自何东平等，2012）

1. 螺旋输送孔；2. 筛网板；3. 净油池；4. 毛油和渣螺旋输送机；5. 刮板输送机；6. 油箱

澄油箱对原油中粗大饼渣的沉降有较好效果，其优点是机械化捞渣和回渣。其缺点是沉降时间较长，分离后的渣中含油量及油中含渣量均较高。另外，澄油箱中热的原油与空气进行较长时间接触，对原油品质会有一定的影响。

（2）离心沉降分离设备。离心沉降分离法是利用分离设备中高速旋转产生的离心力，使油脂与固体杂质分离。离心沉降分离法更适用于悬浮物颗粒细小、固液相密度相差较小的悬浮液分离。油脂在生产过程中常用的离心沉降分离设备有碟式离心机、管式离心机、螺旋式离心机等。螺旋式离心机和管式离心机主要应用于油脂精炼过程中悬浮体系（皂粒和胶粒）的分离，而碟式离心机适用于压榨原油中油渣的分离（陶瑜，1999）。

2. 过滤法

1）过滤的基本原理　过滤法是指在机械外力或重力作用下，悬浮杂质通过过滤介质被截留并形成滤饼，从而达到固液分离目的的方法。这种方法可以用于油脂精炼过程中悬浮体（如脱色白土、蜡质）的分离，也可以分离压榨原油中的油渣。

2）过滤的影响因素　过滤推动力是指滤液通过滤饼和过滤介质时的总压强降。过滤推动力有不同的类型，常分为重力过滤、离心过滤、真空过滤及压滤。压滤广泛用于固体含量为 1%～10%、可滤性较差的悬浮液的分离。推动力为输油泵输出的压力或压缩空气，并在油脂加工厂中应用最为广泛。

过滤介质的基本要求为具有多孔性、阻力小、耐腐蚀、耐热的特性，并有足够的机械强度。油脂工业常用的过滤介质有毛织品、工业滤纸、金属丝编织品及化纤织品等。过滤操作过程中，过滤介质最初所截留的仅是大于或等于介质孔隙的颗粒，并且起始压强较小。由于充填压缩形成了更为狭窄的孔道，从而悬浮液中的微细颗粒有可能被截留，因此可认为实际的过滤介质是逐渐构成的滤饼（刘玉兰，2009）。

3）过滤设备　过滤法的分离设备分为板框式压滤机、圆盘过滤机和叶片过滤机三种。

（1）板框式压滤机。板框式压滤机通常是比较常见的一种，其由滤板和滤框交替排列而构成一组滤室，滤板的表面有均匀的沟槽，其凸出来的部位用于支撑整个滤布。滤板和滤框的大小相同，周边是凸起来的但是中间是空的。滤框和滤板的边角上有通孔，组装后可以构成完整的通道。能引出滤液、通入悬浮液。框、板两侧各有把手支托在横梁上，由压紧装置压紧框、板。框、板之间的滤布同时起带密封垫片的作用。供料泵将悬浮液压到滤室中，开始过滤时，由于适宜的过滤孔道尚未形成，滤液浑浊，必须回入待滤油中重新过滤，只有当滤渣层达到一定厚度后，滤出的油澄清了，这时才可以控制收到净油槽中。过滤时，油在压力作用下穿过滤布，沿滤板上的沟槽汇合流入滤板下部的出油通道中再排出，滤渣则被截留在滤室内。随着过滤时间的增长，如果滤框内滤渣堆积到了一定厚度，装在进油管上的压力表显示过滤阻力达到了一定数值时，需要停止压滤机进行清洗。压滤机在松开之前，需要通入压缩空气，将滤渣内的油脂挤压出来，缓慢升压，以降低滤渣残油量。随后打开压滤机卸除滤渣，清洗滤布，重新开始下一工作循环（魏庆葆，2008）。

（2）圆盘过滤机。圆盘过滤机有一个圆筒形密闭的工作腔，内装竖直或水平放置的滤盘。立式圆盘过滤机主要部件由罐体、滤盘传动机构、空心过滤轴和卸渣阀门等组成。轴的上段实心、中段空心，由金属底盘、不锈钢丝滤网及滤网架构成的过滤圆盘与隔离环相间连接在中段空心轴上，离心排渣传动机构连接在过滤轴的上端。当含悬浮颗粒的油脂由进油口泵入工作腔时，在泵的推力作用下，油脂开始穿过滤网进入空心轴内，经出油口后排出。当滤饼达到一定厚度且达到罐所能承受工作压力时，应当关闭油阀，停止继续进油，此时应该用压缩空气作为整体的推动力，继续过滤，达到最低工作位置后，由污油口放出余下的悬浮液并沥干滤饼，关闭压缩空气。开启电机，使滤盘上的滤饼借助离心力和刮刀卸下，经排渣口排出。之后可进行下一个过滤周期（何东平，2005）。

（3）叶片过滤机。叶片过滤机有卧式和立式两种形式。立式叶片过滤机应用最为广泛，其结构如图 2-26 所示，主要部分有集油管、滤叶、罐体、支撑杆、排渣碟阀、振动器、液压千斤顶和罐盖锁紧装置等。过滤面积较大时，通常采用卧式叶片过滤机以方便卸料。含有白土的脱色油脂的过滤及压榨原油的过滤可用叶片过滤机过滤。过滤叶片垂直安置在支撑杆和集油管间，通过偏心的压杆压紧，使各叶片的出油口与集油管密封衔接。罐体是由带有碟盖和锥底的圆筒体组成。滤叶上铺有不锈钢滤网。机器运行时，待滤油以一定压力由输油泵送入罐内，油脂顺利穿过滤叶上的滤网进入滤叶净油通道，悬浮杂质则被截留在滤网表面形成滤饼，当滤饼达到一定厚度（即极限拦截量在 10～12kg/m^2），应关闭进油阀，同时开启压缩空气将罐内的油脂转入另一个过滤机并压出渣中残油（贺小成，2000）。

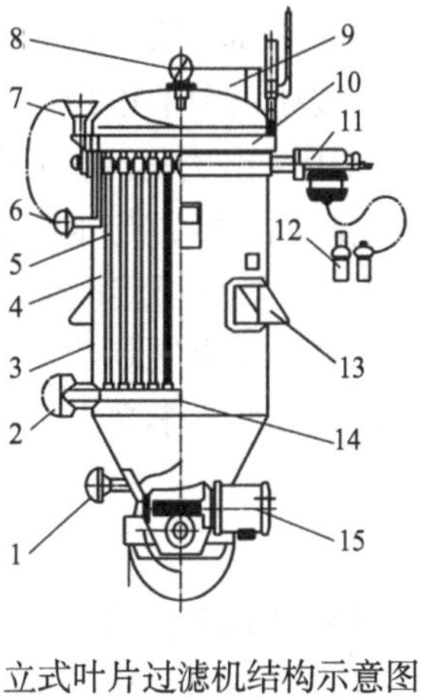

图 2-26　立式叶片过滤机结构示意图（引自刘东平等，2012）

1. 进油口；2. 出油口；3. 罐体；4. 工作腔；5. 滤叶；6. 溢油、蒸汽、压缩空气；7. 快开锁帽；8. 压力表；9. 碟盖提升装置；10. 碟盖；11. 振动器；12. 气阀；13. 支座；14. 滤叶集油管；15. 排渣碟阀

此过程结束后，开始启动脉冲振动装置将滤饼震离滤叶并降低罐内压力，然后打开底部碟阀，借助罐内的剩余压力作用将滤饼排出罐外。卸渣干净后，可以关闭碟阀然后调节有关管路阀门，转入下一个操作的过滤周期（何东平等，2012）。

卧式叶片过滤机的基本结构和工作原理基本与立式叶片过滤机相同，区别只在于卸渣作业是由快开碟盖和推拉装置将滤叶拉出罐体外进行的，这样可以使滤叶的清理更为干净彻底。

叶片过滤机的优点有很多，如结构紧凑，占地面积小，相对过滤面积大，操作维修简单等。过滤作业的连续化可以通过两台并联交替作业来实现。若同时加上自控装置，则可使过滤作业同时实现连续自动化，这样可以更广泛地应用于粗油中悬浮物的分离及含有白土的脱色油脂的过滤等操作中。

第三节　浸出法制油

一、概　述

植物油厂对于用溶剂提取的油脂的方法称为浸出，浸出法制油也称为萃取法取油，属于固-液萃取原理。浸出法制油是将含有油脂的油料料坯进行浸泡或淋洗，使料坯中的油脂在溶剂中溶解，通过过滤得到的溶剂和油脂的混合物即混合油。加热混合油，可使其中的溶剂挥发出去，并与油脂分离从而得到毛油，挥发出来的溶剂气体经过冷却回收，可以循环使用。毛油再经过水化、碱炼等精炼工序处理后，成为符合国家标准的食用油脂。湿粕为浸出后所得的固体物，湿粕可经过干燥脱溶剂的操作后再进行综合利用（李新华和刘雄，2011）。

（一）浸出法制油的优点

（1）粕的质量好，在利用浸出法生产油脂的过程中，相关工序的操作温度较低，会使固体物料中的蛋白质的变性程度相对小一些，粕的质量相应就会好一些，这有利于从粕中提取植物蛋白或将粕作为饲料（王瑞元，2004）。

（2）粕的残油率低，利用压榨法制取油脂时，榨膛温度不能很高；预处理工序不能将油料细胞完全破坏，蛋白质变性也不彻底。因此，利用压榨法，榨饼的残油率较高，一般在5%～8%。如果采用浸出法制油，可直接浸出或者预榨浸出，将浸出后粕的残油率控制在1%以下。

（3）生产成本低，与压榨法制油相比较，浸出法制油工艺所采用的生产线更加完整，机械化程度更高，更易于实现生产自动化，并且提高了生产效率。同时，浸出车间操作人员少，解放了劳动力。浸出法制油工艺的能源消耗相应也要低些。因此，浸出法制油较压榨法制油来说生产成本较低（李文忠，1999）。

（二）浸出法制油的缺点

（1）浸出毛油质量稍差，有机溶剂的溶解能力通常来说很强，这会导致在溶解油脂的同时，也会将油料中的一些类脂物和色素溶解出来。混在油脂中会造成油脂色泽变深，杂质增多。因此，浸出毛油与压榨毛油相比在质量上要差些，精炼率也相应低些，同时也会增加精炼工序的工作负担（杨辉，2012）。

（2）需要增大投资，浸出生产工艺在操作时，采用的溶剂易燃易爆且对人体有害，故其生产车间最低耐火等级应达二级，建筑火灾危险类别应为甲类（郭明勋，2005）。同时采用的电器应是防爆型的，车间设备要做接地处理，车间要设避雷装置。此外，车间的设备、管道需要严格密封等。因此，在建造浸出车间时就需要较多的建造费用，增大投资。

目前我国浸出油厂通常情况下选用的是工业已烷及 6 号植物油作为溶剂，它是石油化工厂生产的一种浸出溶剂，对人的神经系统有强烈的刺激作用，同时属于易燃易爆品（李文忠，1999）。

（三）浸出法制油工艺

浸出法制油的基本过程，是将油料进行一定的处理，用有机溶剂进行浸出，浸出所得的液体部分称为混合油，浸出后得到的固体物称为湿粕，再将混合油进行蒸馏和蒸发并得到原油（胡淑珍，2009）。湿粕进行干燥脱溶后可以生产出食用或可用作饲料所需的成品粕，可以对蒸发和蒸馏出的溶剂气体进行冷凝并且冷却回收，回收的溶剂继续进行循环使用（李少华，2006）。

所浸出的植物油料可以是油料的生坯或者油料的预榨饼，也可以是经过膨化后的颗粒，使用油料生坯的称为直接浸出，使用油料预榨饼的称为预榨浸出，利用经膨化后颗粒的称为膨化浸出（汪学德，2002）。经过一次浸出后，油料中残留的油脂含量可达到极低值，这种方式称为直接浸出取油。该取油方法通常情况下限于加工大豆等含油量在 20%左右的油料。若采用直接浸出取油，会使粕中残留油脂量偏高。因此，在浸出取油之前，先用压榨法取油，提取油料内 85%～89%的油脂，并将产生的饼粉碎成一定粒度后，再进行浸出法取油，这种方法称为预榨浸出（齐玉堂，2005）。

对于直接浸出工艺来说，许多学者和工程技术人员做过研究和试生产，有一定的生产经验，但只有低含油油料可大规模、成熟地应用于工业生产，如大豆、棉籽、沙棘、米糠等；国外在高含油油料方面有过生产，但并没有大规模生产的报道。由于进行油脂浸出操作的设备形式较多，目前还没有明确合理的规定（李新华和刘雄，2011）。

（四）油脂浸出所用溶剂

油脂浸出方法中所用的溶剂作为一种工业助剂存在于整个油脂浸出工艺操作之中，溶剂本身的成分和性质不同，因此对油脂提取工艺的生产指标和产品质量都会产生不同程度的影响，溶剂要能够在技术和工艺上满足浸出工艺的各项要求（李子明，2009）。溶剂溶解油脂的性能与溶剂的性质存在着密切的联系，溶剂的蒸发及油、水的分离也与溶剂的化学结构有一定关系；浸出油脂的生产操作是否安全取决于溶剂的安全性能，浸出过程中为了在特殊工艺中除去油料粕中的有毒物质可以选择性溶解油料中的脂溶性物质，因此用特殊溶剂浸出可以提取油料中各种不同物质。通过浸出法并采用混合溶剂来提取油料是油脂工业中的一个待开发的领域（汪学德，2004）。

一般来说，获得最高的出油率，并保证油脂和成品粕的质量，同时溶剂尽量避免对人身体的伤害，保证生产操作的安全是选择溶剂的基本要求。溶质的溶解一般遵循“相似相溶”的原理，即溶质分子与溶剂分子的极性越接近，相互溶解程度越大。反之，相互溶解程度小甚至不溶（周哲民，1999）。分子极性大小通常以“介电常数”来表示，分子极性越大，其介电常数也越大。植物油脂的介电常数较小，常温下一般为 3.0～3.2，所选用的浸出溶剂极性也应较小。其具体要求表现为以下几方面。

（1）能够溶解油脂。在室温或稍高于室温的条件下，能以任何比例溶解油脂，对油料中的其他成分，溶解能力要尽可能地小，甚至不溶（汪家鼎，2002）。

（2）既要容易气化，又要容易冷凝回收。为容易脱除混合油和湿粕中的溶剂，使毛油和成品粕不带异味，要求溶剂容易气化，也就是溶剂的沸点要低，气化潜热要小。但又要考虑脱除混合油和湿粕时产生的蒸气容易冷凝回收，要求沸点不能太低，否则会增加溶剂损耗。实践证明，溶剂的沸点在65～70℃比较合适（齐玉堂，2005）。

（3）易与油脂分离。溶剂能够在较低温度下从油脂和成粕中挥发出去，需要其具有稳定性和较低的沸点，蒸发潜热小，热容低，且易被回收；同时与水不互溶，且不能与水形成共沸混合物。

（4）化学性质稳定。在化学成分上是同一类物质，化学的纯度越高越好（混合溶剂除外）；在储藏、运输及浸出等生产的各道工序中，溶剂本身不会氧化分解。无论是纯溶剂、溶剂气体与水蒸气的混合气体还是溶剂的水溶液，对设备都没有明显的腐蚀作用；不能与油料中的任何其他化学组分发生化学反应。

（5）安全性能要好。无论是溶剂气体、溶剂的液体还是含有溶剂气体的水蒸气混合气体，都需要对操作人员的健康无害；在和油料接触后不应使溶剂夹带不良的气味和味道，不会产生对人体有不良反应的物质；采用的溶剂应是不易燃或不易爆的。

（6）溶剂来源广且充足。油脂浸出在较大工业规模生产中需要的溶剂量也较大，需求量应得到满足，要使溶剂的工业化生产可行，应保证溶剂的价格便宜且来源充足。要求被选择溶剂的货源充足，价格低廉，才能适应大规模生产的需要（于庆丰，2011）。

（7）对设备不腐蚀。被选择溶剂若对设备和管道有腐蚀性，会缩短设备使用寿命，且会将被腐蚀掉的金属物质混入油和粕中，从而降低其质量。

综上所述，符合以上要求的溶剂是很理想的溶剂。但到目前为止，国内外仍没有发现这样的溶剂。在工业中所采用的溶剂仅仅可以满足上述所列举的某些条款。在此情况下，只能选择一些优点较多的溶剂，把它的性质与理想溶剂的性质进行比较，力求其偏离的程度小。至于其缺点，只能从工艺和操作等其他方面采取适当的措施加以改良。

我国普遍采用6号溶剂油作为浸出溶剂，俗称浸出轻汽油。轻汽油是石油原油的低沸点分馏物，为多种碳氢化合物的混合物，没有固定的沸点，通常只有沸点范围（馏程）（肖仁显，2012）。其质量标准规定如下：

馏程初沸点	≥60℃
水溶性酸和碱	无
机械杂质和水分含量	无
98%馏出温度	≤90℃
含硫量	≤0.05%
油渍试验	合格

6号溶剂油对油脂的溶解能力强，在室温条件下可以与油脂以任意比例互溶，对油中氧化物或者胶状物及其他非脂肪物质的溶解能力较小。因此，浸出的毛油相对较纯净。其有一系列优点，如沸点低，易回收，可以进行循环使用；对设备无腐蚀作用，货源充足，价格适宜；对油脂的溶解能力强，对非油物质的溶解能力小，可得到较为纯净的浸出油（杨天奎，1996）。

但其也存在缺点。例如，①易燃易爆，遇火即燃，闪点为–21.7℃，当其蒸气在空气中的浓度为1.2%～7.5%（体积百分含量）时，遇明火会发生爆炸。②溶剂蒸气有毒，会刺激人的神经系统。当溶剂蒸气在空气中的浓度达到30～40mg/L时，人接触则会致死。为此，对其在生产车间的蒸气浓度必须进行严格控制，蒸气浓度不得超过0.3%（体积百分含量）。③溶剂蒸气的密度是空气密度的2.79倍。这样，溶剂蒸气便会沉积于低洼的地方，所以浸出车间地面不能存在地沟地坑，以免造成溶剂蒸气的聚积而发生安全事故（康百城和王文昌，2008）。

二、油脂的浸出

（一）浸出法取油的基本原理

1. 扩散理论 浸出是油脂制取工厂对溶剂提取油料中油脂的俗称，在化工单元操作中称为提取或萃取。油脂浸出是固-液萃取过程，在浸出过程中，利用油料中的油脂能够溶解在选定的溶剂中的原理，进而使油脂从固相转移到液相（陈贵明，1985）。用溶剂从固体油料中提取油脂，是一种典型的质量传质过程，油脂在溶剂中的浓度差是其质量传质过程中的主要动力。在浓度差的作用下，传质是以扩散方式进行的。油脂在固体油料中传递到流动的液体流即溶剂或者混合油中有两种扩散形式——分子扩散和对流扩散（陈智斌，2012）。

1）分子扩散 是指由分子热运动引起的以单个分子的形式进行的物质转移。当油料与溶剂接触时，油料中的油脂分子借助于本身的热运动进而从油料扩散到溶剂中，同时溶剂分子也向油料中扩散，这样在油料与溶剂接触面的两侧就形成了两种浓度不同的混合油。由于两侧混合油存在浓度的差异及分子热运动现象，油脂分子将不断地从其浓度高的区域转移到低浓度的区域，直到两侧的分子浓度达到平衡时停止（齐玉堂，2005）。

在分子扩散过程中，扩散物通过某一扩散面进行扩散的数量，与该截面垂直方向上扩散物分子的浓度梯度、该扩散面面积的大小、扩散时间、分子扩散系数成正比。

2）对流扩散 是指物质的溶液以较小体积的形式进行的转移。溶液以一定的速度流动，在流动中夹带被溶解的物质进行物质转移，即在流体呈湍流状态时进行物质的扩散作用。在对流扩散过程中，对流扩散系数越大，单位时间内通过单位面积的这种体积越多，对流的体积越大，物质转移的数量也就会相应的越多。对流扩散系数主要与流体的流动速度有关（齐玉堂，2011）。

分子扩散是以单个分子为转移单位，而对流扩散则是小溶液体积进行的转移。它是一部分溶液在流动的情况下以一定的速度移向另一处，在流动中带走被溶解的物质，即以流动方式进行的物质扩散过程。在对流扩散过程中，对流体积越大，对流扩散系数越大，单位时间通过单位面积的对流体积越多，扩散物转移的数量也就越多。对流扩散时物质通常情况下需要依靠外界提供的能量进行转移，多数是利用液位差或泵产生的压力对流体施加外力（李全宏，2005）。

许多因素影响着油料浸出能否顺利进行且能否实现预期的效果，而这些因素之间又是错综复杂且相互影响的，在生产过程中若能辩证地掌握这些因素，就能大大提高生产效率，缩短浸出时间，减少粕中残油（何东平，1998）。

2. 料坯的油脂浸出过程

1）单个料坯浸出油脂的过程 其机制为：对于料坯局部在排出了料坯之间孔隙中的

空气之后，首先，要先用溶剂润湿料坯的外表面，并同时溶解处于料坯表面的游离油脂。其次，溶剂会沿着孔隙渗透到料坯的内部，进一步溶解处于料坯内部表面的油脂。由于混合油的内外流混成一片，形成了单一的系统。与此同时，溶剂会进一步渗透到细胞内部和二次结构内。在此之后，油脂从细胞内通过未破坏的细胞壁和二次结构的间壁，沿着孔隙或者毛细管移动到料坯的表面。然后，油脂通过料坯表面的扩散界面层，再从界面层的外表面移动到浸出设备中流动着的混合油主流体之中。在这一移动过程中油脂分子通过对流扩散的形式进行传递。在扩散界面层中，料坯表面油脂和溶剂分子力场的结合和定向作用会使油脂分子的迁移率与它们在混合油主流体中的迁移率相比小得多。混合油中油脂分子在这一薄层中会通过分子扩散的形式进行传质。

2）在大量料坯中浸出油脂的过程　在浸出大量油料料坯中的油脂时，浸出是在固定床层或者在悬浮状态中进行的。料坯有可能在部分搅拌或者固定床层中浸出时出现结块现象，也有可能使一部分料坯的表面被其他一部分料坯所覆盖，并且粗粒物料出料坯更紧密地堆积起来。如果料坯被压缩，如生坯，那么随着料层厚度的增加，料层的渗透性变差。

在料层内部形成了料层之间被弯曲的通道，料层内部溶剂的渗透性取决于通道的直径、连续性和弯曲的程度。料坯的黏结性增加了溶剂渗透的困难程度，细小粉末被溶剂带走，它们在某些地方的聚集增加了液体流动的阻力，这些地方溶剂的渗透性也较差，特别是由于油料的自动分级造成粉碎油料的相对集中，更影响了溶剂的渗透（汪学德，1991）。

浸出过程是一个多次打破传质动态平衡的过程，通过多次用更低浓度的混合油浸泡油料，可以降低粕中的残油量，顺流或者逆流喷淋浸出是根据设备的形式而定的。

（二）影响油脂浸出的因素

影响油脂浸出的因素很多并且过程也非常复杂，主要包括浸出过程的温度、料坯结构与性质、浓度差和溶剂比、浸出时间等（齐玉堂等，2005）。

1. 浸出过程的温度影响　溶剂温度、油料温度和它们的数量之比决定了浸出过程的温度。浸出过程的温度对浸出的速度和深度有较大影响，通常情况下，温度较高时，分子的热运动加快，溶剂和油的黏度下降，扩散速度因此提高（伊文华，2012）。

在溶剂沸点附近时浸出过程的油脂扩散最强烈，而在混合油最初的沸点时各个浸出阶段最为强烈，所以提高浸出温度对加快浸出速度是有作用的。除此之外，温度的提高对减小油脂和溶剂的黏度是有利的，这样减小了传质的第一阻力，增大了单位时间的传质量（王欣，2000）。

2. 料坯结构与性质的影响　油脂从料坯内部到它表面的分子扩散是影响整个浸出过程快慢的决定阶段。而这一阶段与料坯结构和性质密切相关，料坯的结构和性质有利于油脂在料坯内的分子扩散，对提高浸出效果非常有益（齐玉堂，1996）。

1）油料的内部结构　生坯中的油脂主要处于料粒的内外表面，少量油脂处于变形和未破坏的油料细胞中。膨化料粒和预榨饼因熟坯蒸炒、压榨或膨化过程会形成二次结构组织。浸出过程在时间上可以根据油脂与入浸物料结合的两种形式划分为两个阶段：第一阶段为游离油脂的提取，即处于料坯内外表面的油脂；第二阶段为处于细胞内部的油脂的提取，即未破坏或变形细胞及二次结构内的油脂。接近理想状态的入浸油料顺序是：膨化料粒，预榨饼，生坯，油料碎块，油料粒子（齐玉堂等，2005）。

2）油料的外部结构　油料的外部结构是指料坯的厚度、大小和不同料坯之间的相互关系。为了充分并且迅速地浸出油脂，油料的外部结构应该符合下列条件（王文平，1997）。

（1）生坯厚度应尽量薄，料粒直径应尽量小。但不能过小，当料粒直径过小时，溶剂在料层中的渗透率会大大降低，会使成粕中残油率升高；料层中含有的细小粉末，也容易被溶剂带走，造成混合油中含渣量增加，致使混合油净化困难。

（2）为了均匀地浸出料坯，料层中必须有一定的孔隙度，换句话说就是要保留料坯之间的间隙。对料坯外部结构的要求，限制了油料预处理的轧坯程度，因而轧坯并非越薄越好，而是要有一定的厚度。

预榨饼块过大也会影响浸出效果，造成粕残油升高，所以在浸出之前应当适当破碎。可以通过锤式破碎机等专门的破碎设备进行饼的破碎，但国内大多数油厂普遍采用较简单的破碎方法，即利用从榨油车间至浸出车间的输送设备在输送过程中破碎（齐玉堂等，2005）。

3）油料的组分　无论是单个的油料料坯，还是油料料坯层，对于溶剂、水的吸附能力和持留能力，即湿粕含溶率都应该是最小的，这样才能保证料坯层中溶剂的自然沥干，减少不同浓度混合油之间的相互渗混现象。

油料浸出后的油料组分会影响湿粕含溶量。低分子糖含量较多的油料吸附溶剂的能力越强，那么蛋白质变性后的油料吸附溶剂的能力就会越弱。霉变油料在浸出过程中粕残油超标及湿粕含溶增加，主要是因为油料霉变分解而形成的大量小分子物质，会使吸附有机溶剂的能力增强。油料种子不成熟或者含水量过大都有可能造成油料中小分子物质增多，使浸出过程发生困难（李少华，2006）。

4）油料的水分　溶剂对油料的润湿及油脂在料坯内部的扩散受入浸油料的水分影响。增加油料的含水量会使料坯外表面、细胞壁、二次结构组织、毛细孔壁被溶剂润湿的情况变差。在水分增加时，料坯的膨胀减小了其内部的孔隙度。这些都会造成溶剂向料坯内的渗透及溶解油脂向外扩散的过程相对困难（汪学德，1991）。

对于入浸油料的水分控制和调节，通常情况下预榨饼含水量基本能满足要求，不需再另外对其进行专门调节，而一次浸出的生坯通常需要进行专门的水分调节（董季，2008）。水分调节工艺和方法在油料的不同生产工艺中也不尽相同，有时采用一次干燥工艺，有时采用多级调节工艺。多级调节工艺多用在大豆脱皮工艺之中，大豆先行干燥再进行脱皮，之后再行软化进行温度和水分的调节，轧制的生坯还可再行干燥处理，以达到适宜的入浸水分（代运斌和李普选，2005）。干燥方法有传导干燥和对流干燥，或两者结合的干燥，也有将慢速干燥和快速干燥相结合的干燥。

3. 浓度差和溶剂比的影响

1）溶剂用量　根据浸出的方法所采用溶剂和油料的一定比值（体积比），称为溶剂比。在用浸泡法浸出时，为了使粕中残油率在0.8%～1.0%，二者之比适宜为（0.6～1.0）：1.0，按多阶段喷淋的方法浸出时二者之比适宜为（0.3～0.6）：1.0。有的浸出设备可采用（0.6～1.0）：1.0，同时在中间阶段由于再循环，溶剂和浸出油料的比值达到（6.0～8.0）：1.0（刘文生，2007）。

2）混合油浓度　为了始终使料坯内外的混合油中有较高的浓度差，则必须保持逆流，实际上浓混合油的得到是通过逆流流过油料料层溶解油脂来实现的。浓度差越大，则单位时间内所需供给的溶剂越多，但是溶剂的数量提高是有一定的限度的，因为需要避免最终混合油浓度的下降。在提高溶剂的数量时，溶剂的流动速度增加了。通过物料层的溶剂速度，应该尽可能保证溶剂流动的湍流状态，保证扩散层的最小厚度，保持较高的浓度差（浓度梯度）（李小阳，2004）。

3）溶剂和混合油的喷淋形式　浸出通常情况下采用多阶段逆流浸泡方式或者喷淋浸出方式，顺流浸泡或者喷淋浸出方式也有采用。顺流浸泡主要用于高含油的油料浸出，在低含油的油料浸出中采用的仍是逆流浸出方式，这样可保证用较少的溶剂获得较高的混合油。

在实践生产过程中逆流喷淋采用的方法是喷淋—滴干—再喷淋—再滴干的间歇喷淋方式，这样在下一次喷淋时上下两次相互之间的混合量就小，就能够提高混合油传质的浓度差，加快浸出传质速率。

4. 浸出时间的影响　在油料的内、外部结构相同时，浸出时间对浸出深度有很大的影响。浸出后油料的残油会随时间的延长而降低，但一定程度后这种降低的幅度就会大大减小。在浸出过程中不同浸出设备所需的浸出时间是不同的。一般来说，低料层的浸出设备，所需浸出时间较短，而生坯的浸出时间要较预榨饼的浸出时间长。根据油脂与料坯的结合形式，浸出过程在时间上可以划分为两部分：第一部分提取位于料坯内外表面的游离油脂，第二部分提取未破坏细胞和二次结构内的油脂。浸出时间应保证油脂分子有足够的时间扩散到溶剂中去。随着浸出时间增加，浸出毛油中非油物质含量增加，并且粕残油的降低已很缓慢。因此，过长的浸出时间是不经济的。应在保证粕残油达到指标的情况下，尽量缩短浸出时间。

5. 料层高度　通常情况下浸出设备的生产能力会随着料层提高而提高，同时料层对混合油的自过滤作用也好，并且混合油浓度也较高。但如果料层太高，混合油或溶剂通过料层的渗透性能及滴干性能会受到影响。低料层浸出，如用环形浸出器，可以明显改善料层的渗透性，缩短浸出时间，降低湿粕含溶剂量，但会造成混合油中粕末含量较高（汪学德等，1991）。

总之，许多因素影响着油料浸出能否顺利进行并且实现预期的效果，而这些因素之间又同时是错综复杂并且相互影响的，在生产过程中若能辩证地掌握这些因素，就能大大提高生产效率，缩短浸出时间，减少粕中残油。

（三）油脂浸出的主要方法

1. 间歇式浸出法　间歇式浸出法通过用新鲜溶剂浸泡油料，一段时间后，一部分油转入溶剂中形成了混合油。浸出后的物料再用新鲜溶剂浸泡，一直重复操作，直到几乎所有的油脂被提取出来为止。提取的混合油浓度逐批减小。长时间、多次用新鲜溶剂进行浸出，则所得的混合油浓度是比较稀的，且混合油量太大，对工业生产十分不利。

2. 连续式浸出法　连续式浸出法主要把新鲜溶剂连续地送到油料残油最低的地方，而浓混合油送到刚进来的原料处。这一方法的应用能够获得更浓的混合油并缩短浸出时间。目前在植物油生产的工业条件中，绝大部分采用连续式浸出法（武世芸，1983）。

连续式浸出法采用逆流原理在一个设备内进行连续浸出。浸出车间的机器和设备可采用自动连锁方法，提高工作的安全性。连续式浸出法可以实现车间所有工段的整个机械化和使车间内大多数实现自动化，这样能够大大减少生产中的循环溶剂量。

根据溶剂对油料的接触作用方式分为浸泡式、喷淋式、混合式。

（1）浸泡式浸出。其是通过逆流方式将油料全部浸没于溶剂和混合油中进行浸出的（陈贵明，1985）。属于此类浸出方式的有罐组式、直立螺旋式浸出器、U 形拖链式等。逆流浸泡式浸出的优点很多，如结构简单，浸出器几何体积的利用系数高，在设备中形成空气和溶剂蒸气混合爆炸性气体的可能性较小（汪学德，2006）。但是在连续式的浸出设备中，料层中的混合油不能形成多级浓度梯度，浸出在无阶段条件下进行，浸出时间长，溶剂比也较大，所得最后混合油浓度较低。

（2）喷淋式浸出。其是借助泵将溶剂或混合油以逆流方式通过喷头不断地喷洒在料层上，油料在溶剂或混合油的不断喷淋作用下完成浸出过程。属于此类浸出方式的典型设备是履带式浸出器。逆流喷淋式浸出的特点是，混合油的渗透量大于喷淋量，料层上基本没有滞留的液体层，混合油循环量大，对流扩散作用的效果显著，浸出时间较短。但其缺点是浸出器几何体积的利用系数较低（$<45\%$），在设备内有可能形成溶剂蒸气和空气混合气体的爆炸浓度，溶剂和混合油循环系统的管道比较复杂及泵的数量较多，料层中的混合油浓度梯度不明显。

（3）混合式浸出。是溶剂或混合油以逆流的方式对油料进行分阶段喷淋和浸泡的混合作用下完成浸出的操作方式。混合式浸出既保证了充足的浸出时间，又因为逆流喷淋作用提高了液体通过料层的移动速度（林发军，2001）。属于此类浸出方式的有平转浸出器、环型浸出器等。然而这两种浸出器的混合方式又有区别，在平转浸出器的料层中能够形成明显的混合油浓度梯度，是典型的有阶段条件下的浸出（邱奕洲，1980）。

（四）油脂浸出工艺

1. 油脂浸出的一般工艺过程 按照油料进入浸出器前的预处理方法可以将油脂浸出工艺分为一次浸出法、挤压膨化浸出法、预榨浸出法、湿热处理浸出法等。也可以按照所采用浸出器型式特征而分为罐组式浸出、环型浸出器浸出、平转式浸出等。但无论哪种分类方法，它们的浸出工艺流程大致相同，都包括浸出、湿粕蒸脱、混合油处理和溶剂回收4个工序。然而在工艺流程中所配置设备的区别及工艺条件的区别，造成了实际生产过程所达到的工艺技术指标和生产效果的差别。所以，想要有好的生产效果，就需要深入细致地研究其生产技术并且研究各种因素对浸出生产效果的影响及它们之间的相互关系（闫子鹏等，2010）。

2. 典型的油脂浸出工艺流程 目前国内外比较先进的油脂浸出生产工艺，其过程如下。

（1）浸出工序。浸出物料进入浸出器内，料层经过上浸段、弯曲段、下浸段受到递减浓度的混合油喷淋，然后进入滴干段经新鲜溶剂喷淋沥干，含溶湿粕由卸料斗排出。经过浸出得到的浓混合油由泵从浸出器底部油斗中抽出去蒸发。湿粕经刮板输送机送往蒸脱机。由混合油泵抽出的浓混合油经旋液分离器分离粕末后被送往混合油处理工序（喻植雄，1982）。一般平转浸出器中料层高度为2～3m，浸出温度为50～55℃，浸出时间为90～120min，浸出后湿粕含溶剂30%以下，混合油浓度在20%～25%（张强，2014）。

（2）湿粕蒸脱工序。湿粕经刮板输送机送至DTDC蒸脱机，通常情况下，该设备为9层或10层。最上面的1～3层为预热层，4～6层为自蒸层，第7层为直接蒸汽蒸脱层，第8～10层为热风干燥和冷风冷却层（郭少海，2013）。经蒸脱、干燥、冷却处理后的成品粕含水12%以下，出粕温度为40℃左右，成品粕经刮板输送机送入粕库经计量、打包后储藏。蒸脱机排出的混合蒸汽经旋风湿式捕集器用溶剂捕集粕末后，进入第一蒸发器作为蒸发的热源。自蒸脱机热风干燥层和冷风冷却层排出的空气经旋风捕集器捕集粕末后排入大气，粕末进入成品粕刮板输送机（计鑫，1994）。

（3）混合油处理工序。经旋液分离器后，来自浸出器的浓混合油进入混合油储罐，经过进一步的沉降分离，由泵送至第一长管蒸发器。蒸脱机的二次蒸汽及蒸汽真空泵的加热蒸汽是第一蒸发器的热源（孙凤玲，2003）。经第一次蒸发和汽液分离后的混合油由泵送往冷热油热交换器，在此被加热后进入第二长管蒸发器，经第二次蒸发和分离后的混合油再由泵送入汽提塔，自汽提塔排出毛油再由泵送入热交换器，经冷却后送往精炼车间（孙旭东，2007）。

（4）溶剂回收工序。蒸脱机排出的混合蒸汽用作第一蒸发器的热源后，冷凝液进入分水器，未冷凝蒸汽进入节能器，在节能器中热蒸汽受到来自蒸发冷凝器的冷凝液的喷淋冷凝，冷凝液进入分水器，未冷凝蒸汽进入蒸脱机冷凝器冷凝后也进入分水器（刘江江，1987）。来自第一蒸发器和第二蒸发器的混合蒸汽和溶剂蒸气都进入蒸发冷凝器，冷凝液由泵抽出打入节能器，未冷凝气体被蒸汽真空泵抽出进入第一蒸发器。来自汽提塔的混合蒸汽进入汽提冷凝器冷凝，冷凝液排入分水器分水，未冷凝的气体被蒸汽真空泵抽出进入第一蒸发器，由此造成汽提冷凝器和汽提塔的负压状态（潘若民，1992）。浸出器中的自由气体经浸出器冷凝器冷凝后，冷凝液进入分水器。来自蒸脱机冷凝器、浸出器冷凝器、分水器、溶剂储罐的自由气体进入最后冷凝器，冷凝液排入分水器，未凝结气体进入矿物油吸收塔，在吸收塔中溶剂蒸气被冷的液状石蜡吸收，未被吸收的空气及少量的溶剂蒸气被塔顶的风机抽出排空。从分水器中分出的溶剂进入溶剂周转库，分出的水再经蒸煮，回收其中的残留溶剂后经水封池排出，溶剂周转库中的溶剂由泵抽出经溶剂预热器预热后进入浸出器（俞伯群，1991）。

三、混合油的处理

混合油是从浸出器提取出来的油脂与溶剂的混合液。必须经过一定处理，将溶剂从油脂中分离出来。根据油脂与溶剂二者的沸点不同，对其进行蒸发，把溶剂蒸发出来（陈贵明，1985）。从浸出器出来的浓混合油由挥发性强的溶剂、溶解在其内的油脂及伴随物组成，此外还混杂有 0.4%～1.0%的粕末等杂质。混合油中通常情况下含有固体粕末，所以在蒸发之前，需进行过滤沉降除去混合油中的粕末，即先除去杂质，然后将溶剂与油脂分离开，从而获得较为纯净的浸出毛油（陈杰，1999）。油料浸出工艺过程中的一个重要环节是混合油的蒸发，蒸汽消耗在此工序中占有重要的比例，因此有效地蒸发混合油中的溶剂，减少蒸汽的消耗量，是浸出工艺节能的关键（杨松，1995）。油脂质量的高低，除与所选的溶剂有关外，在很大程度上与蒸发的工艺参数有关。同时混合油的处理工艺中可进行油脂精炼处理，以达到节能和提高产品质量的作用。因此，在混合油蒸发工艺中有许多新工艺和新技术涌现出来（何东平和陈涛，2006）。

（一）混合油的性质

混合油主要包括油脂和溶剂，两者有较大差别的沸点，所以当混合油中油的浓度较高时，混合油的沸点则较高，反之其沸点较低。也就是说，混合油的沸点随其中油的浓度升高而升高。当混合油的浓度在 90%～95%时，其沸点会急剧上升，若此时仍用蒸发分离，则油脂的质量将会受到影响，其色泽会变深。所以此时水蒸气蒸馏的方法即汽提，较适宜用来进行分离，这种方法可以降低其沸点。若在减压条件下进行汽提，还可以达到更低的沸点（肖光明，1990）。

混合油在加热条件下，空气和水的存在会使油脂的酸价提高。此外，由于油脂中的伴随物在高温条件下也会发生一些变化，会使油脂的色泽变深。所以，用浸出法得到的毛油质量没有预榨法得到的毛油质量好（李文忠，1999）。

（二）混合油处理工序

1. 工艺流程　工艺流程如下。

混合油预处理→混合油贮罐→第一蒸发器→第二蒸发器→汽提塔→浸出毛油

从浸出器出来的浓混合油需经处理，使油脂与溶剂分离。分离的原理是利用油脂和溶剂沸点不同，先将混合油加热蒸发，蒸出大部分溶剂，使其与油脂分离（陈贵明，1985）。然后再利用油脂与溶剂挥发性的不同，将浓混合油进行水蒸气蒸馏（亦称汽提），把毛油中剩余的溶剂蒸馏出来，这样两步操作之后可以获得含溶剂量很低的毛油（何东平，1991）。混合油经蒸发后浓度应达到90%以上，汽提后的浸出毛油中总挥发物含量不超过0.3%。

2. 混合油的预处理（净化）　混合油预处理（净化），主要是为了除去混合油中的固体粕粒，以使混合油净化（孙凤玲和于传龙，2003）。若不将悬浮于混合油的粕粒去除，会在接下来的蒸发和汽提工序中沉积在管壁上，形成污垢，使传热效果降低，也会使油的色泽变深，从而影响毛油质量，或产生大量泡沫，引起液泛等现象。严重时甚至可以堵塞管道，使生产不能正常进行。因此混合油中的悬浮杂质在蒸发处理前必须尽可能地除净。一般要求混合油中的悬浮物含量不超过 0.02%。混合油净化（预处理）的方法主要有过滤、离心分离和自然沉降三种（刘玉兰，2015）。

1）过滤　通过筛网将悬浮杂质截留下来放入溶出器而使混合油获得净化的方法称为过滤。过滤设备分为连续式过滤器及帐篷式过滤器。连续式过滤器通常安装于平转式浸出器的顶盖上，以便将滤渣放入浸出器，同时净化后的混合油能自行流入混合油罐。使用中要求勤于转动手轮，刷通内部筛网和排放滤渣。帐篷式过滤器呈人字形，装置于浸出器内抽出浓混合油合格的上部，使抽出的浓混合油在浸出器内先得到净化。混合油的过滤，一般先利用装在浸出器内部的帐篷式过滤器进行初步过滤，然后再通过单独安装的过滤器进一步过滤（程强，2014）。如图 2-27 所示，其为国内浸出油厂使用较为广泛的一种连续式过滤器，它安装在浸出器顶盖上，这样的设计可以使滤出的粕屑直接落入浸出器内的料层上，不必另行处理。过滤器壳体由碟形封头、锥形封头、圆柱形筒体组成，内部有一个滤筒，滤筒由较大孔眼的薄钢板制成，外包一层金属筛网。混合油自进口管以切线方向进入滤筒和外筒体组成的环形空间，由于泵的压力，混合油中的粕粒会在离心力的作用下被抛向过滤器的内壁，并沉降到圆锥形底部。而混合油会通过滤网从中央出口管排出，截留在滤网上的粕末受混合油流的冲刷作用沉降到圆锥底部，然后定期从排渣管排入浸出器（刘玉兰，2015）。

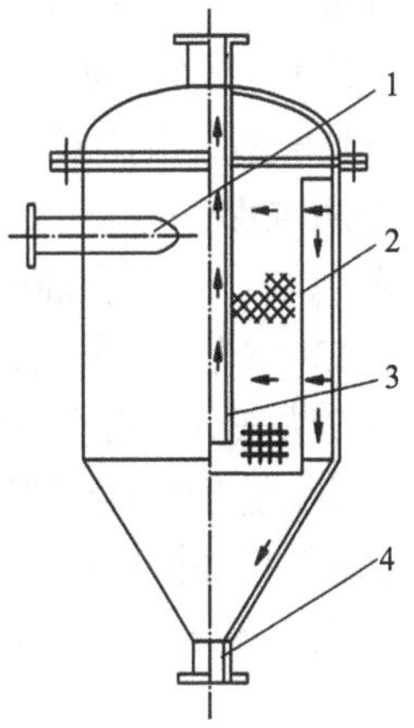

图 2-27　连续式过滤器（引自刘玉兰，2012）

1. 进口管；2. 滤筒；3. 出口管；4. 排渣管

2）离心分离　利用离心力的原理使混合油中的粕末得到分离的一种方法。近来国内部分油厂已经采用旋液分离器来分离混合油中的粕末，使用效果不错。旋液分离器是利用离心沉降原理来分离液体中固体悬浮物或者使悬浮液中固体按粒子大小及密度不同进行分级的一种设备，由圆筒和圆锥两部分焊接而成，整个设备体积小巧（陆再林，1987）。操作中一是控制好使混合油沿切线方向进入的压力，要求在 0.15～0.30MPa，二是要控制好回流比，要求为 1：（2～3）（即 1 份排除，2～3 份回流入浸出器），只有这样才能使旋液分离器工作得好。

3）自然沉降　利用混合油和粕屑等杂质的密度不同，使杂质在自身重力的作用下进行沉降，从而达到分离目的方法称为自然沉降。浸出车间混合油所应用的自然沉降设备是混合油罐。混合油自然重力沉降的速度一般较慢，可以在混合油暂存罐中先加入质量分数为 5%左右的盐水，加快粕末在混合油中的沉降速度，其原理是：混合油进入管插入盐水层中，混合油经过盐水层时，其中的粕末吸收盐水后密度增大，能较快地在混合油中沉降下来与混合油分离，但需注意盐水要定期更换。此外，混合油罐还能保持混合油在蒸发前的恒定液位高度（王瑞元，2009）。

3. 混合油的蒸发　混合油蒸发是利用混合油中油脂和溶剂挥发性不同，将混合油加热并使其维持在沸腾状态，绝大部分溶剂气化而使混合油得到浓缩的过程。在蒸发过程中，必须不断地向蒸发器输入热能，使混合油维持沸腾状态，使混合油沸腾蒸发得以持续进行，并不断地排出气化出来的溶剂蒸气。

混合油蒸发在常压下进行的称为常压蒸发，在负压条件下进行的称为负压蒸发。常压蒸发通常采用饱和水蒸气作为热源进行间接加热；而负压蒸发由于需要在较低温度下进行操作，除可采用饱和水蒸气作为热源外，也可采用本车间生产中产生的二次蒸气作为热源，这样可以降低生产成本。此外，负压蒸发还可以提高油品质量，是一种较为先进的混合油处理工艺。目前油厂一般采用二次蒸发工艺，使混合油浓度分段提高（陈智斌，2012）。

4. 混合油汽提

1）汽提原理　混合油的沸点随其浓度的增大而升高，浓度在 90%～95%时，常压下的沸点可高达 130℃左右，并且随着浓度的增加其沸点还能够迅速升高（阮海健，2003）。此时，再用蒸发的方法来分离混合油中的残留溶剂会十分困难。并且操作温度的升高，也会影响到油脂的质量，所以混合油中残留溶剂的去除则需改用汽提的方法来进行。汽提即水蒸气蒸馏，其基本原理是道尔顿和拉乌尔定律。混合油是二元溶液，采用水蒸气蒸馏时，物系包括三个组分（溶剂、水蒸气、油），溶剂和水蒸气互不相溶，此时，混合油液面上蒸气的总压力可表示为

$$P=P_{溶}+P_{油}+P_{水} \tag{2-5}$$

式中，$P_{溶}$、$P_{油}$、$P_{水}$分别为溶剂、油、水蒸气在气相中对应的分压。在一定条件下，油的蒸气压极小，可以忽略，不参与计算。此时，$P=P_{溶}+P_{水}$，混合油液面实际为溶剂和水两种组分，当混合油液面上部空间的水蒸气分压和溶剂蒸气分压之和等于外界压力时，混合油就会沸腾，直接蒸汽降低混合油上方空间的蒸气浓度，也就降低了溶剂蒸气分压，从而使混合油沸点大大降低。这样溶剂分子即使在较低的温度下，也能以沸腾的状态从混合油中分离出来，达到汽提工艺的要求。

2）汽提设备　混合油汽提设备的种类较多，在小型浸出油厂有采用管式汽提塔的，目前来说，大多数采用的是层碟式汽提塔（董季，2007）。

3）影响汽提效果的因素　影响混合油汽提效果的因素很多，与混合油蒸发相类似，主要有水蒸气状况、混合油状况（温度和浓度）及设备结构等。

4）负压汽提　同混合油的负压蒸发一样，混合油也可以在负压下进行汽提操作，这

样可以进一步降低混合油的沸点，因此也可以降低混合油的汽提温度，提高汽提的工艺效果，确保油品质量。从二蒸分离器出来的混合油，经过具有液封作用的U形连通管后，流入处于负压工作状态的层碟式汽提塔，所需的负压是通过与汽提塔冷凝器相连接的蒸汽喷射泵来获得的。汽提塔冷凝器的冷凝液在液位差的作用下流入分水器，汽提后得到的浸出原油用泵从负压状态下的汽提塔中抽出，送至精炼车间（孙旭东，2007）。

在负压汽提工艺中，其真空度通常控制在（2.66～8.11）$\times 10^4$ Pa，具体应考虑所处理原料的性质、操作成本及对成品原油的质量要求等方面的因素。如果所处理的原料受热易发生不利于油品质量的变化并且想要得到高质量的浸出原油时，宜采用较高的真空度，此时所需的操作费用则会相应增加；反之，则可采用较低的真空度（陈智斌，2012）。

四、湿粕的处理

在通常情况下，从浸出器排出的湿粕含有25%左右的溶剂。对湿粕进行脱溶剂、干燥及冷却处理，可以得到合格的成品粕（刘玉兰，2003）。

（一）湿粕处理的目的和方法

湿粕处理的目的有以下三部分：首先，彻底地脱除溶剂可以保证浸出生产中最低的溶剂损耗及粕的安全使用。其次，通过控制蒸脱过程中一定的工艺条件，可以改善粕的质量，将粕中的有害毒素和抗营养成分钝化和破坏。最后，调节蒸脱过程或其后对粕的温度和水分，可以使成品粕的温度和水分达到安全储藏条件。

对湿粕中溶剂进行脱除通常采用加热解吸的方法，目的是使溶剂受热气化后与粕分离。根据粕的用途在蒸脱过程中调节脱溶剂的工艺条件和方法，如作饲料用的大豆粕，为了提高大豆粕的营养价值，要求在湿热条件下脱溶剂，从而破坏其中的胰蛋白酶抑制剂和尿素酶等抗营养成分；对供提取大豆蛋白的食用豆粕则要求在低温条件下脱溶剂，以保证蛋白质不变性或少变性（齐玉堂，2011）。

（二）对成品粕质量的要求

国家根据成品粕的不同用途制定了相应的质量标准。国家标准中对浸出粕的总要求是：没有沙石、泥土等杂质，不霉变、腐败，没有焦煳等异味，油脂、蛋白质、灰分等含量符合相应粕的等级标准。粕的安全水分通常情况下不超过12%，储存温度应在35～40℃，粕中残留溶剂量在0.07%以下。

从油脂浸出生产中所得的成品粕主要用于饲料及食品原料，也有少量用于肥料。下列因素决定了粕的价值：①含油脂的数量是影响成品粕质量的因素；②成品粕的含水量对成品粕的质量影响较大；③作为营养物质之一的蛋白质含量是衡量粕的最关键因素；④粕中含抗营养物质和有毒物质的含量（刘玉兰等，2004）。

为了得到不同要求、不同用途的成品粕，需要在油脂生产工艺尤其是湿粕处理工序中采用不同的工艺条件（林建斌，1994）。需要采用低温脱溶工艺技术生产食品成品粕，以保证蛋白质的不变性或少变性；而对于饲料成品粕需要采用高温脱溶工艺技术，使其达到充分熟化的目的。就算同为食用粕或饲用粕，不同油料成品粕的性能及质量也有差别，如表2-8给出的一些数据。

表 2-8　不同油料成品粕的性质

项目	带皮大豆粕		去皮大豆粕		低变性食用豆粕	
	一级	二级	一级	二级	一级	二级
水分/%	≤12.0	≤13.0	≤12.0	≤13.0	≤12.0	≤12.0
粗蛋白/%	≥44.0	≥42.0	≥48.0	≥46.0	≥50.0	≥50.0
粗纤维/%	≤7.0		≤3.5	≤4.5	≤3.5	≤3.5
粗灰分/%	≤7.0		≤7.0		≤6.5	≤6.5
含砂量/%	—		—		≤0.1	≤0.1
尿素酶活性（以氨态氮）/[mg/（min · g）]	≤0.3		≤0.3		—	—
氮溶解指数（NSI）/%	—		—		≥80	≥70
氢氧化钾蛋白质溶解度/%	≥70.0		≥70.0		—	—

成品粕的质量可以由最初油料的质量和油脂生产工艺决定。同时，提供给用户时成品粕的质量还受储存条件及运输条件影响。因此，为了获得高质量的成品粕，需要合理地控制油料质量、储藏和流通、生产工艺等每个环节。

只有在安全水分和安全温度条件下，成品粕才能长时间保存及保持稳定的质量。以下情况会使成品粕的质量下降：成品粕中水分含量高、水分分布不均匀、微生物大量生长繁殖，它们会造成粕的发热、发霉及结块等。在不适当的条件下存储时，还会使粕产生哈味及腐败气味。此外，还要考虑在储存及运输安全中，成品粕残留溶剂量的影响。生产中对成品粕含水量的控制，还应当考虑成品粕的存放时间及当时的季节。

（三）影响脱溶效果的因素

脱溶效果可以被湿粕脱溶操作工艺中的很多因素影响，可归纳为以下几个方面：湿粕温度、湿粕的性质、水蒸气状况、湿粕含溶量、脱溶设备结构及蒸脱时间（陈智斌，2012）。

1）湿粕温度　　目前 6 号溶剂油在我国油脂浸出生产中使用较为广泛，通常情况下控制浸出过程的温度在 50～55℃，这样可以使进入蒸脱机的湿粕温度与该温度接近。如果湿粕的温度较高，那么可以节省在蒸脱过程中水蒸气的用量，同时缩短蒸脱时间并且提高设备的利用率。

2）湿粕的性质

（1）湿粕水分。如果入浸料坯的含水量过高，不仅影响浸出效果，同时也会给脱溶带来麻烦。水分含量高的湿粕流动性差，在蒸脱操作过程中易搭桥，下料困难，造成干粕水分偏高。通常情况下，要求湿粕的含水量在 4%～8%（李少华，2006）。

（2）料粒大小。湿粕料粒适当小一些有利于脱溶，但要适当，太小会增大粉末度，容易在蒸脱过程中产生粕末飞扬现象，汇入蒸汽后会给后续带来不便；但若湿粕料粒过大则不易蒸透，这样既增大溶耗又会增加粕中的溶剂残留量，同时还会影响到粕的质量和安全生产（倪培德，1991）。

（3）溶剂在湿粕中的存在状态。溶剂在湿粕中有两种存在状态，即结合态和非结合态。一般来说，非结合态的溶剂容易除去，而结合态的溶剂难以除去。

3）*水蒸气状况* 通常情况下饱和水蒸气是湿粕脱溶的加热介质。饱和水蒸气的压力越高（相应的温度越高），传热的推动力就会越大，会使湿粕的升温速度加快，这样有利于溶剂的蒸脱。但温度也不宜过高，应该保证在不降低粕质量的同时提高蒸脱速度。一般要求用于湿粕蒸脱的直接蒸汽压力在 0.05MPa 左右，间接蒸汽压力大于 0.4MPa（杨才敬，1984）。

4）*湿粕含溶量* 含溶量低的湿粕进入蒸脱机后既可减轻工作负荷又能节约能源消耗。通常情况下，湿粕含溶量在浸出环型浸出器后会在 25%以下，在经平转式浸出器浸出后会在 30%左右。在实际操作中可以通过采用机械挤压或者真空吸滤等方法来降低湿粕进入蒸脱机前的含溶量。

5）*脱溶设备结构* 脱溶设备结构主要是指设备层高、搅拌叶类型及搅拌速度、直接蒸汽喷孔孔径和混合气体出气口口径等。

6）*蒸脱时间* 使用不同设备进行蒸脱时湿粕在蒸脱机内脱除溶剂经历的时间也不同。通常 DTDC 型蒸脱机为 40～50min，高料层蒸脱机的蒸脱时间为 30～40min。蒸脱时间过长，会降低生产能力并影响粕的质量；蒸脱时间过短会使粕中残溶量变大，造成蒸脱不透。

此外，混合气体的冷凝条件也会影响蒸脱效果，为了提高蒸脱效果，需要冷凝器具有足够的冷凝面积，并且要经常处于良好的工作状态，若能使蒸脱机保持微负压操作，那么会达到更好的蒸脱效果。

（四）湿粕中溶剂的蒸脱

在浸出生产中，不同的入浸油料和浸出器型式会对湿粕含溶量产生影响。通常情况下，膨化料浸出湿粕溶剂含量在 15%～20%，预榨饼浸出湿粕溶剂量在 25%～30%，生坯浸出湿粕含溶剂 30%～45%。湿粕含溶剂量及溶剂在湿粕中的存在形式会在很大程度上影响湿粕中溶剂蒸脱的速度和深度。

1. 湿粕中溶剂的存在状态 通常湿粕中仅有少量溶剂与粕中物质形成化学结合形式。产生化学结合的原因是溶剂中含有很少量的不饱和烃和芳香族烃的成分，它们能与粕中某些物质的官能团产生化学作用。这种结合形式的量随溶剂成分不同而不同。湿粕中溶剂和水分的总含量叫作粕的湿溶率。粕的湿溶率变化幅度较大，且与许多因素有关，如入浸油料的内外结构、溶剂的组成和性质、浸出器的型式等。溶剂在湿粕中的存在形式与水在胶体毛细多孔物体中的结合相似，大体上可分为三种形式：化学结合、物理化学结合和机械结合（齐玉堂，2011）。

2. 湿粕中溶剂的脱除方法 通常对湿粕中溶剂采用加热解吸的方法进行脱除，在浸出油厂中此操作称为湿粕蒸脱（李少华，2006）。湿粕中溶剂的蒸脱过程与干燥过程非常相似，区别仅仅在于：蒸脱的目的是最大限度地充分脱除溶剂，而干燥是在达到一定的物料结构水分时就结束了。在湿粕蒸脱过程中，首先在粕粒的表面发生溶剂的蒸发，然后向内延伸，在粕中形成溶剂含量梯度，在溶剂含量梯度的影响下，溶剂从粒子内向外表面发生传质过程。实际上湿粕脱溶的两个过程由表面气化和内部扩散组成。干燥与湿粕脱溶有一点相似之处，溶剂蒸脱过程是由两个阶段组成：恒速蒸发和降速蒸发。通过第一阶段基本排除粒子表面弱结合的溶剂，通过第二阶段基本排除粒子内强结合的溶剂。

粕中溶剂的蒸脱过程往往通过采用直接蒸汽、真空和搅拌等措施来强化。直接蒸汽首先起到高效率热载体的作用，它保证微生物菌料迅速加热到需要的温度。此外，蒸汽的应用可以降低微生物菌料表面上的溶剂蒸气浓度，进而加速溶剂的蒸发。湿粕蒸脱设备内真空的作用是为了使溶剂蒸气在微生物菌料表面上的分压得到降低，这也是强化脱除溶剂的过程的方法之一。在蒸脱操作中有利于脱除粕层中溶剂及粕粒均匀受热的操作是搅拌粕层。当粕中溶剂含量较大时，在蒸脱的开始阶段搅拌是十分重要的。

为了保证充分蒸脱溶剂，提高蒸脱过程的温度是必要的。但高温作用下，粕中蛋白质可能会过度变性，容易造成氨基酸与粕中的其他物质结合，这会降低成粕的饲用价值；也影响生坯直接浸出后的湿粕脱溶过程所获得的粕的质量，因此必须尽力保证蛋白质在蒸脱过程中不过度变性（尤梦圆等，2013）。

溶剂的脱除形式通常有两种，一种是湿粕在悬浮状态下的脱溶，另一种是湿粕在搅拌层中的脱溶。属于前一种形式的有各种形式的低温脱溶机及卧式脱溶机。在现行的低温脱溶装置中，湿粕中的溶剂主要是靠过热溶剂蒸气流将湿粕悬浮并进行加热脱除的（黄永娜，2016）。优点是湿粕可以瞬间受热并且迅速脱溶，减少或避免了蛋白质的热变性。缺点是不能充分脱除粕中溶剂，需要借助后续设备中的真空和少量直接蒸汽进行进一步的处理。而卧式脱溶机是半悬浮状态下的脱溶，主要靠夹套中间接蒸汽供给脱溶所需热量，仅在脱溶的后阶段，才采用少量直接蒸汽以脱除残留溶剂。它的缺点是湿热作用小且微生物菌粕的熟化效果差。属于后一种形式的是各种形式的层式蒸脱机。在层式蒸脱机中，蒸脱溶剂所需的热量是夹套中间接蒸汽及喷入粕中的直接蒸汽冷凝所放出的潜热。优点是在蒸脱过程中湿粕获得了很好的自蒸作用和湿热作用，充分并且彻底地进行脱溶，产品质量容易控制。

3. 湿粕蒸脱设备 湿粕蒸脱设备有很多形式，对于食用豆粕的脱溶剂需采用低温脱溶机，对于大豆饲用粕的脱溶剂宜采用层式蒸脱机，而预榨浸出粕的脱溶剂多采用结构较简单的高料层蒸脱机。

1）DTDC 层式蒸脱机　DTDC 层式蒸脱机的形式很多，图 2-28 所示的是层式蒸脱机的一种。这种蒸脱机分为三层：第一层的底盘为夹层，底盘上开有直接蒸汽喷孔，直接蒸汽喷入料层中用以蒸脱湿粕中的溶剂。第二层的底盘也为夹层，热风由风机鼓入底盘并通过底盘上的喷孔穿过料层对粕进行干燥。第三层是单层有孔的底盘，冷空气通过底盘上的孔穿过料层对粕进行冷却。第一层的混合蒸气从顶部的排气口排出进入冷凝器，第二层排出的潮湿空气及第三层排出的热空气经旋风分离器分离粕粉后，排入大气。每层的落料均采用锥形封闭阀。

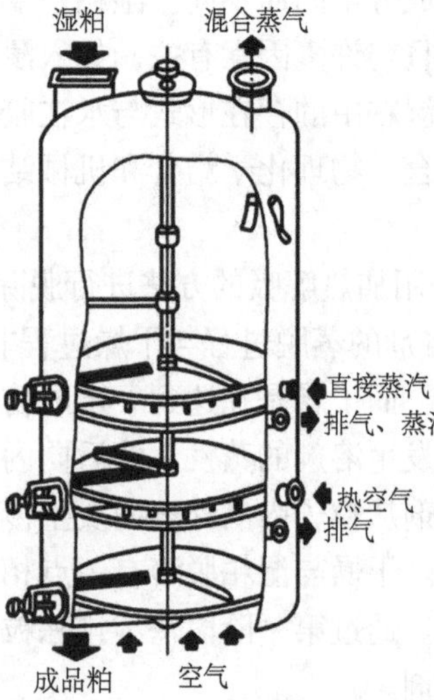

图 2-28　DTDC 层式蒸脱机（引自刘玉兰，1999）

目前采用的 DTDC 蒸脱机在结构上有了很大改进，改进后可以减少湿粕脱溶剂过程中加热蒸汽的消耗并确保脱溶剂的效果。在原有第一层上面增加了若干层的自蒸层和预脱层是对其进行的主要改进。DTDC 层式蒸脱机有很多优点，如它能较彻底地脱除湿粕中的溶剂，有效地破坏豆粕中的有害酶类，并且结构较简单，同时具备干燥和冷却的作用，使成品粕可直接打包储藏，不需再经其他处理（张立国，2013）。

2）低温脱溶剂蒸脱机　专门用来生产低温豆粕的湿粕脱溶设备是低温脱溶剂蒸脱机。低温脱溶剂过程中温度通常情况下小于80℃，这样保证了成品粕总蛋白质有80%～85%是可溶性的蛋白质。目前，用于大豆湿粕低温脱溶剂的设备主要分为两级卧式低温脱溶机和闪蒸—层式混合低温脱溶装置（李里特，2010）。

（1）两级卧式低温脱溶机（图2-29）。它的组成结构有两节螺旋脱溶机（分为A筒和B筒）、捕集器、溶剂蒸气过热器、循环风机、旋风分离器等设备。

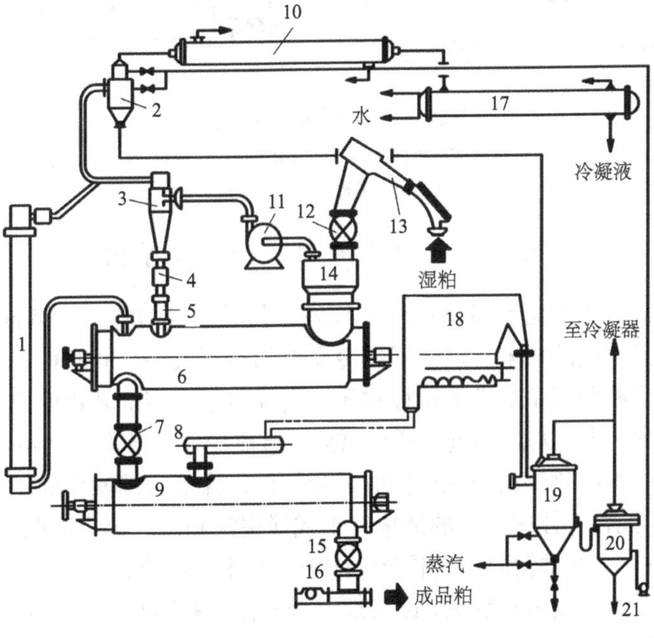

图2-29　两级卧式低温脱溶机（引自刘玉兰，1999）

1. 溶剂蒸气过热器；2. 湿式捕集器；3. 旋风分离器；4. 视镜；5，7，12，15. 封闭阀；6. A筒；8. 螺旋输送机；9. B筒；10. 热交换器；11. 循环风机；13，16. 刮板输送机；14. 进料口；17. 冷凝器；18. 粕沉降器；19. 水洗罐；20. 热水罐；21. 热水泵

浸出后的湿粕经过封闭阀后进入A筒，在此受到来自溶剂蒸气过热器的过热溶剂蒸气的加热，此过热溶剂蒸气的温度为150～160℃，可以除去湿粕中大约99%的溶剂。然后湿粕进入B筒，通过在B筒两端喷入适量的直接蒸汽，将粕中残留的溶剂脱除。从A筒排出的溶剂蒸气由循环风机吸出并经旋风分离器除去所夹带的粕沫后，一部分蒸气通过湿式捕集器进一步去除粕粉后至冷凝器冷凝回收，一部分溶剂蒸气被送往过热器循环使用。经粕末捕集后用冷凝器冷凝回收由B筒排出的溶剂蒸气和水蒸气。

（2）闪蒸—层式混合低温脱溶装置。如图2-30所示，由层式脱溶机和闪蒸式脱溶器两大部分组成。过热的溶剂蒸气将通过封闭阀喂料器进入气流管道中的湿粕托起并随气流高速运动，在气流管道中对粕进行加热和溶剂的蒸发操作，随后在旋风分离器中与气流分离，分离出的溶剂蒸气一部分进冷凝器冷凝回收，一部分进过热器加热后循环使用。含有少量残留溶剂的粕经旋风分离器下部的封闭阀进入层式蒸脱机，在脱溶层的负压状态下脱除粕中残留的溶剂，再进入下层经过干燥冷却成为成品粕。

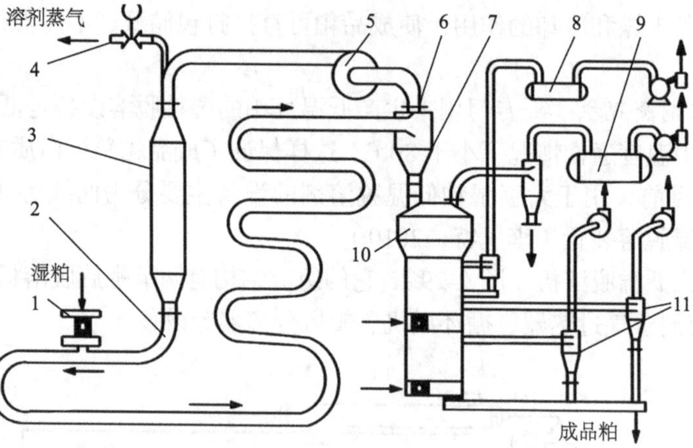

图 2-30　闪蒸—层式混合低温脱溶装置（引自李里特，2002）

1. 封闭阀喂料器；2. 气流管道；3. 过热蒸汽加热器；4. 自动调节阀；5. 风机；6，11. 旋风分离器；7. 封闭阀；8，9. 冷凝器；10. 蒸脱机

（五）溶剂-水蒸气的混合气体净化

直接蒸汽的使用和大量溶剂蒸气的快速挥发，使从蒸脱机排出的溶剂-水蒸气的混合气体中往往夹带有相当数量的粕末。这会降低冷凝器的冷凝效果，同时粕末中含有的蛋白质在热水中很容易分解成肽和氨基酸类等两性物质，会导致水和溶剂乳化形成乳浊液，这样会造成溶剂与水不易分离。当含水溶剂进入浸出器后，造成粕残油升高及出粕“搭桥”。为了避免上述现象的发生，必须净化湿粕蒸脱产生的混合气体，保证后续操作的正常进行。

溶剂-水蒸气的混合气体中粕粉的捕集有干式捕集法和湿式捕集法两种（齐玉堂，2011）。

1）干式捕集法　通常情况下，混合气体中的粕末颗粒直径小于0.1mm，对混合气体中较大的粕末可以用干式捕集分离除去，以实现混合气体的粗净化。常用的设备是旋风分离器。对混合气体进行粗净化还有重力沉降的方法，如加大蒸脱机的顶部空间从而控制混合蒸气流速小于0.2m/s，使粕粉自然沉降，减少进入冷凝器的粕末（李莹，2005）。

2）湿式捕集法　对混合气体来说，湿式捕集法是更加有效的净化方法，采用不同的液体作为捕集介质，常用的液体捕集介质有溶剂、冷水、热水等。若采用热水或冷水，则需要对捕集粕末后的废水另行处理。若采用溶剂，捕集粕末后的溶剂可直接排入湿粕蒸脱机顶层的湿粕中（刘晓燕，2013）。通常情况下，油厂采用湿式捕集的方法，即在湿式捕集器中利用喷入的液体除去混合气体中的粕末。旋风湿式捕集器是常用的湿式捕集设备，其结构与旋风分离器类似。混合蒸气自切线方向从进口管进入外壳与中央出气管之间的环形空间，一方面受到上部喷液管喷下的液体的洗涤作用而除去粕末，另一方面借离心沉降除去部分粕末。净化后含粕末的液体将从底部出口管排出，混合蒸气将从中央出气管排出，之后进入冷凝器冷凝（王荫棠，1981）。

（六）成品粕的干燥和冷却

在小吨位的蒸脱机或老式设计的蒸脱机出来的粕，水分为7%～14%，温度在100～105℃，溶剂残留量小于 0.07%，在溶剂残留量方面满足了成品粕的要求，但在水分和温度方面都不达标，也有的老厂改造或因其他原因不能设计脱溶、干燥、冷却于一体的设备，都会涉及成品粕的干燥和冷却问题，以达到保证粕的运输及正常储藏的目的。通常情况下，要根据商业需要调节粕的温度、水分和残留的溶剂量。包括以下两种方法，即自然干燥冷却和强力干燥冷却（齐玉堂，2011）。

1. 自然干燥冷却　在一般小型油厂，由于从蒸脱机出来的粕生产量小，成品粕在输送过程中就得到干燥和冷却。蒸脱机出口的温度往往大于100℃，适合采用刮板输送机或螺旋输送机输送。这两种输送机能够不断地翻动物料，在蒸脱机中，冷凝在粕粒表面的吸附水很快会汽化，粕中的含水量减少，同时由于汽化吸热，会降低粕的温度。另外，高温物质不断散热也能降低粕的温度，只要有合适长度的输送设备，成品粕的温度和水分都能达到标准。成品粕在进入储藏或者输送时的最适宜参数：温度小于40℃，水分在加工菜籽及加工棉籽预榨饼块时含量为11%～12%，在加工生豆坯时为12%～13%。如果粕在入库时为夏天，那么粕的温度不应高于周围空气5℃以上。

2. 强力干燥冷却　通常国内由高料层蒸脱机和卧式烘干机出来的预榨饼浸出粕中水分偏低，从工厂成本核算、降低粕的温度、减少粕的粉末飞扬程度等方面来说，在温度和水分方面进行调节都是十分必要的。由于生产量大，前期的设备又不能调节成品粕水分，因此需要粕的干燥和冷却，这样的生产主要用在DT蒸脱机和多层蒸脱机的生产工艺之中。而DT蒸脱机出来的豆粕，通常情况下都含有较高的水分，必须进行烘干去水和降温以达到储藏要求（刘玉兰，2006）。

对于温度和水分的调节一般可采用层式调节器，调节器的层数是通过计算使进入设备中的粕温冷却到不超过40℃来确定的。粕中水分的调节可采用润湿绞龙，粕温的调节也可采用粕冷却器。

（七）微生物菌粕的质量控制

微生物菌粕的质量指标除残溶、水分、蛋白质含量等外，某些微生物菌料的微生物菌粕还有一些特殊的质量指标要求。通常情况下，经微生物菌料浸出后的湿粕含有的溶剂量在25%左右。通过对湿粕进行脱溶、干燥和冷却处理，可以得到合格的微生物菌粕。湿粕处理的目的首先是要彻底地脱除溶剂，以保证浸出生产中最低的溶剂损耗及粕的安全使用。其次，通过控制蒸脱过程中的一定工艺条件，将粕中的有害毒素和抗营养成分进行钝化和破坏，改善粕的质量。最后，调节蒸脱过程或其后调节粕的温度和水分，使微生物菌粕的温度和水分达到安全贮存条件（杨玉芬，2010）。

只有在安全水分和安全温度条件下，才能长时间地保存微生物菌粕，才能保持其稳定质量。安全水分一般在12%以下，安全温度一般在35～40℃。若水分和温度超出标准，将很难实现安全贮存。控制生产中微生物菌粕的含水量，还要考虑微生物菌粕的存放时间和季节性（何东平和陈涛，2006）。

在微生物油脂生产工艺中往往采取一些特定的工艺条件使残溶、水分等物质钝化或脱除，这些工艺条件会在微生物菌料预处理和浸出过程中有所体现。在微生物菌料预处理和微生物油脂浸出过程中，常规的生产条件对抗营养物质的破坏是有限的，一般情况下是在湿粕蒸脱过程中完成对这些物质的脱除（时玉强等，2017）。在湿粕蒸脱过程中脱除这些物质的工艺条件：用直接蒸汽将湿粕湿润至含水分17%～18%，加热至温度为90～100℃；用0.4～

0.6MPa 的间接蒸汽对湿粕加热，同时用压力为 0.02～0.25MPa 的直接蒸汽处理，使蒸脱机出口处粕温为 100～105℃和水分为 12%；在直接蒸汽蒸脱层中料层高为 800mm，在其他加热层中粕层高度为 300～350mm；粕在蒸脱机中停留时间为 30～40min，粕温为 105～110℃，水分为 9.0%～12.0%（何东平和陈涛，2006）。

五、溶剂回收

（一）溶剂回收工艺

溶剂回收工艺流程如图 2-31 所示。

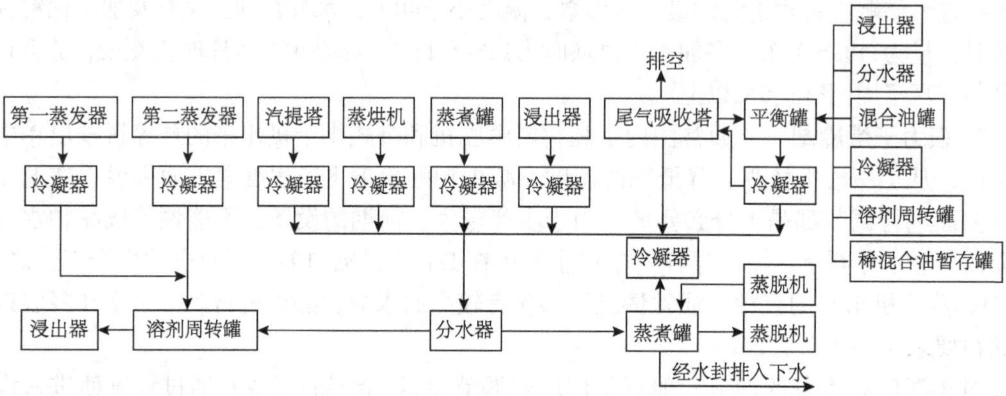

图 2-31　溶剂回收工艺流程图

（二）概　　述

溶剂回收的内容大致可分为三部分：其一是对工艺中形成的溶剂-水混合液中的溶剂进行回收，在生产工艺中湿粕和混合油中的溶剂可以用直接蒸汽蒸馏，形成溶剂和水蒸气的混合气体，对这种混合气体所形成的溶剂和水的混合液进行冷凝，根据它们密度的差别对这种混合液中溶剂和水进行分离，分离得到的溶剂再连续返回溶剂周转罐，循环用于浸出油脂工艺之中；其二是回收湿粕蒸脱、混合油的蒸发、汽提等过程所产生的绝大部分溶剂蒸气，这部分溶剂蒸气属于饱和的溶剂蒸气，通过冷凝器回收饱和溶剂蒸气之后，再返回生产工艺中循环使用；其三是在上述溶剂回收过程中所产生的溶剂自由气体的回收，溶剂自由气体由两个方面产生，一是在各个盛装溶剂或混合油液体的储罐中（如分水器、溶剂周转库、混合油罐等），由液体表面蒸发的溶剂蒸气与空气混合于一体所形成的，这两种气体称为溶剂的自由气体，自由气体中溶剂蒸气浓度不超过 20%（体积分数），二是溶剂的饱和蒸气在冷凝器中未冷凝的溶剂蒸气。

除上述三个方面外，溶剂的回收过程还包括其他一些内容，溶剂气体在自由气体中是无限制回收的，所以如何在排放的尾气中回收溶剂，一直是一个难题，这部分在尾气中排放的溶剂便是造成生产工艺中溶剂消耗高的主要原因。

在实际情况中，除了会产生排放含溶剂的废气外，还会产生部分含溶剂的废水。产生这些废水的原因是工艺中溶剂与水或油料中的化学成分（油脂、糖类、磷脂、蛋白质）接触而产生乳化，这种乳化液可以在水中形成稳定的乳浊液随废水排放出去，而减少这部分溶剂的含量是减少溶剂消耗的一个重要措施。

同时，在实际情况中还会产生废物，如果所有与溶剂接触的物质不能够再次进入生产工艺，就有可能成为含溶剂的废物，包括油料的粉尘、废弃的设备及部件、参入检修的物质等，这类溶剂的回收意义，不仅在于回收溶剂本身，更是为了有利于保障生产和环境的安全（汪学德，2004）。

根据油脂浸出工艺中所产生溶剂气体性质及溶剂回收的难易程度，回收的方法不相同，就形成了从易到难的回收程序。油脂浸出工艺中往往采用先回收饱和气体，后分离溶剂-水混合液，尾气中溶剂回收最后把关，废水废物必须处理的溶剂回收工艺。

在油脂浸出生产工艺中，溶剂回收、工艺参数的控制和设备的正确操作都会影响溶剂消耗，有时还取决于进入浸出系统中油料的物理性质，所以在浸出生产中工艺的前后照应和合理化的管理是非常必要的。

在生产工艺中提高溶剂的回收率，就能够减少车间的溶剂损耗，从而提高企业的经济效益，为操作人员提供良好的工作条件，减少生产中的燃烧和爆炸的危险性，为改善厂区环境打下良好的基础。

在油脂浸出工艺中主要回收的溶剂是溶剂的饱和气体，它在整个溶剂回收工艺中占 95%以上，合理的回收方法和程序可有效地减少溶剂的消耗，适宜的回收设备是减少投资的保证。在溶剂回收过程中，一般根据溶剂在混合气体中的浓度，采用不同的方法进行回收。在混合油蒸发出来的溶剂蒸气中，绝大部分都是该蒸发温度下溶剂的饱和蒸气，因而可采用冷水冷却，使其冷凝冷却加以回收，且不需要分水就可以进入溶剂周转罐。在溶剂或者水的饱和蒸气中还包括湿粕的蒸脱、混合油汽提和废水废物蒸煮等过程中蒸出来的混合气体，含有大量的溶剂蒸气的混合气体中含有水蒸气，经冷凝冷却后一般进入分水器分水后，得到的溶剂才进入溶剂周转罐，在废水排放前进行蒸煮。

溶剂蒸气在自由气体中的含量较低时，可采用固体吸附剂吸附或液体吸收剂的吸收方法。一般认为，自由气体中溶剂蒸气含量较高时采用液体吸收剂吸收比较好；而溶剂蒸气含量较少时，则采用固体吸附剂吸附比较好。另外，自由气体中的溶剂回收也可采用温度较低的地下水或冷冻剂，尽量降低气体的温度以达到回收溶剂的目的。它们的冷凝液一般要进入分水器分水后，才能进入溶剂周转库。

（三）影响溶剂回收的因素

1. 温度 溶剂的入口温度由前一道工序溶剂或溶剂、水蒸气混合物的出口温度决定。冷凝器出口的温度通常情况下控制在 35～40℃或与室温接近为好。

随水源不同及季节与地区的变化，冷却水温度也随之变化，通常为 5～27℃，如果用作制冷剂的是地下水，那么其平均温度在 8～15℃。在实际操作中，尽量使水温降低，可以通过在水池中循环地下水，同时利用冷凝器与水池之间的位差及回水经过多孔管喷洒冷却。通常来说，需要保持冷凝器进水口温度小于 25℃，出口温度小于 35℃，如果是夏季，那么出口温度可提升到 40℃。如果冷却水出口温度再低也必定增加电耗，再高就会影响冷凝冷却效果。生产过程中如能实施二次散热可降低冷却水的温度（康百城和王文昌，2008）。

实践证明，在越高温度的水中，钙离子、镁离子等越容易析出。已经证明，采用二次散热工艺降低冷却水的温度是可行的。冷却水的温度相比于第一次散热可以下降 5～6℃，其工艺流程如下。

来自冷凝器的热水→自然喷洒散热(一次散热)→收集水池→清水泵

冷凝器←清水泵←循环水池←冷却塔(二次散热)

2. 冷凝器面积的大小　从传热效果来看，冷凝器面积越大传热效果越好，但是面积大投资就多，所以需要根据实际情况来确定冷凝器面积的大小（申江等，2014）。

3. 流动速度　应保持适当的冷却水及溶剂蒸气的流速。对溶剂气体而言，过慢的流速会降低设备的利用率；过快的流速增加了流体阻力，缩短了冷凝时间，但达不到最佳的传热效果。通常情况下，控制蒸气在管内流速为 10～15m/s 较为适宜。对冷却水而言，提高其在管内流速不仅可以可以提高冷凝器的传热系数，而且还可以有效防止钙离子、镁离子的沉淀。为了提高其管内的流速可以做如下处理：对同一介质两台相同面积的冷凝器，冷却水由并联走向改为串联方向；将列管长度由 3m 改为 4.5m 或 6m；将冷凝器由单程改为双程；将每根列管内装一根直径为 16mm 的填充料。

（四）溶剂回收概念

目前浸出油厂所用的最主要的浸出溶剂是6号溶剂（己烷），它涉及的浸出工艺包括浸出、混合油蒸发、汽提、湿粕的蒸脱、烘干、尾气的回收、溶剂分水及废水的蒸煮等诸多工序。出于生产安全及降低生产成本等多方面的考虑，必须对其进行循环利用和回收，使溶剂消耗降至最低。浸出各系统溶剂蒸气主要是靠间接表面冷凝的工艺和设备进行回收。经常在油脂浸出生产过程中遇到的一种热量交换的操作是冷凝与冷却，它所用的设备是各种形式的换热器。通常来说，在冷凝和冷却操作中两种常用的冷却剂是冷水和空气，相对而言，水有着较大的给热系数和比热容，能冷却流体到较低的温度，所以水的应用更为广泛。

下面主要介绍三种常用的冷凝和冷却方法（王瑞元，2009）。

（1）直接冷凝和冷却。直接冷凝和冷却是指冷却剂与被冷物料在冷凝和冷却设备内直接接触而进行热量传递。这种方法只能用在冷却剂混入被冷物料后且并不影响物料质量的情况，具有传热十分迅速的优点。

（2）间接冷凝和冷却。间接冷凝和冷却是流体与冷却剂之间通过即传热面进行热量传递的过程，在工业上这种冷凝和冷却的方法应用得最为广泛。

（3）自然冷却。自然冷却是指热量通过容器或导管的外壁散失到周围介质中去的过程。如果将热液体置于敞口槽中进行自然冷却，则液体从表面的自然蒸发还可以带走一部分热量。

（五）溶剂和水混合液的分离

浸出生产工艺中，直接蒸汽可以应用在湿粕蒸脱、矿物油解吸、混合油汽提等操作过程中。此外，也可将直接蒸汽喷入混合油负压蒸发系统的蒸汽真空喷射泵中，溶剂和水的混合液是与这些操作所对应的冷凝器排出的冷凝液。这些混合液必须经过溶剂与水的分离处理，将溶剂回收后循环使用。利用溶剂与水的相对密度不同及溶剂与水的不互溶，使溶剂与水分离。在分水设备中，自然静置溶剂与水的混合液，溶剂与水即分层，上层溶剂排入溶剂周转罐，下层废水排入蒸煮罐经蒸煮进一步回收其中溶剂，或排入水封池（齐玉堂，2011）。

1）溶剂与水的静置分离　在油脂浸出生产中常用的分水器有综合分水箱、多级分水箱和强化分水器等（鄢斌和李喆，1995）。近年来，许多浸出油厂将分水箱与溶剂周转箱制作成一体，形成一个综合容器，其中用隔板分为两部分：分水器及溶剂周转罐，在分水器中分离出的溶剂可以直接进入溶剂周转罐。

2）废水中溶剂的回收　通常情况下，分水器排出的废水中只含有少量的溶剂。例如，在 20℃时溶剂在水中的溶解度仅为 0.014%，通常不需另行处理。但如果分水操作进行得不正常或分水时间较短时，废水中就会含有较多的溶剂。为了降低浸出生产中的溶剂损耗，应进一步回收废水中的溶剂，将分水器排出的废水送入蒸煮罐进行蒸煮处理（张永新，2010）。与此同时，也有一定量的溶剂存在于定期从分水器底部放出的污水及混合油罐排出的废盐水中，对这部分溶剂也需进行回收。

3）自由气体中的溶剂回收　浸出系统中存在的空气与低沸点溶剂蒸气的混合气体称为自由气体。自由气体中溶剂的含量取决于溶剂的馏程及自由气体的温度（吴道银和罗红林，2003）。例如，在 20℃时，自由气体中溶剂含量为 0.739kg/m³；30℃时，自由气体中溶剂含量为 1.31kg/m³。自由气体的温度越高，其溶剂蒸气的饱和含量也越大。低沸点溶剂蒸气的来源主要有两个方面：一是在各个盛装溶剂或混合油液体的储罐中，液体表面上蒸发的溶剂蒸气；二是经冷凝器而未被冷凝的溶剂蒸气（李翠珍，2001）。空气主要来源于：在浸出系统呈负压的条件下，通过设备和管道密封不严的部位进入的空气；存在于入浸油料空隙中随进料带入的空气；随喷入的直接蒸汽带入的空气。对自由气体中溶剂的回收，首先需经过最后冷凝器冷凝，降低自由气体的温度并回收其中的部分溶剂，而后再采用矿物油吸收法或冷冻法回收其中的残留溶剂。自由气体中的溶剂经充分回收后，废气才能经阻火器排空（张阳来和魏福荣，2002）。

（六）溶剂蒸气的冷凝冷却

浸出生产工艺中要大量回收来自于溶剂蒸气和混合蒸气的溶剂，包括混合油汽提和湿粕蒸脱时产生的溶剂和水蒸气的饱和混合气体；混合油蒸发时产生的饱和溶剂气体；还有少部分来自于废水蒸煮和尾气回收工艺中石蜡解吸产生的溶剂和水蒸气的饱和混合气体。

在油脂浸出生产工艺中所采用的方法有三种：一是用冷却介质直接与溶剂蒸气接触进行热交换将溶剂蒸气冷凝冷却。二是溶剂蒸气或混合蒸气通过设备的换热壁面与冷却介质进行间接热交换而被冷凝冷却。这两种方法常用的冷却介质有冷却水、低温冷冻水或其他低温介质如冷冻盐水等。三是利用低温的环境条件对溶剂蒸气进行冷凝回收，即将溶剂蒸气引至用冷空气作冷却介质的热交换器中进行冷凝冷却。在浸出生产中，第二种是最常用的冷凝冷却方法，这种方法既避免了溶剂与冷凝介质的分离，又不会造成在冷凝过程中冷却介质与冷凝液的混合，溶剂损耗小且工艺简单。属于这种方法的设备有列管冷凝器、喷淋冷凝器和板式冷凝器。属于第一种方法的冷凝设备有混合式冷凝器。来自混合油蒸发的饱和溶剂蒸气，经冷水冷凝冷却后可直接进入溶剂周转库循环使用。

来自湿粕蒸脱、废水蒸煮、混合油汽提、石蜡解吸等过程的混合气体是溶剂和水的饱和蒸气，经冷凝冷却后的冷凝液需要先在分水器中分水，分出的废水直接排放或经蒸煮后排放，分出的溶剂进入溶剂周转罐循环使用。

1. 列管式冷凝器　列管式冷凝器有很多种形式，根据冷热流体热交换的次数不同有单程式和多程式之分，根据安装位置不同有卧式和立式之分，根据管束的结构形式又可分为固定管板式和浮头式。下面介绍卧式列管冷凝器和立式列管冷凝器。

（1）卧式列管冷凝器。溶剂蒸气从进气管进入，经多次折流，大部分溶剂蒸气在设备中冷凝，冷凝液从出液管排出，不凝性气体从自由气体管排出。冷却水从进水管进入，经多次折流从出水管排出。使用这种设备会使两种介质在设备中折流次数较多，这种情况下，可以延长混合蒸气或溶剂蒸气在设备中的路程，充分冷凝冷却蒸汽。而冷却水在管内的流速加快，传热系数大大增加，这在负压蒸发工艺真空冷凝器中的作用尤其是重要的。因为它避免了溶剂蒸气在设备中流速快、走短路的现象，提高了冷凝效果。

卧式列管冷凝器有许多优点，如便于大规格冷凝器的制作，同时它的传热系数大，冷凝效果好。但其也有一定的缺点，如自清理作用小同时占地面积大。在大规模的微生物油脂浸出生产工艺尤其是混合油负压蒸发工艺中大多采用卧式列管冷凝器。

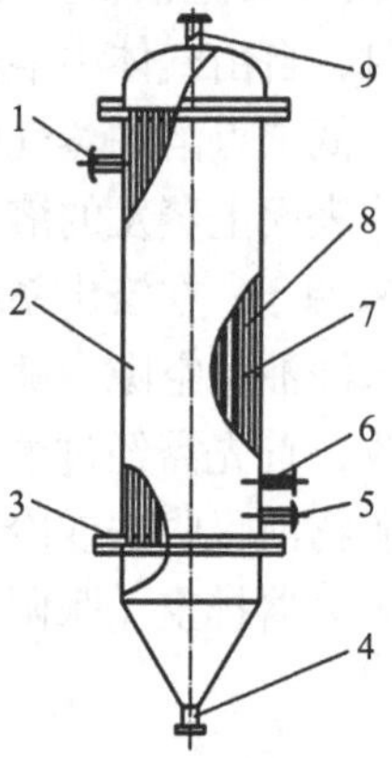

图 2-32　立式列管冷凝器（引自刘玉兰，2015）

1. 溶剂蒸气进口管；2. 外壳；3. 管板；4. 冷却水进口管；5. 冷凝液出口管；6. 自由气体管；7. 折流板；8. 列管束；9. 冷却水出口管

（2）立式列管冷凝器。图2-32是立式列管冷凝器的一种简单结构形式。它的主要组成有圆柱形壳体、列管束、上下封头等。列管束的两端固定在管板上，在壳体内的列管外还安装有折流板。一般冷却水走管程，溶剂蒸气走壳程。溶剂蒸气从壳体上部的进口管进入冷凝器向下折流，经过与列管壁接触换热，大量的溶剂蒸气被冷凝下来，未被冷凝的溶剂气体和空气从自由气体管排出，再进入最后冷凝器或尾气回收系统，冷凝液自壳体下部的出口管流出。将蒸脱冷凝器做成浮头式，即封头可拆式，这是出于对蒸脱机出来的混合气体中可能夹杂有少量粕末进入冷凝器同时可能会在换热表面形成结垢或堵塞列管间隙，影响传热效果的考虑，这样有利于清除粕末等杂质。

立式列管冷凝器的缺点是传热系数较卧式冷凝器小，但其也有一系列的优点，如在其壳程和管程，随冷凝液和冷却介质的流动，便于自动清理淤渣及其他杂质，占地面积小等。

由于冷凝器在工作过程中长期接触水及有机杂质，列管腐蚀严重。因此列管材料可选用普通碳钢管、铝管或铜管、不锈钢管等防腐蚀性材料。采用不锈钢列管可以有效地防止腐蚀，并且管壁不容易结垢，容易清理的同时传热系数较高，并且会延长不锈钢管的使用寿命。同样面积的冷凝器，不同的列管材料及不同冷却介质流速都会对传热系数有一定的影响。可见，影响冷凝器传热系数大小的因素很多，材质的选择、冷热流体的含杂情况、冷却介质的流速、传热面的清洁程度等都对设备的使用产生影响。所以，通常情况下，最好出水温度不应超过35℃，冷却水进入温度小于25℃。列管换热器的优点是结构简单紧凑，结构设计和运行条件合理时传热系数较高，冷凝效果好，可适用于各种溶剂蒸气的冷凝回收。但缺点在于管内外的清洗不方便，尤其在水质较差时不宜采用这种冷凝器。

2. 板式冷凝器　板式冷凝器是换热效率比较高的一种冷凝设备，在微生物油脂工业的应用较晚，在化工行业中有着广泛的应用。板式冷凝器最突出的优点是体积小、换热效果好、传热系数高、容易拆卸和清理等，也由于这些优点其近年来在微生物油脂工业中的应用逐渐增多。

板式冷凝器由多组波纹板组成，在这些波纹板进介质口之间有垫片隔离，每隔两块垫片是相同的，这样它们形成每隔一层之间走的是冷却介质水，在两层冷却介质之间走的是需要冷凝的溶剂蒸气，在薄而均匀的波纹板之间发生热量传递。这种冷凝器传热效果的好坏在很大的程度上取决于波纹板的波纹形状，好的波纹板形状，使得冷却介质水在其中的涡流程度增加，传热效率提高。

可根据生产情况调整板式冷凝器的换热面积。波纹板被两边的固定板固定，单个波纹板是有一定规格面积的单元板，需要提高冷凝器的传热面积时可增加单元板数量。在这种设备中，溶剂蒸气从气体进口进入，冷凝液从冷凝液出口管排出，而不凝性气体从自由气体管排出。而从进水口进入的水在相隔的波纹间逆流和溶剂蒸气进行热交换，吸热后从出水口排出。

这种设备最突出的优点是拆卸清理比较方便，传热系数比较高，使用比较灵活，在生产中可调整其面积的大小。波纹板间距比较小，在生产中容易产生汽阻也是其比较明显的缺点。将板间距调至10～12mm，可有效减少汽阻现象的发生。另外，在传热温度较高时波纹表面很容易发生水中的钙离子、镁离子沉积在表面上并且形成水垢的现象，为了防止这种现象的产生，需要软化处理冷却介质水。其垫片很容易老化而发生溶剂的泄露也是这种设备的另一个缺点，所以工程师设计生产了另一种单元板式换热器，是将相邻的两个单元板的一边及对边进行焊接，同时在另外两边和另一单元板进行焊接，形成上下左右都可进行清理的结构形式。

（七）油脂浸出生产中的溶剂损耗

油脂浸出工艺中溶剂损耗的主要包括浸出毛油中残留的溶剂；成品粕中残留溶剂；排出废水中残留溶剂；排空尾气中残留溶剂；设备、管道、管件等密封不严处泄露的溶剂等（刘葆仁，1981）。此外，在正常的或不正常的疏通管道，排出故障，消溶等情况下，也会造成溶剂的损耗。可根据溶剂损耗的特征将其分为可避免的溶剂损耗和不可避免的溶剂损耗两大类。

1）可避免的溶剂损耗　造成浸出车间溶剂消耗高主要是由于设备制造不良、操作维修不当等，造成溶剂的跑冒滴漏。与此同时，工艺的不完善、生产运行不良等导致的技术指标低下等，也会造成溶剂损耗量增加。因为这部分溶剂消耗在生产中是可以控制的，所以称为可避免的溶剂消耗。

溶剂的跑冒滴漏一是由于操作不当、因故障停车检修、疏通管道损失；二是溶剂通过密封不严处泄露（张建华，1985）。浸出车间内液体溶剂的泄漏实际上是很少的，因为在容器壳体、管道、法兰阀门、仪表、视镜等处，其密封性能无论是在设备制造，或者定期检修时，都进行了仔细的检查，很容易发现和解决。但是在设备的转动轴、搅拌轴、泵的转动轴等处，由于填料密封不好，或经长期运转后密封效果减弱，都会存在溶剂蒸气向外泄漏的问题，严重时，甚至会造成相当大的溶剂消耗。较易损失溶剂的地方还有浸出系统进料部位，若出现存料箱存料不足或封闭绞龙未能起到料封作用等情况，那么就有较多的溶剂逸出，进入预处理车间，这是不被允许的。除此之外，如果浸出系统内不能保持负压也会促使溶剂蒸气向外渗漏。应保持浸出系统在微负压（49～98Pa）的条件下工作，避免浸出系统内的溶剂蒸气向外渗漏。如果频繁停车检修，因故障停车检修损耗的溶剂量在溶剂损耗中占的比例还是很大的。而这与生产工艺、设备制造质量、设备选型、工程安装质量等都有很大关系。同时，也不可忽视由于生产运行不良和工艺不完善等造成的溶剂损耗。在不可避免溶剂损耗的各项中，如果工艺不完善或生产运行不良，造成毛油残溶、成品粕残溶、废水含溶、排空尾气含溶等超标，不可避免溶剂损耗的量就会大大提高，会直接影响溶剂馏程对溶剂损耗。生产中的溶剂消耗随着馏分的增宽而增高。在其他条件相同的情况下，选用馏程窄、沸点合理的溶剂，对降低溶剂耗损有重大意义（何东平等，2012）。

2）不可避免的溶剂损耗　浸出生产中总会不可避免地有少量的溶剂损耗，不可能完全回收浸出生产中的溶剂。通常把在良好的正常生产条件下溶剂损耗的最低限量，称为不可避免的溶剂损耗（赵民安，1989）。生产中不可避免溶剂损耗主要有浸出毛油中残留的溶剂；排空尾气中残留溶剂；成品粕中残留溶剂；排出废水中残留溶剂等。即使在浸出生产各个工序都达到所要求的工艺条件和技术指标，浸出毛油、成品粕及废气中都会残留有很少量的溶剂。不可避免溶剂损耗的量受到所选定的生产工艺流程、浸出物料种类和性质、设备结构性能、工人操作水平、所采用溶剂的成分和性质、生产规模等多种因素影响。在相同浸出生产条件下浸出物料的结构性能不同，溶剂消耗是不同的。如果浸出物料的水分高、粉末度大、溶剂通过料层的渗透性差，浸出后粕中残油率和湿粕含溶都升高，湿粕蒸脱效果就会下降，由此造成成品粕中残留溶剂偏高。溶剂损耗也会因采用不同溶剂而不同。工业纯溶剂比多组分溶剂的损耗要小，溶剂组分越多，溶剂消耗就越高。原因是高沸点溶剂在混合油蒸发、湿粕脱溶、汽提时更难以脱除，会导致在浸出毛油和成品粕中的残留量增加。而低沸点溶剂在自由气体中难以回收，致使其随排空废气损耗掉。在浸出物料和溶剂性能相同的条件下，先进的工艺流程、合理熟练的操作、精良的生产设备可以大大降低溶剂的损耗量。与此同时，生产规模的大小也会影响溶剂消耗，越大的生产规模，溶剂消耗越低。

第四节　生物解离法制油

一、概　述

食用植物油的制取一般有两种方法：压榨法和浸出法（丁福祺，2005）。压榨法是一种物理的压榨方式。浸出法是通过化工原理，用食用级溶剂从油料中抽提出油脂的一种方法，是目前国际上公认的最先进的生产工艺（王瑞元，2004）。水酶法是近年来广泛研究的一种油脂提取新技术。新兴的水酶法制油工艺能够同时提取油脂和蛋白质，而且可以避免使用有机溶剂，减少大气污染。它是在将油料进行破碎后加水、加酶进行酶解，使油脂易于从油料固体中释出，利用非油成分（碳水化合物和蛋白质）对水和油的亲和力不同及油水密度的不同将油和非油成分进行分离（Nyam，2009）。传统植物油的制取方法虽然可以得到含量高达 95% 以上的油脂，但是提油操作后油料蛋白变性较严重，较难作为食品饲料进行再利用。全球的植物油料每年有巨大的产量，但由于提取操作后油脂蛋白变性较严重，将其开发为食用蛋白较困难，以致浪费资源（章绍兵，2007）。水相提取油脂是一种同时利用无毒油料的蛋白质和油脂的良好方法，这种提油方法与传统的水代法有本质上的区别，传统的水代法油料蛋白的变性程度超过溶剂浸出法和机械压榨，而水相提取油脂这一方法最大的优点是能较好地保持油料蛋白的性能。水酶法有温和的提油条件，几乎不发生油料蛋白性能的变化，无论是在水相中直接进行加工利用，还是回收分离蛋白后再进行利用，效果都较为理想。水酶法作用条件温和（常温、无化学反应），体系中的降解产物一般不会与提取物发生反应，可以有效地保护油脂、蛋白质及胶质等可利用成分的品质（李杨，2010）。

（一）水酶法提油的国内外现状

1. 在国际方面　20 世纪 50 年代，人们就注意到，油料经酶处理后，出油量会有明显影响，但是酶制剂的价格限制了它的研究进程。直至 20 世纪 70 年代，伴随微生物技术在生产中的应用和推广，工业化大规模产酶使酶制剂价格降低，国外许多学者再一次对应用酶提取植物油脂产生兴趣（李大房，2006）。意大利的科学家 G. Montedoro 和 G. Petruccioli 进行了有关酶法提取橄榄油的研究。在 *Food Science* 上 K. S. Gunetileke 发表了有关由椰奶乳液分离油及蛋白质条件的研究。Olsen 在大豆油和蛋白质的水法分离中运用了微生物蛋白酶，Alcalase 通过酶降解蛋白质分子来释放其所吸附的油，使油的产率接近 60%，蛋白质的产率接近 40%。到 20 世纪 80 年代左右，美国 Fullbook 在利用酶从西瓜籽中制取可溶性营养性的水解蛋白时，发现部分油会随着水解的进行被释放出来。在这之后他利用酶从菜籽和大豆中提取油和蛋白质，得到了预期效果。20 世纪 90 年代，科学家 F. Bouveri 和 B. Entressangles 首次将果胶及纤维酶用于酶法制取棕榈油当中。Dominguez 等对用酶处理后的正己烷浸提大豆油脂进行了一定的相关研究。Ranalli 和 Costantini 对用蛋白水解酶制取橄榄油的理化特性进行了分析并提出了工艺参数对橄榄油质量及数量的影响，同时分析了蛋白酶添加量对橄榄油产率的影响。K. Tano-Debrah 等通过电子显微镜对酶处理可以急剧降解牛油树籽的细胞壁的结构进行了分析，从而证明了酶解提油这种工艺的科学性，应用酶水解辅助对可可脂进行萃取，1997 年他们又研究了水酶法提取椰子油。Chen 和 Suhardiyono 利用多聚半乳糖醛酸酶、纤维酶、淀粉酶及蛋白酶研究了水酶法提取椰子油，他们提出温度及 pH 是关键的水酶法提油参数，并将椰子油的提油率提高到 73.8%，并且对所提取的椰子油品质进行分析。B. C. Sarker 和 B. P. N Singh 等对如何优化水酶法提取菜籽油的相关酶解工艺条件进行研究，并且得到了有关的优化参数。2000 年后，P. Hanmounagjai 等通过水酶法用 Alcalase 蛋白酶成功提取到了米糠油，通过响应面分析的方法他提出对米糠油和蛋白质的提取率影响最大的是酶的添加量，而酶解时间及酶解温度对其影响不明显，并且通过响应面优化的办法及验证实验得出：最大的提油率为 79%，蛋白质提取率为 68%，同时对所得的米糠油的皂化值、碘值、游离脂肪酸含量和过氧化值进行了系统分析。A. Sharma 和 M. N. Gupta 同样也对水酶法提取米糠油进行了相关研究，在研究中他们使用了蛋白酶、淀粉酶和纤维酶，并且得到最优酶解的工艺参数，使提油率提高到 77%。R. I. Santamaria 研究了水酶法提取智利榛子油，对酶解的条件（反应时间、温度、pH）、酶的浓度和料水比及原料粒度进行了研究，通过寻优得到最佳加工的工艺，而且在油脂提取后分离出 94%～98%的水分，通过对所得油的品质分析发现，利用水酶法所提取的智利榛子油的质量比传统加工方式所提取的智利榛子油更优（王瑛瑶，2005）。B. P. Lamsala 在水酶法提取大豆油中应用轧坯后湿法挤压预处理技术，他们利用蛋白酶、纤维素酶和两种酶的混合物酶解后，提取轧坯后湿法挤压的全脂豆粉中的大豆油。实验证明，直接用水剂法提取经过轧坯后挤压的全脂豆粉的油脂，提油率为 68%，加入蛋白酶后，通过水酶法提取大豆油脂可以提高提油率到 88%，但是加入纤维酶对提油率没有明显影响。他们分析得出是轧坯后挤压增强了蛋白质的酶解效果，极大地释放了酶解后的游离油。

2. 在国内方面　相对国外来说，我国对水酶法提油技术的研究较晚，直到 20 世纪 90 年代，无锡轻工大学的王璋教授指导其硕士研究生林岚首次研究了酶法从全脂豆粉中一同制取大豆水解蛋白和大豆油的工艺。由于当时的果胶酶、纤维素酶及半纤维素酶的价格较昂贵，因此他们只用了中性蛋白酶和碱性蛋白酶进行水解，并且工艺复杂，同时油脂提取率仅为 65%～66%。成都大学的曾祥基对水酶法提取大豆、油菜籽、花生仁、橄榄、椰子、葵花籽中的油进行了初步的研究，并提出了针对不同的物料使用的酶种类及其相关工艺的参数范围。无锡轻工大学的唐年初等研究了玉米胚芽的水酶法提油新工艺，他们利用简单的工艺（即将玉米胚用水热预处理后捣碎，在酶反应后通过离心分离得到玉米胚芽油），并且分析了所提取的玉米胚芽油油脂品质，结果表明，通过水酶法提取的玉米胚芽油的品质更加优良。邵阳高等专科学校的刘志强等对花生水酶法的蛋白质提取和制油进行有关研究，研究发现，单一的纤维素酶处理对蛋白质得率和出油率的提高不大，但是利用复合酶系来处理油料，出油率及蛋白质得率均可以保持较高水平，而且得到了相应酶解的工艺条件。无锡轻工大学的倪培德等通过水酶法成功地提取了蓖麻油，并且得到了最佳的提取工艺，同时系统地分析了水酶法提油工艺的弊端。2000 年以后，浙江大学的博士钱俊青系统研究了水酶有机溶剂提取大豆油，经过研究他们得到了最佳酶的选择和最佳萃取条件及酶解工艺条件，使大豆油提取率提高到 84%左右，但由于受到当时破乳技术的限制，他们并不能摆脱有机溶剂的使用，无法在根本上解决水酶法提取大豆油相应的难点。江南大学的尤新等研究了水酶法提取玉米胚芽油，并利用正交实验得到了最佳的料水比、加酶量、湿热处理时间和酶解时间。江南大学的博士王素梅对玉米胚芽水酶法提油工艺及其机制进行进一步系统的研究。利用透射电镜、扫描电镜及光学显微镜研究了酶解过程中玉米胚芽的微观组织结构的变化，揭示水酶法提油的工艺机制。首次提出了酶解体系经过离心后所得到的乳状液不是一个单纯的水包油（O/W）型体系，而是一种有着复杂组成的悬浮体系，是由未降解的油滴、细胞团、细胞碎片及少部分肉眼可见的玉米须和玉米皮所组成。首次采用特异性染色方法研究油滴周围所吸附的物质，结果表明，蛋白质和纤维素可能影响油滴聚集。湖南科技大学化工系的刘志强等研究了不同的酶对菜籽蛋白得率的影响，并且研究表明复合酶（蛋白酶：纤维素酶：果胶酶=5：3：2，*m*/*m*/*m*）处理能够显著地使油脂与蛋白质的得率提高。南京财经大学的杨慧萍系统地研究了高压蒸煮、超声波辅助水酶法处理米糠的技术，结果表明，经过超声波处理米糠或高压蒸煮后，通过水酶法可使米糠中油脂提取率上升到 89.8%（倪培德，2002）。西华大学的李桂英等系统地对水酶法提取菜籽油的破乳工艺进行了研究，他们分别对离心分离破乳、调节 pH 破乳、加热破乳及有机溶剂萃取破乳进行了初步的研究。西华大学的袁永俊教授研究得到了最适合菜籽水酶法提油的酶解工艺条件和加酶量，同时分析了水酶法提取菜籽蛋白的乳化性、持水性、溶解性、黏度等其他功能特性，以及酶法提取花生油脂的酶解工艺参数，同时对酶解后的蛋白质、磷脂和油脂形成的乳状液破乳进行了深入研究，并研究了回收花生水解蛋白的工艺及其功能特性。通过博士研究生王瑛瑶的有关研究，成功地使经过纯化的大豆水解蛋白具有良好的抗疲劳、抗氧化及降压性。江南大学的博士任健等系统地研究了水酶法提取葵花籽油和蛋白质，确定了适合于水酶法提取葵花籽油及蛋白质的最佳酶解工艺，对水酶法提油工艺对葵花籽的油品质和脂肪酸组成及蛋白质功能特性影响进行了系统的研究（冷玉娴，2006）。

综合了以上国内外的研究报道，我们可以发现利用水酶法制油在2005年前仅用于高含油作物，而对低含油的大豆等的研究较少。2005～2007年，美国科学家已经把目光扩大到提取低含油作物的植物油，通过对酶解后破乳的研究和改善预处理的工艺，打破了水酶法只适用于高含油作物提油的限制，实现水酶法制取大豆油。但是我国自王璋教授在1992年对水酶法制取大豆油和蛋白质进行了初探之后，对相关领域的研究较少。随着基因工程、生物工程及固定化酶技术的不断发展，酶使用成本高、资源不足、易失活和稳定性差等问题已经得到了很好的解决，这就为在油脂工业中酶的利用铺平了道路。所以，水酶法制油技术的应用前景广阔，是未来的油脂工业发展的方向之一，目前水酶法已应用于多种油料的提取（陈晶，2007）。

（二）水酶法工艺分类

酶解提取的工艺有 4 类：水相酶解法、水相酶解有机溶剂、低水分酶解、低水分酶解溶剂浸出。

1. 水相酶解法　近年来，水相酶解法提油已成为一种新兴的提油方法，原料不需要干燥，与传统工艺相比，酶解提油工艺具有能同时得到油和蛋白质、操作条件温和、所得油和蛋白质质量较高、环境污染及能耗较小等优点（王丽波，2011）。

将油料破碎以后加水，分解相为水，酶在此相中水解，从油料固体粒子中将油脂渗出。该工艺对于可可、菜籽、花生等含油量较高的油料提取适用。酶可以用于防止蛋白膜形成乳状液或亲脂性固体吸附使部分油脂较难被提取等问题。

2. 水相酶解有机溶剂　在水相酶解的提取工艺中，向其中加入与水互不相溶的有机溶剂作为油的分散相，可以提高提油的效果（章绍兵，2008）。

3. 低水分酶解　此方法是通过对传统油料种子提油方法的改进得到的，酶解作用要在水分含量较低的情况下进行。提油前，需要对油料进一步干燥从而降低水分，由于减少了油水分离的工序，因此不会生产废水。

4. 低水分酶解溶剂浸出　在酶解后加入溶剂与在酶解前加入溶剂相比，出油率较高，可水分低同时也带来了一定问题，酶作用的效果会降低，但由于该工艺可以减少提油时间，从而使设备处理能力提高。

（三）水酶法提油工艺原理及特点

植物细胞的细胞壁由半纤维素、纤维素、果胶及木质素组成，主要是纤维素作为骨架，纤维素是一种由许多 D-葡萄糖残基和 β-1,4-糖苷键联结成的多糖。它的聚合度范围非常广阔，可以从几百到 15 000 不等。纤维素链之间存在着氢键，利用氢键缔合的作用形成纤维束。有些区域的分子密度大，成平行排列，形成结晶区；有些区域分子密度小，分子间隙大，定向差，形成无定形区（江玉峰，2003）。油脂存在于油料的籽粒细胞中，并且通常与其他的大分子（碳水化合物和蛋白质）结合，构成脂蛋白和脂多糖等的复合体，只有把油料组织细胞结构和油脂复合体进行破坏，才能将其中的油脂提出。水酶法是以机械和生物酶的手段来破坏植物种子细胞壁，使其中油脂得以释放（盛小娜，2008）。在机械破碎基础上的水酶法提油技术，采用对油料组织及对脂蛋白、脂多糖等复合体具有降解作用的酶（如蛋白酶、果胶酶、纤维素酶、半纤维素酶、淀粉酶、葡聚糖酶等）处理油料，利用酶对细胞结构进一步的破坏，以及酶对脂多糖、脂蛋白的分解作用，增强油料组织中的油的流动性，使油游离出来（吴海波等，2011）。利用水酶法提油工艺的作用条件比较温和，体系中降解的产物通常情况下不与提取物发生反应，能够有效地保护蛋白质、油脂和胶质等可利用成分的品质不受影响。能够在得到油的同时有效地回收原料中的蛋白质（或者其水解产物）及碳水化合物。其操作温度低，能耗低；所提取油的纯度高，同时磷脂含量、过氧化值及酸值低，色泽浅，废水中 BOD 与 COD 的值较低，污染少，符合绿色、高效、安全的要求（王素梅和王璋，2003）。水酶法提油所具有的优势是不通过高温高压和有机溶剂等条件。与其他的提取油脂的方法相比，水酶法提取植物油有以下工艺优点：植物油无溶剂残留、设备简单、操作安全并且投资少；从油料作物中能够同时分离油与蛋白质；能够除去油料中异味成分、产气因子和营养抑制剂因子；水酶法分离得到的等电点可溶植物水解蛋白是含量很高（约90%）的深加工产品，可以广泛地应用于多种食品体系中；水酶法分离得到的乳化油经破乳后可以不需要处理就获得高质量的油（王璋和许时婴，1994）。

总之，水相酶解工艺是把水作为其分散相，在水相中酶水解，在水相中油料进行酶解，以水作为溶剂提取油脂，释放油脂的过程（江利华，2009）。此种工艺可用于油料的种子和果实的提油，油料经研磨后再适当地调整固液比，加入酶水解，酶解结束后固液分离，液相为水与油的混合物，其中包含的水溶性蛋白质能够通过酸沉法获得，液相通过破乳、分离得到油脂。工艺路线如下。

油料→清理破碎→浸泡磨浆→调温→酶解→固液分离→液相酸沉→破乳→分离→油脂

（四）水酶法提油的工艺影响因素

1. 油料的种类　油料不同，所具有的性质不同，如蛋白质含量、油含量的差异等。有些油料有其自身的特点，如米糠，在加工前需要先钝化解脂酶，之后才可以进行后续的工艺。

2. 酶的种类和浓度　酶的专一性很强，油料中不同的成分可以通过不同种类的酶降解，进一步影响油脂的提取率。目前试验较多的有果胶酶、蛋白酶、纤维素酶、半纤维素酶等。酶的专一性导致采用单一的酶进行酶解会有很大的局限性，所以许多试验中都利用了混合酶。通常情况下认为，酶的浓度增加会提高出油率及分离效果，但也存在一个适度，就是所谓的“经济浓度”。但必须注意的是，当酶的用量大于其最适浓度时，效果甚至可能会变差（李汴生，1997）。

3. 酶解时的温度、pH和时间　酶解温度随油料的不同而有差别，通常情况在40～55℃。控制的温度应该以不影响最终产品油和蛋白质的质量而有利于酶解为目的，可利用程序升温和恒温两种方式。酶解pH随所用酶类而异。pH对酶的活性有影响，同时也影响油与蛋白质的分离。就目前研究的酶类而言，pH多数在3～8，最适pH也与酶解工艺有一定关系。酶解的时间与油料和酶的种类有关，短的仅需0.3h，长的需要10h以上（吴珺婷，2012）。适宜的酶解时间应从提取油的效果和油料细胞有较大程度的降解两方面来确定，反应时间过长会造成乳状液趋于稳定，破乳较为困难，不利于提油。

4. 酸沉破乳　水酶法工艺中，固液分离之后，液相中有蛋白质、水、油三种物质，蛋白质此时能够扮演表面活性剂角色，它使油水界面张力减小，能够形成油水乳化体系，不仅使破坏困难，而且需要有较复杂的设备，同时工艺过程也不稳定，一般需要转速在15 000r/min以上的大型离心机，这样会使能耗较大，不易实现工业化。目前，较常用的手段是酸沉，蛋白质的等电点通常在 4～5，故酸沉的pH也应控制在此范围。破乳效果如何，可以直接影响油的得率（王丹丹，2010）。

5. 微波及超声波技术的使用　微波是一种频率为 300MHz～300GHz 的电磁波，其加热原理为：极性分子在高频电磁场作用下从原来的随机分布状态转为依照电场的极性排列取向，这些取向随着交变电磁场的频率不断变化，这一过程造成了分子的运动与相互摩擦进一步产生热量，与此同时这些吸收了能量的极性分子在与周围其他分子的碰撞中能够把能量传递给其他分子，使介质的温度升高。与传统的加热方式相比，微波加热是一种内部加热的方式，有速度快、加热均匀、节能环保等诸多优点。超声波是指一种频率大于 2×10^4 Hz 的声波。超声波在传播时，弹性介质中的粒子会产生摆动并沿传播方向传递能量，从而产生热效应、机械效应和声空化。声空化是一种特殊的超声波机械效应现象，它能够导致分子破碎等化学反应的发生（李大房，2006）。

6. 其他因素 工艺效果也受油料预处理方式的影响。油料酶解前的处理是通过机械的方法对油料的细胞进行破坏，使细胞结构达到初步破坏。油料的破碎有干法和湿法两种（占俊峰等，2014）。若用干法破碎，粉碎度是一个重要的影响因素。通常情况下，油料粉碎度大，出油率会相应地增高。但是，粉碎度过大，蛋白质颗粒又会太小，导致油水乳化，增加了破乳难度，会使出油率降低。所以，具体粉碎颗粒的大小应根据不同油料而分别设定。另外，是否使用添加剂也会影响水酶法提油的效果。在酶解及提油过程中添加一些物质，可以使酶解效果提高，增加出油率，如1价、2价阳离子能够使果胶酶的活力增加，而对纤维素酶和蛋白酶无影响（史双枝等，2010）。

二、酶制剂的选择

酶制剂是指一类具有酶特性的从生物中提取的物质，催化食品加工过程中的各种化学变化，改进食品的加工方法是其主要作用。酶制剂是从生物中提取的，通常情况下较为安全，可根据生产需要适量使用。市面上主要的酶制剂有果胶酶、淀粉酶、蛋白酶、纤维素酶、β-葡聚糖酶、植酸酶等。目前水酶法中使用较多的酶有纤维素酶、半纤维素酶、果胶酶、蛋白酶、α-淀粉酶、半乳糖醛酸酶和β-葡聚糖酶等（王瑛瑶，2005）。

在水酶法提取油脂工艺过程中，重要的影响因素之一是酶的选择，此处主要研究不同种类的酶和酶复配使用对水酶法提取油脂的影响。

（一）酶制剂的分类

总体而言，所有对油料细胞壁复合体及油脂复合体有降解作用的酶均有助于提油，这一类酶很多，包括能降解、软化细胞壁的纤维素酶、半纤维素酶和果胶酶，以及分解脂蛋白的蛋白酶等。一般认为，酶浓度增加，会提高出油率和分离效果，但也应适度，需按油籽品种、含油率、制油方式及经济性等条件，经试验确定酶的种类和用量（罗明亮，2014）。

1. 蛋白酶（bacillopeptidaseb） 蛋白酶的分布很广泛，主要存在于动物及人的消化道中，在微生物和植物中的含量也十分丰富。考虑到动植物的资源有限，工业上主要利用栖土曲霉、枯草芽孢杆菌等微生物发酵制备蛋白酶制剂。

蛋白酶是能够水解蛋白质肽键的一类酶的总称。可以根据其水解多肽的方式将其分为内肽酶及外肽酶两类（董颖超，2001）。内肽酶能够将蛋白质分子的内部切断，形成较小分子质量的肽和胨。外肽酶是从蛋白质分子的游离羧基或氨基的末端将肽键逐个水解，从而使氨基酸游离出来，前者为氨基肽酶，后者为羧基肽酶。又可将蛋白酶按其活性中心分为丝氨酸蛋白酶、金属蛋白酶、巯基蛋白酶和天冬氨酸蛋白酶。按其反应的最适pH可将蛋白酶分为酸性蛋白酶、碱性蛋白酶和中性蛋白酶。在工业生产中应用的蛋白酶主要是内肽酶（曾祥基，1996）。

能够催化蛋白质水解的酶类，有很多种类，重要的有胰蛋白酶、胃蛋白酶、组织蛋白酶、枯草杆菌蛋白酶及木瓜蛋白酶等。蛋白酶对其反应底物的选择性非常严格，同一种蛋白酶只能作用于蛋白质分子中一定的肽键，如胰蛋白酶能够使碱性氨基酸所形成的肽键水解。

1）碱性蛋白酶 碱性蛋白酶是指在碱性条件下水解蛋白质肽键的酶类，其适宜pH一般为9～11，除可催化蛋白质水解为氨基酸外，在有机溶剂中还可催化多肽的合成（Adinarayana，2003）。常见的碱性蛋白酶有两种，一种为 Novo 蛋白酶，另一种为 Carsberg 蛋白酶，两者的构造及性质较为相近，分别含有275个和274个氨基酸残基，是由一条多肽链构成的。在 pH 为6～10时性质稳定，pH 低于6或者大于11时很快会失活（姚刚，2009）。其活性中心含有丝氨酸，所以称为丝氨酸蛋白酶，属内肽酶中的丝氨酸蛋白水解酶类。它除了能水解肽键，还可以水解酰胺键、酯键及转肽和转酯。由于酶具有专一性，因此它只能水解蛋白质，不能水解脂肪、淀粉等物质。多数情况下外观呈粉末状，也有一部分外观呈微球状（白盼等，2011）。

2）中性蛋白酶　枯草芽孢杆菌经发酵提取可以得到中性蛋白酶，中性蛋白酶属于内切酶，可用于水解处理各种蛋白质。在一定的温度及pH下，能够水解动植物的大分子蛋白质成小分子肽或者氨基酸，对蛋白质的有效吸收和利用有利，其水解液的氨基酸含量高，水解度较高，同时风味佳，已经广泛地用于生产食品营养强化剂和高级调味品，利用各种动物性来源抽提物生产功能性骨肉提取物（骨素）、蛋白胨、水产提取物、肽等及开发一些具有高附加值的功能性食品中性蛋白酶是最早发现并应用于生产的工业酶制剂，现已广泛应用于皮革、毛皮、丝绸、医药、食品、酿造等方面（牛春华，2011）。

2. 纤维素酶（cellulase）　纤维素酶是一类能够降解纤维素生成葡萄糖的酶的总称，它是一类复杂的复合物，称为纤维素酶系（王和玉，2011）。

纤维素酶是一种复合酶，是一种重要酶产品。主要由外切 β-葡聚糖酶、内切 β-葡聚糖酶和 β-葡萄糖苷酶等组成，还有活力很高的木聚糖酶，在分解纤维素时起着生物催化的作用。

纤维素酶广泛地存在于自然界的生物中，如真菌、细菌、动物体内等都可以产生纤维素酶。一般真菌产生的纤维素酶用于生产，比较典型的有青霉属（*Penicillium*）、曲霉属（*Aspergillus*）和木酶属（*Trichoderma*）（洪洞和黄秀梨，1998）。能够产生纤维素酶的菌种容易发生退化，退化会使产酶的能力降低。纤维素酶在环境行业和食品行业中均有着广泛的应用。在进行乙醇发酵时，添加纤维素酶可以使原料的利用率增加，同时可以提升酒质（杨帆，2011）。但由于纤维素酶较难提纯，在实际应用时通常还含有半纤维素酶等相关的酶，如蛋白酶、淀粉酶等。纤维素酶来源广、种类多，来源不同的纤维素酶的结构及功能相差很大。因为真菌纤维素酶活性大、产量高，所以在饲料工业和畜牧业中主要应用真菌纤维素酶。

3. 淀粉酶（amylase，AMY 或 AMS）　全称 α-1,4-D-葡聚糖水解酶，催化糖原及淀粉水解，生成麦芽糖、葡萄糖及含有 α-1,6-糖苷键支链的糊精（娄志义，2005）。通常情况下作用于可溶的糖原、淀粉等 α-1,4-葡聚糖，可以水解 α-1,4-糖苷键。一般通过淀粉酶来催化水解织物上的淀粉浆料，由于淀粉酶具有高效性和专一性，酶退浆的效率高，且退浆快、污染少，产品较酸法、碱法更为柔软，并且不会损伤纤维（豆康宁，2011）。淀粉酶有很多种类，根据设备组合不同、织物的不同，工艺流程也不同，目前所应用的退浆方法有堆置法、卷染法、浸渍法、连续洗等，因为淀粉酶的退浆机械作用小，水的用量较少，在低温条件下就能够达到退浆效果，具有环保特色。

根据酶水解产物的异构类型的不同可将淀粉酶分为 α-淀粉酶及 β-淀粉酶。

α-淀粉酶存在于植物（麦芽、山萮菜）、动物（胰脏、唾液等）和微生物中，几乎所有微生物的酶都是分泌性的。Ca^{2+}为大多数淀粉酶的必需因子并同时作为激活因子和稳定因子，也有部分淀粉酶为非 Ca^{2+}依赖型（武波波，2011）。淀粉酶既可以作用于直链淀粉，也作用于支链淀粉，没有差别地随机切断糖链内部的 α-1,4-葡聚糖链。所以，引起碘反应的消失和底物溶液黏度急剧下降是其特征，在分解直链淀粉时最终产物以葡萄糖为主，此外，还有少量麦芽糖和麦芽三糖，其中真菌 α-淀粉酶水解淀粉的终产物主要是麦芽糖并且不含大分子的极限糊精，在麦芽糖制造业和烘焙业有广泛应用（王杨声等，1980）。另外，在分解支链淀粉时，除葡萄糖、麦芽糖、麦芽三糖以外，还有分支部分具有 α-1,6-糖苷键的 α-极限糊精（又称 α-糊精）生成（肖怀秋，2011）。通常以葡萄糖为基准，其分解限度为 35%～50%，但是在细菌淀粉酶中，也有呈现高达 70%的分解限度（最终游离出葡萄糖）。

β-淀粉酶与 α-淀粉酶的不同是以麦芽糖为单位从非还原性末端逐次切断 α-1,4-葡聚糖链。主要在高等植物中（小麦、大麦、大豆、甘薯等），但也有在细菌、霉菌、牛乳中存在。对于像直链淀粉那样没有分支的底物，能够完全分解得到麦芽糖和少量的葡萄糖（李明阳，2012）。作用于葡聚糖或支链淀粉时，切断至 α-1,6-糖苷键的前面时反应停止，因此会产生分子质量较大的极限糊精。从上述 α-淀粉酶及 β-淀粉酶作用方式中，分别得出 α-1,4-葡聚糖-4-葡萄糖水解酶（α-1,4-glucan-4-glucanohydrolase）和 α-1,4-葡聚糖-麦芽糖水解酶（α-1,4-glucan maltohydrolase）的名称。

4. 果胶酶（polygalacturonase） 果胶酶是黑曲霉发酵精制而得。外观是浅黄色的粉末状。主要用在果蔬汁饮料和果酒的榨汁及澄清中，具有良好的分解果胶的作用。植物细胞壁主要是以纤维素为骨架，并且与果胶、半纤维素及蛋白质等大分子结合而成，果胶酶的加入使得细胞壁的果胶有所降解（刘颖，2014）。果胶酶是生物酶，能够促进果胶的水解，常被用于植物体细胞杂交去除细胞壁的过程。

一个果胶的多酶复合物的分解，一般情况包括下原果胶酶、果胶酸酶、果胶甲酯水解酶。它们联合作用使果胶质完全分解。天然果胶质在原果胶酶的作用下，能够转化为水可溶性的果胶；果胶酸经果胶酸酶类和果胶酸裂合酶类降解可以生成半乳糖醛酸；果胶被果胶甲酯水解酶催化去掉甲酯基团，生成果胶酸（李延川，2012）。

（二）主要酶制剂的应用

1. 蛋白酶

（1）在焙烤行业中的应用。面团的蛋白质可以被中性蛋白酶水解成肽、胨类，甚至是氨基酸，从而降低面团的筋力，使其具有良好的延伸性和可塑性，保持清晰的、美观的图案。能够改善成品光泽、使饼干断面的层次分明，结构均匀一致，口感酥脆松爽（张蕾，2012）。

（2）在大豆分离蛋白中的应用。可以将大豆分离蛋白水解成小分子的肽，大大地提高了大豆分离蛋白生物效价，使其容易被人体吸收消化，同时提高了溶解度，降低了黏度，改善大豆分离蛋白功能特性。酵母浸膏、酵母抽提物的生产应用提高了最终产品蛋白质的利用率和风味（黄湘筠，2012）。

（3）在啤酒工业中的应用。加入中性蛋白酶分解蛋白质成游离氨基氮和多肽，特别是对大豆、大麦等植物性蛋白的作用效果比较明显，用于啤酒的生产，可消除蛋白质所产生的“冷浑浊”现象（谭春兰，2006）。

（4）在医药工业中的应用。含中性蛋白酶的药物，能够起到利胆、消炎、助消化、止痛的作用（桂丽，2016）。

2. 纤维素酶

（1）在酿酒行业中的应用。在乙醇发酵时加入纤维素酶可明显提高原料的利用率和乙醇的产率，降低溶液的黏度，缩短发酵的时间，且酒的口感更醇香，杂醇油含量低。纤维素酶能够提高出酒率的原因可能有以下两个方面：一方面是原料中的部分纤维素分解成葡萄糖供酵母菌使用；另一方面，由于纤维素酶能够分解植物细胞壁，有利于促进淀粉的释放及被利用。将纤维素酶用于啤酒工业的麦芽的生产中能够增加麦粒的溶解性，加快发芽，减少糖化液中单一的葡萄糖含量，改进过滤的性能，利于乙醇的蒸馏。用纤维素酶对啤酒糟进行预处理，可提高啤酒糟的蛋白酶解率，使其达到10%以上（郭兴凤，2007）。

（2）在酱油酿造行业中的应用。在酱油酿造的过程中加入纤维素酶，可以破坏大豆类原料的细胞膜，释放其包藏在细胞中的碳水化合物和蛋白质，这样既能够提高酱油的浓度，改善酱油的质量，又能够缩短生产的周期，提高生产效率，且使其各项主要指标均有所提高（郝军和张发群，1986）。

（三）酶制剂的性质

现在水酶法中使用较多的有复合纤维素酶、蛋白酶、α-淀粉酶、果胶酶、β-葡聚糖酶等。不同的酶在提高出油率和产品质量中发挥的作用具体如下。

复合纤维素酶能够降解植物细胞壁中的纤维素骨架，使细胞壁崩溃，使油脂更容易游离出来，尤其适用于纤维、半纤维质含量较高的油籽细胞中，如玉米胚芽、卡诺拉油菜籽等多种带皮和壳的油料。

蛋白酶能够水解蛋白质，对磨浆过程中形成的、暴露于油滴外的蛋白质和磷脂结合的蛋白膜或者细胞中的脂蛋白进行破坏，释放油脂，实现油水分离（闫尊洁，2016）。

α-淀粉酶、果胶酶、β-葡聚糖酶等可以水解果胶质、淀粉、脂多糖，从油料中分离油脂出来（Jin et al.，2005）。

酶的种类对水酶法提油会产生一定的影响，不同的油料所用的酶的种类也不相同。例如，提取椰子油常用到α-淀粉酶、多聚半乳糖醛酸酶和蛋白酶；提取橄榄油常用果胶酶和纤维素酶；蛋白酶、α-1,4-半乳糖麦芽糊精水解酶和纤维素酶的混合酶适用于提取花生油；蛋白酶和纤维素酶常用于提取玉米胚芽油；提取菜籽油常用的有果胶酶、蛋白酶、纤维素酶、半纤维素酶的复合酶（刘志强等，2004）。总之，对油复合体及油料细胞壁有降解作用的酶均有利于提油。通常来说，使用几种混合酶的效果好于单一酶。由于各种酶的价格差别较大，所以合理地选用酶类利于降低生产成本。提高酶的用量通常有利于油脂提取，但考虑生产成本，通常情况下活力在10万单位/g以上的商品酶，用量在1.0%以内（王瑛瑶，2008）。

酶的用量（浓度）对水酶法的提油效果有很大的影响，工艺中必须明确最佳的酶用量，酶的用量与酶活力、种类有关，通常情况下增加酶的浓度，可以提高油得率、增大分离速率，但工艺中通常有一较为经济的、适宜的酶的浓度值（易建华，2007）。例如，用纤维素酶和半乳葡聚糖酶处理葵花籽，在酶的浓度超过2%时，再提高酶的用量不能增加葵花籽油的产量；用蛋白酶和半乳葡聚糖酶处理油菜籽时，酶的浓度在3%时的出油率最高；在使用酶处理橄榄肉时，纤维素酶在25～30g/100g时的油得率最高；酸性蛋白酶最适的酶浓度是50g/100g，当酶的用量达某一浓度后，继续增加酶量提油并不能提高提油效果，甚至变差。对于在提油过程中易产生脂蛋白、形成乳状液的油料果实，酶在一定程度上可以使乳状液的稳定性降低。

通常，随酶浓度和作用时间的增加乳状液的稳定性降低，且作用的初始阶段效果更加明显（刘向军等，2013）。

对水酶法提油中酶的选择和应用同样具有一定程度的影响是酶解 pH。随所用酶的种类不同，酶解 pH 也不同。pH 既影响油与植物蛋白的分离提取，又影响酶的活性，是重要的工艺参数（李璇等，2011）。研究表明，在一些油料中，油与蛋白质的提取机制之间有着紧密的联系。通常在油的提取率较高的提取条件下，蛋白质得率也较高。在蛋白质的提取率达到最高的 pH 的条件下，油的提取率也最高。但在等电点附近时，蛋白质溶解度最低，这时油提取率也最低。所以，在提取工艺中，既要考虑到酶的最适 pH，也要考虑植物蛋白和油提取的最适 pH，在二者之间找到平衡点。

在加工过程中酶解温度对于酶的选择也是不可忽视的参数。随油料和酶的种类不同，酶解温度也不同。温度的控制要以既适合于酶解，又不会影响到最终产品油和蛋白质的质量为好。温度过高时，酶的活性会逐渐丧失，且油的颜色也会变暗，蛋白质也会因温度过高而变性；温度如果太低，酶的反应速率就会过慢，也会影响出油率与蛋白质回收率。

酶解时间也会影响水酶法提油。应综合考虑蛋白质质量和回收率、油的提取率、经济成本等方面来确定最佳酶解时间。酶解时间过长会使水相破乳困难度增加，不利于提油；时间过短，油料不能有效酶解，影响油得率（任健等，2006）。

（四）酶制剂的选择所面临的问题

随着生物工程技术的发展，酶的种类和品种越来越多，面对琳琅满目的酶制剂，选择一种适合水酶法提取大豆蛋白和油脂的蛋白酶，提高效率，降低成本，获得较高的油脂和蛋白质提取率，是水酶法研究中的重要环节。

纵观国内外的研究可以得出，很多文献中都涉及复合酶，其能够提高提油效果，但没有提到各组成酶之间的具体比例，对于确定各酶之间的最佳比例，达到出油率提高及酶成本降低的双重目的，还值得研究。虽然酶造价不断降低，但是酶成本对于油脂的行业来说仍较高，现在的酶解工艺为达到使酶失活的目的都是在酶解结束之后通过钝化酶实现的，这是资源的浪费，如何做到回收酶来降低生产成本也就成为能否推动水酶法工艺继续向前发展的重要问题。在水酶法的工艺中，离心分离的能耗比较高，所以进行更有效的破乳来降低分离的能耗是势在必行的。虽然酶解的条件较为温和，能够很好地保持蛋白质的活性，但这个优点对某些油料的作物来说却可能是一个障碍。例如，花生油的香味会受到水解条件的影响，用水酶法提到的花生油在香味上会比通过蒸炒压榨工艺得到的花生油差，所以这就涉及用水酶法提油的用途问题（甘晓露，2012）。

三、生物解离法制油实例

（一）生物解离法制取大豆油

1. 传统水酶法大豆油提取工艺流程

大豆→清理→粉碎→水分调节→调节 pH 和温度→酶解→灭酶→离心→大豆油

目前国内外已有关于油脂的水酶法提取的研究报道，但有时水酶法制油只适用于高含油的油料，而对于含油低的油料的提取还有一定的限制。类似大豆的低含油量油料的提油，酶用量偏大，得油率偏低，且酶解程度高，多数蛋白质变为等电点可溶，再利用范围受限（谢祥茂，2001）。目前美国科学家已经开始研究对于低含油油料的水酶法提油，他们通过对酶解后破乳的研究和改善预处理的工艺，打破了水酶法只能用于高含油油料的提油的限制，让水酶法制取大豆油的工艺可行。然而我国目前对低含油油料的水酶法提油技术的研究较少。

2. 挤压膨化处理辅助提取大豆油工艺流程

大豆→清理→粉碎→水分调节→挤压膨化（模孔孔径 18mm，套筒温度 90℃，物料含水率 14%，螺杆转速 100r/min）→粉碎→调节 pH 和温度→酶解→灭酶→离心→大豆油

挤压膨化是通过挤压机螺杆的推动力，向前挤压物料，使物料受到搅拌、摩擦和混合及高剪切力的作用，从而获得并积累能量，达到高压高温，同时使物料膨化的过程（王化山等，2015）。

挤压膨化机是一个连续的生产系统，可以实现全过程的连续化与自动化（沈正荣，2000），挤压机具有许多功能，如混合、膨化、压缩、混炼、熔融、成型。可以将挤压机的腔体分为 3～5 个区，各个区可以使用电或蒸汽加热，也可以通过挤压摩擦的方式加热，进而达到蒸煮的目的，腔体中物料在高温、高压的条件下，蛋白质变性、淀粉糊化。当物料通过腔体内各个区时，能够通过腔体在高压作用下将可溶性的色素和风味物质注入物料中。在挤压腔体末端处，通过高压的作用将熔融的物料通过模板的模孔挤出，因为压力突然下降，水蒸气会迅速膨胀及散失，能够使产品形成一种多孔的结构，然后经膨化后的物料会被旋转刀切成具有一定大小的产品（赵奋飞，2013）。生产中最常见的挤压机有单螺杆挤压机及双螺杆挤压机。与单螺杆挤压机相比，双螺杆挤压机更具有优势，因为单螺杆挤压机在水分要求、物料粒度、组分等方面有较严格的要求，并且容易发生螺杆磨损、物料倒流等问题（汪沐，2006）。

3. 超声处理辅助提取大豆油工艺流程

大豆→清理→粉碎→水分调节→超声处理→调节 pH 和温度→酶解→灭酶→离心→大豆油

超声处理的原理是根据它的空化作用和功率特性，改变或加速改变物质的相应生物、物理、化学状态或特性。超声波是一种存在于物质介质中的弹性机械波，是一种波动的形式，也是一种能量的形式。超声波是一种纵波，在介质中传播时，会产生机械效应、空化效应和热效应，引起介质的一些特性变化（邓红，2007）。机械效应是超声作用的原发效应，在超声波的传播过程中，介质的质点交替地进行压缩与伸张变换构成了压力的变化，引起了细胞结构的损伤。空化效应是指在超声的照射条件下，在生物体内会形成空泡，伴随着空泡的振动及其猛烈地聚爆而生成动荡和机械剪切压力，瓦解组织。而且，空化泡破裂时产生的瞬时高温（可达 5000℃）、高压（可达 5×10^6Pa），能够使水蒸气发生热解离产生氢原子和羟自由基。热效应是指当超声传播时，摩擦力会阻碍由超声引发的分子的振动，导致部分的能量转化为局部的高温（42～43℃）（丁青芝，2009）。现在已经广泛地将强超声波应用在乳化、加工、医疗、清洗、粉碎、焊接、脱气、种子处理等方面，应用在工农业及医疗卫生等各个部门。在食品工业的加工生产中，利用超声波的辅助提取技术是一种新兴起的提取分离技术，伴随着拓展研究领域进入油脂加工工业。超声波对油脂进行萃取分离强化作用主要是依据其空化效应，然而超声空化又会引发聚能效应、湍动效应、界面效应和微扰效应，所以利用超声波能够强化萃取分离过程中的传质效果和速率，进一步有利于提取油脂，同时超声波的预处理对大豆细胞结构会造成一定程度的损伤，对蛋白质与油脂的结合体进行空化作用，有利于充分酶解（谢晓丽，2010）。

（二）生物解离法制取花生油

花生→烘干（50℃）→脱红衣→粉碎→加水调节料液比→超声波处理→调节温度和pH→酶解→灭酶（100℃，10min）→离心分离（4500r/min，20min）→花生油

花生（*Arachis hypogaea* L.）俗称落花生、地果、香果，是豆科植物花生种子，其主要生长在亚热带、热带及地中海沿岸等地。是世界上最重要的油料作物之一，占世界植物油料的年产量的14%左右，其种植面积仅低于油菜，在油料作物中居第二位（高奇，2012）。

花生油脂含量为49%～54%，大多数为不饱和脂肪酸，油酸含量丰富，含有蛋白质27%～29%，不仅是主要的油料作物，同时也是优质的植物蛋白资源。目前，从植物油料中主要的提油方法有压榨法及浸出法。水酶法是一种较为新兴的提油方法，它以酶解和机械的方式破坏植物的细胞壁，释放油脂，该技术的工艺路线简单，处理条件较为温和，并且能够同时提取蛋白质和油脂，生产过程的能量消耗相对较低（王章存，2007）。

（三）生物解离法制取火麻籽油

火麻籽→清理→粉碎→加水调料液比→调节温度和pH→酶解→灭酶→离心分离→火麻籽油

桑科植物大麻干燥成熟的种子是火麻籽，又称线麻子、火麻、大麻仁，因为具有比较高的营养价值而被广泛地研究。火麻仁是去掉壳的火麻籽，含脂肪油量在30%左右，主要含有饱和脂肪酸和不饱和脂肪酸及其酯类等（王欢等，2013）。饱和脂肪酸含量在4.5%～9.5%，主要为豆蔻酸、硬脂酸、棕榈酸、花生酸、山嵛酸、木蜡酸等；不饱和脂肪酸含量在70%～80%，其中亚麻酸含量为14.7%～17.4%、油酸为8.4%～14.8%、亚油酸为59.7%～62.9%，除此之外还含有eicosemic acid和sativic acid棕榈油酸及二十碳二烯酸等（何锦风，2007）。闻名的长寿油、火麻籽油就是用火麻仁榨出的油，是世界上为数不多的能够溶解在水中的植物油料。火麻籽油可以降低体内脂质的过氧化物含量，能够降低甘油三酯、总胆固醇、低密度脂蛋白的含量，降低动脉硬质化指标指数，升高血清高密度脂蛋白，并且能够减轻动脉壁内膜细胞及平滑肌细胞病变的程度，延缓并且抑制动脉粥样硬化的发生。此外，火麻籽油中的γ-生育酚、植物甾醇、叶绿素、萜类物质等活性成分，使其具有较高的保健功效，长期食用对慢性神经炎、瘫痪、高血脂等有很好的辅助疗效（侯真真，2014）。

其操作要点如下。

（1）原料的预处理：火麻仁即去皮火麻籽通过高速万能粉碎机进行粉碎，时间为5min。

（2）水解提油：先将火麻籽进行破碎后按照 1∶6 的比例和蒸馏水进行混合，适当调节pH，加入适量酶，在某一温度下进行搅拌，从料浆中将油脂释放出来。

（3）灭酶：使水浴锅中温度升到100℃进行灭酶，时间为10min。

（4）离心分离：将处理后的物料在10 000r/min的条件下于20℃离心30min，得到油层、水解液、乳状液及残渣，称量得到的游离油并计算得率。

（四）生物解离法制取松子油

原料松子→磨粉→配液→调节pH和温度→蛋白酶酶解→灭酶→离心分离→松子油

松科植物的红松（*Pinus koraiensis*）去果皮之后的种子即红松种仁。红松种仁富含膳食纤维、蛋白质和碳水化合物等多种营养成分，同时含有的α-亚麻酸等多种多不饱和脂肪酸为

人体所必需。松子油从自然界的红松树种子中提取，是一种比较理想的绿色的木本植物油，是天然产品，值得人们进行开发利用。随着追求纯天然的食品潮流兴起，与红松种仁有关的研究及产品的开发逐渐成为功能性食品研究领域中一个新的亮点。其不仅能够调节人们食品的营养结构，增加食用油的品种，还能提高经济效益，因此松子油具有广阔的开发前景（王振宇，2008）。

（五）生物解离法制取油茶籽油

油茶籽→去壳粉碎→预处理→调节 pH 和温度→酶解→灭酶→离心分离→油茶籽油

脂肪是油茶籽中含量最多的化学成分，油茶籽脂肪主要由三大类物质组成（章绍兵，2008）：甘油酯、极性脂、不皂化物。油茶籽是一种植物物料，具有植物细胞所具有的复杂的生物结构，油脂在油茶籽细胞的内部，与其他的大分子进行结合，形成脂蛋白、脂多糖等的复合体。水酶法的工艺是指通过初步机械的破碎，再选用不同酶类使油料细胞壁或脂质复合体降解，并使其中的油脂在简单机械力的作用下释放出来，最终利用水油不互容而使其分离。

（六）生物解离法制取核桃油

核桃仁→清理→破碎（磨浆）→调节 pH 和温度→酶解→灭酶→离心分离→核桃油

核桃别名胡桃、羌桃，是胡桃科胡桃属植物，是我国重要的经济树种之一（王克建，2004）。与榛子、扁桃、腰果三者并称世界著名“四大干果”。核桃仁可以炒食、生食，也可以用于榨油、糕点及糖果的配制等，既具有香味，营养价值又很高，被誉为“长寿果”或“万岁子”。核桃富含维生素 B 和维生素 E，能够延缓细胞老化，延缓衰老并增强记忆力。核桃还被广泛应用于治疗高血压、冠心病、胃痛、神经衰弱、肺气肿等一系列病症，对人的健康有益（杨汉义等，2014）。除了食用之外，核桃也是一种流行的文玩小物件。核桃的种植地主要在喜马拉雅山、欧洲东南部及中国。同时核桃是一种含油量高的坚果，有重要的经济价值，利用水酶法来提取核桃油能够综合利用核桃中的油脂及蛋白质，有良好的发展前景。

（七）生物解离法制取葵花籽油

葵花籽→清理粉碎→加水混匀→调节 pH 和温度→加酶破乳→灭酶→低速离心→葵花籽油

葵花籽仁中的油脂含量在50%以上，富含必需脂肪酸，其中油酸含量约在15%，亚油酸的含量高达66%。高含量的油酸和亚油酸使葵花籽油溶解胆固醇能力超过其他植物油。如果长期食用葵花籽油，可以降低人体内的胆固醇含量，有利于防治高脂血症和心血管病，可以增强人体健康并延年益寿，并且因其独特的营养及保健作用居食用油之首（Mitra，2009）。精炼之后的葵花籽油为清亮的淡黄色或者青黄色，有芬芳的气味，同时亚油酸含量与维生素 E 的含量之比较为均衡，有利于人体吸收及利用，消化率高达96.5%（张春娥等，2010）。因此，葵花籽油是营养价值高且有益于人体健康的优良食用油，目前已成为国际公认的高级食用油。

（八）生物解离法制取牡丹籽油

牡丹籽→去壳→粉碎→加水混匀→加酶破壁→加酶降解淀粉→加酶破乳→灭酶→低速

离心→破乳→清油

牡丹是毛茛科芍药属灌木，广泛种植于我国各地，每年的牡丹籽产量有数万吨，资源极其丰富，具有很高的开发潜力（林庆民，2016）。近年来，人们广泛地关注牡丹籽的开发利用。牡丹籽的营养价值高，其含油量在 29%～34%，蛋白质含量在 18%～22%，牡丹籽油含有高达 90%以上的不饱和脂肪酸，主要是亚油酸及亚麻酸（范三红，2010）。作为人体必需脂肪酸的亚油酸和亚麻酸，有多种多样的活性功能，如降血压、降胆固醇、预防动脉硬化、增强免疫力、抗疲劳。2011 年的 3 月 22 日，卫生部批准其为新资源食品。

（九）生物解离法制取米糠油

米糠→过筛→蒸汽处理→配液→调节温度和 pH→加酶破乳→灭酶→低速离心→破乳→清油

我国主要粮食作物是稻谷，虽然其加工产生的副产品米糠的重量仅为稻谷重量的 5%～5.5%，却含有稻谷 64%的营养功能成分（孙强，2007），其中可溶性的氮浸出物为 38%～43%、脂肪占 15%～22% 、蛋白质占 12%～16%、水分占 9%～14%、粗纤维占 7%～9%、灰分占 8%～12%。用米糠制得的米糠油中富含 40%左右的油酸和 38%左右的亚油酸，油酸和亚油酸的比例为 1.1∶1，从现代营养学的角度来看，符合此比例的油脂具有较高的营养价值。此外，在米糠油中，不皂化的脂类总含量可达 4.2%，尤其是 γ-谷维醇的含量是各种食用油中的首位，它能够有效地防治心脑血管疾病、降低人体内血清胆固醇（董胜旗，2006）。所以，米糠油是一种功能性食用油，它的营养价值远大于大豆油、花生油、菜籽油等植物油。

（十）生物解离法制取榛子油

榛子→剥壳及仁壳分离→破碎→浸泡磨浆→灭酶→冷却→酶解→灭酶→离心分离→萃取相→无水乙醚萃取→真空旋转蒸发→榛子油

榛子是一种树生坚果，含油量高，主要产地为内蒙古及东北三省等地区。榛子的营养成分丰富，榛子仁的脂肪含量为 50.6%～63.8%、蛋白质含量为 16.2%～18.0%、碳水化合物含量为 16.5%，此外还含有多种维生素等（仝梦卓，2013）。由于榛子的提取方法、品种和产地的不同，榛子油化学组成成分会有一定变化。榛子油中脂肪酸的主要组成成分是油酸、棕榈酸、亚油酸和亚麻酸等，其中油酸的含量是一般的植物油脂所无法比拟的；油酸能够维持高密度脂蛋白胆固醇同时降低低密度脂蛋白胆固醇，可以有效地防止心血管疾病的发生，可见榛子油也是一种优质功能性油（陈钊，2005）。

工艺要点：榛子仁先经粉碎机粉碎处理；称取一定的榛子仁粉，按照一定料液比例加入纯净的蒸馏水，在温度为 45℃时浸泡 1h 左右，使其充分吸水，便于磨浆处理。磨浆后将温度升至 100℃、进行灭酶 5min，之后再降温。适当调 pH 后、加入适当的中性蛋白酶进行酶解处理，酶解后，煮沸 10min 来灭酶，在 3500r/min 的条件下离心 20min，取油水层放入分液漏斗中，用无水乙醚进行萃取，萃取两次，合并两次的萃取液，真空蒸发以回收溶剂，得到榛子油（吕春茂，2013）。

（十一）生物解离法制取南瓜籽油

南瓜籽→破碎→缓冲液酶解→高速离心→离心液加入溶剂→混合油萃取→蒸发溶剂→南瓜籽油

南瓜的副产物南瓜籽（pumpkin seed），也称南瓜仁、金瓜子、白瓜子，是葫芦科植物南瓜的种子。迄今为止，南瓜籽油的提取方法主要有索氏提取法、超声波法、超临界流体萃取法和压榨法等。南瓜籽中油脂含量丰富，作为南瓜的副产物其来源丰富、价廉易得，利用南瓜籽生产开发新的可食用油料物质极具开发潜力（Murković，2004）。

（十二）生物解离法制取调和油

脂肪酸分析→混合油料→清理→粉碎→水分调节→挤压膨化（套筒温度90℃、模孔孔径18mm、螺杆转速 100r/min、物料含水率 14%）→粉碎→调节温度、pH→酶解→灭酶→离心→调和油

随着人们对健康的日益重视，人们也更加关注食用油的品质及食用油中脂肪酸含量与比例（刘玉梅，2010）。国际上已提出满足健康要求的膳食中脂肪酸的合理比例，如饱和脂肪酸（SFA）与单不饱和脂肪酸（MUFA）及多不饱和脂肪酸（PUFA）的比例约为1∶1∶1；二十二碳六烯酸（DHA）∶二十碳五烯酸（EPA）为（5～10）∶1；*n*-6 多不饱和脂肪酸∶*n*-3 多不饱和脂肪酸在（4～6）∶1。由于任何单一的天然油脂都不完全符合上述比例，因此必须合理调配膳食中不同食用油比例，以满足人体对各种脂肪酸的需求（黄玉华，2007）。目前可知，国内外的学者在研究中发现，单一的天然油脂具有脂肪酸的比例不平衡问题，针对此问题，用大豆作为主要原料，辅料为其他几种常见的植物油料，制得的调和油能够满足饱和脂肪酸∶单不饱和脂肪酸∶多不饱和脂肪酸为0.27∶1∶1，其中 *n*-6 多不饱和脂肪酸∶*n*-3 多不饱和脂肪酸在（4～6）∶1（王丽波，2011）。

第五节　其他制油方法

一、超临界流体萃取法制油

超临界流体（supercritical fluid），缩写为 SF 或 SCF，是指在临界温度及临界压力的状态下的一种高密度流体，兼有液体及气体的双重性质。在临界温度、临界压力以上，无论压力多高，流体都不能液化，但流体的密度随压力增高而增加（石秉荣和洪桂秋，1996）。超临界流体萃取技术，是利用超临界条件下的液体作为萃取剂，从液体或固体中萃取出特定成分，以达到某种分离目的的技术。近 30 年来，超临界萃取技术得到迅速发展，其是一种新型的用于物质分离、精制的技术，作为一种独特、高效、清洁的新型提取、分离手段（Turner，2002），广泛地用于我国食品、医药及化工领域，尤其是在油脂、多酚类抗氧化成分、生物活性物质等的研究提取方面有普遍的应用。

超临界流体进行萃取分离过程的原理是利用温度及压力会对超临界流体的溶解能力造成影响而设计的。处于超临界状态的气体，兼有介于气体与液体之间的性质，有着近似于液体的黏度、密度及扩散系数，渗透性和溶解能力较好，可以萃取出物料中某些成分（宋喆，2005）。超临界流体萃取又称为气体萃取（gas extraction）或稠密气体萃取（dense-gas extraction），因为在实际应用中，作为溶剂的气体必须处于高压或高密度下，以具有足够大的萃取能力。作为一个分离过程，超临界流体萃取介于精馏和液体萃取之间（Werner，2001）。在超临界状态下，将超临界流体与待分离的物质接触，使其有选择性地依次把极性大小、沸点高低和相对分子质量大小不同的成分萃取出来。

1. 超临界流体萃取的基本方法

（1）等温法或绝热法（依据压力变化的萃取分离方法）。在某一温度下，降低超临界流体及溶质的压力，膨胀后使其分离，气体经压缩之后返回萃取器进行循环使用，而溶质则由分离器的下部取出。

（2）等压法（依据温度变化的萃取分离方法）。经过加热升温操作使溶质与气体分离，气体经过冷却及压缩之后返回萃取器进行循环使用，而萃取物从分离器的下部取出。

（3）吸附法（用吸附剂进行的萃取分离方法）。在分离器中，气体经过压缩操作之后返回萃取器进行循环使用，而萃取出的溶质则会被吸附剂吸附（Marr，2000）。

2. 超临界流体萃取特点 超临界流体作为萃取剂由于兼有气体和液体的优良特性，超临界流体萃取兼具液相萃取与精馏两者的特点，形成了一个独特的分离工艺。

超临界流体的萃取能力是由流体的密度决定的，而密度又很容易通过调节压力及温度来加以调控，这是它特有的优点。

超临界流体萃取技术中溶剂的回收较为简便，可以节约能源。被萃取的物质可通过等压升温或者等温减压的方法达到与萃取剂分离的目的，而萃取剂重新压缩就能够循环使用（于娜娜，2011）。

3. 超临界流体制油法萃取剂选择 到目前为止，已研究过用作萃取剂的流体主要有乙烷、乙烯、丙烷、丙烯、CO_2等，在提取油脂方面应用最广泛的是CO_2。CO_2对多数溶质具有较大的溶解度，而水在CO_2相中的溶解度却很小，这有利于用近临界或超临界CO_2（SC-CO_2）来萃取分离有机水溶液。CO_2不仅价格低廉、纯度高、化学性质稳定、溶解性能好、供应充足，而且其临界压力较低，临界温度与室温相近，在室温下就能实现超临界萃取操作，节约能耗。并且油脂属食品类，对溶剂的要求是安全无毒，相比于有机溶剂，CO_2无毒。另外，在萃取的过程中，CO_2与油脂类物质之间不会发生反应，可循环使用，节约资源（宋江峰等，2006）。

4. 影响超临界萃取效果的因素

（1）水分含量。当干粉状物料中尚有微量水分时，SC-CO_2会将水分带至萃取釜的出口附近，使物料在高压作用下因迅速结块而通透性变差，致使萃取过程难以进行；当含湿量过大时，因溶剂极性提高而导致在萃取物中极性化合物的含量升高，而非极性化合物的溶解度降低，而且水易使限流管处发生冰堵现象（丁一刚，2002）。但是，也不是水分含量越低就越好。研究表明，合适的水分含量对于超临界CO_2等溶剂的扩散和传质有利，对油脂在超临界CO_2等溶剂中溶解有利，可能是由于一定量水分溶解在高压CO_2等溶剂中起到了一定的携带剂作用，促进油脂溶解，但当含水量较低时，这种促进作用就会比较小，会降低油脂的萃取速率（刘力萌和欧阳秉春，2010）。

（2）物料粒度也会影响萃取率。在不改变超临界流体溶剂流量及萃取温度、压力的条件下， 物料的粒度越小，原料与流体之间的接触面积就会越大，萃取率也会越高。但如果粒度达到一定的数值后，高压下很细的物料就会发生堆积，形成硬结块，阻碍了物料与流体之间的接触，降低萃取率。所以在超临界流体的萃取技术中，要在萃取前对原料进行预处理， 使原料具有合适的水分含量与粉碎粒度（郝常明，2003）。

（3）压力对萃取效果的影响。在超临界萃取的过程中最重要的操作参数是萃取压力。适当增加压力能够增加溶剂密度，使分子间传质距离减少，能够增加溶剂和溶质的传质效率，对萃取有利。但是不能无限制增大压力，因为压力达到一定程度后，萃取率随着压力的增大变化不大，并且增大压力也会使成本增加。

（4）萃取温度也是影响超临界流体萃取的又一个重要的参数。当温度由40℃升至60℃时，挥发成分因在 CO_2的携带下高温闪蒸挥发而含量明显减少，且高温萃取操作的萃取物含水较多（廖劲松，2002）。一方面升温能够增加物质的扩散系数，对萃取有利；另一方面升温却使超临界流体的密度降低，导致物质的溶解度降低对萃取不利。所以，升温对萃取率的影响可能是增加、不变或者降低，它取决于升温造成的超临界流体扩散系数的增加与超临界流体密度的降低两种竞争效应相持的最终结果（赵丹，2014）。

（5）超临界流体的流量及萃取时间对萃取效果造成的影响。超临界流体的流量对萃取率有较大的影响。一方面，增大超临界流体的流量能够增加溶剂与溶质而对萃取有利；但另一方面却会使溶质与溶剂之间的接触面积减少不利于萃取（王欣和李元瑞，2000）。对萃取率有较大影响的另一个因素是时间。萃取率随着萃取的时间延长而提高；但时间到达一定数值以后，萃取率就没有太大变化。而且，延长萃取时间会增加压力、电力及设备的损耗。所以，实际上要合理选择流量及萃取的时间，既要保证萃取率，又要尽可能地降低成本（Reverchon，2006）。

（6）夹带剂对萃取效果影响。夹带剂是一种在超临界流体中所加入的少量能够与之混溶的、挥发性介于超临界组分与被分离物质之间的物质，通常可以增强超临界流体的萃取能力，也可以降低操作压力，对降低能量消耗有很大的意义，而且可以降低设备的设计压力，节省设备的投资。但是某些夹带剂在提高超临界流体的萃取能力的同时也会降低超临界流体的选择性（廖传华和黄振仁，2004）。

5. 超临界流体萃取油脂时工艺参数控制 利用超临界萃取技术对油脂或某种成分进行提取，需要综合控制流体萃取中不同的影响因素，力争得到较好的萃取效果。影响油脂萃取率的主要因素有萃取压力、萃取温度、萃取时间和 CO_2 的流量等。

压力对萃取的影响是最大的，主要表现为增压能够增加溶剂密度，并能够通过使分子间的传质距离减小来增加溶剂和溶质之间的传质效率，有利于萃取。但实际操作时压力不适宜过大，因为萃取率随着压力的增大变化不大，反而会增加成本（王岩和迟玉杰，2008）。

萃取温度对植物油脂的萃取影响有两种趋势：在一定的压力下，一是随着温度升高，油脂萃取率逐渐增加，二是当温度超过一定数值时，萃取率又会逐渐下降，在萃取压力较高时会出现这种情况（马海乐，1996）。

对萃取时间而言，通常情况下时间越长越能提高萃取率，适当延长萃取时间对提高萃取率有积极作用；但当时间超过一定数值后，萃取率的变化不大。

除上述 3 个重要因素之外，提取某些油脂还要考虑 CO_2 的流量，并且以上种种工艺参数都需要进行综合考虑、合理控制，以求达到最佳的工艺要求。通常情况下，提取油脂时，萃取压力设为 30～35MPa，温度设定为 40～45℃，时间为 2～3h，这些参数能够为其他未知种类的萃取试验在一定程度上提供实际操作的参考，但是超临界流体流量变化因为原料的不同有较大的变化，需根据具体情况制订（Narayanan，1991）。

传统的提油方法有压榨法和溶剂萃取法。压榨法的油脂得率较低，有机溶剂萃法虽然提取率高，但是存在一系列问题，如产品中溶剂有残留和溶剂回收困难等。并且两种方法均不能有效地对物质成分进行选择性萃取。利用超临界 CO_2 来萃取油脂，优点是能够得到无溶剂残留的油，提取率高，并且操作的条件较为温和，能够对不饱和脂肪酸等成分进行选择性的分离。由于所用的萃取剂是气体，容易除去，所得到的萃取产品无残留毒性，所以这种分离方法就特别适用于食品和医药工业（朱德艳等，2015）。另外，利用超临界 CO_2 萃取油脂后的残粕仍然保留了原有样貌，能够方便地用于掺入食品、提取蛋白质或者是用于饲料制作，能够实现对原料的合理综合利用（Gerd，2005）。目前，有关超临界 CO_2 的萃取技术已经广泛地应用于开发有着高附加值保健品用油上，如小麦胚芽油、葡萄籽油、米糠油、紫苏籽油、沙棘油、杏仁油、芹菜油等，并且取得了一定的工业应用成果（廖传华和黄振仁，2006）。

二、水剂法制油

（一）概　　述

随着近代油脂工业的发展，人们还探索出一种新的提油方法——水剂法，又称水溶法。水剂法提油技术就是利用植物油料中非油成分（蛋白质、糖类）对油和水“亲和力”的差异，同时利用油水密度不同的原理将油脂与蛋白质分离出来的方法（赵翔，2012）。水剂法提取油脂工艺条件温和，与溶剂浸出法相比具有操作简单、安全可靠且经济的优点。在 20 世纪 50 年代，水剂法由于更安全和经济，被建议作为溶剂浸出法的替代提油工艺。目前，水剂法的提取研究已应用于花生油、核桃油、茶叶籽油等（郭耀东，2014），此种方法最大的优点是能够将油和蛋白质同时从油料中提取出来。但由于在制油过程中会形成大量的乳状液（O/W）， 严重影响游离油的分离，这也是制约该工艺推广应用的“瓶颈”。

（二）水剂法提取油脂

1. 花生油　花生富含油脂和蛋白质，是世界食用油、蛋白质及食品原料的重要来源。我国是世界上重要的花生生产国之一， 2008 年全国花生总产量约为 1360 万 t， 花生油的年产量约为 188.6 万 t，约占全球花生油年产量的 37%（王瑛瑶，2005）。在植物蛋白中花生蛋白营养价值仅次于大豆蛋白，但抗营养因子含量要比大豆少。水剂法制油工艺研究从 20 世纪 50 年代开始于花生，之后又发展到其他各种含油原料（赵翔，2012）。

工艺流程如下。

花生仁→浸泡→第一次磨浆→第二次磨浆→恒温浸提→离心{清油、乳状液、水提液}→产品

2. 核桃油　水剂法油料加工技术用于核桃的加工是近几年的事情，它是以核桃仁为原料，湿法加工，取油、取蛋白质（核桃粉、核桃奶）同时进行（肖龙艳，2011）。核桃油不饱和脂肪酸含量高，是高级的食用营养油。作为小品种的特种油，核桃油的开发利用前景广阔。

工艺流程如下。

核桃仁 → 浸泡脱皮 → 研磨 → 浸提 → 分离 → 调配 → 均质 → 灭菌 → 浓缩 → 干燥 → 包装 → 核桃粉

辅料 → 分离（↑）→ 调配 → 均质、脱气 → 包装 → 灭菌 → 核桃乳

分离 → 乳化油 辅料 → 破乳 → 脱水 → 包装 → 精致核桃油

整个加工过程的操作温度较低，可较大限度地保护核桃中的天然营养成分。水剂法工艺可以同一时间生产精制核桃油、核桃饮料或核桃粉，使核桃尽可能得到全部利用，优于其他加工工艺（章绍兵，2011）。利用水剂法加工，蛋白质变性程度较低，水溶蛋白得率高，得到的核桃粉的纯度高。水剂法加工得到的核桃油不需要再进行特殊的精炼就可达标（刘阳，2008）。水剂法加工以水为溶剂，利用物理方法，产品没有污染，能够安全食用。水剂法加工工艺灵活，能够实现连续生产。脂肪、蛋白质及糖类能够随时调整，根据不同的生产要求生产多种粉状及液状产品。

三、植物油脂加工副产物的综合利用途径

在我国油脂的加工过程中会产生较多的副产物，很少再利用或者进一步深加工，经济价值较低，而且浪费资源。许多粮油加工之后的副产物含有丰富的活性肽、膳食纤维、抗氧化剂、多元糖醇、低聚糖、功能性油脂等成分，所以综合利用粮油加工的副产物能够获得较高的经济效益及社会效益。

1. 膳食纤维的制备　广泛地存在于植物性食物中并且不能够被人体消化酶水解的纤维质是膳食纤维。一般来说，膳食纤维可按溶解性分为水溶性膳食纤维（SDF）和不溶性膳食纤维（DF）两大类。通常情况下，膳食纤维包括纤维素、半纤维素、木质素及果胶等。膳食纤维的生理作用随着人们生活水平的提高已被人们越来越广泛地认识并重视。研究发现，膳食纤维具有降低人体内胆固醇含量、防止人体肠道癌变、改善糖尿病患者的糖耐受性等作用（Sceppach，2004）。

膳食纤维在谷物原料中的存在非常广泛，豆类及谷物的皮壳通常情况下都含有丰富的纤维素物质，优质的活性膳食纤维重要的来源之一是谷物的麸皮。谷物类的纤维主要有米糠纤维、玉米纤维、燕麦纤维及小麦纤维等，其中的燕麦纤维是公认的优质膳食纤维，长期以来黑麦纤维及小麦纤维一直被用作天然的食品纤维源（李昌文和刘延奇，2007）。例如，小麦的麸皮中含有的膳食纤维约为40%，燕麦的麸皮中含有的纤维素为22%～30%，玉米的麸皮含有高达90%的膳食纤维，大豆皮中膳食纤维含量为70%（于丽娜，2010）。

1）花生膳食纤维　我国的花生在世界上有 4 个“最”，即油料作物中总产量最高、平均亩产最高、销售价格最低和出口量最大（Jenkins，2003）。花生壳中的膳食纤维含量大于60%，是一种廉价易得的生产膳食纤维的原料。在将花生壳除去杂质以后，反复用清水清洗并且烘干粉碎，用硫酸来分解植酸，用木瓜蛋白酶来水解蛋白，经过灭酶、过滤、脱色、再过滤等步骤直至烘干粉碎（王宪超，2001）。通过此种方法得到的膳食纤维，其持水力分别是245.72%（20 目）、495.38%（80 目）；其持油力分别是 168.50%（20 目）、182.50%（80 目）。

作为食用纤维素，添加于面包或者糕点中，可以增加食品的纤维含量，使食品的比容、质量、口感色泽都符合要求。

2）大豆膳食纤维　大豆膳食纤维由纤维素、半纤维素、果胶和果胶类物质、糖蛋白和木质素组成（Rodriguez，2006）。在大豆加工过程中，主要的副产物有蛋白质生产中下脚豆渣及制油生产中下脚豆皮，均能通过一定工艺手段将这两种原料制成膳食纤维。

下脚豆皮制膳食纤维的具体的做法有两种：一是用水将豆皮浸泡，然后碾磨至一定的细度，再进行烘干，使其成为大豆纤维粉，能够直接用于焙烤的食品；二是用3倍的水浸泡豆皮，加入一定量烧碱碱煮，时间约为1h，将其水洗至中性，接着向其中加入一定量盐酸加热酸解（将压力控制在0.05～0.1MPa，控制时间在0.5～1h），在冷却后将其水洗至中性，再将其用次氯酸钠漂白（温度为35℃，时间为2h），最后再利用水将其洗至中性，再经过压滤去水后烘干，将其粉碎就可得到乳白色的、粉状的大豆纤维产品。得到的大豆纤维制品，可以在米面食品中添加，使其作为纤维素的来源（王杰民，1989）。

利用豆渣来生产膳食纤维的工艺流程：将新鲜的豆渣用清水冲洗，去除其中的杂质后，用胶体磨对其进行均质处理，根据原料质量的 5.5%（*m/m*）的比例加入 5% NaOH 溶液，将其在 80℃的条件下加热 60min 以后，降温至 50℃，调节其 pH 为 8.5（李娜，2009）。加入其原料质量 0.3%（*w/w*）的胰蛋白酶，在 45～50℃下进行保温、并且酶解 3h，用离心机分离，再去除其中的水分，用清水将滤渣洗涤，再甩干去水，并且收集滤渣，在 80～85℃烘干，利用粉碎机将其粉碎，过 70 目筛，即可得到大豆膳食纤维粉产品（周雪松，2004）。

3）米糠营养纤维　米糠作为稻米加工的副产品，不仅资源丰富，而且营养全面。我国是世界上稻米主产区之一，以米糠占稻谷重量的 5%计算，其年产量在 1000 万 t 以上。因此，对米糠进行深加工具有十分可观的前景（张绪霞，2007）。已证实，米糠中的水溶性多糖类及从米糠中分离得到的能够溶于水与碱的成分可以使胆固醇降低，从脱脂的米糠中分离出来的半纤维素 B 可以抑制血清胆固醇升高（Daou，2012）。存在于米糠中的食物纤维能够良好地吸附人体消化道中的致癌物质，并且能够使其通过排便排出体外。所以，有预防消化道疾病和消化道癌的作用。米糠营养纤维，又称米糠浓缩纤维，富含米糠多糖，能够作为纤维类食品及各类食品（如焙烤食品及糕点）的功能性添加剂，具有降低血脂、清理肠胃及减肥等功能（王学辉，2005）。使稳定米糠一次性转化为可溶的米糠营养纤维及米糠营养素两个产品可以通过如下工艺。

稳定米糠原料→配料→提取→固液分离→糖渣→干燥→粉碎→米糠营养纤维

稳定米糠原料→配料→提取→固液分离→提取液→可溶米糠营养素

2. 低聚糖的制备　低聚糖，又称寡糖，包括功能性低聚糖和普通低聚糖两种（王莹，2010），其中功能性低聚糖由 2～10 个单糖通过糖苷键聚合而成，可代替蔗糖但不被人体胃酸、胃酶降解，不被小肠吸收直接进入大肠。研究发现，低聚糖的双歧杆菌增殖效果良好，可将其应用于食品中作为双歧杆菌的生长因子（陈荷凤等，2004）；由于低聚糖的低热性能，属于难消化的糖，因此其可以作为患高血脂、肥胖病、糖尿病等患者的一种理想糖源；低聚糖的表面活性能够吸附存在于肠道中的有毒物质并能提高抗病能力（张延坤和张东祥，2006）；低聚糖还能够用在饲料工业与医药工业；低聚糖有较低的致龋齿性，有利于牙齿健康；低聚糖还对排便有利，有缓解便秘的功能（郑建仙，1997）。

大豆低聚糖的生产原料多是在分离大豆蛋白或生产浓缩时产生的副产物大豆乳清；棉子

糖可以从脱毒棉籽中提取，除蔗糖外棉子糖是植物界中最广泛的一种低聚糖；以淀粉为原料通过酶解可以制得低聚异麦芽糖，包括潘糖、异麦芽糖、异麦芽三糖和异麦芽四糖及以上的各支链低聚糖等。日本率先成功开发大豆低聚糖，并在 1988 年正式将其推向市场，有粉末、颗粒及糖浆 3 种产品的形式，广泛应用于果酱、饮料、酸奶、糕点、水产制品及面包等食品中（尤新，2007）。

3. 功能性蛋白

1）大豆球蛋白　大豆球蛋白是一种重要的植物性蛋白，在提高人们整体蛋白质的摄入水平方面有着重要作用。并且人们也希望大豆球蛋白与其降解产物可以在对付高脂血症等方面发挥一定的功效，从而使其可以在特殊营养食品或功能性食品等方面得到一定的应用。根据有关研究，与人体必需氨基酸需求量相比，大豆球蛋白氨基酸模式能满足除了婴儿外所有人的需要（迟玉杰等，2008）。并且，大豆球蛋白还可以降低血清胆固醇，经临床试验，已经确认有 3 个特性：一是大豆球蛋白可以降低血浆胆固醇含量高的人的胆固醇；二是大豆球蛋白可在摄取高胆固醇的食物时防止胆固醇的升高；三是大豆球蛋白可以降低血液中胆固醇含量正常的人血液中的 LDL/ HDL 胆固醇的比值（郭心义，2004）。

提取大豆球蛋白的过程较复杂，其基本过程为：用弱碱溶液浸泡低温脱脂大豆粕，使可溶性的碳水化合物、蛋白质等物质溶解后，将不溶性的纤维及其他残渣物通过离心分离除去，就可获得豆乳。大豆球蛋白等电点在 pH4.5 左右，根据该 pH 来调节豆乳等电点，有选择地使之沉淀（李善仁，2009）。大部分的蛋白质都会沉淀析出，极少部分的蛋白质会溶解，即乳清，再分离出乳清，就得到蛋白凝胶。向蛋白凝胶中加入水使之悬浮并分散，经过中和、加热杀菌及均质等处理后，再送入喷雾干燥机中进行干燥，得到含蛋白质 90%以上的具有一定功能性的大豆蛋白制品，其工艺路线如下。

低温脱脂豆粕→浸泡→离心→豆乳→调节pH→蛋白凝胶→加水悬浮→中和→加热杀菌→均质→喷雾干燥

2）麸皮蛋白　麸皮的蛋白质含量为 15%，麸皮蛋白中氨基酸有 16 种，其中谷氨酸含量是 46%，可用来提取味精。从营养的角度来看，麸皮中蛋白质含量较多，与鸡蛋中蛋白质的含量相当。所以可以用麸皮蛋白作食品添加剂达到强化营养的目的（王竹清，2010）。有 4 种方法提取麸皮蛋白：第一，化学分离法（也称碱法），就是用水来浸泡麸皮，之后加碱使蛋白质溶解，而后加酸进行中和（王萍等，2004）；第二，物理分离法，就是将粉碎的麸皮加水搅拌，使之成为奶油状，之后用切削泵以水洗净，再用网筛将蛋白质小块与淀粉分离；第三，酶分离法，就是将麸皮加水，加酸调节 pH 在 1.9～2. 2 （水温 40℃），再向其中加入胃酶，分解蛋白质；第四，α-淀粉酶法（徐忠等，2008）。

3）生物活性肽的制备　蛋白质进行不完全降解的产物是肽，寡肽也称小肽，由 2～10 个氨基酸残基组成，多肽则由超过 10 个氨基酸残基组成。肽类物质有很强的生物活性，具有非常重要的营养生理功能，因而其被称为生物活性肽（黄德娟和黄德超，2006）。肽类特别是一些低聚肽不仅具有比蛋白质更好的消化吸收性能，同时还具有调节人体生理机能等作用。因而，生物活性肽在功能性食品中具有重要的应用价值（刘志胜，2000）。近年来，开发研究以米糠蛋白作为原料的多功能活性肽比较活跃。日本东京大学的副教授吉川正明从米糖蛋白酶解物中，获得了具有增强免疫功能或者降血压的活性肽，更有效地利用米蛋白。研究表明，食物中的生物活性肽具有多种生理调节作用，如激素调节、消除自由基、抗疲劳、抗衰老、降血压、降血脂、抗氧化、增强免疫、促进钙吸收等（曾晓波等，2004）。生物活性肽可以通过粮油加工的副产物制备，主要有谷胱甘肽及降压肽。

（1）谷胱甘肽的制备。小麦加工中产生的重要副产物之一是小麦胚芽，小麦胚芽中含有较为丰富的谷胱甘肽，其含量高达98～107mg/100g，所以利用小麦胚芽分离谷胱甘肽成为研究的热点。谷胱甘肽主要4种生产方法：酶法、化学合成法、萃取法和发酵法等（江洁和单立峰，2007）。萃取法是主要采用的方法，通过适当添加结合淀粉、蛋白酶或溶剂等一系列处理，再通过分离精制得到。得到的谷胱甘肽作为一种功能性活性因子，可以制成不同类型的食品。另外，谷胱甘肽具有氧化还原性，可以用来制作面制品、婴儿食品、酸奶及水果罐头等，有一定的抗氧化作用。

（2）降压肽的制备。在生物活性肽中，研究具有降血压作用的血管紧张素转化酶抑制剂是一大热点。目前具有ACEI（血管紧张素转换酶抑制肽）的活性降压肽已经从多种粮食加工产生的副产物中得到（徐思源，2007）。通过对玉米蛋白粉的酶解，能得到有着多种生理功能的玉米活性肽，如降血压肽、高*F*值低聚肽、谷氨酰胺肽和玉米蛋白肽等。具降血压或增强免疫的生物活性肽已经从米糠蛋白酶解产物中分离提取得到。制备方法是以米糠脱脂、碱液提取、盐析后得到的米糠蛋白溶液作为原料，对其进行酶解、分离之后就能够得到ACEI，可将得到的降压肽称为肽类药品或能性食品（刘博群等，2009）。

4. 大豆异黄酮 大豆异黄酮包括染料木黄酮、黄豆苷和黄豆糖苷（顾晓华等，2001）。研究表明，除防癌抗癌外，大豆异黄酮对心血管疾病、骨质疏松症及更年期综合征具有预防甚至治愈作用（孙志芳，2005）。研究表明，其必需摄入量为 40～50mg/d。早先被视为抗营养成分的大豆异黄酮，因其有着显著预防癌症与心血管病的作用，被认为有可能作为21世纪的维生素。所以，大豆异黄酮在医药制品、功能性食品及功能助剂等方面作用广泛（雨露，2005）。少有文献报道工业制取高纯度的大豆异黄酮的方法，有些仅仅是实验室的分离与精制的报道。通过脱脂大豆来制备大豆异黄酮的工艺如下。

脱脂大豆→水醇提取→过滤→树脂吸附→水洗→水醇提取→冷却结晶→离心分离→异黄酮晶体

大豆中含有的总异黄酮的量为 0.2%～0.4%，种皮中含有 0.01%～0.02%，子叶中含有0.15%～0.32%，异黄酮主要集中在胚芽中，其中含有1.40%～1.76%（孙军明等，1995）。所以从胚芽中提取大豆异黄酮，基本工艺如下。

大豆胚芽→己烷脱脂→脱脂胚芽→醇提取→总配糖体→溶剂分离与柱层分离结合→大豆异黄酮

利用上述的工艺提取大豆异黄酮，得到的大豆皂苷提取率为4.6%，大豆异黄酮苷的提取率为1.4%。利用溶剂分离法，分离总配糖体得到的大豆皂苷和大豆异黄酮苷产品的纯度分别为 67.7%及 19.8%。采用聚酰胺柱层析法分离，得到的大豆皂苷和大豆异黄酮产品的纯度分别为90.9%及32.6%。

5. 木糖醇的生产 粮食植物纤维废料如稻壳、玉米芯等，均能够作为木糖醇生产的原料。木糖醇的生产方法主要是水解木聚糖含量较高的半纤维素之后分离并纯化制得木糖，再催化加氢还原得到木糖醇。目前也有发酵法生产木糖醇的技术，此方法生产的成本较低，多采用谷物半纤维素水解的产物作为原料（尤新和李明志，2006）。作为蔗糖的替代物，木糖醇可以用来生产功能性的糖果，对预防龋齿的发生有效，木糖醇还能够作为甜味剂应用于糖尿病患者的食品中。

6. 功能性油脂的生产　功能性油脂是一类具有特殊生理功能的油脂，对人体有一定的保健功能、药用功能并有益健康，其是指那些属于人类膳食油脂，为人类营养、健康所需要，并对人体一些相应缺乏症和内源性疾病，特别是高血压、心脏病、癌症、糖尿病等有积极防治作用的一大类脂溶性物质（孙志芳等，2005）。既包括油脂类物质甘油三酯，也包括其他脂溶性的营养素，如维生素 E、甾醇、磷脂等的类脂物。研究发现，功能性油脂可以改善心肌功能、抗衰老、提高运动耐力、降血脂等（孙登岳，2016）。在谷类加工过程中产生的副产物中，油脂资源丰富，目前市场生产较多的有玉米胚芽油、小麦胚芽油及米糠油。国内外的研究多集中在利用超临界 CO_2 的萃取技术来制取小麦胚芽油。其他的谷物油脂，如小米糠油、稗籽糠油、小麦糠油、高粱糠油、高粱胚芽油等也具有一定的开发价值。

7. 抗氧化剂的生产　谷物中含量丰富的维生素 C、维生素 E 及 β-胡萝卜素等，它们是天然的抗氧化剂（郑裕国等，2004）。维生素 E 的含量在谷物的麸皮及胚芽中较高，因此抗氧化剂维生素 E 可以从麸皮和胚芽中提取；β-胡萝卜素可以从一些具有较深颜色的谷物的谷壳中提取。这些提取出来的天然抗氧化剂与化学合成抗氧化剂相比，安全无毒，营养丰富并且用量不受限制，能够作为天然的维生素产品，也可添加到各类食品中作为功能性因子。

8. 植物油脱臭馏出物的应用　脱臭馏出物是油脂在脱臭过程或物理精炼过程中从植物油水蒸气蒸馏时收集到的各种馏分的混合物，这种物质有类似酸渣的外观及稠度（张莉华等，2015）。最开始，脱臭馏出物作为植物油的下脚料，在饲料工业中应用，但是随着工艺及技术的进步，人们发现这种物质中含有宝贵并且具有生物活性的多种营养物质。为了加强对脱臭馏出物的开发利用，此处介绍脱臭馏出物中的天然维生素 E、植物甾醇、脂肪酸甲酯等多种活性成分的提取纯化方法、理化性质及延伸应用。

1）天然维生素 E　天然维生素 E（又称生育酚），是人体所必需的一种脂溶性的维生素，可根据其分子侧链是否饱和，分成侧链上有三个双键的生育三烯酚和侧链饱和的生育酚，根据分子结构中色满环上的甲基数量及位置的区别，生育酚有 α-、β-、γ-、δ-生育三烯酚和 α-、β-、γ-、δ-生育酚共 8 种异构体（尤新，2000）。天然的维生素 E 一般情况下呈淡黄色的油状，在乙醚、氯仿、石油醚及油中易溶，难溶于丙酮及乙醇，在水中不溶解。对热稳定，但受氧影响，容易在碱性条件下氧化。能被紫外光破坏但对可见光稳定。人体内不能合成天然维生素 E，必须从外界摄取。天然维生素 E 可以提高人和动物的免疫功能、抗自由基、抗衰老，具有一定的抗氧化性及保健作用，所以广泛应用在食品、药品、化妆品及饲料添加剂等行业中（宋晓燕和杨天奎，2000）。

目前，多利用水蒸气减压蒸馏的方法进行脱臭。即在高温、负压下，吹入蒸汽蒸馏，因为维生素 E 是较低的分子组分，所以在脱臭过程中能够随着可挥发的部分被带出从而得到浓缩并且富集，所以植物油脱臭馏出物中富含天然维生素 E。脱臭馏出物的使用及价值取决于脱臭馏出物中生育酚的含量。现已广泛通过脱臭馏出物提取天然维生素 E 作为工业化生产（曹国峰等，2001）。棉籽油、大豆油、葡萄籽油、菜籽油、棕榈油等是常用的提取天然维生素 E 的植物油脱臭馏出物，其中大豆油脱臭馏出物的使用最为广泛。从脱臭馏出物中提取的天然维生素 E 根据来源不同，组成也会有所不同，如大豆油脱臭馏出物中含有高达 67%～70%的γ-生育酚，而α-生育酚的含量却仅为 7%～10%，但是从棕榈油和米糠油中提取的天然维生素 E，α-生育酚含量与生育三烯酚的含量均较高，通过柱色谱结合制备色谱分离技术，可以制备含量较高的生育三烯酚单体及混合物（刘玉兰等，2010）。

目前市场上大致分为四类天然维生素E：混合生育酚、天然α-生育酚、混合生育酚/天然α-生育酚粉末、天然α-生育酚衍生物。其中，一般将混合生育酚作为抗氧化剂，根据生育酚含量的不同分为T50、T70、T90 等剂型。天然α-生育酚的衍生物分为天然α-生育酚琥珀酸酯和天然α-生育酚乙酸酯两种产品。天然α-生育酚琥珀酸酯有良好的氧化稳定性，室温下为固态，能够直接用于压片及硬胶囊；天然α-生育酚乙酸酯也有很强的氧化稳定性，但其在室温下为液态，有较好的可乳化性，在食品强化及化妆品中应用较多。混合生育酚/天然α-生育酚粉末是混合生育酚/天然α-生育酚通过微胶囊包埋技术制备而成的有良好水溶性及稳定性的应用剂型，能够直接在食品强化、硬胶囊和压片中应用。天然α-生育酚琥珀酸酯继续延伸应用可以用于制备水溶性维生素E、天然α-生育酚琥珀酸钙等产品。随着技术与工艺的进步，除了能够制备高含量的天然α-生育酚外，还能够从混合生育酚中分离高纯度的γ-生育酚、δ-生育酚单体（樊明涛等，2002）。

2）植物甾醇（phytosterol 或 plantsterol）　植物甾醇是植物中的一种活性成分，广泛存在于各种植物油、坚果和植物种子中，也存在于蔬菜水果中。天然植物甾醇的种类很多，主要有菜籽甾醇、菜油甾醇、豆甾醇、β-谷甾醇 4 种（韩军花，2001）。通常情况下甾醇为粉末状或者片状的白色固体，经过溶剂结晶处理后的甾醇是针状或白色鳞片状晶体，在乙醇溶剂中会形成菱片状或针状结晶，在二氯甲烷溶剂中则会形成针刺状或者长棱晶。甾醇的相对密度比水略大，与水不互溶，在多种有机溶剂中可溶。研究发现，甾醇在降血脂和胆固醇、清除自由基、免疫调节、消炎退热、保养皮肤及抗肿瘤等方面有一定的功效，同时对预防及治疗冠心病、高血压等其他心血管疾病有一定作用（李日等，2004），在医药、化工及食品等行业应用广泛。植物甾醇同时也是多种激素、维生素 D 及甾族化合物合成的前体（周宝兰，1992）。

脱臭馏出物中植物甾醇含量很高，通常分两步从脱臭馏出物中提取植物甾醇，首先从原料中提取以甾醇为主的粗甾醇（不皂化物），然后再通过不皂化物来精制甾醇。工业精制的方法有络合法、溶剂结晶法或者两种方法相结合（胡小泓等，2003）。实验室精制的方法有吸附法、分子蒸馏法、酶法等。从脱臭馏出物中生产植物甾醇通常采用分子蒸馏法或分子蒸馏与柱分离相结合的方法，利用络合法工业化生产植物甾醇（杨亦文等，2006），近年来对脱臭馏出物进行酯化采用的是固定化非特异性脂肪酶，从而提高甾醇及维生素 E 的收率，利用酶法来生产植物甾醇，条件温和，不需对原料进行任何预处理，是一个新的提取甾醇及维生素 E 的发展方向。

能够通过微胶囊化将植物甾醇制备成水溶性的植物甾醇（钱伟等，2009），另外，国外大多进一步将植物甾醇分离成谷甾醇和豆甾醇两个部分。谷甾醇用发酵法生产甾体药物半合成的重要中间体雄甾-4-烯-3,17-二酮（4AD）和雄甾-1,4-二烯-3,17-二酮（ADD）。通过化学法将豆甾醇从 C-22 双键处切断，再进行结构修饰的操作就能够制造出不同的甾体皮质激素药物。谷甾醇和胆甾醇通过生物降解，C-17 位侧链会发生断裂，生成 ADD 及 4AD，通过几步合成，就能够制得包括治疗高血压药及口服避孕药在内的甾体药物。

3）脂肪酸甲酯　脂肪酸甲酯是一种重要的化工原料中间体，在乳化剂、发泡剂、洗涤剂等表面活性剂的制备中有应用，也可用于制备皮革加脂剂及纺织助剂（孙有光和宋佩珍，1992）。植物油脱臭馏出物中不仅有甾醇、生育酚及角鲨烯，还富含游离脂肪酸。脱臭馏出物的原料来源及精炼油的生产工艺及其参数不同，脱臭馏出物中的各组分含量在一个较大的范围内波动，一般脂肪酸的含量为25%～75%。经过对脱臭馏出物的甲酯化、吸附分离或者分离蒸馏、溶剂结晶从而制备富含植物甾醇及天然生育酚的同时，也会产生大量的副产物即脂肪酸甲酯（肖勇生等，2013）。能够以脂肪酸甲酯为原料制取单双甘油酯、生物柴油、环氧脂肪酸甲酯、洗涤剂和表面活性剂等的产品，进一步利用油脂脱臭馏出物。首先，通过先皂化后酸化使脱臭馏出物中的甘油酯转化为游离的脂肪酸，然后在催化剂的作用下脂肪酸与甲醇进行甲酯化反应生成脂肪酸甲酯，通过冷析结晶过滤分离操作获得的滤饼为粗甾醇，再经重结晶精制工艺，通过粗甾醇得到精制植物甾醇；滤液是天然维生素E与脂肪酸甲酯的混合物，经柱分离装置或分子蒸馏分离之后，得到脂肪酸甲酯及天然维生素E的浓度较高的产品；获得的脂肪酸甲酯再经过精制或化学反应制备其他产品，进一步利用油脂的脱臭馏出物（孙龙江，2007）。

我国有较多种类的粮油作物，粮油食品及其应用工业的发展趋势是对粮油加工的副产物进行综合利用技术的研发与改进。以粮油加工过程中产生的副产物作为原料生产高附加值的产品，对提高粮油企业的技术，加强其在同行业中的竞争力有着重大的意义。

参考文献

白盼，宁正祥，郭培国，等. 2011. 不同大麦籽粒品质及发芽后蛋白质含量和主要水解酶活力变化的研究. 中国酿造，30(12)：117-121.
曹国锋，龚任，刘红天. 2001. 脱臭馏出物中天然维生素E提取. 粮食与油脂，(5)：42-43.
陈大淦. 1988. 油脂脱臭工程馏出物的利用. 粮食与油脂，(4)：60-64.
陈贵明. 1985. 出油率高的油脂加工方法——溶剂浸出法. 农业工程实用技术，(2)：12.
陈荷凤，张坚，范佳，等. 2004. 低聚糖对双歧杆菌增殖效果的研究. 食品研究与开发，25(1)：51-54.
陈杰. 1999. 混合油全精炼. 中国油脂，24(3)：25-26.
陈晶. 2007. 水酶法提取亚麻籽油及其微胶囊化. 无锡：江南大学硕士学位论文.
陈培. 2001. 对大豆一次浸出粕残油产生影响的几个因素. 中国油脂，26(1)：16-17.
陈钊，赵敏生，白小芳，等. 2005. 南瓜籽油的冷榨制取研究. 食品科技，(8)：88-90.
陈智斌，张筠，赵晶. 2012. 食品加工学. 哈尔滨：哈尔滨工业大学出版社.
陈智斌. 2012. 食品加工学. 哈尔滨：哈尔滨工业大学出版社.
程强. 2014. 快速过滤器在炼油厂的应用及安装调试. 过滤与分离，24(3)：34-37.
迟玉杰，朱秀清，李文滨. 2008. 大豆蛋白质加工新技术. 北京：科学出版社.
代运斌，李普选. 2005. 大豆脱皮工艺在生产中的应用. 中国油脂，30(2)：31-32.
邓红，仇农学，孙俊，等. 2007. 超声波辅助提取文冠果籽油的工艺条件优化. 农业工程学报，23(11)：249-254.
丁保淼，常菊花. 2015. 食用油脂贮藏加工技术100问. 北京：中国农业出版社.
丁福祺. 2005. 食用油压榨法和浸出法工艺的区别. 中国油脂，(01)：5-6.
丁青芝，马海乐，骆琳，等. 2009. 超声处理对菜籽蛋白酶解效果的影响. 农业工程学报，(01)：294-299.
丁一刚，霍旭明. 2002. 超临界流体的技术与应用. 医药工程设计，23(4)：3-6.
董季. 2007. 层碟式汽提塔结构的几点改进措施. 粮油加工，(11)：64-65.

董季, 魏超峰, 高芳梅. 2008. 预榨饼浸出常见问题解决方法的探讨. 粮油加工, (10): 41-42.
董颖超. 2001. 蛋白酶对大豆蛋白的水解特性及动力学性质的研究. 北京: 中国农业大学硕士学位论文.
樊明涛, 吴守一, 马海乐. 2002. 维生素E测定方法的研究进展. 江苏大学学报(自然科学版), 23(1): 54-57.
范三红, 原超, 刘艳荣, 等. 2010. 超声波辅助提取南瓜籽油及其脂肪酸组成研究. 食品科学, 31(24): 107-110.
甘晓露. 2012. 水酶法提取浓香花生油及水解蛋白的研究. 郑州: 河南工业大学硕士学位论文.
高定厚. 1986. 溶剂气体冷冻回收工艺分析. 中国油脂, (2): 42-45.
高奇. 2012. 花生脂肪酶和脂肪氧化酶活力检测技术优化及其对储藏特性的影响. 合肥: 安徽农业大学硕士学位论文.
顾晓华, 杨爱华. 2001. 大豆异黄酮. 精细与专用化学品, 9(6): 11-12.
桂丽. 2016. 液体中性蛋白酶的制备、稳定性及应用研究. 上海: 上海海洋大学硕士学位论文.
郭明勋. 2005. 已烷溶剂浸出法提油. 明胶科学与技术, 25(2): 96-100.
郭少海, 杨冬青. 2013. 一种油茶籽浸出料的脱溶烘干方法. CN103031199A.
郭心义. 2004. 我国大豆多肽生产现状及前景展望. 粮油加工与食品机械, 5: 13-15.
郭兴凤, 陈定刚, 孙金全, 等. 2007. 水酶法提油技术概述. 粮油加工, (5): 70.
郭耀东, 游新勇, 吕俊丽, 等. 2014. 水剂法提取胡麻籽油的工艺研. 中国油脂, 08: 22-25.
国家粮食局人事司组织. 2007. 制油工: 初级 中级 高级. 北京: 中国轻工业出版社.
韩军花. 2001. 植物甾醇的性质、功能及应用. 环境卫生学杂志, 28(5): 285-291.
郝常明, 黄雪菊. 2003. 浅谈超临界流体萃取技术及其应用. 医药工程设计, 24(6): 1-4.
郝军, 张发群. 1986. 纤维素酶在酱油酿造中的作用机理. 中国调味品, (11): 3-4.
何东平. 1991. 影响混合油蒸发、汽提效果的因素. 粮食与油脂, (1): 35-36.
何东平. 1991. 影响溶剂蒸气冷凝冷却效果的因素. 食品科技, (3): 13-14.
何东平. 1998. 油脂制取及加工技术. 武汉: 湖北科学技术出版社.
何东平. 2005. 油脂精炼与加工工艺学. 北京: 化学工业出版社.
何东平, 陈涛. 2006. 微生物油脂学. 北京: 化学工业出版社.
何东平, 王兴国, 刘玉兰. 2012. 油脂工厂设计手册. 武汉: 湖北科学技术出版社.
何东平, 相海. 2014. 米糠加工技术. 北京: 中国轻工业出版社.
何锦风, 张琨, 陈天鹏. 2007. 汉麻籽的营养成分和功能. 食品科技, (6): 257-260.
洪洞, 黄秀梨. 1998. 真菌纤维素酶的诱导及其分子生物学研究进展. 吉林农业大学学报, (s1): 111.
侯真真, 吴雪辉. 2014. 水酶法提取火麻籽油工艺研究. 食品工业科技, (03): 195-198.
胡淑珍, 王振, 树君, 等. 2009. 浸出制油技术研究进展. 中国粮油学报, 24(11): 153-157.
胡小泓, 沈敏元, 康逸, 等. 2003. 大豆油脱臭馏出物中提取植物甾醇的研究. 中国油脂, 28(12): 47-48.
黄德娟, 黄德超. 2006. 生物活性肽. 生物学通报, 41(4): 17-18.
黄永娜. 2016. 大豆低温粕脱溶装置改进及其系统工艺参数优化. 济南: 济南大学硕士学位论文.
黄玉华. 2007. 膳食脂肪酸平衡性的调查与营养平衡调和油的研究. 南昌: 南昌大学硕士学位论文.
计鑫. 1994. 高效粕末捕集器. 西部粮油科技, (1): 22-23.
江洁, 单立峰. 2007. 谷胱甘肽的制备及其应用. 饲料工业, 28(15): 15-17.
江利华, 华娣, 王璋, 等. 2009. 水酶法从花生中提取油于水解蛋白的中试研究. 食品与发酵工业, 35(9): 147-150.
江玉峰. 2013. 基于天然纤维素物质的金属离子比色传感器和硅材料的制备及性能研究. 杭州: 浙江大学硕士学位论文.
康百城, 王文昌. 2008. 月见草油生产技术. 北京: 化学工业出版社.
冷玉娴, 许时婴, 王璋, 等. 2006. 水酶法提取葵花籽油的工艺. 食品与发酵工业, 32(10): 127-131.
李汴生, 彭志英, 宁正祥. 1997. 植物油料取油的酶预处理工艺. 中国粮油学报, 12(6): 24-30.
李昌文, 刘延奇. 2007. 粮油加工副产物综合利用. 粮食流通技术, 6: 012.
李翠珍. 2001. 溶剂制浆法的有机溶剂选择. 纸和造纸, (4): 18.

李大房，马传国. 2006. 水酶法制取油脂研究进展. 中国油脂，(10): 29-32.
李金华，万固存，刘毅，等. 1997. 珊瑚姜挥发组分的超临界 CO_2 萃取工艺. 中草药，28(2): 78-81.
李里特. 2002. 粮油储藏加工工艺学. 北京：中国农业出版社.
李明阳. 2012. 复合菌种发酵海鲜鱼露工艺条件探讨究. 西安：西北大学硕士学位论文.
李娜，宁正祥，祝子坪，等. 2009. 豆渣膳食纤维的制备及性能研究. 食品科学，20: 251-254.
李全宏. 2005. 植物油脂制品安全生产与品质控制. 北京：化学工业出版社.
李善仁，陈济琛，胡开辉，等. 2009. 大豆肽的研究进展. 中国粮油学报，07: 142-147.
李少华，李树君，李子明，等. 2006. 油料浸出湿粕脱溶技术的发展. 农业机械学报，37(8): 214-217.
李少华. 2006. 湿粕离心脱溶工艺及装置的试验研究. 北京：中国农业机械化科学研究院硕士学位论文.
李少华，李树君，李子明. 2006. 油料浸出湿粕脱溶技术的发展. 农业机械学报，37(8): 214-217.
李文忠. 1999. 油脂制取工艺与设备. 北京：中国财政经济出版社.
李小阳，鲁志成. 2004. 浸出过程对混合油浓度及其粕末含量的影响分析. 中国油脂，29(2): 22-22.
李新华，刘雄. 2011. 粮油加工工艺学. 郑州：郑州大学出版社.
李璇，王升，岳红，等. 2011. 不同 pH 值和酶提取体系对丹参抗氧化酶活性的影响. 中国现代中药，13(12): 46-49.
李延川. 2012. 果胶酶在果蔬加工中的应用. 中国食品工业，(10): 64-65.
李杨，江连洲，张兆国，等. 2010. 模糊评判优化水酶法提取膨化大豆油脂和蛋白. 农业工程学报，26(2): 375-380.
李莹. 2005. 一种新型的粕末分离装置——水浴净化器. 中国油脂，30(6): 22-22.
李月，陈锦屏，段玉峰. 2004. 植物甾醇功能及开发前景展望. 粮食与油脂，(5): 11-13.
李子明，胡淑珍，相海，等. 2009. 一种浸出溶剂在制取食用油脂中的应用. CN101361533.
李紫雄，黄雅文. 微波萃取技术的研究进展. 医药卫生：全文版: 00008-00008.
廖传华，黄振仁. 2004. 夹带剂对超临界 CO_2 萃取过程的影响. 香料香精化妆品，1(1): 34-37.
廖传华，黄振仁. 2006. 超临界 CO_2 萃取技术与中药现代化. 中成药，28(1): 5-9.
廖劲松，郭勇. 2002. 超临界流体萃取的应用技术研究. 食品科技，(12): 12-15.
林发军. 2001. 混合油循环喷淋量对浸出过程的影响及喷淋量的确定. 中国油脂，26(3): 23-24.
林建斌，赵文祺，郑诚. 1994. 不同加工条件对大豆饼(粕)品质的影响. 饲料工业，(4): 1-9.
林庆民. 2016. 牡丹的栽培与管理. 花卉，(4): 22-22.
刘葆仁. 1981. 浸出车间尾气吸收系统几个问题探讨. 中国油脂，(s1): 395-402.
刘博群，林松毅，于志鹏，等. 2009. 基于响应面法优化蛋清蛋白质降压肽的制备工艺. 食品科学，30(16): 172-176.
刘汇汇，蔡保庆. 1987. 述混合油的负压蒸发. 中国油脂，(3): 26-32.
刘力萌，欧阳秉春. 2010. 超临界二氧化碳萃取在食品工业中的应用. 中国新技术新产品，(19): 15-16.
刘文生. 2007. 新型溶剂浸出工艺与装置仿真的研究. 北京：中国农业机械化科学研究院博士学位论文.
刘向军，陆启玉，章绍兵. 2013. 水酶法提油过程中产生乳状液的破乳方法研究进展. 中国油脂，38(4): 5-8.
刘晓燕. 2013. 湿式除尘中液滴对气溶胶粒子捕集效率的影响. 上海：东华大学硕士学位论文.
刘阳，邢福国. 2008. 花生蛋白的开发和利用现状. 食品科技，33(12): 173-176.
刘颖，张彬彬，孙冰玉，等. 2014. 枯草芽孢杆菌高产中性蛋白酶发酵条件的优化. 食品科学，(13): 166-170.
刘玉兰. 1999. 植物油脂生产与综合利用. 北京：中国轻工业出版社.
刘玉兰. 2003. 油脂制取与加工工艺学. 北京：科学出版社.
刘玉兰. 2006. 油脂制取工艺学. 北京：化学工业出版社.
刘玉兰. 2009. 油脂制取与加工工艺学. 2 版. 北京：科学出版社.
刘玉兰. 2015. 现代植物油料油脂加工技术 河南：河南科学技术出版社.
刘玉兰，汪学德. 2006. 油脂制取工艺学. 北京：化学工业出版社.
刘玉兰，胡爱鹏，马宇翔，等. 2017. 植物油料和食用油脂加工质量安全控制. 中国粮油学报，32(11): 177-185.

刘玉兰, 彭团儿, 马宇翔. 2010. 米糠油及其脱臭馏出物中生育酚和生育三烯酚的分析检测. 中国油脂, 35(3): 70-74.
刘玉兰, 汪学德, 罗圣明, 等. 2004. 优质大豆粕质量指标及其与油脂生产的关系. 粮油加工与食品机械, (11): 46-47.
刘玉梅, 高智明, 王健, 等. 2010. 裸仁南瓜籽及南瓜籽油的营养成分研究. 食品工业科技, 31(6): 313-316.
刘志强, 贺建华, 曾云龙, 等. 2003. 水相酶解法同时提取菜籽油和蛋白质-酶解后水浸提工艺研究. 中国粮油学报, (06): 69-72.
刘志强, 贺建华, 曾云龙, 等. 2004. 酶及处理参数对水酶法提取菜籽油和蛋白质的影响. 中国农业科学, 37(4): 592-596.
刘志胜, 李里特, 辰巳英三. 2000. 大豆异黄酮及其生理功能研究进展. 食品工业科技, 01: 78-80.
娄志义. 2005. 淀粉酶对麦芽糖和蔗糖的作用及酶的专一性. 生物学教学, 30(6): 64-64.
陆再林. 1987. 旋液分离器的设计与应用. 氯碱工业, (7): 17-20.
罗明亮. 2014. 水酶法提取蓖麻油工艺研究. 长沙: 中南林业科技大学硕士学位论文.
吕春茂, 刘娜, 赵明慧, 等. 2013. 一种水酶法制取平欧榛子油的方法. CN103194309A.
马海乐, 陈钧, 吴守一, 等. 1996. 超临界 CO_2 萃取小麦胚芽油的试验研究. 农业工程学报, 12(1): 182-186.
莫湘筠. 1999. 酵母抽提物的生产及其在食品中的应用// 新型风味料生产与应用研讨会.
倪培德. 1991. 湿粕脱溶工艺理论研讨与实践. 中国油脂, (2): 9-14.
倪培德, 江志炜. 2002. 高油分油料水酶法预处理制油新技术. 中国油脂, 27(6): 5-8.
倪培德, 唐宝奎. 2009. 油料加工与操作技术问答. 北京: 化学工业出版社.
倪培德, 陈大淦, 唐年初. 1993. 植物油制取与加工工艺学. 无锡: 无锡轻工业学院.
宁正祥, 秦燕, 林炜, 等. 1998. 高压脉冲——超临界萃取法提取荔枝种仁精油. 食品科学, 19(1): 9-11.
牛春华, 高岩, 李玉秋, 等. 2011. 紫外诱变选育高产蛋白酶枯草芽孢杆菌. 中国酿造, 30(12): 67-69.
潘若民. 1992. 蒸发汽提组合塔的设计及其应用. 中国油脂, (s1): 92-95.
齐玉堂. 1996. 直接浸出料坯调质处理对料坯工艺特性的影响. 中国油脂, (6): 10-11.
齐玉堂. 2011. 油料加工工艺学. 郑州: 郑州大学出版社.
齐玉堂, 许芙萍, 祁鲲. 2005. 低温制油技术. 北京: 化学工业出版社.
钱伟, 张春枝, 吴文忠. 2009. 植物甾醇微胶囊的制备. 大连工业大学学报, 28(3): 165-168.
秦洪万. 1981. 对国外几种高含油油料浸出新工艺的评述. 中国油脂, (s1): 372-376.
邱奕洲. 1980. 影响平转浸出器浸出效果的主要因素. 粮食加工, (3): 14-22.
任健, 郑喜群, 林国平, 等. 2006. 水酶法提油工艺对葵花籽油质量的影响// 中国粮油学会成立 20 周年庆祝大会暨中国粮油学会年会.
申江, 路坤仑, 刘丽, 等. 2014. 蒸发式冷凝器单位传热面积最佳风量水量配比研究. 制冷学报, (5): 44-48.
盛小娜. 2008. 水酶法提取甜杏仁油及水解蛋白的研究. 无锡: 江南大学硕士学位论文.
石秉荣, 洪桂秋. 1996. 超临界流体萃取技术在食品工业中的应用. 食品研究与开发, (1): 14-17.
时玉强, 鲁绪强, 马军, 等. 2017. 湿法粉碎豆粕对大豆分离蛋白生产的影响. 中国油脂, 42(5): 45-47.
史双枝, 刘忆冬, 李疆, 等. 2010. 水酶法同时提取核桃仁油脂及水解蛋白的工艺研究. 中国食品添加剂, (1): 131-135.
宋江峰, 刘春泉, 李大婧, 等. 2006. 超临界 CO_2 萃取保健植物油的影响因素研究. 江苏农业科学, (6): 371-373.
宋晓燕, 杨天奎. 2000. 天然维生素 E 的功能及应用. 中国油脂, 25(6): 45-47.
宋喆, 张继龙. 2005. 把超临界 CO_2 流体萃取应用于中药蛇床子有效成分的研究. 中国社区医师: 综合版, (17): 3.
孙登岳. 2016. 功能性油脂高产菌株的选育及代谢调控初步研究. 泰安: 山东农业大学硕士学位论文.
孙凤玲, 于传龙. 2003. 利用旋液分离过滤器净化混合油的优越性. 黑龙江粮食, (3): 45-45.
孙军明, 丁安林, 常汝镇, 等. 1995. 中国大豆异黄酮含量的初步分析. 中国粮油学报, (4): 51-54.
孙龙江. 2007. 以大豆油脱臭馏出物为原料制备生物柴油的研究. 天津: 天津大学硕士学位论文.
孙强, 赵劲松, 杨春刚. 2007. 国内外稻谷主要精深加工技术. 中国稻米, 2: 14-16.

孙旭东. 2007. 一种棉籽蛋白萃取工艺混合油的回收方法. CN 101029277 A.
孙有光, 宋佩珍. 1992. 脂肪酸甲酯. 表面活性剂工业, (2): 9-15.
孙志芳, 高荫榆, 郑渊月. 2005. 功能性油脂的研究进展. 中国食品添加剂, (3): 4-7.
谭春兰, 袁永俊. 2006. 水酶法在植物油脂提取中的应用. 食品研究与开发, 27(7): 128-129.
陶瑜. 1999. 油脂加工工艺与设备. 北京: 中国财政经济出版社.
田军, 魏志魁, 周先碗. 2008. 大豆蛋白酶抑制剂的提取及其性质研究. 大豆科学, 27(6): 1085-1088.
仝梦卓, 赵文恩. 2013. 榛子的综合利用. 广州化工, 41(21): 28-30.
汪家鼎, 骆广生. 2002. 溶剂萃取. 北京: 清华大学出版社.
汪沐. 2006. 单螺杆和双螺杆挤压膨化机的一般比较. 饲料工业, 27(23): 5-8.
汪学德. 2004. 油脂制备工艺与设备. 北京: 化学工业出版社.
汪学德. 2006. 三大浸出器的设计特征. 粮油加工, (5): 19-19.
汪学德, 刘玉兰, 张永泰. 1991. 油脂浸出过程中溶剂对料层渗透的研究. 河南工业大学学报(自然科学版), (4): 75-82.
汪学德, 张百川, 刘玉兰, 等. 2002. 大豆膨化浸出应用的研究. 中国油脂, 27(3): 4-6.
王丹丹. 2010. 菜籽蛋白及其酶水解物的制取方法改进研究. 南京: 南京财经大学硕士学位论文.
王和玉, 杨帆, 林琳, 等. 2011. 地衣芽孢杆菌固态发酵代谢产物分析. 酿酒科技, (9): 32-34.
王红梅, 阚娟. 2008. 生物活性肽的功能特性. 江苏调味副食品, 25(02): 37.
王化山, 徐英, 辛立卫. 2015. 膨化技术的优缺点及在动物饲料中的应用. 中国畜牧兽医文摘, 31(9): 213-213.
王欢, 李杨, 江连洲, 等. 2013. 水酶法提取火麻籽油的工艺优化及其脂肪酸组成分析. 食品科学, 34(22): 27-32.
王杰民. 1989. 从大豆皮中提取食物纤维素的研究. 化学世界, (3): 45-46.
王克建, 郝艳宾, 齐建勋, 等. 2004. 核桃油制取工艺研究概况. 农产品加工, (09): 34-35.
王丽波, 徐雅琴, 杨昱, 等. 2011. 南瓜籽油的水酶法提取工艺及产品的理化性质. 农业工程学报, (10): 383-387.
王萍, 高天, 赵晓丹. 2004. 小麦麸皮蛋白质的提取. 粮油加工与食品机械, (10): 51-52.
王如福, 李汴生. 2006. 食品工艺学概论. 北京: 中国轻工业出版社.
王瑞元. 2004. 浸出法是先进的制油工艺, 浸出油是优质安全的食用油. 中国油脂, 29(2): 5-6.
王瑞元. 2009. 植物油料加工产业学. 北京: 化学工业出版社.
王素梅, 王璋. 2003. 水酶法提油工艺对玉米胚芽油质量的影响. 中国油脂, 28(4): 18-20.
王文杰, 陈长庚, 黄建琴, 等. 2011. 油茶饼粕中残油榨取技术研究. 中国农学通报, 27(2): 416-419.
王文平. 1997. 浅谈油料的预处理对浸出效果的影响. 中国油脂, (5): 23-23.
王宪超. 2001. 花生壳的综合利用. 中小企业科技, (7): 8-8.
王欣, 李元瑞. 2000. 超临界流体萃取过程参数的优化选择. 中国油脂, 25(6): 260-262.
王学辉. 2005. 米糠营养纤维的应用研究进展. 海军医学杂志, 04: 373-375.
王岩, 迟玉杰. 2008. 响应面法优化超临界 CO_2 萃取蛋黄油工艺的研究. 食品工业科技, 29(7): 173-175.
王杨声, 孙晋武, 张树政. 1980. 红曲霉葡萄糖淀粉酶的底物特异性. 微生物学报, 20(4): 62-70.
王荫棠. 1981. 用多级旋风分离器捕集分散性物料. 化工与医药工程, (3): 49.
王瑛瑶. 2005. 水酶法从花生中提取油与水解蛋白的研究. 食品与机械, 21(3): 17-21.
王瑛瑶, 贾照宝, 张霜玉. 2008. 水酶法提油技术的应用进展. 中国油脂, (7): 24-26.
王章存, 康艳玲. 2007. 花生油制取技术研究进展. 粮油食品科技, (06): 40-41, 52.
王璋, 许时婴. 1994. 酶法从全酯大豆中同时制备大豆油和大豆水解蛋白工艺的研究. 食品与生物技术学报, (3): 179-191.
王振宇, 杨立宾, 魏殿文. 2008. 红松松仁中天然产物的研究进展. 国土与自然资源研究, (2): 90-91.
魏庆葆. 2008. 食品机械与设备. 北京: 化学工业出版社.
吴道银, 罗红林. 2003. 降低浸出车间尾气中溶剂含量方法. 粮食与油脂, (1): 37-37.
吴海波, 朱秀清, 李杨, 等. 2011. 一种大豆油脂的提取方法. CN 101602979 B.

吴珺婷，秦礼康，金毅，等. 2012. 水相酶解结合溶剂萃取生产花椒籽油工艺研究. 食品与机械，(02)：126-130.
武波波，李文献，王少武，等. 2009. 微胶囊化中性蛋白酶的技术研究. 中国乳品工业，37(8)：27-30.
武世芸. 1983. 浸出萃取法取油(四). 河南工业大学学报(自然科学版)，(4)：70-75.
席德清. 2009. 粮食大辞典. 北京：中国物资出版社.
肖光明. 1990. 对混合油蒸发的蒸汽压力的调整. 中国油脂，(2)：58.
肖龙艳. 2011. 水剂法提取茶叶籽油及淀粉的研究. 武汉：武汉工业学院硕士学位论文.
肖仁显，陈中海，陈秋平，等. 2012. 冷榨法、超临界 CO_2 萃取法和有机溶剂浸出法提取山核桃油比较. 食品科学，33(20)：51-55.
肖勇生，张良，包珍，等. 2013. 脱臭馏出物中酶法合成脂肪酸甲酯及提取植物甾醇的研究. 安徽农业科学，(21)：9051-9052.
肖志刚，许效群. 2008. 粮油加工概论. 北京：中国轻工业出版社 .
谢祥茂. 2001. 水相酶解提取大豆油脂的方法及机理研究. 杭州：浙江工业大学硕士学位论文.
谢晓丽. 2010. 超声波在木质纤维的预处理及酶解工艺中的应用. 镇江：江苏大学硕士学位论文.
徐思源. 2007. 乳清蛋白降压肽的制备及其功能研究. 哈尔滨：东北林业大学硕士学位论文.
徐忠，薄凯，王蓓. 2008. 小麦麸皮蛋白的酶法提取工艺及性能研究. 中国食品学报，8(4)：52-56.
鄢斌，李喆. 1995. 节能器在油脂常压浸出工艺中的应用与探讨. 中国油脂，(2)：25-26.
闫子鹏，王月慧，何东平. 2010. 粮油加工厂开办指南. 北京：化学工业出版社.
闫尊浩. 2016. 豆浆制作过程中油体变化规律及其对豆腐性质的影响研究. 无锡：江南大学硕士学位论文.
杨才敬. 1984. 浅谈湿粕中溶剂含量与蒸烘用蒸汽量的关系. 中国油脂，(3)：10-11.
杨帆，林琳，王和玉，等. 2011. 茅台大曲中 3 株芽孢杆菌代谢产物的比对分析. 酿酒科技，(8)：42-43.
杨汉义，李俊，郑宝华. 2014. 核桃抗旱栽植新技术应用与探索. 大科技，(24)：269-270.
杨辉，赵曼丽，范亚苇，等. 2012. 不同提取方法所得茶油的品质比较. 食品工业科技，33(11)：267-269.
杨松. 1995. 浸出油厂负压蒸发二次蒸汽利用工艺及设备. CN1101374.
杨天奎，汪学德，尹雁祥，等. 1996. 棉籽浸出新方法的研究. 中国油脂，(1)：24-25.
杨亦文，傅小峰，魏作君，等. 2006. 络合法从大豆油脱臭馏出物中提取植物甾醇的工艺研究. 高校化学工程学报，20(4)：571-575.
杨玉芬，孟洪莉，张力. 2010. 发酵温度和水分对菜籽粕发酵品质的影响. 中国农学通报，26(8)：52-55.
姚刚，程建军，孙鹏，等. 2009. 枯草芽孢杆菌发酵产碱性蛋白酶的研究. 食品科学，(23)：347-351.
姚开，贾冬英，何强，等. 2004. 大豆异黄酮主要单体组分的分离方法. 四川大学学报(工程科学版)，36(3)：77-80.
伊文华. 2012. 浅谈溶剂沸点与浸出温度及浸出效果的关系. 民营科技，(1)：51-51.
易建华，朱振宝，赵芳. 2007. 酶的选择对水酶法提取核桃油的影响. 中国油脂，32(2)：27-29.
尤梦圆，何东平，邹种，等. 2013. 从脱脂米糠和米糠高温粕中提取的米糠蛋白的性质研究// 中国粮油学会油脂分会学术年会暨产品展示会.
尤新. 2000. 天然维生素 E 的功能和开发前景. 食品工业科技，(4)：5-6.
尤新. 2007. 低聚糖的功能和发展前景. 食品与药品，(11)：1-4.
尤新，李明杰. 2006. 木糖与木糖醇的生产技术及其应用. 北京：中国轻工业出版社.
于丽娜，杨庆利，禹山林，等. 2010. 花生膳食纤维的研究开发与应用. 食品工业科技，03：376-380.
于娜娜，张丽坤，朱江兰，等. 2011. 超临界流体萃取原理及应用. 化工中间体，08：38-43.
于庆丰. 2011. 现代浸出法制油技术与初步设计. 中国油脂，36(6)：7-11.
俞伯群. 1991. 浸出油厂废水排放水封池设计及其使用应注意问题. 粮食与油脂，(3)：47-49.
雨露. 2005. 大豆异黄酮的功能及工艺研究. 医药化工，(10)：29-33.
喻植雄. 1982. 混合油旋液分离器的设计及探讨. 中国油脂，(4)：30-34.
曾祥基. 1996. 水酶法制油工艺研究. 成都大学学报(自然科学版)，(01)：1-17.
曾晓波，王海英，林永成. 2004. 食物中的生物活性肽：生物活性及研究进展. 食品工业科技，(4)：151-155.

翟鹏贵, 彭启辉, 姚辉. 2011. 新资源食品原料植物甾醇和植物甾醇酯的安全与应用. 中国卫生监督杂志, 18(1): 51-55.
占俊峰, 姜国芳, 裴妙荣, 等. 2014. 微波辅助水酶法提取樟树籽油的工艺研究// 中国化学会学术年会.
张春娥, 张惠, 刘楚怡, 等. 2010. 亚油酸的研究进展. 粮油加工, (5): 18-21.
张建华. 1985. 一种解决浸出设备跑冒滴漏的新填料. 粮食加工, (2): 17.
张蕾. 2012. 纤维素酶发酵及酶法提取光皮树油工艺的研究. 长沙: 中南林业科技大学硕士学位论文.
张立国, 李万振, 史加宁, 等. 2013. DTDC 蒸脱机节能结构的改进. 农业机械, (09): 56-56.
张莉华, 许新德, 邵斌, 等. 2015. 油脂加工副产物—脱臭馏出物的综合利用. 中国食品添加剂, (1): 157-164.
张强. 2014. 影响玉米胚芽提油率的因素及解决措施研究. 济南: 齐鲁工业大学硕士学位论文.
张绪霞, 陈卫梅, 董海洲, 等. 2007. 大豆膳食纤维的营养功能特性及开发前景. 中国食物与营养, (02): 49-51.
张延坤, 张东祥. 2006. 功能性低聚糖的疾病防治作用与医药应用. 中国现代临床医学, 5(003): 44-47.
张阳来, 魏福荣. 2002. 应用植物油吸收自由气体来回收溶剂蒸汽. 江西食品工业, (4): 30-30.
张业云. 1998. 油脂浸出车间冷凝设备操作技术探讨. 现代商贸工业, (4): 44.
张永新. 2010. 浸出车间降低溶剂损耗的几种方法. 现代农业科技, (14): 229-229.
章绍兵. 2008. 水酶法从油菜籽中提取油和生物活性肽的研究. 无锡: 江南大学博士学位论文.
章绍兵, 王璋. 2007. 水酶法从菜籽中提取油及水解蛋白的研究. 农业工程学报, 23(9): 213-219.
章绍兵, 吕燕红, 胡玥, 等. 2010. 水剂法提取花生油中的破乳研究. 河南工业大学学报(自然科学版), 05: 1-4, 61.
赵丹, 尹洁. 2014. 超临界流体萃取技术及其应用简介. 安徽农业科学, 15: 4772-4780.
赵奋飞. 2013. 一种糜子咖啡粉. CN 102960518A.
赵民安. 1989. 混合油处理与溶剂消耗——浸出生产溶剂损耗探讨(三). 粮食加工, (2): 16-17.
赵翔. 2012. 花生水剂法提油过程形成乳状液的酶法破乳研究. 郑州: 河南工业大学.
赵翔, 陆启玉, 章绍兵, 等. 2012. 水剂法同时提取花生油和蛋白质的工艺研究. 农业机械, (12): 35-37.
郑建仙, 耿立萍. 1997. 功能性低聚糖析论. 食品与发酵工业, (1): 39-46.
郑诗超, 阚建全. 2004. 新兴的油料资源——南瓜籽. 粮油食品科技, 12(1): 44-45.
郑裕国, 王远山, 薛亚平. 2004. 抗氧化剂的生产及应用. 北京: 化学工业出版社.
中国农业机械化科学研究院. 2007. 农业机械设计手册. 北京: 中国农业科学技术出版社.
周宝兰. 1992. 植物甾醇的应用. 中国油脂, (4): 33-38.
周雪松, 赵谋明. 2004. 我国花生食品产业现状与发展趋势. 食品与发酵工业, 30(6): 84-89.
周哲民. 1991. 浅谈溶解度中的“相似相溶”规则. 内蒙古电大学刊, (s2): 14-15.
朱德艳, 王学民, 王劲松, 等. 2015. 一种葛渣中提取葛根素的方法. CN104844584A.
朱向臣, 张玉兰, 吴道银, 等. 2003. 利用过热水蒸气脱溶时对蒸脱机结构的要求. 中国油脂, 28(4): 81-82.
Daou C. 2012. 脱脂米糠中的膳食纤维及其在肉制品中的应用. 无锡: 江南大学博士学位论文.
Gostner A , Schauber J, Kudlich T. 2004. Antiinflammatory and anticarcinogenic effects of dietary fibre. Clinical Nutrition Supplements , 1 (2) : 51-58.
Hauthal WH. 2001. Advances with supercritical fluids. Chemosphere, 43 (1) : 123-135.
Jin SL, Lan L, Zoudilova M, et al. 2005. Specific role of phosphodiesterase 4B in lipopolysaccharide-induced signaling in mouse macrophages. Journal of Immunology, 175(3): 1523-1531.
Karlin N, Tan CP, Che MY, et al. 2009. Physicochemical properties of Kalahari melon seed oil following extractions using solvent and aqueous enzymatic methods. International Journal of Food Science and Technology, 44(4): 694-701.
Marr R, Gamse T. 2000. Use of supercritical fluids for different processes including new developments a review. Chemical Engineering and Processing, 39: 19-28.
Mitra P, Ramaswamy HS, Chang KS, et al. 2009. Pumpkin (Cucurbitamaxima) seed oil extraction using supercritical carbondioxide and physicochemical properties of the oil. Journal of Food Engineering, 95(1): 208-213.

Narayanan G. 1991. Supercritical carbon dioxide extraction of cardamom. Agric Food Chem, 39(11): 1976-1978.

Rodriguez R, Jimenez A, Fernandezbolanos J, et al. 2006. Dietary fibre from vegetable products as source of functional ingredients. Trends in Food Science and Technology, 17: 3-15.

Siegmund B, Murkovic M. 2004. Changes in chemical composition of pumpkin seeds during the roasting process for production of pumpkin seed oil (Part 1: non-volatile compounds). Food Chemistry, 84(3): 359-365.

Stevenson DG, Eller FJ, Wang L, et al. 2007. Oil and tocopherol content and composition of pumpkin seed oil in 12 cultivars. Journal of Agricultural and Food Chemistry, 55(10): 4005-4013.

第三章　油脂精炼

第一节　油脂脱胶

近十余年来，随着食用油厂大型化发展，食用油精炼技术发展迅速，油脂加工已成为一种极为可观的重要工业。但是，由于毛油与精炼成品油加工利润低微，因此生产成本降低和节能，显得尤为重要。与此同时，在油脂精炼中降低对环境影响及废弃物有效利用等相关技术研究已成为重要课题。此外，人们对食用油质量和品质不断提出新的要求，除提高感观质量和高稳定性外，食用油还必须满足各种营养方面的性能，减少在脱臭时生成反式脂肪酸，减少源于农药等外来污染物及聚合等。为适应这些要求，精炼技术必须不断适时更新，使许多新的精炼工艺应运而生。众所周知，油脂精炼技术大体可分为化学精炼与物理精炼两大类。前者采用苛性钠将毛油中游离脂肪酸皂化分离去除；后者则采用蒸馏去除方法。化学精炼可分为脱胶、脱酸、脱色、脱臭工序；而物理精炼可分为脱胶、脱色、脱臭工序（韩景生，1989）。

随着人们消费水平的不断提高和油脂精炼技术的迅速发展，高档精炼油脂已成为我国食用油市场上主要的供应品种。作为食用油加工的最后一个工段——油脂精炼，其主要任务是生产出高质量的精炼油，怎样提高油脂精炼率与降低消耗是矛盾的两个方面，也是精炼生产技术的关键所在。

一、油脂的水化脱胶

物质以一定的粒度分散在另一物质中，整个体系叫作分散系。被分散的物质叫作分散质，在它周围的介质叫作分散剂。分散系包括溶液（粒度小于 1nm 的单相均匀体系）和胶体（粒度为 0.1～1nm 的多相非均匀体系）两种体系。

毛油中含的磷脂、蛋白质、黏液质和糖基甘油二酯等杂质，因与油脂组成溶胶体系而称为胶溶性杂质。这些胶溶性杂质的存在不仅降低了油脂的使用价值和储藏稳定性，而且在油脂的精炼和加工中，有一系列不良的影响，导致最终成品油质量下降。例如，胶质使碱炼时产生过度的乳化作用，使油、皂不能很好地分离，即皂脚夹带中性油增加，导致炼耗增加，同时使油中含皂增加，增加水洗的次数及水洗引起的油脂损失；脱色时胶质会覆盖脱色剂的部分活性表面，使脱色效率降低；脱臭时温度较高，胶质会发生碳化，增加油脂的色泽；氢化时会降低氢化速率等（何东平等，2005）。因此，油脂精炼工艺中一般要先脱胶，即脱除毛油中胶溶性杂质的工艺过程。

水化脱胶是利用磷脂等胶溶性杂质的亲水性，将一定量的热水或稀碱、食盐、磷酸等电解质水溶液，在搅拌下加入热的粗油中，使其中的胶溶性杂质凝聚沉降分离的一种脱胶方法。在水化脱胶过程中，能被凝聚沉降的物质以磷脂为主，还有与磷脂结合在一起的蛋白质、糖基甘油二酯、黏液质和微量金属离子等。

（一）水化脱胶的基本原理

水化脱胶的原理基于胶体体系的基本特性和粗油中胶溶性杂质的胶体性。

1. 溶胶的基本特性

1）分散性　溶胶中粒子与介质中存在着界面，表（界）面积随粒子分散度的增加而增大。分散度是指单位体积物质的表面积，即比表面积 S_0，它与总表面积 S 和总体积 V 有如下关系。

$$S_0 = \frac{S}{V} \tag{3-1}$$

胶粒为球形时，若粒子半径为 r，则

$$S_0 = \frac{4\pi r^2}{\frac{4}{3}\pi r^3} = \frac{3}{r} \tag{3-2}$$

胶粒为立方体时，若粒子边长为 L，则

$$S_0 = \frac{6L^2}{L^3} = \frac{6}{L} \tag{3-3}$$

根据公式，S 和 S_0 成正比，S_0 与 r、L 成反比，S 与 r、L 成反比，故 r、L 变小，S 变大。

由此可见，比表面积与胶粒的大小成反比。胶粒越小，胶体的分散度越大，总表面积也越大。粒子的表面积大，意味着表面能大、吸附能力强及热力学上的不稳定性（赵国志等，2007）。若加入微量电解质，使胶粒吸附离子带上电荷，互相排斥，可以保持溶胶的高分散度，这里电解质对溶胶体系起到稳定剂的作用。

2）不稳定性（分散程度的不恒定性）　由于溶胶粒子具有高表面能，故粒子总要趋向低表面能达到稳定的平衡状态，即粒子终究要合并而聚沉，如油脂久置胶溶性杂质即会聚沉形成油脚。在一定条件下，添加适量电解质，以中和胶粒所带的电荷，或加热至适当温度，加剧布朗运动，增加粒子间的碰撞机会，并通过膨胀作用减弱胶核对离子的吸附作用（或降低聚集肢体的极化度），从而减少胶粒所带的电荷，均可加速胶粒的聚沉，此过程称为凝结，聚沉物称为凝胶。溶胶除了会凝结聚沉之外，其状态改变还有一种形式——胶凝（或冻胶化），即在溶胶浓度相当大的时候，在少量电解质作用下，胶粒先定向排列，然后，随着温度的降低（或升高——对鸡蛋白而言）形成网状体形结构，溶剂被包在网状结构的空隙中胶凝而不能流动，呈现既非液态、又非固态的块状。在粗油水化过程中因溶胶浓度小，一般不会发生胶凝现象，但在用盐析法回收碱炼皂脚中的中性油时，条件控制不当，则会发生胶凝（国家粮食局人事司，2007）。

2. 粗油中胶溶性杂质的胶体性　毛油中的磷脂是多种含磷类脂的混合物，主要由卵磷脂和脑磷脂组成。卵磷脂的化学名称为磷脂酰胆碱，过去认为卵磷脂就是磷脂酰乙醇胺。根据近年的研究报道，这种不溶性的卵磷脂是磷脂酰乙醇胺、磷脂酰丝氨酸和磷脂酰肌醇的混合物。当毛油中含水很少时，磷脂以内盐式结构存在，这时极性很弱，能溶解于油中；毛油中有一定数量的水分时，水就与磷脂分子中的成盐原子团结合，以游离羟基式结构存在（王宏建等，2000）。

磷脂在油脂中的水化作用和无油时磷脂与水的作用不同。磷脂的甘油三酯溶胶（粗油）与水接触时，由于磷脂的双亲性均强，起乳化和增溶作用。当水分散成小滴加入油中时，磷脂分子便在水滴和油的界面上形成定向排列，疏水的长碳氢链留在油相，亲水的极性基团则投入水相。因为磷脂具有强烈的吸水性，其极性基团会结合相当数量的水。另外，水分子还会渗入极性基团邻近的亚甲基（$—CH_2—$）周围，以及进入两个磷脂分子之间。水的进入并没有破坏磷脂分子的结构，只是引起磷脂的膨胀。在水的作用下，磷脂分子可电离成既带阳电又带阴电的两性离子。磷脂不是以单分子分散在油中，而是以多分子聚集体——胶粒分散在油中，并且疏水基聚集在胶粒内部，亲水基朝向外部，胶粒表现为亲水性从油中析出。由于卵磷脂分子中酸性基团与碱性基团强度相当，电离后带的正、负电荷数量相等，因此卵磷脂分子缔合成的胶粒表面不存在扩散双电层，也就不存在一般胶粒间的电排斥力，由于卵磷脂胶粒间的色散力而存在引力，故容易聚结。脑磷脂分子中，由于其亲水基团的酸性大于碱性，因而电离后脑磷脂离子通常带负电荷。由脑磷脂分子缔合成的胶粒，以及脑磷脂和卵磷脂缔合成的胶粒表面带负电荷。系统中一部分正离子（是水部分电离或电解质电离产生）排列在磷脂胶粒表面附近形成紧密层，该紧密层表面粗糙不平，在此紧密层的界面区域之外。随着与表面距离的增大，正离子由多到少，呈扩散状分布，构成了扩散双电层。卵磷脂粒子总是带着界面上紧密层的离子不断运动，这样在滑动界面上产生电位差，称为动电位。由于该动电位的存在，胶粒之间存在着相互排斥的作用力。随着水化作用的进行，磷脂胶粒吸水越来越多，体积越来越大，胶粒周围的扩散双电层发生重叠，这时胶粒之间的吸引力大于排斥力，胶粒在引力的作用下逐渐聚结。如果水化时加入的是电解质的稀溶液，由于电解质能电离出较多的阳离子，使表面双电层的厚度受到压缩，这样就降低了动电位，胶粒间的排斥力减弱，因此电解质的加入有利于胶粒的凝聚。电解质浓度越高，凝聚作用越显著（何东平，2010）。

发生水化作用的磷脂吸附油中其他胶质，颗粒增大；再互相聚集而逐渐析出悬浮于油相中。随着吸水量的增加，膨胀程度增加，胶粒的引力所波及的圆周范围扩大，从而由小胶粒相互吸引絮凝成大的胶团，为重力沉降或离心分离奠定了基础。越稳定的胶粒越易与油脂分离，且所得油脚含油量低，炼耗低（马传国，2004）。

（二）影响水化脱胶的因素

1）操作温度　胶体分散相在一定条件下开始凝聚时的温度，称为胶体分散相凝聚的临界温度。只有等于或低于该温度，胶体才能凝聚。临界温度与分散相质点粒度有关，质点粒度越大，质点吸引圈也越大，凝聚临界温度也就越高。毛油中胶体分散相的质点粒度，是随水化程度的加强而增大的。因此胶体分散相吸水越多，凝聚临界温度也就越高。温度高，油脂的黏度低，水化后油脂和磷脂油脚分离效果好；同时，温度高时，磷脂吸水能力强，吸水多，水化速度也快，磷脂膨胀得充分，有些夹持在磷脂疏水基间的油被迫排出，因而水化温度高，有利于提高精炼率。但水、电、汽消耗较高，磷脂油脚中含水高，不利于储存。水化脱胶过程中，温度必须与加水量配合好。工业生产中往往是先确定工艺操作温度，然后根据毛油胶质含量计算加水量，最后再根据分散相水化凝聚情况，调整操作的最终温度。温度低，加水量少；温度高，加水量多。因为加水量少，磷脂吸水少，胶粒小，密度也小，由于布朗运动所引起的扩散作用与沉降方向相反，使胶粒比较难凝聚，即凝聚的临界温度较低，所以操作温度必须要相应降低，才能使油和磷脂较好分离；加水量大，磷脂胶体质点吸水多，胶团大，容易凝聚，临界温度较高，即在较高的温度下磷脂也能凝聚析出。加入水的温度要与油温基本相同或略高于油温，以免油水温差悬殊，产生局部吸水不匀而造成局部乳化。终温不要太高，最好不要超过 85℃。高温油接触空气会降低油的品质，国内有些工厂的水化终温超过 95℃，这样不仅影响脱胶油的质量，而且这时水大量汽化，磷脂胶团在较强的搅动下不易下沉，甚至使磷脂浮在油面，增加操作的难度。实践证明，加水水化后温度升高 10℃左右，对于油和油脚的分离是有利的（何东平，2010）。

2）加水量　水是磷脂水化的必要条件，它在脱胶过程中的主要作用是润湿磷脂分子，使其由内盐式转变成水化式，使磷脂发生水化作用，改变凝聚临界温度，使其他亲水胶质吸水改变极化度，促使胶粒凝聚和絮凝。水化操作中，适量的水才能形成稳定的水化混合双分子层结构，胶粒才能絮凝良好。水量不足，磷脂水化不完全，胶粒絮凝不好；水量过多，则有可能形成局部的水/油或油/水乳化现象，难以分离。适宜的加水量要根据毛油中磷脂含量和水化操作的温度而定。生产中，可根据油中磷脂含量计算。高温水化时，加水量为磷脂含量的 3.5 倍左右；中温水化时，加水量为磷脂含量的 2～3 倍；低温水化时，加水量为磷脂含量的 0.5～1 倍（刘智锋等，1998）。

3）混合强度和作用时间　水化脱胶过程中，油相与水相只是在相界面上进行水化作用。对于这种非均态的作用，为了获得足够的接触界面，除了注意加水时喷洒均匀外，往往要借助于机械混合。混合时，要求旋物料既能产生足够的分散度，又不使其形成稳定的油/水或水/油乳化状态。当胶质含量大、操作温度低时，尤应注意。因为低温下胶质水化速度慢，过分激烈地搅拌，会使较快完成水化的那部分胶体质点，有可能在多量水的情况下形成油/水乳化，以致给分离操作带来困难。连续式水化脱胶的混合时间短，混合强度可以适当高些。间歇式水化脱胶的混合强度需密切配合水化操作，添加水时，混合强度一般要高些，搅拌速度以 60r/min 为宜，随着水化程度的加深，混合强度应逐渐降低，到水化结束阶段，搅拌速度则应控制在 30r/min 以下。以胶粒的絮凝状态良好，有利于分离。

水化脱胶过程中，由于水化作用发生在相界面上，加之胶体分散相各组分性质上的差异，因此胶质从开始润湿到完成水化，需要一定的时间。在适宜的混合强度下，给予充分的作用时间，才能保证脱胶效果。不同油品的水化时间，除由小样试验确定外，还可由操作经验加以判断。在加水量与操作温度相应的情况下，如果分离时，重相只见乳浊水或分离出的油脚呈稀松颗粒状，色黄并拌有明水，脱胶油在 280℃加热实验不合格时，即表明水化作用时间不足；反之，当分离出的油脚呈褐色黏胶时，则表明水化时间适宜（何东平，2010）。

4）电解质　毛油中的胶体分散相，除了亲水的磷脂外，有时还含有一部分非亲水的磷脂（β-磷脂钙、镁复盐式磷脂，溶血磷脂，*N*-酰基脑磷脂等），以及蛋白质降解产物（膘、胨）的复杂结合物，个别油品还含有由单糖基和糖酸组成的黏液质。这些物质有的因其结构的对称性而不亲水，有的则因水合作用，颗粒表面易为水膜所包围（水包分子）而增大电斥性，因此在水化脱胶中不易被凝聚。对于这类胶体分散相，可根据胶体水合、凝聚的原理，通过添加食盐或明矾、硅酸钠、磷酸、柠檬酸、乙酸酐、磷酸三钠、氢氧化钠等电解质稀溶液改变水合度、促使其发生凝聚。

水化脱胶时，电解质的选用需要根据粗油的质量、水化工艺或水化操作情况来确定。如果选用磷酸三钠或者食盐，其量是油脂质量的 0.2%～0.3%；若选用明矾和食盐，其量则各占油中的 0.05%，当脱胶作为精制的前道精炼工序时，则需按油重的 0.05%～0.2%添加磷酸调质，以保证脱胶效果和后续工序的处理质量，具体见表 3-1（何东平，2010）。

表 3-1　油脱胶产物变化

油品	85%磷酸添加量	磷脂含量		含皂量/（mg/kg）	
		毛油	水洗后	水洗前	水洗后
菜籽油	—	0.63%	0.20%	2300	1100
菜籽油	0.20%	0.63%	0.005%	1300	30
花生油	—	0.84%	0.14%	1120	260
花生油	0.20%	0.84%	0.006%	485	20
豆油	—	1.10%	0.32%	2700	1580
豆油	0.20%	1.10%	0.006%	800	66
葵花籽油	—	0.57%	0.15%	2000	310
葵花籽油	0.20%	0.57%	0.011%	1100	80
棉籽油	—	0.70%	0.30%	5000	2100
棉籽油	0.20%	0.70%	0.012%	1100	110

5）*其他影响因素*　水化脱胶过程中，粗油中胶体分散相的均布程度，影响脱胶效果的稳定。因此，粗油逆入水化阶段前，一定要充分搅拌，使胶体分散相分布均匀。水化时添加水的温度对脱胶效果也有影响，当水温与油温相差悬殊时，会形成稀松的絮团，甚至产生局部乳化，以致影响水化得率，因此通常水温应与油温相等或略高于油温。此外，进油流量、沉降分离温度也影响脱胶效果，操作中需要注意（刘玉兰，2015）。

（三）水化脱胶工艺

在不同的油脂精炼加工过程中，脱胶工序不仅必不可少，而且是非常重要的，胶质脱除的是否彻底将直接影响得率和产品的最终质量。水化工艺可分为间歇式和连续式。间歇式适用于生产规模较小或油脂品种更换频繁的油脂企业，其工艺流程如图 3-1 所示，连续式水化工艺适用于生产规模较大、油种单一的企业（何东平，2005）。

水化脱胶回收油脂投资少，操作方便，处理费用低，能减轻油脚回收油的劳动强度，改善卫生环境，出油率可增加 0.2%～0.3%，出粕率可增加 0.5%～0.8%，提高粕的营养价值。缺点是回收油色较深，与浸出毛油混在一起，会增加毛油颜色，磷脂脚打入蒸烘机，可能会对蒸烘机的操作产生一些不良影响（徐凤才，1994）。

高温水化法：将原油加热到较高的操作温度，用沸水进行水化，终温 90℃左右，加水量为原油胶质含量的 3～3.5 倍（经验值按油重的 8%～10%）。

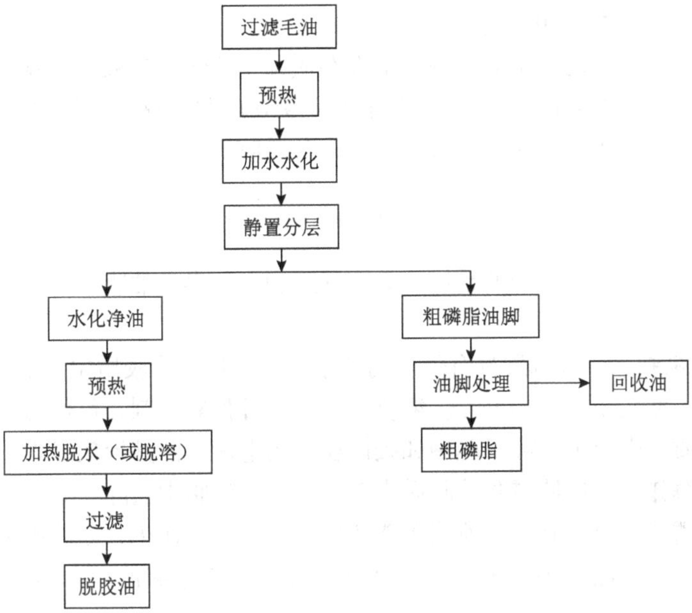

图 3-1 间歇式水化脱胶工艺

中温水化法：中温水化法是中小型油厂普遍应用的一种水化方法。其工艺流程与高温水化法相同，主要不同点是加水量少一些，为磷脂含量的 2～3 倍，水化时油温低一些，为 50～60℃，静置沉降的时间要长些，一般不少于 8h。其操作条件控制得适宜，才能获得较为满意的效果。

低温水化法：又称简易水化法。其特点是在较低温度下，只需添加少量的水就可以达到完全水化的目的。低温水化操作温度控制在 20～30℃，加水量为毛油胶质含量的 0.5 倍，静置沉降时间不少于 10h。该工艺操作周期长，油脚含油量高，处理麻烦，只适用于生产规模小的企业。采用低温水化工艺脱胶时，将过滤毛油泵入水化罐内，待油温达到 20～25℃时，将搅拌速度调整到 60～70r/min，按毛油胶质含量的 0.5 倍左右加入同油温的水进行水化，添加水在 7～10min 均匀洒入油中后，继续搅拌 20～30min，然后停止搅拌，静置沉降 12h，分离水化净油和油脚。上层水化净油转入脱水罐真空脱水，下层油脚转入盐析罐回收油脂。盐析油脚时，先以蒸汽或直接火将其加热到 80～90℃，然后按油脚重量的 30%～50%，均匀加入浓度为 5%～10%的食盐水溶液（70～80℃），并配合搅拌继续升温到 100℃左右，停止加热搅拌，静置沉降 24h，撇去上层油脂，直到无油析出时为止（何东平，2005）。

二、油脂的酸炼脱胶

油脂中的磷脂按其水化特性，可分成可水化的和不可水化两类。其中 α-磷脂很容易水化，水化后生成不易溶于油脂的水化物，而 β-磷脂则不易水化，钙、镁、铁等磷脂金属复合物也不易水化，这些就是所谓不能或难以水化的磷脂。在正常情况下，不可水化磷脂占胶体杂质总含量的 10%左右。受损油料中，所含不可水化磷脂数量要高得多。另外，在浸出油料期间，磷脂酶会促使可水化磷脂转化成不可水化磷脂。当水分较高和浸出温度较高时，这种转化更显著。因此，在有的油脂中，含不可水化磷脂是正常情况的 2～3 倍。其中，β-磷脂可以用碱或酸处理除去，而磷脂金属复合物，必须用酸处理方可除去。要把毛油精炼成高级食用油，或要把含胶质较多的毛油（如菜油、次质鱼油等）精炼成低胶质油，以适应某种技术需要，就必须酸炼脱胶（罗剑勋，2000）。

向毛油中加入一定量的无机酸，使胶溶性杂质发生化学反应或物理化学反应，使之变性分离的一种脱胶方法，称为酸炼脱胶法（苏望懿，1990）。酸炼脱胶工艺主要用于工业用油脂，脱除胶体杂质所采用的工艺方法有硫酸脱胶和磷酸脱胶等。

（一）硫酸脱胶

硫酸脱胶一般用于工业用油的精炼，如用油脂制取肥皂，油脂裂解前，常用硫酸进行预处理。

1. 硫酸脱胶机制　浓硫酸具有强烈的脱水性，能把油脂胶质中的氢和氧以 2∶1 吸出而发生碳化现象，使胶质与油脂分开。浓硫酸也是一种强氧化剂，可使部分色素氧化破坏。稀硫酸是强电解质，电离出的离子能中和胶体粒子的电荷，使其聚集成大颗粒沉降下来。稀硫酸还有催化水解作用，促使磷脂等胶质水解而易于从油脂中去除。

由于硫酸对磷脂、蛋白质及黏液质等能产生如此强烈的作用，因此酸炼法常常被用来精炼含有大量蛋白质、黏液质的粗油或处理裂解用油，如精炼米糠油、蚕蛹油及劣质鱼油等（于殿宇，2012）。

2. 硫酸脱胶方法

1）*浓硫酸脱胶法*　浓硫酸脱胶法采用浓度为 90%～94%的工业硫酸。操作时，将粗油泵入酸炼罐中，为了避免硫酸对油产生副作用，要控制油的温度不超过 25℃。酸的用量根据毛油重量而定，一般为油脂重量的 0.3%～1.5%，最好在实验室内做小样试验后具体确定，或定时取小样，放在瓷板上检视，絮状物较容易分离了就立即停止加酸，加完酸后再搅拌片刻。酸的用量需根据粗油的质量而定。磷脂、蛋白质、黏液质和水分多的油，酸的用量大，反之则小。

在搅拌器和气流鼓泡器同时作用的强烈搅拌下，将浓硫酸以细流状均匀洒入油内。强烈搅拌的作用是防止酸过快地沉到罐底而无法对胶体杂质发生作用。待酸全部加完后，再搅拌片刻，使油内的磷脂、蛋白质、黏液质等物质在酸的作用下变性、树脂化，形成由灰暗到深黑的絮状物，并在搅拌下进一步絮凝，最后从油中沉降下来，酸炼脱胶的效果可通过加酸后油的颜色变化来判断：加酸前呈棕黄色，加酸后，油转变成绿色（有时是黑色），沉降分离后因油内部分色素被破坏，澄清的油即变成淡黄色。当搅拌结束后，应及时加入占油重 3%～4%的热水（最好用冷凝水），以冲淡未作用的硫酸，然后静置沉降 2～3h。罐中物料即分成三层：上层是脱胶油，底层是冲淡的酸液，中层是带有少量油的沥青状杂质（软沥青）。在上层油内仍留有少量的硫酸，为了彻底除去这些残留的硫酸，必须将油转移到另外的设备内，用热水重复洗涤几次（每次添加量为油重的 15%～20%），直到硫酸完全从油内洗去为止。从油中洗净硫酸后脱水，即得脱胶油。如因操作不当，上层油中混有一些沥青状物时，在洗涤中要注意，第一遍水洗时搅拌速度不能快，以免形成稳定的乳浊液，若形成乳化，这时要用食盐或明矾来盐析。酸炼温度和用酸量要适当，以防止油脂发生磺化作用。若生成了磺化油，不仅使油脂因磺化而损失，而且磺化油是一种乳化剂，其乳化作用可进一步造成中性油损失。磺化油的红色很难用脱色的方法除去，使脱胶油带很深的颜色。去净残酸的油经真空干燥后，即成脱胶商品油（丁保淼，2015）。

2）*稀硫酸脱胶法*　稀硫酸脱胶工艺基本上与浓硫酸酸炼相同，唯添加的硫酸不是浓酸，而是浓度为 2%～5%的硫酸溶液。操作时，先将油用直接蒸汽加热到 100℃，使油内积累的蒸汽冷凝水量约为油重的 1%。浓硫酸添入油中即被油内的冷凝水冲淡而成为稀酸，与油内杂质进行作用。酸加完后，搅拌片刻，然后静置沉降，放出溶有胶杂的稀硫酸层，以热水重复洗涤至油脂呈中性后，送入真空干燥器脱水。稀硫酸酸炼也常用于油脂裂解前清除油内金属皂，以改进脂肪酸的色泽和甘油的质量。酸炼脱胶沉降分离出的软沥青状悬浊液，除了一部分树脂化了的胶溶杂质外，还包含有少量中性油和部分油脂与硫酸反应生成的硫酸酯。一般可通过如下方法回收其有用的组分：操作时，将沥青状悬浮液置耐酸分解罐中，添加适量清水稀释，以直接蒸汽加热至沸片刻，使硫酸酯分解并分出醇酸，然后静置沉降分离，将上层油和醇酸移出，用于工业制品生产，下层酸液可循环用于脱胶（丁保淼，2015）。

浓硫酸和稀硫酸脱胶法，是利用化学试剂脱胶的工艺，操作时要严格控制工艺条件，特别是采用浓硫酸工艺时，更要精确控制酸量和反应温度，并合理掌握浓硫酸与油的反应时间，以防油脂磺化产生固定色素，影响精炼率（徐生庚，2000）。

3. 酸炼脱胶设备 酸炼脱胶主要设备与间歇式水化罐结构相似，只是内壁需衬耐酸材料。目前多用不锈钢材制造的酸炼罐，酸炼罐内的附属装置（搅拌器、加热装置和气流鼓泡器）也必须用耐酸材料制成。罐盖下装有耐酸管制成的酸液和洗涤水分布管。

气流鼓泡器起气流搅拌作用，可将其设计成 S 圆环形或栅形。分布管的左右侧下方相间开有直径 1.5～2mm 的喷气孔，搅拌强度按每平方米液面每分钟通入 0.5～0.7m^2 气体为宜（陶瑜，1999）。

（二）磷 酸 脱 胶

按照卫生要求，食品中含有微量的磷酸是允许的，因此磷酸脱胶常用于食用油脂的脱胶。

1. 磷酸的作用 目前，对于磷酸脱胶的机理尚不十分清楚，磷酸脱胶的作用如下。

（1）除去某些不可水化的胶质。磷酸可以把 β-磷脂和磷脂金属复合物转变成可水化的磷脂，有效地降低油脂中胶质和微量金属的含量。例如，毛菜油中含铁量为 2.04mg/kg，采用磷酸处理后的菜油，含铁量可降到 0.77mg/kg，而不用磷酸处理，仅用水化脱胶的菜油，含铁量只能降到 1.2mg/kg。含铁 1.3mg/kg 的大豆油，经磷酸和水化处理后，可降至 0.2mg/kg 左右。若不预先除去磷脂金属复合物，在碱炼时不仅会产生一般胶质的乳化作用，而且生成的钙镁等金属皂在水洗时不易洗去。磷酸处理后再进行碱炼，碱炼油中磷脂和含皂量明显降低。

（2）使叶绿素转化成色浅的脱镁叶绿素。实践证明，对降低红色也很有利（苏望懿，1990）。

（3）使 Fe^{3+}、Cu^{2+}等离子生成络合物，钝化微量金属对油脂氧化的催化作用，增加了油脂的氧化稳定性，改善了油脂的风味，见表 3-2。实验证明，用磷酸处理，然后碱炼米糠油，还可提高二道糠油皂脚捕集谷维素的数量。使用草酸、柠檬酸处理，也能起到以上相同的作用，但草酸为粉状，需要加热才能很好地溶于水，不如磷酸使用方便。另外，对草酸的应用还有些不同看法。草酸有毒性，有的国家禁止使用于食用油的精炼，但草酸易分解，油脂经高温、真空处理后已基本除去，不少国家仍把草酸应用于食用油的精炼。柠檬酸价格较贵，因此一般使用磷酸的较多（何东平，2012）。

表 3-2 菜籽油和大豆油用不同方法处理的比较

油种类	除中和水洗外的其他处理	脱色前的过氧化值/（mmol/kg）	脱色后磷脂含量/%	脱臭油氧化稳定性（某时间间隔过氧化值）/（mmol/kg）				味道标记
				100h	200h	300h	400h	
菜籽油	未处理	4.35	0.111	22.8	40.5	—	—	1
	NaOH、Na_2CO_3混合液复炼	5.2	0.011	7.1	15.5	20.3	—	3
	H_3PO_4预处理	4.54	0.001	2.1	3	2.8	2.5	5
大豆油	未处理	2.05	0.018	30	—	—	—	1
	NaOH、Na_2CO_3混合液复炼	2.46	0.001	2.3	5.7	13.4	39	5
	H_3PO_4预处理	1.53	0.009	1.4	4.1	10.2	32.1	5

注：味道标记中 1 为较差，3 为一般，5 为较好

2. 磷酸脱胶方法 磷酸脱除油脂中胶质的方法有多种，下面仅介绍两种典型的方法（马传国，2014）。

1）与碱炼相结合的脱胶 磷酸处理的温度高，磷酸与胶质的反应快。由于磷酸处理后紧接着就碱炼，因而脱胶温度必须与碱炼初温相适应，否则酸处理后，还必须重新调节油温，既耽误时间，又使操作麻烦。这在间歇碱炼中尤为重要，因为间歇碱炼初温一般都较低，脱胶就应采用较低温度。间歇碱炼中，磷酸处理不需增加设备。滤清毛油在碱炼锅内调节到碱炼初温，加入油脂重量 0.05%～0.2%、浓度为 75%～85%的磷酸，并快速搅拌 0.5h 左右，因温度低搅拌时间要加长，然后马上加碱进行碱炼。加碱的量要比不用酸处理时增加一些。按经验，加入 0.1%的磷酸，计算理论碱时要多算 1.6 个酸值的碱，其余与一般间歇碱炼相同。在连续碱炼中，磷酸处理需增加磷酸计量泵和混合器。毛油预热到 85℃左右，通过计量泵加入一定量的磷酸，在混合器充分混合与反应，紧接着按比例与碱混合和反应。

对于磷脂含量较高的油脂，有的采用先水化，脱除大部分磷脂后，再用磷酸处理，然后进行碱炼的方法。

2）磷酸处理为独立工序的脱胶 一般是把油预热到 60℃左右，加入油脂重量的 0.05%～0.2%、浓度为 75%～85%的磷酸。充分混合后，再加 1%～5%的水进行水化，继续搅拌 20min 左右，然后用离心分离或沉降法使油脚分出来。脱胶油根据需要进行碱炼或其他处理。

与碱炼相结合脱胶及用磷酸脱胶后碱炼这两种方法，前者只分离一次油脚，简化了工序，但有时会造成过度乳化，使油和油脚分离得不够理想。后者是分出胶质后再碱炼，有利于油和皂脚的分离。从这个角度来看，可提高精炼率，还可减少碱液的消耗，但需增加一次分离操作，增加一道分离设备（马传国，2002）。同时，多分一次也难免会带走一些油脂。这两种究竟哪种有利，还有些争论。许多研究者认为，如果能控制适当的操作温度、碱液浓度、中和用碱种类，那么结合的操作比分两步的方法损耗和成本都低。目前，结合的方法用得较普遍，因而常常把磷酸处理归于脱酸工序（苏望懿，1990）。

与普通水化法脱胶相比，磷酸脱胶油耗较少、色泽浅、能与金属离子形成络合物、解离非水化性磷脂而使油中含磷量明显降低。磷酸处理可以作为独立的脱胶工序，也可以与碱炼相结合。

此外，一些研究学者进行改良的酸法脱胶工艺。改良的酸法脱胶有干法脱胶、混合酸法脱胶、Special 脱胶、Super/Uni 脱胶、Top 脱胶、IMPAC 脱胶等。

三、酶法脱胶

植物油的精炼方法可分为化学精炼和物理精炼（Subramanian，1997）。物理精炼根据脱胶方法的不同，又主要分为酸法脱胶物理精炼和酶法脱胶物理精炼。

化学精炼和物理精炼相比，前者产生较多的皂脚和废水，一方面增加了油脂的炼耗，另一方面也加重了工厂的环保压力；酸法脱胶物理精炼产生的废水和炼耗均明显降低，所以一般物理精炼的经济性能优于化学精炼。但酸法脱胶物理精炼的脱胶效果有时不理想，这直接影响到脱色工段白土的消耗量和最后成品油的质量。如何提高物理精炼中脱胶效果是限制物理精炼的一个瓶颈问题。酶法脱胶物理精炼则在很大程度上解决了常规物理精炼的不足，该工艺只用一台离心机就可以达到满意的分离效果，精炼过程基本不产生废水，所以酶法脱胶物理精炼是常规物理精炼的一大进步。

在众多的脱胶工艺中，不断改良的酶法脱胶因其良好的经济环保性能而受到越来越多的重视。酶法脱胶最早是由 Rohm 和 Lurgi 开发的，当时采用一种从猪胰脏提取的磷脂酶 A2，此法称为“Enzymax 工艺”（酶法脱胶工艺）。由于磷脂酶 A2 的来源有限、价格昂贵和性质上的缺陷等原因，该法一直未得到大规模推广。近年来，人们发现了可以用于油脂脱胶的微生物来源的磷脂酶 A1，微生物酶可以采用发酵法大规模生产，而且通过不断筛选可以获得性能越来越优良的新酶，使得优质的酶法脱胶在经济、效果上获得重大突破，酶法脱胶因而日益受到重视（Ringers et al.，1977）。

1. 酶法脱胶原理 酶法脱胶是利用磷脂酶将毛油中的非水合磷脂水解掉一个脂肪酸，生成溶血性磷脂，溶血性磷脂具有良好的亲水性，可以方便地利用水化的方法除去。目前，用于酶法脱胶的酶主要有磷脂酶 A2 和磷脂酶 A1 两种。如图 3-2 所示，磷脂酶 A2 作用于磷脂 2-位的脂肪酸，而磷脂酶 A1 作用于 1-位的脂肪酸（Sen Gupta，1977）。经磷脂酶 A1 水解生成的溶血性磷脂为 2-酰基溶血性磷脂，该溶血性磷脂 2-位上的脂肪酸有转移至 1-位继续被水解的倾向，所以在磷脂酶 A1 的作用下有部分磷脂可被完全降解。

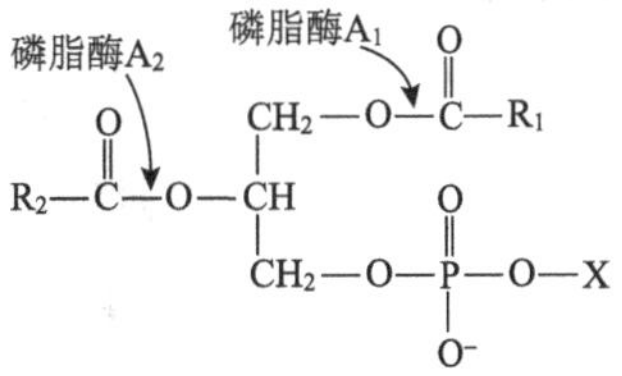

图 3-2 磷脂酶的作用示意图

丹麦 Novozymes 公司是植物油脱胶用酶的主要供应商，目前可提供 3 种磷脂酶，如表 3-3 所示。其中猪胰脏来源的磷脂酶 Lecitase 10L 已不用于植物油脱胶，目前已被更具有优势的微生物磷脂酶 Lecitase Novo 和 Lecitase Ultra 所代替。Lecitase Novo 和 Lecitase Ultra 相比，在多数情况下，后者具有更好的热稳定性和脱胶效果。利用 Lecitase Ultra 脱胶，在良好的控制条件下脱胶油可以达到 5mg/kg 左右的含磷量，经后续的吸附脱色后，脱胶油含磷量可降低至 2mg/kg 以下，完全满足物理精炼的要求（Iwama，1987）。

表 3-3 磷脂质量指标

磷脂商品名	来源	特异性	耐热性/℃	最适脱胶温度/℃	最适脱胶 pH	离子依赖性	脱胶效果	Kosher/Halal 认证
Lecitase 10L	猪胰脏	A2	70～80	65～70	5.5～6.0	Ca^{2+}	一般	否
Lecitase Novo	*F. axysporum*	A1	50	40～45	4.8	无	好	是
Lecitase Ultra	*T. lanuginosus*	A1	60	50～55	4.8	无	非常好	是

磷脂酶 A2 可以从猪胰脏中分离得到，也可通过微生物发酵制得。磷脂酶 A2 对水解脂肪酸酯 2-位酰基具有专一性，而对脂肪酸和磷脂的类型没有严格的专一性。

水解掉 2-位酰基的磷脂极性增大，遇水时可形成液态水合晶体，从油中析出脱除。由于磷脂酶 A2 对磷脂的类型不具有专一性，为了减少磷脂酶 A2 的用量，降低生产成本，工业生产中先将水化磷脂脱除，利用磷脂酶 A2 水解非水化磷脂。具体工艺过程是将水化脱胶油加热至 60℃，加入油重 0.1%左右的柠檬酸缓冲液，调节体系 pH 为 6（体系 pH 对酶水解是十分关键的），再加入 200ppm①左右的磷脂酶 A2 溶液混合、滞留反应 2h 后，加热至 80℃后进入离心机分离，得到高质量的脱胶油。但是，酶水解时会使油中的游离脂肪酸含量有所上升。

2. 酶法脱胶工艺流程　目前推行的酶法脱胶是采用微生物磷脂酶的脱胶工艺，采用 Lecitase Novo/Lecitase Ultra 的工艺流程如图 3-3 所示。在该工艺中，毛油经过加热至 75～85℃，然后按每吨油 0.65kg 柠檬酸的比例加入 45%的柠檬酸溶液进行反应，酸反应的目的是络合油中的金属离子，保证精炼油的稳定性。酸反应后的油经换热器降至预定温度，使用 Lecitase Novo 需使油降温至 45℃以下，使用 Lecitase Ultra 时降温至 55℃以下，然后加入水、NaOH 和酶。加 NaOH 的目的是和前期加入的柠檬酸形成缓冲体系，有利于酶发挥作用，每吨油 NaOH 的添加量为 0.20～0.25kg，水的添加量为 1%～5%，加水量对脱胶无明显影响（Koseoglu et al.，1997）。加酶后的油水体系经高速混合进入酶反应罐反应 4～6h 完成脱胶过程，经一步离心即可获得脱胶油，脱胶油含磷量一般低于 10mg/kg，甚至低于 5mg/kg，经吸附脱色后含磷量进一步降低，完全满足物理精炼的要求。

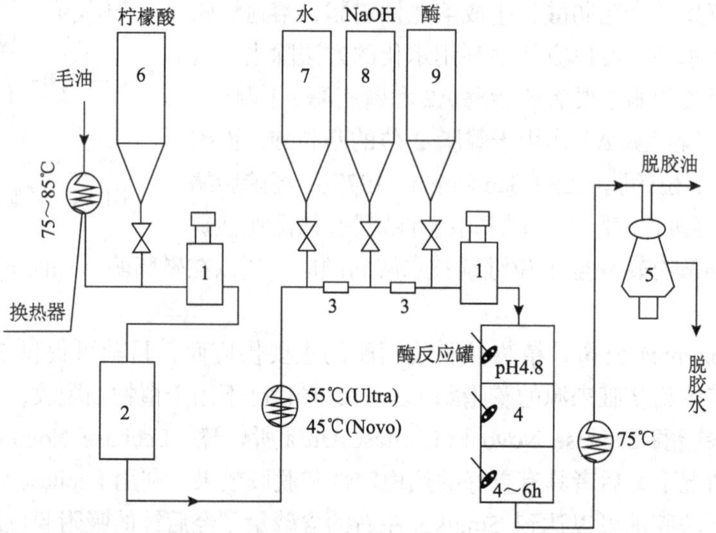

图 3-3　酶法脱胶的工艺流程（引自杨博和王宏建，2004）

1. 高速混合器　2. 酸反应罐　3. 静态混合器　4. 酶反应罐　5. 离心机　6. 柠檬酸罐　7. 软水罐　8. NaOH罐　9. 酶罐

3. 酶法脱胶过程反应机制　通过实验对脱胶水固形物主要成分的检测，确定反应的最终产物，以阐明植物油酶法脱胶过程的反应机制（Ochoa et al.，2001）。

1）实验过程

（1）脱胶水固形物的甲苯处理。将烧杯、玻璃棒和 50mL 离心管置于(100±2)℃的电热恒

① ppm 为百万分之一

温干燥箱中烘至恒重。称取 5g 脱胶水固形物（精确至 0.0001g）于离心管中，加入约 40mL 甲苯，用玻璃棒搅拌，使之基本分散后取出玻璃棒，把离心管放在超声仪中超声处理 20min，然后放入离心机中离心，倾出上层甲苯液。反复用甲苯洗涤，直至甲苯呈无色为止，倾出甲苯液，并在水浴上蒸去残留甲苯。用脱脂棉蘸擦净离心管外壁后，将离心管和玻璃棒一并放入烧杯中，于(100±2)℃的电热恒温干燥箱中烘 30min，取出冷却称量，直至烘到恒重。同时收集上层甲苯液，真空脱溶后，得到脱胶水固形物的甲苯可溶物。

（2）脱胶水固形物各组分的质谱分析。将步骤（1）得到的甲苯可溶物和甲苯不溶物分别进行质谱分析。质谱分析条件：毛细管进样，电离方式为电喷雾（ESI），正离子电离，电喷雾电压 4000V，加速电压–4800V，反射板电压–1210V，推迟脉冲频率 5000Hz，检测的质子数/电荷数(m/z)为 20～1400。

（3）脱胶水固形物各组分的脂肪酸含量分析。将步骤（1）得到的甲苯可溶物和甲苯不溶物分别进行甲酯化操作，再进行气相色谱分析，以确定其脂肪酸含量（Welsh，1989）。

甲酯化步骤：向 50mL 圆底烧瓶中加入 20～50mg 样品，然后加入 0.5mol/L 的 KOH-甲醇溶液 2mL，置于 70℃水浴回流条件下皂化反应 10min，反应过程中不时振荡至样品溶解；取下烧瓶冷却 2min 后加入 3mL BF3-甲醇溶液，置于 70℃水浴回流反应 5min，使样品甲酯化完全；烧瓶冷后，加入 3mL 正己烷，轻轻摇荡，然后加入饱和食盐水使正己烷相液面上升至瓶口，吸取上层正己烷相于装有少量无水硫酸钠的样品瓶中待分析。

气相色谱分析条件：色谱柱为 VarianCapillaryColumnCP-Sil88（60m×0.25mmi.d×0.20μm，VarianInc.，USA）；采用程序升温法，150℃保持 3min，然后以 11℃/min 升温到 170℃保持 5min，再以 1℃/min 升温到 195℃保持 3min；进样口温度 250℃，FID 检测器温度 280℃；载气为高纯氮气，柱前压力为 25kPa，氢气压力为 60kPa，空气压力为 50kPa，分流比 50∶1，进样量为 1μL；内标法定量。

（4）脱胶水固形物各组分的磷含量分析。将步骤（1）得到的甲苯可溶物和甲苯不溶物分别进行含磷量的测定，测定方法采用钼蓝比色法（Welsh，1989）。

2）结果与分析

（1）脱胶水固形物的质谱分析。按照上述步骤（1）进行脱胶水固形物的甲苯处理，分别得到脱胶水固形物的甲苯可溶物和甲苯不溶物，其中甲苯可溶物占固形物总重的 50.74%，甲苯不溶物占固形物总重的 49.26%。分别进行甲苯可溶物和甲苯不溶物的质谱分析，结果如图 3-4 和图 3-5 所示。

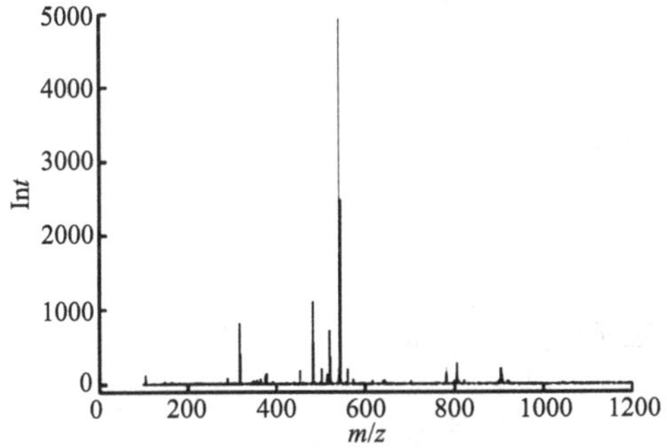

图 3-4　脱胶水固形物甲苯可溶物的质谱图
（引自杨继国和杨博，2007）

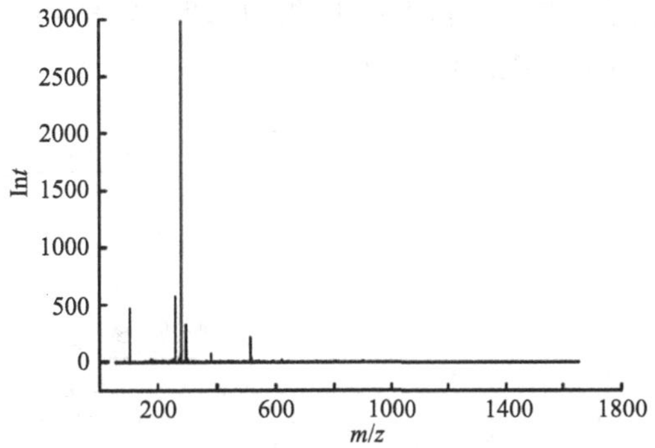

图 3-5　脱胶水固形物甲苯不溶物的质谱图
（引自杨继国和杨博，2007）

由图 3-4 可知，脱胶水固形物甲苯可溶物成分的相对分子质量大多处于 450～600，这与溶血磷脂的相对分子质量范围基本一致，其中 480 处的峰为溶血脑磷脂（LPE）的特征峰，520 处的峰为溶血卵磷脂（LPC）的特征峰，560 处的峰为溶血丝氨酸磷脂（LPS）的特征峰。所以，可以确定甲苯可溶物中的主要成分为溶血磷脂（Buchold，1996）。由图 3-5 可知，脱胶水固形物甲苯不溶物成分的相对分子质量大多处于 250～400，这与甘油酰磷脂的相对分子质量范围基本一致，其中 240 处的峰为甘油酰卵磷脂（GPC）的特征峰，280 处的峰为甘油酰丝氨酸磷脂（GPS）的特征峰。所以，可以确定甲苯不溶物中含有相当数量的甘油酰磷脂。

（2）脱胶水固形物各组分的脂肪酸含量和磷含量。通过确定脱胶水固形物各组分中是否含有脂肪酸就可以判断这个组分是含有溶血磷脂还是含有甘油酰磷脂，因此分别对甲苯可溶物和甲苯不溶物进行了脂肪酸含量分析，结果表明甲苯可溶物中脂肪酸含量为 27.34%，再结合质谱分析的结果可知，甲苯可溶物中的主要成分为溶血磷脂（60%左右），同时还可能含有一些色素等物质；甲苯不溶物中脂肪酸含量为 0.7%，说明其含脂肪酸类物质（包括溶血磷脂）相当少（杨博等，2003）。脱胶水固形物经过甲苯处理后得到的甲苯可溶物和甲苯不溶物中由于分别含有溶血磷脂和甘油酰磷脂，因此分别具有一定的含磷量。由于酶法脱胶过程中酶催化磷脂反应前后，不管磷脂转变为什么产物，磷的总量是守恒的，因此分别测定含有溶血磷脂的甲苯可溶物和含有甘油酰磷脂的甲苯不溶物的含磷量，就可以推断出酶法脱胶过程中反应的磷脂有多少比例转变为溶血磷脂，有多少比例转变为甘油酰磷脂。本研究分别进行了脱胶水固形物甲苯可溶物和甲苯不溶物的磷含量的测定，结果表明，甲苯可溶物的磷含量为 4.87%，甲苯不溶物的磷含量为 4.22%，经过计算，甲苯可溶物中的磷量占脱胶水固形物总磷量的 54.3%，甲苯不溶物中的磷量占脱胶水固形物总磷量的 45.7%，即在所研究脱胶水来源的酶法脱胶过程中，反应的磷脂有 54.3%转变为溶血磷脂，有 45.7%转变为甘油酰磷脂（杨继国等，2003）。

（3）酶法脱胶过程的实验反应机制。由以上的质谱分析结果可知，脱胶水固形物中含有一定量的甘油酰磷脂，这确证了在应用脂肪酶 Lecitase Ultra 的植物油酶法脱胶过程中，磷脂反应中存在着酰基转移现象，一部分的 2-溶血磷脂的脂肪酸酰基将转移到 1-位，在具有 1-位活性的酶的作用下脂肪酸被水解生成甘油酰磷脂，即植物油脱胶过程中磷脂的反应将按图 3-6 所示的反应机制进行，其中决定有多少比例的溶血磷脂发生酰基转移生成甘油酰磷脂的是酶法脱胶过程中的反应条件，如温度、反应时间等，在我们所研究的脱胶水来源的酶法脱胶过程中，接近一半的溶血磷脂会发生酰基转移，在酶的作用下进一步反应生成甘油酰磷脂（Loeffler et al.，1999）。

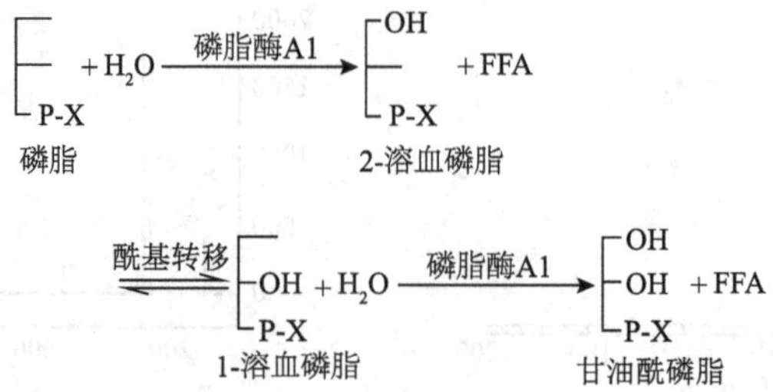

图 3-6　植物油酶法脱胶过程中磷脂反应的分子机制

X代表胆碱、乙醇胺、肌醇、氢等

质谱分析的结果表明，脱胶水固形物中存在一定量的甘油酰磷脂，揭示了在酶法脱胶过程中存在着溶血磷脂酰基转移及甘油酰磷脂生成的现象。在所研究脱胶水的酶法脱胶过程中反应的磷脂有 54.3%转变为溶血磷脂，有 45.7%转变为甘油酰磷脂（李秋生等，2004）。脱胶水固形物含有一定量的溶血磷脂，是具有一定利用价值的，经过处理后可以得到使用性能更佳、附加值更高的酶改性磷脂，进一步提高酶法脱胶过程的经济性。

酶法脱胶是油脂精炼的一项高新技术，该技术在提高油脂工业的经济和环保性能方面具有巨大的应用价值。该方法经过十多年的发展，已在脱胶用酶和控制方法等关键技术上实现突破，具有很强的推广价值。目前，酶法脱胶技术已引起世界各国油脂工业界的重视，在德国有几家工厂采用酶法脱胶工艺炼油，印度有 7 家中型工厂采用了酶法脱胶工艺，埃及也有两条生产线正在进行酶法脱胶工艺的改造（Kim，2001），我国的某大型油脂企业也有 400t/d 的生产线在采用酶法脱胶工艺生产，另有若干家工厂在进行酶法脱胶工艺的试验，准备进行工程改造。

磷脂酶在大豆油中适度精炼的应用前景、油脂的适度加工是当今油脂精炼中的研究热点，用磷脂酶对大豆油进行脱胶，不仅脱胶效果好（磷脂含量可控制在 10mg/kg 以下），而且能源消耗低、污染小，符合节能减排要求（余榛榛，2013）。同时，利用对大豆毛油酶法脱胶之后，其后续的脱酸碱炼、脱色、脱臭比常规脱胶法更为容易，污染和能耗也将会进一步降低，一系列的优点十分明显，具有广阔的应用前景（彭云向，2012）。

酶法脱胶具有优良的脱胶效果，可以大大降低食用油精炼能耗和污染，对油脂适度精炼意义重大，但是酶法脱胶依然存在某些需要改进和深入研究的地方。因此，为尽快实现工业自动化以减少人力及能源消耗，植物油脂脱胶工艺还有待研究者进一步研究，以便被更好地推广应用到工业化大生产中，磷脂酶在大豆油适度精炼中也必将发挥出应有的潜力。

四、其他脱胶法

在油脂脱胶工艺中，除传统水化脱胶工艺及各种酸脱胶、酶法脱胶工艺，脱胶的方法还有长混工艺（long mix process），短混工艺（short mix process），50 油工艺（50 oil process），特殊脱胶法（special degumming process），酸脱胶法（acid degumming process）[其中又分为简单酸脱胶法（simple degumming process）和干法脱胶法（dry degum ming process）]。近十几年来，又相继开发超级脱胶法（super degum ming process），顶级脱胶法（top degumming process），IMPAC 脱胶工艺（IMPAC degumming process），S.O.F.T.脱胶法（S.O.F.T degumming process），超滤脱胶法（ultrafiltration degumming process，UF 法），全脱胶工艺（total degumming process）等新的脱胶工艺（Komoda，1999）。这些新工艺均可使脱胶油中磷残留量在 5～10ppm，确保符合物理精炼要求，为油脂精炼技术做出新的贡献。国内一些企业也引进或消化吸收部分新工艺，并取得一定成效。下面将这些油脂脱胶的工艺流程、工艺参数和工艺指标分别简介如下。

1. 长混工艺　长混工艺即长时间混合工艺，是源于美国对大豆油精炼工艺而开发长时间（3～10min）、低温度（20～40℃）的一种精炼法，其工艺流程如下。

酸+碱（加入混合器）；热水（加入第二个换热器）

毛油→混合器→中间罐→换热器→离心机→换热器→混合器→离心机→精炼油

2. 短混工艺　短混工艺即短时间（1～15s）、高温（80～90℃）脱胶（及脱酸）精炼工艺，这种方法主要是欧洲、日本为适合于多种油脂精炼而开发的，其典型工艺流程如下。

毛油→换热器→混合器（←酸）→中间罐→混合器（←碱）→中间罐→换热器→混合器（←热水）→离心机→混合器（←热水）→离心机→精炼油

这里需说明的是，本文所介绍各种酸脱胶工艺，主要是为了脱除油脂中所含非水化磷脂，加碱中和的目的主要是调节液相中 pH，以更好地提高分离效果；并非是常规碱炼脱酸中对游离脂肪酸的中和（Komoda，1990）。

3. 50 油工艺　该工艺是由美国斯坦利（Satley）公司开发的用无水乙酸脱胶的方法。该研究完成于 1956 年，故命名为 50 油工艺（shoemaker，1997），其工艺流程如下。

毛油→混合器（←水+无水乙酸）→换热器→中间罐→离心机→换热器（←水）→中间罐→离心机→真空干燥→精炼油

将大豆毛油加热到 75～80℃，添加 10%、15%无水乙酸（视情况有时再入 1%过氧化氢），加入 2%～3%的水，在 75～80℃下搅拌 20～30min，使磷脂水化析出，析出胶质经离心机分离，这样脱胶后精炼油中磷含量为 30～50ppm（桑井原祯，1999），优于传统水化法。

该方法虽可将磷脂较好脱除，可省略碱炼脱酸工艺，中性油损失少，脱臭油及磷脂收率好；但对油中铁离子也很难除尽，同时棉籽油、玉米油等色泽较深毛油，不易得到充分精炼。另外，按照有关国家的食品添加剂规范，不允许在油脂中加入无水乙酸及过氧化氢（对设备也有较强腐蚀）。

4. 特殊脱胶法　该法是由瑞典阿法拉伐（Afa-Laval）公司开发的一种新工艺，又称为酸精炼法。主要是针对大豆油等磷脂含量高的油而开发的。其中，在离心机应用上，又分为单机型与双机型两种方式。特殊脱胶法工艺流程如下。

毛油→换热器→混合器（←酸）→中间罐→混合器（←碱+热水）→中间罐→离心机→混合器（←水）→离心机→精炼油

经过水化脱胶的油中还含有非水化磷脂，即磷脂酸和脑磷脂的钙镁复盐。对于这类磷脂酰基结合弱极性基团所复合的磷脂，水化脱除是非常困难的。鉴于这些非水化磷脂在酸性和碱性条件下可以解离，解离的磷脂能形成不溶于油的水合液态晶体，Unilever、HLS 和 Afa-Laval 等公司在生产中采用了联合脱胶工艺（unidegumming process）和特殊湿法脱胶工艺。过滤粗油（$P\leqslant 1000$ppm）或水化脱胶油由输油泵泵入换热器，预热到 65～70℃后进入酸混合反应器，加入油重 0.05%～0.2%的磷酸或柠檬酸进行调理，之后将油冷却至 40℃以下，加入油重 1%～3%、浓度为 2%～3%的絮凝剂（NaOH 溶液），絮凝反应 1～1.5h 使液晶态的磷脂水化和絮凝，反应后的体系加热至 70℃左右进行离心分离。据资料介绍此工艺可以使脱胶油中的含磷量降至 8ppm 以下（丁泓滨，1992）。

特殊湿法脱胶法，酸的添加量按未脱胶油磷脂含量确定：磷脂含量小于0.5%时柠檬酸为0.1%，含磷脂0.5%～1%时柠檬酸为0.15%，磷脂含量>1%时柠檬酸为0.2%。絮凝剂的添加量基于中和酸调质反应后的剩余酸，一般按总酸的30%计算，常用的絮凝剂为浓度2～3°Bé的NaOH溶液，通过絮凝剂的加入，控制脱胶油的pH为5～6.5。

5. 超级脱胶法 Unilever公司在1976年采用了超级脱胶工艺，可使脱胶油中的含磷量降至30mg/kg以下。具体过程是将未脱胶或水化脱胶油加热至70℃左右，加入油重0.05%～0.2%的磷酸或柠檬酸进行体系pH的调节，使非水化磷脂解离，之后将油脂冷却至40℃以下，即所谓磷脂水化“临界温度”以下，加水使磷脂在慢速状态下形成稳定的液态晶囊，这些晶囊会有效地束缚糖及金属离子（韩景生，1999）。其工艺流程如下。

毛油→换热器→（卵磷脂）混合器→（酸）混合器→（碱+热水）中间罐→冷却器→（水）混合器→中间罐→换热器→离心机→冷却器→（碱）中间罐→换热器→离心机→精炼油

将含有极性基水化磷脂，在低温中与水接触形成液状结晶。加热（75℃）后在毛油中加入柠檬酸，充分混合，在中间罐保持15min，再加水混合，在中间罐25℃下保持3h，待磷脂形成结晶形状，再将经加热胶质进行离心分离。这一阶段磷脂含量仅为15～30ppm，再用稀碱液进一步处理，可将油中磷脂量降至5ppm以下。

6. 顶级脱胶法 顶级脱胶法是由比利时范德莫特尔（Vandemoortele）公司和德国韦斯伐里亚（Westfalia）公司共同开发的一种新工艺。其工艺流程如下。

毛油→换热器→（酸）混合器→中间罐→（碱）混合器→离心机→（水）混合器→中间罐→离心机→精炼油

加热到90～105℃毛油中加磷酸激烈搅拌混合约3min，用稀碱将部分磷酸中和，将全部油脂用离心机分离后加热水稍暂静置，用高的重力加速度进行离心分离，最后脱胶油脂中磷脂含量在5ppm以下。

7. IMPAC 脱胶工艺 该法是由比利时迪斯美（Desmet）公司开发的一种新的脱胶工艺（Egers，1992）。其工艺流程如下。

毛油→换热器→（酸，添加剂）混合器→混合器→（碱，水）混合器→中间罐→（热水）换热器→离心机→精炼油

8. S.O.F.T.脱胶法 由Tirtiaux公司推出的S.O.F.T.脱胶工艺，将毛油加热至75～85℃，与2%～5%含润湿剂（通常用EDTA）的水溶液混合，能与许多金属离子形成螯合的复杂分子，包括镁、钙和铁，不溶于水的二价化合物的非水化性磷脂能通过EDTA的螯合作用而除去，随后磷脂水化20min，并离心分离，得到的油中磷含量小于5mg/kg（马传国等，2000）。当铁与EDTA形成油不溶性复合物后，能被有效地除去（小于0.1mg/kg），从而改善脱胶油的氧化稳定性，降低精炼油变质的危险。该方法的特点是工艺和设备简单，

仅需一台特殊的混合器（高剪切力）和一台离心分离机（自清式），能使任何高或低磷脂含量的毛油或水化脱胶油的残磷量降至 5mg/kg 以下，而且操作成本非常低。其工艺流程如下。

EDTA+水 ↓（加入混合器）

毛油→换热器→混合器→中间罐→离心机→精炼油

9. 超滤脱胶法　超滤脱胶法是由德国克虏伯（KruPp）公司开发的一种脱胶新工艺。超滤脱胶法是采用一种有机膜或无机膜，根据磷脂和甘油三酯分子质量大小的不同，在一定的条件下进行分离，达到脱胶的目的。该方法在实验室和中试工厂中已完成，但还未用于工业生产中，许多工作尚需完善（胡学烟，2001）。该方法最大的优点是减少水对环境的污染，脱胶过程中减少添加化学试剂。其工艺流程如下。

酸 ↓（加入第一混合器）　絮凝剂+水 ↓（加入第二混合器）

毛油→换热器→混合器→中间罐→混合器→中间罐→换热器→离心机→精炼油

该法是在加热油中加酸进行混合后冷却，再（根据需要）加絮凝剂和水并保持一定时间，使胶质凝缩后加热，再反复进行水洗和离心分离后进行脱色。采用本工艺可将通常毛油中所含 885ppm 磷脂，经超滤后磷脂可减至 4ppm（张根旺。1999）。

10. 全脱胶工艺　磷脂的复合物共同的特征就是与水接触时形成水合物，且在水中析出，但它们水化速率有差别。SenGupta 等研究这些磷脂复合物在 80℃时的水化速率见表 3-4，在此以卵磷脂（PC）的水化速率为 100%进行对比。从表 3-4 中看出卵磷脂（PC）、肌醇磷脂（PI）水化速率比较快。不仅卵磷脂（PC）的水化速率快，而且它能吸附自身重量 80%的磷脂酸、脑磷脂和肌醇磷脂。这就意味着若毛油磷脂中 55%的是卵磷脂时，它们能在一定温度下通过快速水化脱除干净。然而一般大豆油中含 PC 的量在 30%左右，因此在较高温度下快速水化只能部分脱除水化较慢的磷脂。Arutyunyan 等通过研究葵花籽油中磷脂的沉积，也说明了 PC 具有自我脱胶的特性。

表 3-4　不同类型磷脂复合物水化速率

磷脂复合物类型	水化速率/%
卵磷脂（PC）	100
肌醇磷脂（PI）	44
脑磷脂（PE）	16
磷脂酸（PA）	8.5
脑磷脂钙盐（PECa-Salt）	0.9
磷脂酸钙盐（PACa-Salt）	0.6

根据 PC 有自我吸附脱胶的特性，Vamo 公司于 1989 年开发了全脱胶工艺。具体过程是毛豆油加热至 70℃左右，加入油重 0.05%～0.2%的磷酸或柠檬酸进行充分混合与调理，然后将含有水化磷脂（卵磷脂）的重相水与油混合，再将油脂冷却至 40℃以下，进行混合滞留反应后，加热 70℃左右进行离心分离。据资料介绍此工艺可以使脱胶油中的含磷量降至 15mg/kg 以下。

另外，利用吸附剂的表面吸附作用，也能将油中的胶杂分离，但考虑到经济效益，很少将其作为独立的脱胶方法应用于工业生产，只是在某些特殊场合下才被用来作辅助性脱胶，如物理精炼原料油脂的干法脱胶（刘玉兰，2003）。

电聚法脱胶又称物理脱胶，是将油脂加热到一定温度，通过高压电场使胶质发生凝聚。据资料介绍，当油温100℃时，通入电流100～700mA、电压500～2000V、频率为500～4000次/（30～60）s的高频电流时，油中胶杂即可凝聚。电聚脱胶法尽管在工业生产上的应用尚不多见，但工艺简便，油脚含水率低，若能源消耗能与其他脱胶方法相当，则电聚脱胶法同样也是有前途的。

热凝聚脱胶工艺是利用胶体杂质对凝聚剂和温度的不安定性，使其凝聚分离的一种脱胶方法。含有胶质的油，其导电率伴随温度的升高而增大，但当温度升至某一数值时，胶质即发生凝聚，其导电率急转而下。凝聚温度随油品种类和预处理程度而异，在负压条件下，一般为180～225℃，凝聚时间为3～5min。据资料介绍，水化脱磷油在残压为3.7～5.3kPa、温度为210～230℃下，加入占油重0.05%的柠檬酸和乙酸钠（重量比1∶1）混合物水溶液（浓度为40%～50%），搅拌促使胶杂凝聚，然后冷却到75～85℃，破真空进行常规碱炼，所得脱酸油的磷含量和色素含量均可与脱臭油相媲美（丁保淼，2015）。

此外还有二氧化硅脱胶法、超声波脱胶法、超临界流体脱胶法、薄膜脱胶法等新工艺，这些新工艺均可使脱胶油中的磷的残留量在5～10mg/kg，确保了物理精炼的要求，为油脂精炼技术做出了新的探索（曹湘洪，2007）。

第二节 油脂脱酸

一、油脂碱炼脱酸

碱炼脱酸是用碱中和油脂中的游离脂肪酸，所生成的肥皂吸附部分其他杂质而从油中去除的精炼方法。肥皂具有很好的吸附作用，它能吸附色素、蛋白质、磷脂、黏液及其他杂质，甚至悬浮的固体杂质也可被絮状肥皂夹带，一起从油中分离，油厂将该沉淀物称为皂脚（苏望懿，1997）。

用于中和游离脂肪酸的碱有氢氧化钠（俗称烧碱或火碱）、碳酸钠（纯碱）和氢氧化钙等。油脂工业生产上普遍采用的是烧碱、纯碱，或者先用纯碱后用烧碱。其中烧碱在国内外应用最为广泛。

1. 油脂碱炼的基本原理 碱炼过程中主要的化学反应有中和反应、不完全中和反应、水解反应和皂化反应4种类型。

2. 影响碱炼脱酸反应的因素

1）中和反应速率 根据质量守恒定律，中和反应的速率方程式为

$$r_1 = K(C_A)^m(C_B)^n \tag{3-4}$$

式中，r_1为化学反应速率[mol/(L·min)]；K为反应速率常数；C_A为脂肪酸浓度（mol/L）；C_B为碱液浓度（mol/L）；m为该反应对于反应物A是m级反应；n为该反应对于反应物B是n级反应（何东平，2010）。

由式（3-4）可见，中和反应速率与油中游离脂肪酸的含量和碱液的浓度有关。对于不同种类的油脂，因酸值不同，当用同样浓度的碱液碱炼时，酸值高的比酸值低的油脂易于碱炼；对于同一批油脂，可通过增大碱液浓度来提高碱炼的反应速率。但是碱液浓度并不能任意增大，因为碱液浓度增大，中性油被皂化的可能性也随之增加，同时碱液分散所形成的碱滴大，表面积小，反而会降低界面反应速率（赵军，2003）。

2）非均态化学反应　脂肪酸是具有亲水和疏水基团的两性物质，当其与碱液接触时，虽然不能相互形成均态真溶液，但由于亲水基团的物理化学特性，脂肪酸的亲水基团会定向围包在碱滴的表面而进行界面化学反应。这种反应属于非均态化学反应，其反应速率取决于脂肪酸与碱液的接触面积，可用式（3-5）描述。

$$r_2 = KF \tag{3-5}$$

式中，r_2 为非均态化学反应速率；K 为反应速率常数；F 为脂肪酸与碱液接触的面积。

由式（3-5）可知，碱炼操作时，碱液浓度要适当，碱滴分散得很细，使碱滴与脂肪酸有足够大的接触界面，方能提高中和反应的速率。

3）相对运动　碱炼中，中和反应速率还与游离脂肪酸和碱滴的相对运动速度有着密切关系，见式（3-6）。

$$r_3 = Ku \tag{3-6}$$

式中，u 为反应物相对运动速度；K 为反应速率常数。

在静态情况下，这种相对运动仅仅是由游离脂肪酸中心、碱滴中心分别与接触界面之间的浓度差所引起的，其值甚微，似乎意义不大，但在动态情况下，这种相对运动的速度对提高中和反应速率起着重要的作用。因为在动态情况下，除了浓度差推动相对运动外，还有机械搅拌所引起的游离脂肪酸、碱滴的强烈对流，从而增加了它们彼此碰撞的机会，并促使反应产物迅速离开界面，加剧了反应的进行，因此碱炼中一般都要配合剧烈的混合或搅拌。

4）扩散作用　中和反应在界面发生时，碱分子自碱滴中心向界面转移的过程属于扩散现象。反应生成的水和皂围包界面形成一层隔离脂肪酸与碱滴的皂膜，膜的厚度称为扩散距离。该扩散速率同样遵守菲克定律，见式（3-7）。

$$r_4 = D\frac{C_1 - C_2}{L} \tag{3-7}$$

式中，r_4 为扩散速率；D 为扩散常数；L 为膜的厚度或扩散距离；C_1 为反应物液滴中心的浓度；C_2 为界面上反应物的浓度。

由式（3-7）可知，扩散速率与毛油中的胶性杂质的多少有关，由于毛油中胶性杂质会被碱炼过程中产生的皂膜吸附形成胶态离子膜，从而增加了反应物分子的扩散距离，减少扩散速率。因此碱炼前，对于含胶性杂质多的毛油，务必预先脱胶，以保证精炼效果。

3. 碱炼脱酸的工艺反应类型

1）间歇式碱炼工艺　碱炼脱酸工艺按作业的连贯性分为间歇式和连续式两种。间歇式工艺适宜于生产规模小或油脂品种更换频繁的企业，生产规模大的企业多采用连续式脱酸工艺（何东平，2010）。

2）连续式碱炼脱酸工艺　该工艺的全部生产过程是连续进行的。工艺流程中的某些设备能够自动调节，操作简便，具有处理量大、精炼效率高、精炼费用低、环境卫生好、精炼油质量稳定、经济效益显著等优点，是目前国内外大中型企业普遍采用的先进工艺。

（1）长混碱炼工艺。长混技术是由油脂与碱液在低温条件下长时间接触而开发出来的。在美国，将长混碱炼过程称为标准过程，常用于加工品质高、游离脂肪酸含量低的油品，如新鲜大豆制备的毛油。另外，在碱炼过程中油与碱液混合前，需加入一定量的磷酸进行调质，以便除去油中的非水化磷脂。连续长混碱炼是由泵将含固体杂质小于0.2%的过滤毛油泵入板式热交换器预热到30～40℃后，与由比例泵定量的浓度为85%的磷酸（占油量的0.05%～0.2%）一起进入混合器进行充分混合。经过酸处理的混合物到达滞留混合器，与经油碱比配系统定量送入的、经过预热的碱液进行中和反应，反应时间为10min左右。完成中和反应的油-碱混合物，进入板式热交换器迅速加热至75℃左右，通过脱皂离心机进行油-皂分离。分离出的含皂脱酸油经板式热交换器加热至85～90℃后，进入混合机，与由热水泵送入的热水进行充分洗涤后，进入脱水离心机分离洗涤废水，分离出的脱酸油去真空干燥器连续干燥后，进入脱色工段或储存。

（2）短混碱炼工艺。高温下油脂与碱液短时间地混合（1～15s）与反应，可避免因油碱长时间接触而造成中性油脂的过多皂化，这对于游离脂肪酸含量高的油脂的碱炼脱酸非常适用。短混碱炼工艺也适合易乳化油脂的脱酸。另外，对非水化磷脂含量较高的油脂脱磷也有较好的效果。短混二次碱炼工艺中把过滤后的毛油泵入板式加热器加热至85℃左右。预热后的毛油与由酸定量泵打入的一定量的磷酸一起进入混合器混合并反应。然后进入碱混合器，与经碱定量泵计量后根据所需碱液浓度，在加入一定量的热水使之达到合适浓度的碱液进行混合反应。完成中和反应的油-皂混合物进入第一台碟式分离机进行脱皂，分离出的皂脚收集后进行利用。分离后的油经泵进入复炼混合器，与碱定量泵计量并送来的少量浓碱（由热水泵加水后稀释成所需的稀碱液）进行混合，进一步完成中和反应。反应后的油-皂混合物进入第二台离心分离机分离出油和皂脚。分离出的油经泵进入水洗混合器，与一定量的热水混合并洗涤，然后一起进入离心分离机分离油和废水。分离后的油经干燥送到脱色工段。复炼过程对改善油的品质和色泽、降低残皂量及提高成品油脂的风味，具有明显效果。

3）混合油碱炼　混合油碱炼即将浸出得到的混合油（油脂与溶剂混合液）通过添加预榨油或预蒸发调整到一定的浓度后进行碱炼，然后再进一步完成溶剂蒸脱的精炼工艺。混合油碱炼，中性油皂化概率低，皂脚持油少，精炼效果好。由于在混合油蒸发汽提前除去胶杂、FFA及部分色素，因此有利于油脂品质的提高。

（1）混合油碱炼机制。浸出法制油所用的溶剂通常为非极性的轻汽油（主要成分为正己烷）。所得的混合油中，溶剂分子围包在甘油三酯分子中的烃基周围，而排斥、阻碍极性碱液与甘油三酯分子中酰氧基的接触，从而避免了中性油的皂化。而游离脂肪酸的烃基虽然也被溶剂包围，但其羧基比甘油三酯的酰氧基受的空间阻碍小得多，且极性较大，因此羧基能插入碱液中发生中和反应。所得皂脚与混合油的密度差别很大，加之混合油的黏度小，故皂脚易从混合油中分离出来，且持油少。此外，由于混合油在进一步蒸脱溶剂前已经脱除了胶质和某些热敏杂质（皂脚的吸收和吸附作用），故可避免蒸发器结垢，从而提高蒸发效率并改善油品色泽。

（2）混合油碱炼的主要影响因素。

A. 混合油浓度。浓度过低的混合油，因其与碱液的密度和极性的差别极大，难以混合，而使完成中和反应的附加措施过于复杂化，并且因游离脂肪酸的浓度过小而大大降低中和反应的速度。但是浓度过高的混合油又不能满足混合油碱炼的条件。适宜的混合油浓度为40%～65%，以机械分离皂脚时选上限，沉降分离时则取下限（何东平，2005）。

B. 油碱比配与混合。混合油碱炼中和阶段可采用连续式或间歇式。连续式比配常采用比例泵或隔膜装置，选用比例泵要求密封性能好。碱液耗量可由式（3-8）确定。

$$L = \frac{V \times d \times \mathrm{AV} \times K}{56.1c} \tag{3-8}$$

式中，L 为液体碱流量（L/h）；V 为混合油流量（L/h）；d 为混合油密度（kg/L）；AV 为混合油酸值；K 为超量碱系数，AV>10 取值为 1.2～1.5，AV<10 取值为 1.5～2.0；c 为碱溶液的物质的量浓度（mol/L）。

与机榨毛油相比，混合油中亲水物质较少，油相与碱液相密度差异大，加之溶剂的空阻作用，游离脂肪酸与碱液较难形成乳化状的非均态反应，因此需提高混合强度，以增加游离脂肪酸与碱液的接触概率，从而提高中和反应的速率。

C. 添加剂。混合油碱炼过程中，加入混合油中的物质称为添加剂。除碱液外，有时在中和前还需添加脱胶剂或脱色剂。脱胶剂常采用柠檬酸或磷酸等，脱色剂常采用过氧化氢，其添加量一般为 100～400mg/kg。中和反应后，为了不使系统的压力升高而采用加水的方法来促使皂脚凝聚。凝聚水的添加量需根据混合油的浓度、品质、碱量及碱液浓度等因素，通过小样试验确定。

D. 溶剂。浸出法制油常用的溶剂有工业正己烷、6 号溶剂油及丙酮等。不同溶剂所得的混合油质量不同，从而影响碱炼时对其他因素的选择。例如，用丙酮得到的混合油中磷脂与胶质含量少，棉酚含量高，故油色较深，因此操作条件的选择就有别于己烷混合油。丙酮混合油浓度一般控制为 60%。由于中和反应产生的皂脚和棉酚的钠盐黏度较高，不便于直接分离，故需加水稀释，以降低稠度。

E. 油-皂分离。混合油碱炼生成的皂相，不溶于混合油，且与油相的密度差大，常采用连续沉降器或密闭碟式离心机进行分离。但不同的分离设备对分离物的要求不同。采用沉降设备分离时，要求皂粒充分凝聚或絮凝，中和反应后常需添加凝聚水。当采用碟式离心机分离时，则要求皂粒充分地溶成皂相，加热溶皂的时间一般为 10～15min。

（3）混合油碱炼工艺。混合油碱炼按操作的连贯性可分为间歇式和连续式两种。连续式混合油精炼工艺分沉降分离和离心分离两类。

离心机分离混合油浓度为 45%～60%，酸处理添加剂的量为 100～400mg/kg，超量碱为混合油量的 0.25%～0.45%，碱液为 16～22°Bé，中和温度为 54～60℃，经密闭离心机脱过皂的混合油中，残皂量较低，可不经洗涤而直接输入溶剂蒸脱工序蒸脱溶剂。

混合油精炼具有较多优点，但所使用的溶剂易燃易爆，因此需采取相应措施。所有容器设备应设有自由气体管线，与自由气体平衡罐连通，分离机最好安装在车间最高层专用机房内，且有良好的通风设施，以保安全生产。

4）*表面活性剂碱炼* 在中和阶段掺进表面活性剂溶液，利用其选择性溶解特性，以降低炼耗提高精炼率的一种碱炼工艺称为表面活性剂碱炼（何东平，1998）。目前应用于生产的比较成熟的表面活性剂是海尔活本（Hatropen OR），即二甲苯磺酸钠异构体的混合物，常温下呈粉末或片状，易溶于水，对酸和碱都较稳定。其中活性物的含量大于93%，硫酸钠含量小于4.5%。海尔活本溶液的特点是：在碱炼过程中能选择性地溶解皂脚和脂肪酸，减少皂脚包容油的损失。由于皂脚的稀释，增加搅拌强度也不致出现乳化现象，因此可用增加搅拌强度来代替或减少部分超量碱，减少中性油被皂化的概率，从而可获得较高的精炼率。此外，海尔活本精炼法获得的皂脚质量高（脂肪酸含量高达93%～94%），对酸值高的毛油（游离脂肪酸含量高达40%）也能获得较好的精炼效果，同时还能简便地连续分解皂脚、回收海尔活本而循环用于生产，排出的废水量为中性，免除了对环境的污染。

5）*泽尼斯碱炼工艺* 塔式泽尼斯（Zenith）法碱炼工艺是目前国际上比较先进的碱炼工艺之一，特别适用于低酸值毛油的精炼，具有设备简单、成本低、精炼效率高、无噪声等特点。此工艺自1960年诞生以来，不少国家已推广应用。它与一般碱炼工艺有显著区别，属于O/W型碱炼。它是将含有游离脂肪酸的毛油分散成油珠，通过呈连续相的稀碱液层进行中和的一种工艺，主要由脱胶、脱酸、脱色和皂液处理等工序组成（何东平，2005）。

泽尼斯中和塔（图3-7）是该工艺的特征设备，由中和段、分离段、油珠分布器、碱液分布器及液位控制器等构成。塔高3～4m。中和段为带有锥底的中圆筒体，设有夹套保温层，锥底设有排放含皂碱液的浮标控制阀门。分离段紧连在中和段上部，直径大于中和段，以扩大乳化层的分离界面。上部设有油、皂分离窥视镜、皂液浮标及恒位溢油口。毛油分布器设在圆筒体下端与锥底的相接处，分布器以特殊的结构均匀设置有布油孔。孔密度约为10 000孔/m^2，每孔能形成直径为0.5～2mm的油线。碱液分布呈辐射形，辐射管上开有直径为5mm的分布孔，由浮标控制器自动控制新鲜碱液添加量。中和塔工作为半连续式，两只并联交替作业可使脱酸过程连续化（何东平，2015）。

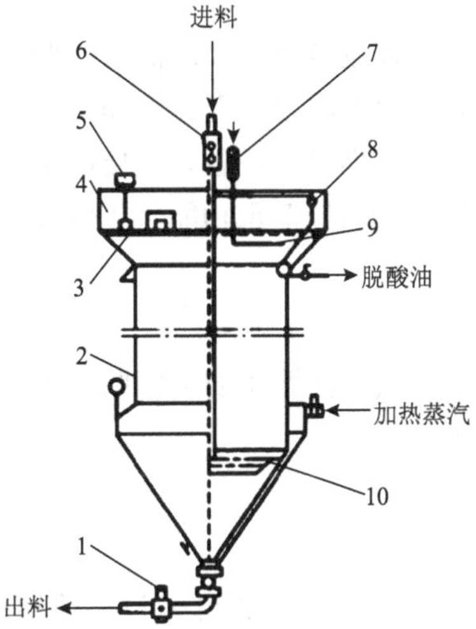

图3-7 尼泽斯中和塔

1. 浮标排皂阀；2. 中和塔；3. 分离窥视镜；4. 分离段；5. 碱液浮标控制阀门；6. 油视镜；7. 碱液视镜；8. 恒位溢油流口；9. 碱液分布器；10. 毛油分布器

4. 碱炼脱酸设备 碱炼脱酸的主要设备，按工艺作用可分为皂脚调和罐、油碱比配装置等。

1）*皂脚调和罐* 皂脚调和罐是处理富油皂脚（或油脚）的设备。间歇式碱炼（或水化）分离出的皂脚（或油脚），包含有40%以上的中性油。为了回收这部分中性油脂，可通过该设备添加中性油和食盐水溶液，将皂脚稀释、加热、调和到一定的稠度后，输入脱皂机分离回收其中的油脂。皂脚调和罐主体是带有碟盖和锥底的短圆筒体，罐的下半部设有笼管式传热装置，轴心线上设有直立螺旋搅拌器，搅拌轴通过碟盖上的密封填料箱与传动装置连接，传动装置由直立电机和摆线针轮减速器组成。罐体上设有物料进出管，碟盖上设有照明灯和快开式人孔盖，可以观察掌握皂脚调和程度。碟盖上还设有真空连接管，以调和操作在负压下进行（倪培德，2003）。

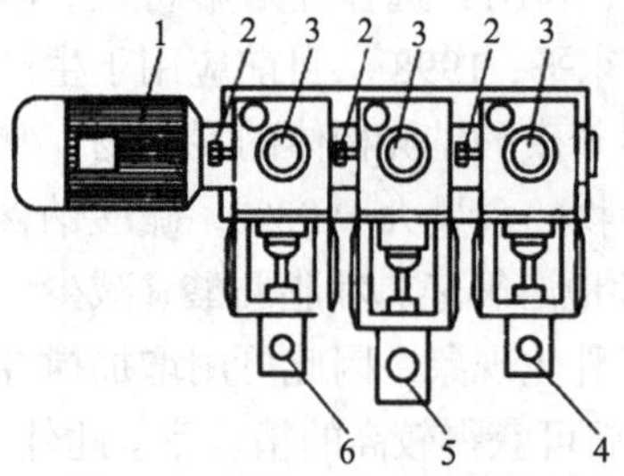

图 3-8　三缸泵（引自于殿宇等，2012）

1. 电机；2. 定位螺杆；3. 刻度盘；4. 酸泵；5，6. 碱泵

2）油碱比配装置　油碱比配装置是连接式碱炼工艺的重要装置。它的工艺作用是根据毛油品质，按毛油流量比配碱液。主要有比例泵、油碱比配机及隔膜阀比配装置等几种形式（丁保淼，2015）。

（1）比例泵。比例泵又称计量泵，属容积式泵。其柱塞行程可按比例进行调节，因而可用于物料定量比配。该类泵有单缸、双缸和多缸式，按输送物料的性质分为普通型和耐酸型两类。我国研制专用于油脂精炼工程的 YBND 计量泵为三缸泵，如图 3-8 所示，可用于流量为 19～240L/h、工作吸力为 0.7MPa 的酸、碱计量场合。其他定型计量泵也可按需配套于精炼过程。

（2）油碱比配机。油碱比配机是专用于油脂精炼工程的一种计量泵。我国研制的 YJR 型油碱比配机采用双缸柱塞计量泵形式作为主体结构，主要由油泵头、碱泵头、传动机构和行程调节装置等部件组成。油碱泵头包括球阀、柱塞、填料和泵缸体等。传动机构包括立式电机、蜗轮蜗杆、楔形轴偏心轮连杆、十字头等。立式电机通过同一蜗杆带动两只蜗轮，进而借楔形轴偏心轮连杆、十字头带动油碱泵柱塞做同步往复运动，使油碱物料脉动吸入并输送至油碱混合机。油碱流量的调节，通过高速电机的速度，或通过调节螺杆改变楔形轴与偏心距，进而改变柱塞行程而实现。电机速度或偏心距的改变，通过一套齿轮装置反映在行程表上，从而可由行程表直接读出油碱流量。该机的特点是流量精度高、动力省，具有定量比配输送物料的双重功能（丁保淼，2015）。

二、其他脱酸方法

脱除油脂中游离脂肪酸（FFA）的其他方法有蒸馏脱酸法、液-液萃取法和酯化法脱酸等方法。

（一）蒸馏脱酸法

蒸馏脱酸法也称为物理精炼法，此法是原油中的 FFA 不是用碱液中和除去，而是在真空和高温条件下，用水蒸气蒸馏方法达到脱除游离脂肪酸的一种精炼方法（周瑞宝等，2012）。

传统的油脂碱炼方法，通常用碱液中和原油中的游离脂肪酸，碱炼油再进行脱色、脱臭就能得到高质量的精炼油。虽然用烧碱脱酸方法简便，能除去原油中绝大多数游离脂肪酸，但耗用较多的辅助材料，产生的废水如不加处理会对环境造成污染，尤其是高酸价原油用烧碱液处理，会造成过多的中性油的损耗。物理精炼是近代发展的油脂精炼新技术，它与离心机连续碱炼、混合油碱炼、泽尼斯碱炼并列，为当今四大先进食用油精炼技术（陶瑜，1999）。

目前，任何一种以碱类中和脱酸的工艺，尽管各具有一定的优点，但共同的缺点是：耗用辅助剂（碱、食盐、表面活性剂等），一部分中性油不可避免地被皂化，废水污染环境，从副产品皂脚中回收脂肪酸时，需要经过复杂的加工环节（水解、蒸馏），特别是用于高酸值毛油的精炼时，油脂炼耗大，经济效果欠佳。因而早在 20 世纪 70 年代，就有人提出以物理精炼代替化学精炼的设想。随着工艺及设备等技术关键的突破，物理精炼已由最初的棕榈油、椰子油、巴巴苏油等的精炼，逐渐扩展到大豆油、菜籽油、玉米油、花生油、芝麻油、橄榄油及牛脂和猪脂等更为广阔的领域，成为目前世界上油脂脱酸的几种主要方法之一。物理精炼引起油脂科技工辅材料用量省、产量高、经济效益好，避免了中性油皂化损失，精炼效率高，产品稳定性好，可以直接获得高质量的副产品——脂肪酸，并且没有废水污染等。特别是对于一些高酸值油脂的脱酸，其优越性更为突出（韩抒，2009）。例如，棕榈油的碱炼脱酸，其最佳精炼指数通常为 1.3～1.8，而物理精炼的精炼指数很容易就能达到 1.10。当游离脂肪酸含量为 5%时，物理精炼可较碱炼提高精炼率 1%～3.5%。

1. 蒸馏脱酸的机制 在相同条件下，游离脂肪酸的蒸气压远远大于甘油三酯的蒸气压，根据这一物理性质，利用它们在同温下的相对挥发性的不同进行分离。天然油脂多属于热敏性物质，在常压高温下稳定性差，往往当达到游离脂肪酸的沸点时，即已开始氧化分解。但是，当油脂中通入与油脂不相容的惰性组分时，游离脂肪酸的沸点即会大幅度降低。表 3-5 给出了几种脂肪酸在不同操作条件下的沸点变化情况。由表 3-5 可知，在真空条件下，采用水蒸气作辅助剂，即可在低于甘油三酯热分解温度下脱除游离脂肪酸。

表 3-5 不同脂肪酸在不同条件下的沸点

脂肪酸	脂肪酸的沸点/℃		
	不加水蒸气（常压）	脂肪酸：水蒸气	
		常压 1：2.5	20kPa 条件下
月桂酸	301	191	176
豆蔻酸	330	211	173
棕榈酸	340～356	224	211
硬脂酸	360～383	243	223
油酸	—	239	220

2. 蒸馏脱酸原料油品质的要求 原料油品质及其预处理质量是物理精炼工艺的前提条件。酸败油脂由于天然抗氧剂的破坏，氧化中间产物复杂而影响产品的风味和稳定性。茴香胺值>10 的原料油不宜用于加工高级食用油。原料油中非亲水性磷脂多为钙、镁、铁等金属离子的载体，它们的存在会导致产品色泽加深、透明度下降、风味和稳定性降低，甚至使脱酸、脱臭过程失败。因此，确保原料油品质和物理精炼预处理质量尤为重要。为此，瑞典阿法拉伐公司提出了一些设计指南，其工艺设计思想如下：非亲水磷脂含量少于 0.1%，含铁量少于 2×10^{-2}mg/kg 的油脂，可通过干式脱胶方法处理；非亲水磷脂含量少于 0.5%，含铁量少于 2×10^{-2}mg/kg 的油脂，需进行特别湿法脱胶。若油中非亲水磷脂含量和铁含量均超过上述要求，则不适合采用物理法精炼，只能用碱炼法进行精炼。

物理精炼油脂的预处理包括脱胶和脱色。对于胶质含量低的油品（棕榈油、动物脂等非亲水磷脂低于 0.1%、铁离子低于 2×10^{-6}mg/kg 的油品）的预处理可将脱胶和脱色合并在同一工序中进行。对于非亲水磷脂量低于 0.5%、铁离子量低于 2×10^{-6}mg/kg 的油脂，则需通过磷酸调质水化或特殊水化脱胶和活性白土脱色两个工序进行预处理。经过预处理的油脂质量需达到如下要求：磷含量≤5×10^{-6}mg/kg、铁含量≤0.1×10^{-6}mg/kg、铜含量≤0.01×10^{-6}mg/kg（何东平，2010）。

3. 影响蒸馏脱酸的主要因素

（1）粗油质量及其预处理。粗油质量及其预处理影响成品油脂的稳定性。粗油质量好并经过脱除微量金属离子和热敏性物质的预处理，才能加工成稳定性高的成品油脂。蒸馏脱酸工艺最初只限于胶质含量少的月桂酸系的粗油脂脱酸，近年来的研究表明，只要脱酸前采取有效的预处理，豆油、菜籽油等油品也可应用蒸馏法脱酸。

（2）操作温度和压力。蒸馏脱酸时的操作温度和压力影响脂肪酸的沸点。在一定的范围内，脂肪酸的蒸气压的对数与绝对温度成正比。压力一定时，温度增高，则油中游离脂肪酸的蒸气压力也随之增高，从而提高了游离脂肪酸由油脂中逸出的速率。一定压力下，脂肪酸具有相应的沸点，随着操作压力的降低，脂肪酸的沸点也相应降低，因此在固定操作温度的前提下，根据脂肪酸蒸气压与温度的正比例关系，低的操作压力，将会降低汽提蒸汽的耗用量（韩景生，1989）。

蒸馏脱酸法工艺流程简单，可以直接获得高质量的油脂，产生的副产品——脂肪酸可综合利用，同时因其并不产生废水而有利于环境保护。另外，用蒸馏脱酸法可以将游离脂肪酸降低至 0.50%左右，因而能显著地降低总炼耗。在欧洲一些国家，用蒸馏法对高酸价油脂进行蒸馏法脱酸，可将油脂中的 FFA 降低至 0.20%～0.50%，然后再用碱炼方法除去剩余 0.20%～0.50%的 FFA。使用蒸馏脱酸法工艺，对原油中胶体物质特别是磷脂必须通过预脱胶方法除去。此外，因毛棉油、毛糠油中含有热敏性物质，也必须在蒸馏脱酸前除去。这些物质如不先行除去而存在油脂中，经蒸馏脱酸后，油脂受热在高温下色泽会变深，而且采用脱色的方法很难减弱色泽（陶瑜，1999）。

（二）液-液萃取法

液-液萃取法脱酸是根据原油中各种物质的结构和极性的不同，采用相似相溶的原理，选用合适的溶剂和操作条件，进行液-液萃取，从而达到除去 FFA 的一种脱酸方法。

液-液萃取脱酸法损耗低，适宜于高酸值深色油脂（如米糠油、橄榄饼油、棉籽油及由可可豆壳萃取出的脂等）的脱酸，也常用于提高油脂品质的改性。液-液萃取法脱酸的工艺，包括多元溶剂比配、混合、轻相和重相溶液的分离、洗涤、皂液水解及溶剂回收等工序。这些工序可根据需要组合成间歇式或连续式的操作工艺流程。常用的溶剂有丙烷、糠醛、乙醇、异丙醇、己烷等。单元溶剂萃取可应用乙醇或异丙醇（浓度为 91%～95%）于填料塔中进行逆流萃取。我国粮油科研部门曾进行过乙醇萃取米糠油游离脂肪酸的生产试验，取得了一定的效果。工业规模的液-液萃取工艺中，综合了碱炼与液-液萃取理论，常采用多元溶剂（如己烷、异丙醇、水等）萃取油脂中和过程形成的不同组分，借助密度上的差异进行分离，从而达到脱酸目的（刘玉兰，2012）。

液-液萃取脱酸法具有设备简单、操作简单、中和损耗低和操作费用低等优点，是很有发展前途的脱酸工艺，但由于尚存在操作不够稳定等缺点，目前尚未广泛应用于工业生产。随着油脂工业科学技术的发展，液-液萃取精炼法将会得到完善。

（三）酯化法脱酸

酯化法是应用脂肪酸与甘油的酯化反应而达到脱酸目的的另一种化学脱酸法。

1. 酯化反应原理　如图 3-9 所示，酯化反应可视为甘油酯水解的逆反应，因此控制好反应条件，方能使反应按预期的方向进行（何东平，2010）。

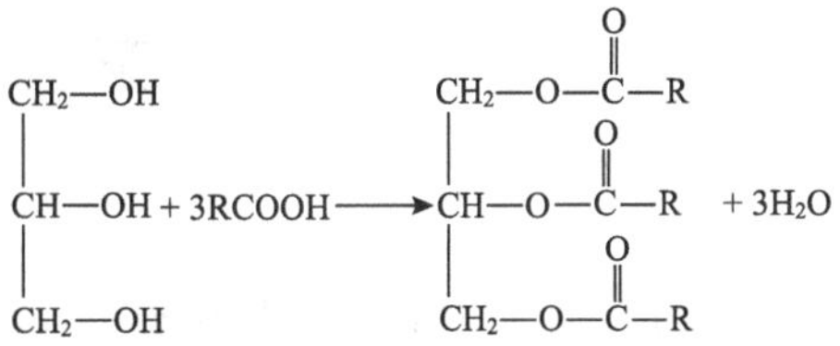

图 3-9　酯化反应方程式

2. 影响酯化反应的主要因素

（1）操作压力。酯化反应需控制在尽可能低的压力下，以避免聚合作用的发生和影响酯化产品的色泽及风味，操作绝对压力通常为 0.67～0.80kPa。

（2）温度。在催化剂参与反应的条件下，酯化作用于 160～225℃下发生，适宜温度为 200～225℃。

（3）催化剂。酯化反应的常用催化剂为锌粉、$SnCl_3$、$SnCl_4$ 和 $ZnCl_2$ 等，添加量为油量的 0.1%～0.2%。

（4）混合。由于脂肪酸、催化剂与甘油互不相溶，酯化反应发生在接触界面。因此，反应中必须激烈搅拌，以形成三组分的理想乳浊液，增加反应接触面。

（5）反应产物。由反应方程式可知，酯化反应受质量守恒定律支配，不断除去反应生产的水，才能使反应按酯化方向进行。

（6）甘油及其用量。酯化反应使用的甘油浓度通常为 98%，每 100kg 脂肪酸理论上的甘油耗量为 11.65kg，过量的甘油往往会导致副反应的发生，产生单酰甘油和甘油二酯，从而有碍于后续精制过程。

（7）时间。酯化反应时间一般由 160℃开始计至 215℃约需时间 5h。

（8）毛油预处理。为了避免发生副反应，提高酯化反应速率，毛油或粗脂肪酸须经严格的预处理。

酯化法是应用脂肪酸与甘油的化学合成反应，即酯化反应，达到脱酸目的的一种化学脱酸法。据有关资料报道，用酯化法降低油脂中的 FFA 含量，即用甘油或单酰甘油和油脂反应，使 FFA 再转变成甘油三酯。国外已在工业生产中应用此法，其对酸价高的油脂有作用。因为甘油不能和 FFA 定量地反应，如果使用的甘油过量，酯化后必须用其他处理方法分解单酰甘油及甘油二酯，并除去过量的甘油；如果甘油完全酯化，且使用的甘油量不足，则需除去残留的 FFA（王瑞元，2009）。用酯化法降低酸价的油脂在反应前必须先进行脱胶处理，因反应进程中需升高油温，如不先行脱胶则会严重影响油脂质量。此外甘油酯的结构可能会受到影响，因为反应形成的甘油酯，其结构纯粹是随机的（陶瑜，1999）。

（四）混合油精炼法

混合油精炼就是将浸出混合油直接碱处理脱酸的方法（曾庆梅等，2007）。具体地说，将浸出法得到的混合油或外来毛油加溶剂配成浓度为 30%～70%（常用 40%～58%）的混合油，加入碱液（7～26°Bé，超碱量为 0.2%～0.6%），在 50～58℃和强烈搅拌的条件下进行中和反应，待生成肥皂后再升温到 65～70℃，目的是稀释皂脚放出中性油，然后降温至 45℃，此时即起凝结与吸附作用。接着用泵打入离心机（或盘式分离器）内分离皂脚与混合油，最后用常规蒸发汽提法回收溶剂取得脱酸净毛油。采用混合油精炼法有如下特点（倪培德，1993）：①由于溶剂的存在油与碱不易接触皂化，故中性油损失少。②因具有较强的吸附作用，一般不经脱色也能得到色泽较浅的油脂。尤其是棉油中未变性的游离棉酚色素会溶解于碱液，生成皂脚而脱色。

第三节 油脂脱色

一、吸附脱色

纯净的甘油三酯在液态时无色，固态时为白色。但常见的各种油脂都带有不同的色泽，这是因为油脂中含有数量和品种不同的色素。这些色素有些是天然色素，主要有类胡萝卜素、叶绿素等；有些是在油脂加工过程中油脂及伴随物的氧化、降解或聚合产生的再生色素。油脂脱色的方法很多，油厂常用的是吸附脱色法，此外也采用辅助的加热脱色法（李里特，2002）。

（一）吸附脱色的原理

油脂的吸附脱色就是利用某些表面活性物质对色素具有强的吸附能力，吸附除去油脂中色素的方法。吸附脱色的作用主要是脱除油脂中的色素，同时还可以除去微量金属、残留皂粒、磷脂等胶体杂质、某些臭味物质及多环芳烃和残留农药等。油脂吸附脱色过程中，吸附剂对色素及其他杂质的吸附作用，是色素等杂质与吸附剂颗粒表面之间的特殊亲和力所呈现的一种表面现象。吸附剂内部各原子（或原子团）的吸引力往往平均分配到周围的原子（或原子团）上，使引力场达饱和状态，然而吸附剂极多的超微凹凸表面上，原子的引力场则得不到饱和，具有化合价力的剩余力量（剩余价力），因而可以与某些物质进行一种松懈的化学反应。这种松懈的反应有时在剩余价力尚未完全饱和时，使吸附剂表面又形成了一种新的力场，致使周围的溶质分子比没有此力场的情况下更易聚结而呈现物理吸附（温士谦，1982）。

1. 物理吸附 靠吸附剂和色素分子间的范德瓦耳斯力，不需要活化能，无选择性，吸附物在吸附剂表面上可以是单分子层，也可以是多分子层。吸附放出的热量较小，吸附速度和解吸速度都较快，易达到吸附平衡状态。一般在低温下进行的吸附，主要是物理吸附。

2. 化学吸附 吸附剂内部的原子（或原子团）所受的引力是对称的，使引力场达到饱和状态；而表面上的原子（或原子团），尤其是超微凹凸表面上的原子（或原子团），所受到的引力是不对称的，即表面分子有剩余价力（表面自由能）。剩余价力有吸附某种物质而降低表面能的倾向。这时，吸附物和吸附剂之间发生电子转移或形成共用电子时，就像进行化学反应，称为化学吸附。当然，这类化学键不是很牢的，是较松懈的，但比物理吸附牢得多。因为是靠剩余价力吸附，所以化学吸附只能单分子层吸附，放出的吸附热也比物理吸附大得多，吸附和解吸达到平衡也慢得多，故多在高温下进行。但化学吸附是有选择性的，某一吸附剂只对某些吸附物才会发生化学吸附（张国馥等，2011）。

当吸附物平衡浓度一定时，吸附量随温度而变化。当温度很低时，主要是物理吸附，由于物理吸附过程是放热的，因此吸附量随温度升高而降低。温度升到一定值后，物理吸附量继续下降，化学吸附加快，总的吸附量是增加的。化学吸附也是放热反应，当温度达到某一数值以后，吸附量反而会下降。

3. 吸附等温线 若固定温度，就得到等温时的吸附量。第一阶段，吸附剂表面还没有或很少吸附色素或其他杂质，基本上还是空白表面。由于表面有剩余价力，接触到吸附物就吸附上去。这些被吸附的分子不停地运动，当被吸附分子的能量足以克服吸附剂表面对它的吸附引力时，它可以重新回到油中去，这种现象称为解吸，在吸附过程的同时有解吸作用。第一阶段基本上没有解吸，所以吸附量随浓度的增加呈直线上升。第二阶段，随着吸附量的增加，吸附剂表面未被色素等覆盖的空白表面就越来越少，色素等分子撞到空白表面的可能性逐渐减少，吸附速度也因此下降，同时解吸速度却逐渐增大，总的吸附量曲线表现为缓慢上升。第三阶段，吸附速度继续下降，解吸速度继续上升，最后吸附速度等于解吸速度，达到了吸附动态平衡，曲线在这一段基本平行于横坐标（马传国，2004）。

（二）影响脱色的因素

1. 吸附剂的种类和用量 不同种类的吸附剂具有各自的吸附特性，它们与脱色效果、油脂损失及过滤速度关系密切。在油脂脱色中，吸附剂的用量受吸附剂特性、油脂的种类和脱色前后的色度等因素影响，变动范围很大，一般用量为油重的1%～3%（贾健辉，2012）。

1）吸附剂的选择依据 不少吸附剂都具有吸附油脂内色素的能力，但只有少数能用于工业生产。用作油脂脱色的理想吸附剂应具备的条件如下：①对油脂内的色素有强的吸附能力，即用少量吸附剂就能达到吸附色素的工艺效果。②对油脂内的色素有显著的选择吸附作用，即能大量吸附色素而吸油较少。③化学性质稳定，不与油发生化学作用，不使油带上异味。④方便使用，能以简便的方法与油脂分离。⑤来源广、价廉、使用经济。完全具备上述条件的吸附剂目前尚未研制成功，寻找理想的吸附剂对油脂的脱色具有重要的意义。

2）吸附剂的种类

（1）天然漂土。天然漂土是一种天然的吸附剂，学名为膨润土。其主要组分是蒙脱土，还混有少量的Ca、Mg、Fe、Na、K等成分。其悬浮的pH为5～6，呈酸性，所以又称酸性白土。天然漂土从开矿到最后研磨分级，仅经物理方法处理。其结构呈微孔晶体或无定形，比表面积比其他黏土大得多，具有一定活性，但其脱色系数较低（指同批油脂脱色前后，同时观察达到相同色度时油柱高的比例），吸油率也较高，因而逐渐为活性白土所代替。

（2）活性白土。活性白土是以膨润土为原料经处理加工成的活性较高的吸附剂，在油脂工业的脱色中应用最广泛。活性白土的加工由开矿、粗碎、酸活化、水洗、干燥、碾磨、过筛等工序制成。其中酸活化是最重要的一步，酸处理用硫酸或盐酸使蒙脱土结构中的铝离子被氢离子取代到某一合适的程度，同时溶解掉一部分氧化铁、氧化镁、氧化钙等，使微孔增加，有效地提高其吸附脱色的能力。活性白土对色素，尤其是叶绿素及其他胶性杂质吸附能力很强，对于碱性原子团和极性原子团吸附能力更强。油脂使用白土脱色后，会使油脂带一点白土味，可通过脱臭脱除。

（3）活性炭。活性炭是由木屑、蔗渣、谷壳、硬果壳等炭化后，再经化学或物理活化处理而成。其主要成分碳的含量高达90%～98%，密度为1.9～2.1t/m^3，而松密度为0.08～0.45t/m^3。具有疏松的孔隙，比表面积大，脱色系数高，并具有疏水性，能够吸附高分子物质等。对蓝色和绿色色素的脱除特别有效，还能脱除微量矿物油带给油脂的闪光。此外，对气体、多环芳烃和农药残毒等也有较强的吸附能力。由于价格昂贵、吸油率较高，在油脂脱色操作中往往与漂土或活性白土一起使用，混合比通常为1∶(10～20)。混合使用可明显提高脱色能力，并能脱除漂土腥味。

（4）沸石。沸石属酸性火山熔岩与碎屑沉积间层的多旋回、多矿层的湖盆沉积，多为火山玻璃的熔解或水解作用而成的斜发沸石矿床，经采矿、筛选、碾磨、筛分即得沸石吸附剂。其化学组成主要为二氧化硅，其次是氧化铝。具较好的脱色效果，脱色时还能降低油脂的酸价和水分。价格比活性白土便宜，是油脂脱色的新材料。

（5）凹凸棒土。凹凸棒土是一种富镁纤维状矿物，其主要成分为二氧化硅，这种土土质细腻，外观呈青灰色、灰白色。产地农民把它作饲料添加剂未发现植物病变，它脱色效果良好，与活性白土比较，脱色时用量少，油损失小，价格便宜。问题是过滤较困难，应适当降低土的细度（苏望懿，1990）。

（6）硅藻土。硅藻土由单细胞类的硅酸钾壳遗骸在自然力作用下演变而成。纯度较好的硅藻土呈白色，一般为浅灰色或淡红褐色，对色素有一定的吸附作用，但脱色系数较低，吸油率较高，油脂工业生产中多用作助滤剂（刘玉兰，2015）。

（7）硅胶。硅胶的主要成分为 SiO_2（含量为 92%～94%），其余为水分，呈多孔海绵状结构，具有较强的吸附能力，价格昂贵，一般多充填成硅胶柱进行压滤脱色。

（8）其他吸附剂。应用于油脂脱色的吸附剂还有活性氧化铝及亚硫酸处理的氧化铝等。

2. 毛油的品种和质量　毛油中的天然色素较易脱除，而加工过程中新生色素就很难除去。待脱色油中含有的胶质、残留皂粒、金属离子等杂质会首先被脱色剂吸附，从而降低脱色剂的脱色效率。油脂中的水分会影响脱色剂对色素的吸附，因此油脂脱色前必须进行脱水，控制其水分含量在 0.1%以下（刘军海等，1998）。

不同种类的油脂具有不同数量的色素，色素的种类也不完全相同，脱色剂的选用和脱色后的质量也就不同。例如，蒸谷米糠制的油，因原料已经高温处理，因此油色较深，很难脱除。新鲜毛油经脱胶、碱炼和脱水后比较容易脱色。如果待脱色油中含有较多的胶质、残皂等杂质，这部分杂质就会占据吸附剂一部分活性表面，从而降低脱色效率，要达到满意的脱色效果，只有增加吸附剂的用量。因此，脱色前必须对油脂进行预处理（马传国，2004）。

3. 搅拌混合程度　脱色过程是一个非均态物理化学反应过程，要使脱色剂与色素等杂质均匀接触和反应，必须充分搅拌。真空状态下脱色，搅拌可以剧烈些，以不引起油脂飞溅为度。常压下脱色，搅拌强度只要保持脱色剂不下沉即可，搅拌太剧烈容易将空气带入油中，促进油脂氧化。脱色过程中，吸附剂对色素的吸附，是在吸附剂表面进行的，属于非均匀物理化学反应。良好的混合能使油脂与吸附剂有均匀的接触机会，从而有利于吸附平衡的建立，并避免局部长时间接触而引起的油质劣变。常压脱色操作中，混合强度以达到吸附剂在油中呈均匀悬浮状态即可，不要过于强烈，以减少油脂氧化的程度。负压脱色操作中混合强度可激烈些（60r/min），以不引起油脂飞溅为度。

4. 真空度　在油脂脱色过程中，往往伴随着热氧化副反应，常压脱色时热氧化反应较快，真空状态下脱色热氧化反应缓慢，所以脱色宜在真空状态下进行；脱色设备中的真空度为 93.3～94.7kPa。

5. 温度　吸附脱色中的操作温度取决于油脂的品种、操作压力及吸附剂的品种和特性。脱除红色较脱除黄色用的温度高；常压脱色及活性度低的吸附剂（如天然漂土）需要较高的操作温度；负压脱色及活性度高的吸附剂则适宜在较低的温度下脱色；高温型的活性白土在低温下操作就不能获得好的脱色效果；不同的油品均有最适脱色温度，若操作温度过高，就会因新色素的生成而造成油脂回色。最适宜的脱色温度与油脂品种、操作压力及吸附剂品种有关。常压脱色及活性较低的吸附剂，需在较高的温度下操作；真空脱色和活性高的吸附剂可在较低的温度下操作，脱色温度一般在 85～100℃。

6. 时间　吸附脱色操作中油脂与吸附剂在最高温度下的接触时间取决于吸附剂与色素间的吸附平衡，只要搅拌效果好，达到吸附平衡并不需要太长的时间，尽管在一定的范围内脱色程度随时间的延长而加深，但过分地延长时间，不但褪色幅度会缓慢下来，甚至会使油脂的色度回升。脱色时间宜控制在 20min 以内，通常把油和脱色剂在最高温度下的接触时间称为脱色时间。随着脱色时间的延长，油脂的氧化程度、酸值回升速度都会提高（李里特，2002）。

7. 操作压力 在脱色过程中，吸附剂吸附色素的同时，往往还伴有热氧化副反应，这种副反应对油脂脱色有利的一面是部分色素因氧化而褪色；不利的方面是氧化使色素固定（对吸附作用无反应）或产生新的色素及影响成品油的稳定性。

吸附脱色操作分常压及减压两种类型，常压脱色时热氧化副反应总是伴随着吸附作用。减压脱色过程操作压力低，相对于常压脱色，其热氧化副反应甚微，理论上可认为只存在吸附作用。不同品种、特性的油脂和吸附剂，在不同的压力状态下呈现不同的脱色效果。活性度较高的吸附剂与饱和程度低的油脂适宜在减压状态下脱色。而活性度较低的吸附剂（天然漂土或 AOCS 标准活性白土）及饱和度较高的油脂，在常压下脱色则能获得较高的脱色效率。这是因为活性低的吸附剂催化氧化的性能也低，使色素褪色的程度超过了新色素生成和原有色素固定的程度。目前世界各国通用的是减压脱色，以避免氧气的介入，油脂与吸附剂接触的时间不宜超过 1h（从加入脱色剂至过滤完成），从而保证了脱色油脂的稳定性（马传国，2004）。

（三）吸附脱色工艺

油脂吸附脱色一般分连续式和间歇式两种方法，其中又有常压和真空脱色之别。连续式真空脱色是近年来发展推广的新工艺，它有利于防止油脂的氧化和提高脱色效率，并且可以降低脱色油中的肥皂含量和游离脂肪酸的生成量。间歇式常压脱色是最古老的脱色法，现在有些厂还在采用。此法使用的设备为一开口锥底罐，其中有机械搅拌和蒸气加热管。定量漂土加入后，搅拌器应能使漂土维持浮悬状态，但又不应使油溅出油的表面，以免增加与空气接触的机会。加热速度越快越好，一般应在 1h 以内加热完毕。加热最高温度不超过 100℃。漂土在加入前与少量油在一小锅中调成浆状备用。加热完毕后，继续搅拌 15～20min，即可将油泵入压滤机中分离漂土（马传国，2004）。

为了防止油的氧化，可采取间歇式真空脱色。此法采用的真空脱色锅为圆筒形，上下底盖呈碟形，中间装有机械搅拌器及冷热管。间歇式真空脱色的操作与常压脱色相差不多，一般真空度维持在 680～720mmHg①。投入的油与定量吸附剂连续混合后，从脱色塔顶部喷入，借真空作用迅速除去溶解的空气和游离水分，然后抽出，经加热至脱色温度后再喷入塔的下层，以去除漂土经加热后分离出的结合水分。每次喷入油中少量直接蒸汽，帮助油的翻动并去除水分和空气。脱色塔放出的油即可泵入压滤机过滤。为使漂土得到充分的利用，可采取预脱色的工序，即经去除油中溶解的空气和水分后再经加热器加热使油温达到脱色温度，然后通过填满半废漂土的压滤机，先除去一部分色素，而后进入混合器与定量的新鲜漂土混合，返入真空塔的另一部分去除水分。通过滤油机滤过的油因油温较高，可利用它在热交换器中加热冷油，得以充分利用其热量（温士谦，1982）。

如图 3-10 所示，为连续式油脂脱色工艺（于殿宇，2002）。脱胶或碱炼油经由计量计计量后再经泵送入加热器加热至 70℃。如果加磷酸缓冲剂，磷酸经计量计与油同时进入混合罐，一方面混合均质，另一方面抽真空脱氧。活性白土由储罐进入计量绞龙，定量向预混合罐内

---

① 1mmHg = 0.133kPa

送入白土，而油脂在泵上引一支流输入混合罐与白土混合。白土与油的混合物及从脱氧罐来的油同时进入多层隔板式脱色塔。白土和油脂在塔内温度 90～110℃、残压 2.6～4kPa 下，搅拌反应 20～30min，脱色反应后的混合物经流量计入齿轮泵，进冷却罐冷却到 60～70℃，进入立式叶片过滤机过滤，过滤后的油再经精滤机过滤后去脱臭。

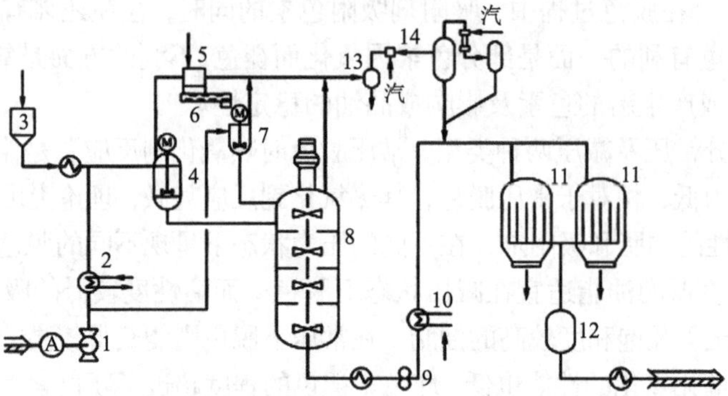

图 3-10　连续式油脂脱色工艺（引自于殿宇，2012）

1. 泵；2. 加热器；3. 白土罐；4. 混合罐；5. 储罐；6. 计量绞龙；7. 预混合罐；8. 多层隔板式脱色塔；9. 流量计；10. 出轮泵；11. 立式叶片过滤机；12. 精滤机；13. 汽液分离器；14. 真空系统；A. 计量计

（四）油脂吸附脱色生产操作中要掌握以下几项重点

1. 混合与搅拌　油与漂土必须混合均匀，接触良好。在常压下脱色，必须适当地搅拌，使白土在油中呈悬浮状态，但不可过于强烈，因为强烈搅拌，易于混入空气，引起油的氧化。真空下漂色最为理想不致产生油脂氧化。

2. 脱色温度与时间　漂土与油脂接触时的温度和时间对脱色效果有重要影响。一般来说，提高温度和延长时间虽可提高漂土活性，但油的游离脂肪酸会有所增加，因此对不同品种的油脂必须控制其最高的脱色温度和时间，其控制范围如表 3-6 所示。

表 3-6　漂土脱色的最高温度与时间

品种	最高脱色温度/°F		最高脱色温度下的时间/min
	常压	真空	
可可脂	233	180	20
玉米胚芽油	220	180	20
棉籽油	220	180	20
亚麻仁油	190	170	20
棕榈核油	230	180	20
棕榈油	325	320	20
花生油	220	180	20
菜籽油	220	180	20
大豆油	220	180	20
葵花籽油	220	180	20
桐油	—	180	20

注：搅拌转速为 50～100r/min

3. 漂土用量　油脂脱色的漂土用量与油脂、漂土质量和最终产品的色泽要求有关。原油和漂土的质量越好，漂土的用量也越少。脱色油的色泽越淡，漂土的用量也越多（何东平等，2012）。如据阿法拉伐公司介绍在毛油 FFA=2.4%、色泽黄 70 红 30、精炼损失=6.4%的情况下，活性白土用量对脱色效率的影响见表 3-7（温士谦，1982）。

表 3-7　不同活性白土加入量对色泽的影响

活性白土用量/%	色泽	
	黄	红
0.5	20	3.5
1	20	3
2	20	2.2
3	20	1.3

（五）脱 色 设 备

1. 脱色反应器　间歇式脱色反应器俗称脱色罐（孙宝国，2002），其结构类似于可以在真空条件下工作的封闭的精炼锅。连续脱色塔有多种形式。外壳是一个立式圆筒体带有上下碟形封头，内部设若干块隔板，设置隔板的作用是防止油流短路和控制停留时间，紧贴于每块隔板的上方安装有搅拌翅。油和白土的混合物自进油管经挡板进入第一层挡板层，第一层的油在桨叶作用下从中央流入第二层，再从第二层的四周压入第三层，这样重复折流几次后，油在底部受下搅拌翅的作用从混合油排出管排出机外。排出的油部分经回油口折流回塔内。控制一定的回流比是为了延长反应时间，且利用活性白土的剩余活力对新进油脂脱色。

2. 直立式叶片过滤机　脱色后的油与吸附剂分离一般采用压滤法，常用的压滤设备有直立式叶片过滤机（图 3-11）、板框式压滤机、圆盘叶滤机等。其中直立式叶片过滤机更为适宜，过滤介质多选用不锈钢过滤网和涤纶滤布（何东平，2005）。

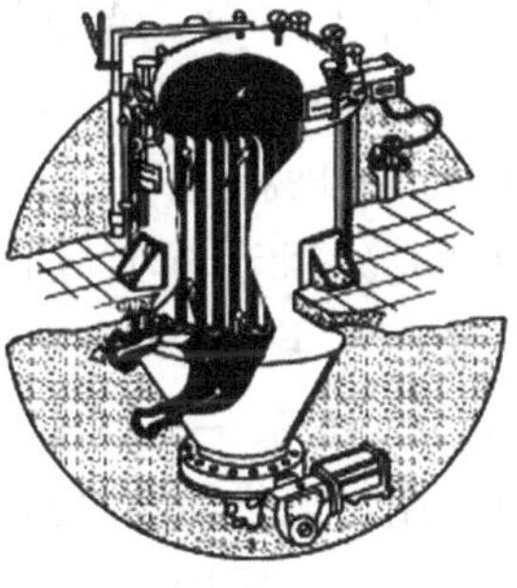

结构示意图

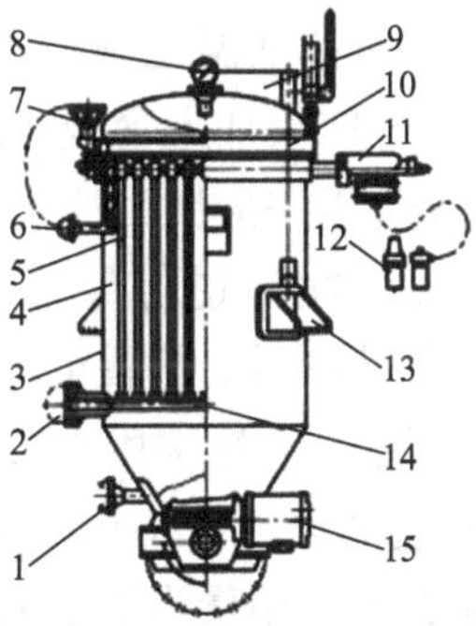

结构图

图 3-11　直立式叶片过滤机（引自于殿宇，2012）

1. 进油口；2. 出油口；3. 罐体；4. 工作腔；5. 滤叶；6. 溢油、蒸汽、压缩空气；7. 快开锁帽；8. 压力表；9. 碟盖提升装置；10. 碟盖；11. 振动器；12. 气阀；13. 支座；14. 滤叶集油管；15. 卸渣碟阀

二、其他脱色法

食用油脂的脱色普遍采用吸附脱色法将色素从油脂中除去，除了吸附脱色法以外，还有

其他一些脱色方法，这些脱色方法虽然能除去油脂色素，但往往会产生一些副作用。例如，用化学脱色方法，表面上看油脂的色泽变淡，但色素仍留存在油脂中，只是被氧化成无色或色泽较浅的物质。氧化剂加入油脂中除了使色素氧化外，也促使油脂产生氧化作用，虽然这些物质在油脂中的含量只有百万分之几，这些氧化剂能显著地影响油脂的稳定性及风味。因此，食用油脂从不采用化学方法脱色，只有工业用油脂才采用化学试剂或其他方法脱色，将这些脱色方法简述如下。

（一）日光脱色法

日光脱色法是利用太阳光中的紫外线将油脂中的色素氧化成无色的化合物。其是利用色素的光敏性，通过光能对发色基团作用达到脱色目的的一种脱色方法。油脂中的天然色素如类胡萝卜素、叶绿素等，因其结构中的烃基高度不饱和，多为异戊间二烯单体的共轭烃基，能吸收可见光和紫外光的能量，使双键氧化，使发色基团的结构破坏氧化成无色的化合物而褪色。日光脱色法较简单，只要将待脱色油脂置于开口的油槽中（上面罩透明覆盖物），或将其循环通过透光管道中，利用日光或将特定波长的光源辐射一定时间，就能使油脂氧化而褪色。油脂的日光脱色覆盖物采用能透过紫外线的玻璃或其他覆盖物。为了避免油脂光照而氧化，辐射光源的波长控制在 3000～5000A 的有效脱色范围（韩景生，1991）。

日光脱色法存在缺点是油脂光照后氧化成化合物，这些物质仍留在油脂中，促使油脂酸败及过氧化值升高。棕榈油光照后色泽去除较快，但食用棕榈油不应采用这种方法脱色。此方法用于对药用蓖麻油的脱色，以及作为工业用油脂如亚麻仁油和漆脂等油脂的辅助脱色方法（陶瑜，1999）。

（二）化学试剂脱色法

常用的化学试剂有重铬酸钠、漂白粉、过氧化氢、过氧化钠、高硼酸钠、臭氧等。利用这些物质对色素发色基团的氧化作用，对油脂进行脱色的方法称为化学试剂脱色法。

重铬酸钠漂白棕榈油和牛脂的工业脱色操作方法：将待脱色油置于衬铝（或搪瓷）反应锅内，以直接蒸汽加热，液体油温控制在 40℃左右，固体油脂温度控制在熔点以上（10～15℃），按油重量的 1.5%～1.8%加入食盐，搅拌 30～40min，然后均匀地加入占油重 1.7%～1.8%的重铬酸钠盐酸溶液（重铬酸钠为油重的 0.7%～0.8%，溶于 20kg 的浓盐酸内），在搅拌的同时向反应锅底部通入压缩空气搅拌，使脱色油充分翻动均匀，加快反应进行。反应搅拌时间控制在 3h 内，然后停止搅拌，静置沉淀，分离废水层。放去废水层用直接蒸汽将油温升至 80～85℃，用热水进行水洗，每次用水量为油量的 15%，一般水洗三次至无酸根存在，然后升温脱水（干燥）使脱色油含水量在 0.10%以下。用氢氧化物漂白油脂时，操作温度为 60～70℃，过氧化氢浓度为 30%，用量为油量的 0.5%～2%，搅拌 1～2h，必要时通入压缩空气使油脂反应充分进行。若再添加 1%的冰醋酸或稀硫酸溶液，脱色效果更好。反应后放去废水，进行水洗干燥即得脱色油（曹艳君等，1988）。

（三）热能脱色法

热能脱色法又称为加热脱色法。通过加热过程，某些蛋白质凝聚成胶状物质，使胶质及磷脂等物质的降解物，在热能的作用下脱水变性，凝析过程中吸附其他色素一起沉淀下来，同时色素本身也因受热氧化而自行分解，而色泽变浅，其他热敏性物质也受热分解。此即热能脱色的机制，即通过加热达到脱色的目的（于殿宇，2011）。

热能脱色法可在常压或减压下进行操作，操作温度为140～150℃，色素在高温下氧化分解而变浅，色泽褪变后即对脱色油进行冷却，以减缓油脂的热氧化。热能脱色存在的缺点是产生油脂的氧化，使过氧化值升高，产生新的色素并很难去除。因此，该方法仅限于碘价低且含有热敏性色素的油脂，如对工业用棕榈油、椰子油进行辅助性的脱色，对其他食用油脂的脱色不提倡使用这种操作方法（陶瑜，1999）。

（四）空气脱色法

空气脱色法是利用发色基团对氧的不稳定性，通过空气氧化色素而使油脂达到脱色目的的方法（孙志芳，2005）。油脂中的类胡萝卜素、叶绿素等由于结构极不稳定，容易在氧的作用下被破坏而褪色。空气脱色时，一般采用开口反应锅，在加热和通入压缩空气的条件下，搅拌一定时间即完成脱色过程。操作时油温控制在120～130℃，通入的压缩空气要适量，通气时间为30min左右。在操作过程中应注意观察脱色油的褪色情况，达到脱色要求时应立即停止压缩空气输入，否则，过量的压缩空气对油脂吹风将引起过氧化值升高。空气脱色达到要求，及时对脱色油进行冷却。

（五）沉　淀　法

常用浓度为20%～30%的石灰乳沉淀色素。脱色原理：石灰乳中钙离子能与药液中的有效成分及杂质结合成钙螯合物、钙盐沉淀。而沉淀在硫酸作用下，黄酮、蒽醌、酚类、皂苷、部分生物碱与钙离子形成的钙盐可以被分解出来，再溶解到水中。但是鞣质、部分蛋白质、有机酸、极性色素、多糖等不能分解出来（黄显慈，2004）。也可用絮凝剂对色素进行沉淀，如可用胶类物质明胶等，鞣质影响药液稳定性且容易变色。可利用明胶与鞣质形成络合物，与水中悬浮颗粒一起沉淀（陶瑜，1999）。

（六）特殊脱色方法

1. 酶法脱色　一些油脂的脱色要求较高，要求无色，一般方法不能达到此目的。而酶与色素直接作用，从而脱去油脂颜色，同时又容易和油脂分离。将生物酶应用于油脂的脱色，既有利于环保也有利于操作。脂肪氧合酶对色素有漂白作用可使β-胡萝卜素和叶黄素这样的色素共同氧化，对叶绿素也有漂白作用。

2. 高酸值油脂的脱色　用常规脱色法对高酸值油脂脱色后，酸值降低，与通常的油脂脱色会引起酸值稍微升高相背。因此，对高酸值油采用常规脱色是很困难的。董健林等研究了一种特殊的脱色工艺，此工艺是在常规的脱色工艺中增加一道工序。在加色前向油中加入助脱色剂，让油与助脱色剂充分混合后再加入活性白土和活性炭。针对花椒籽油、油茶籽油、米糠油，进行了加脱色剂与不加脱色剂的脱色效果对比。结果表明，加助脱色剂后，脱色的效果优于常规脱色方法；对于非高酸值油及碱炼油，用此脱色方法也很有效。对玉米胚芽油不加助脱色剂仅加入白土和活性炭脱色，其色泽只能达到大豆油高级烹调色泽水平，而加助脱色剂后，同样情况脱色后可完全达到色拉油水平（涂果等，2003）。

（七）辅助脱色方法

油脂精炼的主要目的是提高油脂质量，减少非油脂成分含量。在整个精炼过程各工段都能使色泽下降，加碱炼、氢化、脱臭都可使油脂色泽降低（何东平等，2012）。在以上加工过程中虽然不是以脱色为主，但也起到了一定的脱色作用。油脂的其他脱色方法，还有氧化铝吸附法、溴酸处理法、沸石分子筛法、离子交换树脂法等，以活性氧化铝或亚硫酸处理过的氧化铝漂白油脂时，试剂添加量占油量 4%左右，在温度 225℃、残压 0.065～0.13kPa 下反应 30min，然后冷却到 70℃左右，过滤分离脱色剂。经过处理的油脂不仅对红色素、绿色素的脱除有特效，而且脱色油的过氧化值和活性氧稳定性也有所改善。虽然经过处理的油脂有轻微的二烯结合及反构化，但油脂的品质并未受多大的影响，均能使油脂色泽下降，有的有色杂质可以通过对反应的控制而从根本上消除。

也可以通过改进后处理的方法除去有色杂质。例如，对氨基水杨酸（PAS）最后成品的色泽（棕色），原先很难用活性炭除去。后来改用二次中和法，即在最后析出产品时，严格控制 pH，其钠盐溶液先酸化至 pH 为 6.8～7.0，此时 PAS 结晶尚未析出，但有不少棕色固体沉淀出来，加入少量活性炭滤去后，再酸化到 pH 为 3.5 时，即能析出色泽洁白的 PAS 结晶。除了用活性炭作脱色剂外，活性陶土、活性氧化铝、离子交换树脂等，有时也能作为脱色剂使用。对于一些难以脱色的杂质，有时可伴用化学法去除。常使用的方法为氧化法和还原法。氧化法可用少量高锰酸钾、过氧化氢、硝酸等处理，使有色杂质氧化成无色杂质而被除去；同理，还原法可用亚硫酸钠、亚硫酸氢钠、二氧化硫、连二亚硫酸钠等使有色杂质还原而被除去。应该注意，选用这些脱色剂时应使产品不致受到破坏。

第四节　油 脂 脱 臭

一、脱臭的理论

脱臭是油脂精炼过程中的一个重要环节，它的目标是将油脂中天然存在的臭味或是在其他处理过程中（如碱炼脱色等）渗入的臭味除去。脱臭的好坏，直接影响着成品油的质量，决定着是否能将成品油做进一步的利用，如做色拉油等高级食用油。因此，脱臭在油脂精炼过程中必须给予充分的重视。

在各种油脂中，都或多或少地存在着各种“气味”。纯净的甘油三酯是没有气味的，但不同的油脂都具有多种不同程度的气味，有些为人们所喜爱，如芝麻油和花生油的香味，有些则不受人们欢迎，如菜籽油和米糠油所带的气味。通常将油脂中所带的各种气味统称为“臭味”，这些气味有些是天然的，有些是在制油和加工中新生的。气味成分的含量虽然极少，但有些仅在毫克/千克（mg/kg）数量级即可被觉察（何东平，2005）。

“气味”是由一些挥发性的化合物所组成的，引起油脂臭味的主要组分有：低分子的醛、酮、游离脂肪酸、不饱和碳氢化合物等（何东平，2005）。如已鉴定的大豆油气味成分就有乙醛、正己醛、丁酮、丁二酮乙酸、丁酸、乙酸乙酯、二甲硫等十多种（表 3-8）。

表 3-8　大豆中的部分气味组成

气味种类	化合物名称
水果味	乙醛

续表

气味种类	化合物名称
难闻味	二甲硫
香味	乙酸乙酯
似丙酮味	丁酮
烈性酒味	双乙酰
刺激味	乙酸
芳香族化合物	3-羟基丁酮
愉快感味	辛酮
刺鼻可憎味	丁酸
水果味	庚酮

在油脂制取和加工过程中也会产生新的异味，如焦糊味、溶剂味、漂土味、氢化异味等。此外，个别油脂还有其特殊的味道，如菜籽油中异硫氰酸酯等硫化物产生的辛辣味。油脂中除了游离脂肪酸外，其余的臭味组分含量极少，仅 0.1%左右。一般来说，这些气味物质大都为酮、醛等，其含量在 0.1%～1.0%。气味物质与游离脂肪酸之间存在着一定的关系，有一部分臭味是由于游离脂肪酸而产生的，当降低游离脂肪酸的含量时，能相应地除去油中的一部分臭味。例如，油中游离脂肪酸的含量为 0.1%时，油中就有臭味、异味；游离脂肪酸降至 0.01%～0.03%（过氧化值为零时），臭味和异味即被消除。因此，油脂的脱臭过程实际上是与脱酸过程同时进行的。

油脂脱臭不仅可除去油中的臭味物质，提高油脂的烟点，改善食用油的风味，还能使油脂的稳定度、色度和品质有所改善。因为在脱臭的同时，还能脱除游离脂肪酸、过氧化物及其分解产物和一些热敏性色素，除去霉烂油料中蛋白质的挥发性分解物，除去小分子质量的多环芳烃及残留农药，使其降至安全范围内。因此，脱臭在高等级油脂产品的生产中备受重视（于殿宇，2012）。

（一）汽 提 理 论

在同一外界环境条件下，臭味组分的蒸气压远大于油脂中甘油三酯的蒸气压。油脂脱臭的汽提脱臭机制便是基于水蒸气蒸馏的原理。油脂中酮类具有最高的蒸气压，其次是几种不饱和碳氢化合物和高沸点的高碳链脂肪酸和烃类。在工业脱臭操作温度（250℃）下，高碳脂肪酸的蒸气压为 20～200mmHg，但是天然油脂中的甘油三酯蒸气压却只有 10^{-9}～10^{-8}mmHg。因为饱和蒸气压的差距很大，所以采用汽提脱臭可以达到较为理想的分离效果。

天然油脂并不是纯净的甘油三酯，而是含有复杂组分的甘油三酯混合物，对于热敏性强的油脂而言，当脱臭温度达到臭味组分气化强度时，往往会发生氧化分解，从而导致脱臭操作无法进行（韩景生，1989）。为了避免油脂高温下的分解，可采用辅助剂或载体蒸汽，辅助剂或载体蒸汽的耗量与其分子质量成正比，因此从经济角度出发，应采用惰性、廉价、分子质量低、易获取的辅助剂。

当水蒸气通过含有臭味组分的油脂时，汽-液表面相接触，水蒸气被挥发的臭味组分所饱和，并按共分压的比例逸出，从而达到脱除臭味组分的目的。但是由于汽提脱臭过程中，部分中性油脂在高温下会水解产生脂肪酸，一些热敏性组分会分解产生新的挥发性组分。因此，油脂在汽提脱臭过程中，一定温度下组分的实际分压总是小于相同温度下理想状态所具有的压力，故水蒸气实际耗量较公式的理论值有误差（王齐国，2005）。

若以 k 代表校正系数，A 代表脂肪酸和臭味组分活动系数，则其原理接近于生产实际中汽提脱水蒸气蒸馏（又称汽提）脱臭的原理，是水蒸气通过含有臭味组分的油脂，汽-液表面相接触，水蒸气被挥发的臭味组分所饱和，并按其分压的比例逸出，从而达到了脱除臭味组分的目的。

假设被脱臭油脂（含甘油三酯和臭味组分）符合理想溶液状态，令 P_v^0 为游离脂肪酸及臭味组分在油脂内的平衡压力；P_v 为纯脂肪酸及臭味组分的蒸气压；n_v 为游离脂肪酸及臭味组分的物质的量（mol）；n_0 为甘油三酯的物质的量（mol），则根据拉乌尔定律，脂肪酸和臭味组分的蒸气压将等于其在纯粹状态下的蒸气压乘以它在油脂中的浓度，即

$$P_v^0 = P_v \frac{n_v}{n_0 + n_v} \tag{3-9}$$

正常情况下，由于中性油脂与游离脂肪酸及臭味组分具有较大的摩尔体积比，n_0 可看作 n_0+n_v 的近似值，因此式（3-9）可简化成式（3-10）：

$$P_v^0 = P_v \frac{n_v}{n_0} \tag{3-10}$$

根据道尔顿定律，在任何瞬间，来自脱臭器的蒸气馏出物中，挥发性物质与水蒸气摩尔比等于其分压比，便可得式（3-11）：

$$\frac{\mathrm{d}n_s}{\mathrm{d}n_v} = \frac{P_\alpha}{P_v'} \tag{3-11}$$

式中，n_v 为脂肪酸及臭味组分的物质的量（mol）；n_s 为水蒸气的物质的量（mol）；P_v' 为脂肪酸及臭味组分的实际分压；P_α 为水蒸气的实际分压。

由于水蒸气蒸馏过程中，水蒸气用量大，脂肪酸及臭味组分的实际分压与水蒸气的实际分压比较，其数值是很小的，可近似地看作总压力 P（$P = P_v' + P_\alpha$）。因此式（3-11）可演变为式（3-12）：

$$\frac{\mathrm{d}n_s}{\mathrm{d}n_v} = \frac{P}{P_v'} \tag{3-12}$$

若以 E 代表水蒸气蒸馏过程脂肪酸和臭味组分的蒸发效率，则

$$E = \frac{P_v'}{P} \tag{3-13}$$

根据式（3-9）、式（3-13）可推导出脂肪酸及臭味组分的实际分压：

$$P_v' = EP_v \frac{n_v}{n_0} \tag{3-14}$$

将式（3-14）代入式（3-12），则得式（3-15）：

$$\frac{\mathrm{d}n_s}{\mathrm{d}n_v}=\frac{Pn_0}{EP_v n_v} \tag{3-15}$$

对式（3-15）积分可得式（3-16）：

$$n_s=\frac{Pn_0}{EP_v}\ln\left(\frac{n_{v_1}}{n_{v_2}}\right) \tag{3-16}$$

式中，n_{v_1} 为油脂中游离脂肪酸及臭味组分的最初浓度；n_{v_2} 为油脂中游离脂肪酸及臭味组分的最终浓度。

由于汽提脱臭过程中，部分中性油脂在高温下会水解产生脂肪酸，一些热敏性组分也会分解产生新的挥发性组分，因此油脂在汽提脱臭过程中，一定温度下组分的实际分压总是小于相同温度下理想状态所具有的压力，故水蒸气实际耗量较式（3-9）的理论值有误差。

若以 K 代表校正系数，A 代表脂肪酸和臭味组分的活动系数，则接近于实际生产的汽提脱臭的方程可用式（3-17）或式（3-18）表示：

$$n_s=\frac{Pn_0}{EP_v\mathrm{A}}\ln\left(\frac{n_{v_1}}{n_{v_2}}\right) \tag{3-17}$$

$$\ln\left(\frac{n_{v_1}}{n_{v_2}}\right)=\frac{EP_vAn_s}{Pn_0}=\frac{KP_vn_s}{Pn_0} \tag{3-18}$$

式中，E 为蒸发效率；P_v 为纯脂肪酸及臭味组分的蒸气压；P 为系统总压力；A 为活动系数；K 为校正系数；n_s 为水蒸气的物质的量；n_0 为中性油脂的物质的量（何东平，2010）。

式（3-11）是根据理想状态推导出的汽提方程式，适用于间歇式脱臭（或称分批脱臭）过程，其中蒸发效率 E 是用以衡量蒸汽通过油层时被脂肪酸及臭味组分所饱和的能力，它与脱臭罐（塔）的结构有关，当水蒸气与油脂有较长的接触时间和最大的接触面积时，E 值接近于 1；对于结构合理的间歇式脱臭罐，E 值一般在 0.7～0.9；半连续脱臭塔为 0.99。活动系数 A 常由实验求得。当油脂中游离脂肪酸浓度较低时，活动系数 A 可达 1.5。游离脂肪酸及臭味组分的蒸气压 P_v 通常也可由实验确定或根据实验选用。由于游离脂肪酸及臭味组成复杂，因此对于不同品种的油脂，需相应地改变操作条件，以确保操作效果。

（二）汽 提 效 率

汽提效率是指直接汽通过油脂时，臭味组分在水蒸气中达到饱和程度的度量。汽提速率指直接汽以气泡穿过油层，油中的臭味组分向气泡内扩散，扩散的量对时间的导数。根据气体吸收的双膜学说，汽提效率随水蒸气气泡表面积的扩大及与油接触时间的增加而提高。在相同工艺条件下，增加油的接触时间，意味着同样的处理量，脱臭塔的容积需要增加从而导致投资和热量损失增加。另外，还可能会有热聚合、焦味、脱臭后油色变深等不利后果。因此，最有效的办法是扩大水蒸气气泡的表面积（何东平，2010）。

油脂脱臭就是在高真空下，水蒸气通过含臭味组分的高温油脂，汽-液表面接触，油中的臭味组分挥发到水蒸气气泡中，并按其分压的比例随水蒸气一起逸出，达到脱臭的目的。在脱臭设备设计上，应保证汽提蒸汽在最理想的相平衡条件下与游离脂肪酸及臭味组分获得最大程度饱和。在间歇脱臭中只进行一次汽-液相平衡，而在连续脱臭中可在每个交换级都进行一次汽-液相平衡，这就是连续脱臭时脱臭效果好、脱臭时间短的原因。

（三）脱 臭 损 耗

前已述及油脂中的气味组分量是极少的，一般不超过油重的 0.1%。然而，油脂脱臭过程中的实际损耗却远大于该数值。这是因为在任何情况下，蒸馏引起的损耗均取决于脱臭时间、通汽速率、操作压力和温度、油脂中游离脂肪酸和不皂化物的含量及甘油三酯的组分等因素。在汽提脱臭过程中，有相当数量的油脂是由于飞溅在汽提蒸汽中而损失的。因此，脱臭总损耗包括蒸馏损耗和飞溅损耗。不同的油脂、不同的设备及不同的操作条件，其脱臭总损耗是不尽一致的。在先进的设备及合理的操作条件下，对于游离脂肪含量小于 0.10%的油脂，在操作压力为 0.4kPa、温度为 230～270℃时，脱臭所得的良好产品，其脱臭最小损耗一般为 0.2%～0.4%，再加上脱臭原料油中游离脂肪酸含量的 1.05～1.2 倍即脱臭总损耗。

1. 蒸馏损耗　汽提脱臭过程中，低分子的醛类、酮类及游离脂肪酸最容易蒸馏出来，随着脱臭过程的加深，油脂内原有游离脂肪酸经脱臭后几乎完全被除去，因此蒸馏损耗应包括油脂脱臭前的游离脂肪酸的含量。汽提蒸汽不可避免地要引起部分油脂的水解，因油脂水解所生成的这部分脂肪酸，也构成了蒸馏损耗。根据经验，当游离脂肪酸含量降低至 0.015%～0.03%时，游离脂肪酸的脱除速率与裂解生成的速率即达到平衡，这可由前述蒸发效率 E 值和相关公式计算求得。据报道，当棉籽油在 248℃、0.4kPa 下脱臭时，每千克汽提蒸汽带出的游离脂肪酸为 0.034～0.058kg。在工业间歇式脱臭罐内容许有一定的回流量，计算求得的损耗与实际损耗基本相符。在一系列的实验中，将游离脂肪酸含量低的油脂脱臭，并将气压冷凝器的排水取样分析测定脂肪酸的数量和成分，当操作压力为 1.3kPa，操作温度为 210℃和 238℃时，测得的损耗以每千克汽提蒸汽带出的游离脂肪酸千克数表示，其结果分别为 0.005～0.012kg 和 0.008～0.011kg。实际上，在这些条件下的工业脱臭操作，以游离脂肪酸形式引起的蒸馏损耗常不超过总损耗的 20%～30%。

蒸馏损耗还包括油脂中存在的甾醇和其他不皂化物，尽管这部分物质较游离脂肪酸难以挥发，但在脱臭馏出物却占有一定的比例，它们构成的蒸馏损耗取决于脱臭的操作条件。以大豆油为例，在较高的脱臭温度下，甾醇及不皂化物蒸馏脱除率约为 60%，而在一般操作条件下脱除率较低。

此外，汽提脱臭过程中，尽管中性油脂的蒸气压相对较低，比其他组分更不容易挥发，但中性油脂是脱臭油脂的主要组分，因此不可避免地也要被蒸馏出一部分。中性油脂蒸馏损耗随不同油品而异，平均分子质量低的损耗较高，反之损耗则低。例如，在相同的脱臭条件下，大豆油的损耗低于棉籽油，更低于椰子油。

2. 飞溅损耗　在许多脱臭装置中，由于汽提蒸汽的机械作用而引起的油脂飞溅现象是构成脱臭损耗的另一重要方面。汽提蒸汽在冲出油层到达脱臭罐（塔）的顶部时，一般已没有足够的速度将相当数量的油滴带走，但当蒸汽喷入油中，以及由油层表面冲出时，由于蒸汽体积膨胀能产生相当大的动能，这一能量使油滴冲出挡板进入排气管道，排气管道截面积小，该处蒸汽流速较大，能使油滴继续被气流带出脱臭罐（塔）外（何东平，2010）。

造成油滴飞溅的蒸汽速度随油滴直径的平方根而变。由于液滴的重量随其直径的3次方变化，因此飞溅油滴的重量将随蒸汽速度的6次方而变化。尽管大的油滴重量与单位时间内油脂的飞溅损耗并不直接相关联，但当增加蒸汽流速时，油滴飞溅损耗将很快增加。油脂脱臭的目的，就是去除碱炼后残留在油中的上述带有不愉快气味的组分。在此过程中也同时去除了色素、甾醇、烃类及其他由氢过氧化物热分解形成的化合物，并破坏任何存在于油中的过氧化物。合理地进行脱臭，可以改善油的滋味、气味、色泽及氧化稳定性（刘大川，1980）。

脱臭是食用油精炼加工工序中最后一道。尤其对于热敏性强的油脂而言，当操作温度达到臭味组分汽化温度时，往往会氧化分解而导致脱臭操作无法进行。为了避免油脂高温下分解，一般采用辅助剂或载体蒸气如水蒸气，其热力学意义在于从外加总压中承受一部分与其本身分压相当的压力。因此，油脂脱臭基本上是一个利用油脂中臭味物质与脂肪酸甘油酯挥发度的差异，在高温（200～280℃）和高真空（0.3～0.8kPa）条件下水蒸气蒸馏的过程。脱臭过程中高真空起着提高压差、需要最少量蒸汽的作用，也防止热油空气氧化和减少油的水解。高温操作不仅增加蒸气压差，同时还增加了馏出物中不皂化物如甾醇和生育酚的含量，这将提高馏出物的价值，故一般在残压低于0.4kPa时温度必须高于245℃。

脱臭的处理方式可分成三种类型，即间歇式、半连续式（在一容器内对油脂进行分批脱臭）、连续式。脱臭目前以连续式和半连续式工艺为主，有些产量低的工厂也采用间歇式工艺。

对于连续式脱臭：

$$\frac{n_1}{n_2}=1+\frac{KP_n n_s}{Pn_0} \tag{3-19}$$

式中，n_1和n_2分别为脱臭塔每小时进油及出油中游离脂肪酸的摩尔数；K为校正系数；P_n为挥发组分的蒸气分压；P为系统内的总压力；n_s为每小时汽提蒸汽的摩尔数；n_0为每小时油的摩尔数。

由此可见，脱臭效果与P_n、K、P等多种因素有着密切的关系。

为了保证脱臭效果，操作者往往尽可能降低系统内的总压力，增加汽提蒸汽流量或提高脱臭温度以提高挥发组分的蒸气分压，尽管这些都是取得好产品的重要工艺条件，但它们都会增加生产成本（杨国华，1998）。提高系统的真空度，则真空系统的蒸汽及冷却水消耗将上升；增加汽提蒸汽流量，不仅直接增加汽提消耗，同时还会增加真空系统的负荷，使蒸汽及冷却水消耗同时上升；提高脱臭温度将直接增加加热的能源消耗，同时过高的温度还引起诸多不良化学反应发生。

脱臭馏出物的使用价值取决于其组成，脱臭馏出物是含生育酚、甾醇、甾醇酯、脂肪酸甘油酯、碳水化合物和其他杂质的复杂的脂肪酸混合物（表3-9）。

表3-9 脱臭后馏出物含量

组分	含量/%	平均相对分子质量	相对挥发度
游离脂肪酸	30.1	280	2.5
生育酚	10.4	415	1.0
甾醇	10.3	410	0.6
甾醇酯	12.8	675	0.038

二、影响脱臭的因素

毛油经过化学精炼或物理精炼处理后还必须经由脱臭处理，目前油脂精炼采用的脱臭方法一般都是高温真空水蒸气蒸馏法。在该条件下，油脂脱臭还伴随着过氧化物、热敏色素的分解及游离脂肪酸等物质的挥发。评价油脂的脱臭效果，应该从风味、滋味、色泽、酸值及过氧化值等多方面来衡量（Sleeter，1981）。脱臭过程中可控制的工艺条件对脱臭效果有很大影响，提高真空度、提高油温、增大通汽速率、延长脱臭时间等均有利于改善脱臭效果，但这些工艺条件受各种其他因素的影响，不可能无限制地提高或增加，如过高真空度需耗费大量的蒸汽和增加设备投资；过高的油温也需耗费大量的燃料，且易引起油脂热聚合；过高的通汽速率会增加油脂飞溅时的损耗；过长的脱臭时间会影响企业的经济效益，且对油脂的质量产生不利的影响。因此，在保证合理的工艺条件情况下，应注重改善脱臭塔的内部结构，尽可能地提高脱臭的水蒸气蒸馏效率，以使脱臭生产取得尽可能高的经济效益。影响脱臭效果的因素较多，可分为原辅料品质、工艺条件、脱臭工艺和脱臭器等方面。

（一）原辅料品质

1. 原料油品质

1）油脂酸值　诸多植物油，如菜籽油、大豆油、棕榈油等都可以采用蒸馏脱酸法，即物理精炼法。由于物理精炼未经过碱炼脱酸处理，油脂的酸值一般较高，采用层板式的单塔脱酸脱臭蒸汽消耗大，生产成本高；宜采用填料塔与板式塔相结合的软塔及相应的脱酸脱臭工艺。针对高酸值（AV>4mg KOH/g）油脂应采用双塔脱臭系统，即在脱臭塔前加预脱酸塔；极端情况下还可采用多塔脱酸脱臭工艺，如高酸值的米糠油等。我国一些油厂已经成功将该工艺付诸实践。一般油脂经过化学精炼后，酸值都能达到 0.5mg KOH/g 以下，即使在脱色后酸值回升，也不至于对最终的脱臭效果产生过大的影响。

2）胶体杂质　在油脂精炼过程中，需要除去的主要物质是游离脂肪酸、胶杂（磷脂）、色素、微量金属离子、过氧化物和其他氧化物及不皂化物等。其中，胶杂（磷脂）的含量高低直接影响到脱臭效果。油脂经不同的方法脱胶后，其残磷量在 10～30mg/kg 不等，好的脱胶方法可将油脂的残磷量降至 10mg/kg 以下，再经白土吸附脱色后，残磷量一般在 1～3mg/kg（Hui，2001）。在植物油的加工过程中要力求采用先进的脱胶技术，最大限度地降低油脂中磷的含量，保证油脂脱臭的效果。

3）气味和滋味　油脂的气味和滋味中有一类根据其本身的特性决定，如大豆油带有豆腥味，菜籽油带有辛辣味，芝麻油带有特殊的香味，花生油的草腥味及葵花籽油的独特气味等；另一类是加工过程中产生的，如油脂氧化后的“哈”味，管道、加工设备的铁锈味，添加的化学药品如苛性碱、磷酸、白土等带来的味道。加工过程中产生的气味和滋味大多让人生厌，因此要防止油脂氧化，生产时应该注意管道和设备的清洗，尽量将这类气味降到最低水平。

4）色泽　由于脱色前处理工艺和脱色白土的脱色能力不同，脱色油还含有一定量的色素，包括天然色素和非天然色素。油脂中的蛋白质、碳水化合物、胶质、磷脂等物质受热褐变并伴随着油脂氧化是深色素产生的根源，这部分色素属于非天然色素，已经成为油脂中根深蒂固的色素，通过白土吸附很难将其除去，在高温下也很难分解。脱臭前处理工序应该尽量避免这类色素的生成，否则会影响脱臭的效果。

5）金属离子 油脂中的金属离子主要有铁离子、铜离子、钙离子、镁离子等，微量的金属离子是油脂氧化的催化剂，尤其是高温条件下对油脂品质的影响更为严重，除了避免油脂与铜质设备和管件接触外，脱臭工艺中的设备及管道、管件尽可能采用不锈钢材料。工艺过程中应尽可能最大限度地降低油脂中的金属离子的含量，尤其是二价铁离子和三价铁离子，其含量应该严格控制在 0.1mg/kg 以下（韩景生，1999）。所以有必要在不同工段添加磷酸、酒石酸、柠檬酸、抗坏血酸等抗氧化增效剂使金属离子钝化。

2. 汽提蒸汽 在脱臭工艺中：汽提蒸汽的质量及汽提蒸汽的速率对植物油脱臭有直接影响，为了防止蒸气中带水，蒸气最好要经过过热处理，保证蒸气干燥，空气含量低甚至降低为零。如果能保证脱臭操作压力符合工艺要求，增加汽提水蒸气的单位用量，可以进一步降低低沸点组分的蒸气分压，而此对脱臭效果是有利的，但容易引起中性油的夹带损失。脱臭温度一定时，汽提蒸汽量与脱臭操作压力成正比，当脱臭操作压力越低，所必需的汽提蒸汽量就会减少。

3. 加热方式 即加热来源种类，我国脱臭热载体主要有直接火、道生蒸汽、过热蒸汽、导热油、电加热等（胡颖慧，2001）。直接火和电加热已经很少使用，道生由于其本身的毒性和危险性而被限制使用，低压饱和水蒸气不能将油脂加热到 200℃以上的脱臭温度，过热蒸汽的使用也不太理想。目前国内脱臭普遍采用的是导热油作为加热媒体，通常导热油的温度在 290～310℃。国外已普遍使用高压水蒸气作为加热介质使用，确保油脂的食用安全性。

（二）工艺条件

1. 温度 在正常脱臭操作下，如果脱臭温度低、脱臭时间短都会造成油脂脱臭不完全，FFA 及 POV 下降不明显或很少下降，导致脱臭油脂质量低劣。温度上升，油中挥发性成分的蒸气压加大，脱臭的速度加快，而且脱臭也较彻底。但是温度过高，又会引起油脂的变质。例如，若大豆油的脱臭温度过高，则它的共轭二烯酸增加，亚油酸、亚麻酸减少，所以温度上升要有一定的限度（田仁林，1983）。反之，如果脱臭时间过长或脱臭温度过高，即使是在高真空下操作也会发生油脂的热聚合，同时也会降低脱臭油脂质量。脱臭温度应该根据油脂的种类和使用目的而定，一般保持在 220～260℃。真空度一定的条件下，脱臭温度的升高可以增加脂肪酸和臭味组分的汽提速率，减少汽提水蒸气的使用量，缩短脱臭时间，以减少油脂夹带的损失。脱臭温度较高的热脱色效果较好，这种效果归于色素、过氧化物和微量金属复合物的除去或热钝化作用，如胡萝卜素在一定条件下，加热至 260℃分解并除去。通常油脂的脱臭温度控制在 230～270℃，脱臭温度不宜超过 280℃，温度过高会加剧部分油脂水解，增加蒸馏损耗；增加生育酚、甾醇的挥发量，降低成品油的营养价值和氧化稳定性；增加反式酸生成的可能性。

2. 真空度 脱臭时真空度越高，需要的时间就越短，吹入的蒸汽量就越少，而且可以降低脱臭油的酸价，得到品质良好的食用油脂。残压最好控制在 3～6mmHg。另外，真空度越高，油层越薄，挥发性物质就越容易逸出，所以近年来在脱臭时多采用高真空、薄油层、低温度、短时间的方法，既可达到脱臭的目的，又可尽量避免油的氧化变化。这样的脱臭条件已逐渐被人们所接受（田仁林，1983）。

3. 水蒸气速率 通汽速率增大，汽化效率也增大。但通汽速率必须保持在油脂开始发生飞溅现象的限度以下。在汽提脱臭过程中，为了使油中的臭味组分降到最低水平，需要有足够的蒸汽通过油脂。水蒸气的吹入量应满足以下条件：间歇式应为油重的 20%～30%，连续式应为油重的 3%。

4. 载热体和加热方式　脱臭时所用的载热体过去主要是道生。道生的载热性能好，不易分解，可以加热到较高温度，但它是一种有毒物质，国际上曾发生过几起中毒事件。因此，有的国家也开始使用高压蒸气（$80kg/cm^2$）及导热油作载热体。因为导热油有较多的优点，所以目前多倾向于使用这种载热体。日本近年来还研究用“直火加热”和电加热。“直火加热”就是将热空气通入脱臭装置的盘管中加热（无锡轻工业学院，1986）。

1）电加热法　电加热法是以电作为能源，用电热棒直接插入油中，使油脂加热到脱臭温度的方法。该法不需加热炉，设备简单，投资低，操作方便，容易控制。但是该法耗电量大，生产成本高。另外，油与电热棒的高温表面（一般高于 50℃）直接接触，在翻动不均匀时，油容易产生过热现象，使油品质量下降。所以，电加热法一般只能用于处理量较小、电能价格便宜的场合。

2）联苯混合物加热法　联苯混合物是联苯和联苯醚的低熔点混合物，含联苯 26.5%、联苯醚 73.5%，熔点 12℃，常压下沸点 258℃，无色液体，有刺鼻的臭味，不溶于水。联苯混合物的特点是在高温时其蒸气压力较低，用于脱臭油的加热不需高压设备，联苯混合物加热法是汽相加热，传热系数大，加热均匀，操作方便，设备投资和生产成本均较低，是目前用于油脂脱臭的主要加热方式。但是，由于联苯混合物有毒、易燃，其蒸气的穿透性特别强，能穿透铸铁、有色金属和一般软垫料，所以操作、管理的要求比较严格。如果该蒸气渗入周围空间，将影响车间操作条件，损害工人身体健康，且容易发生火灾和爆炸事故，如果渗入油中，则污染油脂，影响油的安全食用。所以，联苯混合物加热法用于油脂脱臭不是一种理想的加热方法。

3）高压蒸汽加热法　高压蒸汽加热法是使用 65～$75kg/cm^2$、280～290℃的高压水蒸气作为加热介质，加热油脂的方法。高压蒸汽是由矿物油作燃料的小型高压锅炉供给的。该法自动化程度高、操作方便、传热系数大、生产成本低、供汽、停汽较为迅速，是一种先进的加热方式。但由于目前我国还不能生产这种小型高压锅炉，而使用的燃料是供应较紧张的矿物油，所以这种加热方式在我国还不宜使用。

4）导热油加热法　导热油加热法是以导热油为加热介质，由导热炉将其加热到 280～300℃，用来加热油脂的方法。该法是液相加热，整个系统不需密闭，在常压下操作，所以该法具有操作安全可靠、管理方便、加热均匀、传热系数大、生产成本低等优点。当然，该法也有不足之处，由于是液相加热，为防止导热油在炉中过热而结焦炭化，需要用泵进行强制循环，增加导热油的流速，所以消耗动力要多一些。总之，导热油加热法与其他几种加热方法相比较，优点较多，所以该法是目前用于油脂脱臭比较理想的新型加热方法。

5. 时间　必须保证足够的脱臭时间使热敏性色素最大限度地分解并除去。脱臭时间受汽提水蒸气速率、温度和真空度等因素的影响。直接汽提速率越大，温度和真空度越高，挥发组分就越容易挥发，所需的脱臭时间也就越短。连续脱臭工艺根据所用脱臭塔结构的不同，控制脱臭时间在 15～120min，在保证脱臭效果的情况下，时间越短越好，时间长了容易导致油脂热聚合，直接蒸汽带走油脂增多，也会影响脱臭油脂得率。降低油脂的营养价值，同时还可能增加反式酸生成的可能。

6. 油脂的自由比表面 一般认为，汽化主要产生在液体的自由表面上。脱臭过程中应尽可能增大油脂的自由比表面，使臭味组分充分挥发。目前，增大油脂的自由比表面的方法主要有两种：一种是水蒸气喷射的方式，即干燥水蒸气从液层底部的分布器以一定压力喷入容器，蒸汽在通过油层上升时，产生的气泡增大油脂的自由比表面，蒸汽带来的动力使气泡破裂，增加挥发组分的挥发速度，这是间歇式脱臭器及连续式板式脱臭器脱臭时采用的方法。另一种是薄膜脱臭工艺，它是利用液体分布装置使油脂在系统中的薄膜装置上形成薄层状，增大油脂的自由比表面，大大地减小了油脂中易挥发组分的气体穿越液层的阻力，加快了易挥发组分的挥发速度，而且油脂薄膜在自身重力的作用下沿薄膜装置的表面下滑，与上升的汽提蒸汽形成的逆流接触，大大地减少了汽提蒸汽用量。

（三）脱臭工艺和脱臭器

1. 间歇脱臭 原料油中，若含有水脚，尤其是皂脚、胶质等，都会造成脱臭操作过程中产生大量泡沫，严重时产生的这些泡沫沿脱臭罐顶端的真空管路上升，导致跑锅（跑料）事故的发生，影响脱臭油得率的同时也会降低脱臭油的质量。原料油自身的 FFA、POV 过高，在高温高真空下进行油脂脱臭时，需适当地延长脱臭时间，将原来的 75mmHg 真空度、200～250℃下脱臭时间由 1.5h 提高到 2.5h 以上，以尽量使脱臭油脂达到理想的理化指标（罗树林，1998）。

2. 脱臭系统设备管路 采用高温高真空下的间歇脱臭法，其中最先决的条件是高真空。整个脱臭系统只有保证在高真空下方可进行脱臭操作，否则达不到满意的脱臭效果，甚至适得其反。因而脱臭工艺严格要求整个脱臭系统密闭，包括脱臭罐自身的各部位接口处（脱臭罐体与脱臭罐盖之间，脱臭罐上的连接法兰之间的各自接口处）、脱臭罐连接的所有真空管路、物料管路及这些管路上所加进去的阀门等。它们之间的各自接口处均需使用适当的垫圈压紧，以达到包括脱臭罐在内的整个脱臭系统在蒸汽喷射泵工作下产生高真空，以保证油脂脱臭过程的工艺效果，这样油脂经过脱臭以后才能达到脱臭油脂的 FFA 和 POV 等理化指标下降到所要求的标准以下的目的（罗质，2016）。

脱臭系统所使用的其他罐体，如果有条件的话最好用不锈钢或内衬不锈钢（如脱臭油贮罐等），因为一般的普通钢材与热的油脂接触时 Fe^{2+}、Fe^{3+}进入油脂中有促进油脂的氧化作用，影响了油脂的稳定性。油脂中脂微量 Fe^{2+}、Fe^{3+}、Cu^{2+}等金属离子会促进油脂氧化，同时产生不愉快气味。含 Fe^{3+} 0.03ppm 时有牛脂味，含 Cu^{2+} 0.03～0.03ppm 时有鱼腥味。油脂中的微量 Co 等金属离子，在其促进植物油脂氧化的同时，还产生难闻的油漆味。

（四）直接蒸汽喷汽结构对脱臭效率的影响

在脱臭过程中，油与直接蒸汽的接触效果是影响脱臭塔的水蒸气蒸馏效果的重要因素，对其脱臭效率影响很大（林威，2007）。经加热后的油进入脱臭塔后，沿螺旋形沟槽流动，经溢流管进入下一层，在流动过程中连续不断地进行水蒸气蒸馏，如果把这种连续的过程分成无数个单独的水蒸气蒸馏来看，则每个单独过程的水蒸气分压均与各单独过程的水蒸气蒸馏效果有关，即每个单独过程的直接蒸汽量均对该单独过程的水蒸气蒸馏效果产生影响。这就要求尽可能多地开设喷孔，使油在螺旋形沟槽中流动的任何位置均能与直接蒸汽充分混合进行水蒸气蒸馏，而不出现混合不完全的“死角”，使螺旋形沟槽得以充分利用，提高塔盘利用率。由于采用这种结构的直接蒸汽喷入装置不具备使油做强制循环的作用，因此油/直接蒸汽的混合完全依靠喷入的直接蒸汽的动能，如果油层过厚，就需要增加直接蒸汽喷入的流速，这样会促进油的飞溅损耗。因此，塔盘上的油层不宜过厚，这样才能保证油/直接蒸汽的混合效果，使直接蒸汽能在较短时间内将下层的油翻至上层，使油在螺旋形沟槽中流过每一个直接蒸汽喷孔时，都能与直接蒸汽充分混合，下层的油都能被直接蒸汽翻到上层，即油在通过每一个直接蒸汽喷孔时都能进行一次有效的水蒸气蒸馏，这样有利于提高塔盘上每一个位置的脱臭效率，从而提高整个脱臭塔的脱臭效率。在脱臭生产过程中，不仅要根据油的品种和质量调整合理的工艺条件，同时也需视不同情况，合理调整脱臭塔内部结构，以保证在现有的条件下，取得最高限度的脱臭效率。例如，使油在塔盘上任何一个位置都能与直接蒸汽保持良好的接触混合，同时尽可能地使之形成较小的液滴（可增设强制循环装置，挡板等），以保证油/直接蒸汽混合后能与汽相有尽可能大的接触表面，这样有利于油中挥发性成分的逸出，有利于提高脱臭效率。

三、脱臭的工艺

随着我国人民生活水平的不断提高，人们对于食用油脂的要求也在不断提高，高级植物油脂的需求量也就越来越大。为此，许多油厂纷纷对老设备进行了改造，对一级油或二级油进行脱色和脱臭处理，以求生产出高质量的烹调油或色拉油。在脱臭过程中不同的脱臭工艺直接影响着脱臭油的质量、生产成本等（殷凤华，1997）。

目前，国内外采用的主要脱臭系统按操作方式的不同可划分为间歇式、半连续式和连续式。其中的主要设备——脱臭器担负着完成蒸馏单元操作的任务，相应的有间歇式脱臭锅、半连续式脱臭器（层叠式脱臭塔、中央辐射式脱臭器）和连续式脱臭器（双壳体脱臭塔、降膜式脱臭塔、离心接触式脱臭器、板式塔、填料塔）等。根据对投资力量、生产规模、物料种类、加工环境、成品质量、管理水平等方面的不同要求，各种系统及设备可显示出自己独特的优点，同时也不可避免地存在着各自的不足之处，在炼油厂新建及技术改造时可根据具体条件做不同的选择。

下面对国内常用的几种脱臭工艺加以介绍，主要包括间歇式脱臭工艺、半连续式脱臭工艺、连续式脱臭工艺。

（一）间歇式脱臭工艺

1. 间歇式脱臭工作原理　经脱胶、脱酸、脱色等前处理过的待脱臭油用泵泵入真空脱臭锅内，利用电加热棒或导热油加热盘管，在 20～30min 升温至 100℃左右，然后通入直接蒸汽，促使锅内油脂剧烈翻动；并继续加热 1～1.5h，使油温达到 250℃左右，然后调大直接汽喷入量，保持油温 240℃左右，进行 3～4h 的脱臭操作。随后关小直接蒸汽（只作油脂的翻动，提高热交换效率），并通入冷却水，进行冷却，时间为 1.5～2h，使油温从 240℃左右降至 70℃以下，破真空后借脱臭油泵去过滤，得脱臭成品油（叶克恭，1997）。

间歇式脱臭器，如 LYX 型系列间歇式脱臭器，油脂在脱臭器内停留 8h，加热和冷却通过脱臭器内部管路设置完成。在该脱臭器的中心，装有油脂的循环装置，由中央循环管和直接蒸汽喷头组成。间歇式脱臭器设备投资少，操作简单，脱臭条件易控制，可以根据原料油品质，灵活地进行控制；脱臭时间长，蒸汽消耗量大，并且油脂的加热和冷却同时进行；脱臭器内有较高的液层，油脂不易翻动，不利于低沸点组分的脱除；脱臭器在操作中反复破真空，脱臭器内油脂容易氧化，影响油脂脱臭效果同时，造成抽真空时多余的蒸汽消耗（鲁志成，2003）。

2. 工艺

1）工艺Ⅰ　经脱臭前处理（脱胶、脱酸、脱色等）的原料油脂借助真空吸入脱臭锅，在脱臭锅内的加热盘管中通入热媒体（蒸汽、导热油、道生等），使油温升到100℃以上时，开启汽提直接蒸汽。当油温达到175～250℃时，汽提脱臭过程即开始，待脱臭完毕后，再在脱臭锅内的冷却盘管中通入冷却水，并通入少量蒸汽进行搅拌，待油温降到70℃以下，停止蒸汽搅拌，真空过滤即得脱臭油。

该工艺简单，操作方便，一次性投资低，尤其适用于热媒体为蒸汽的工厂，因为加热管和冷却盘管可以合二为一。热媒体为导热油或道生时，脱臭锅需二套盘管，所以该工艺几乎不用导热油和道生等为热媒体。但由于目前国内各油厂受脱臭设备和锅炉等因素的影响，热媒体蒸汽仅能将油加热到175℃左右，因此要求脱臭时间长一些（5h左右），并且因为整个脱臭过程是在高真空下进行，所以能耗较高。同时由于操作时间长，温度低，还会影响脱臭油的质量。另外，该工艺未考虑冷热油的能量交换，既浪费了热能（蒸汽），又浪费了冷却水。总之，该工艺生产成本较高，油品质量不佳，产品达不到高烹油标准。

2）工艺Ⅱ　该工艺采用导热油或道生加热，可将油温升到250℃左右，脱臭时间较短（2～3h），大大节约了抽真空时间，减少了能耗，油品质量高。同时，成品油用冷却器冷却，效率较高，时间也短，又可节约抽真空时间，减少能耗。该工艺的另一特点是冷却油用屏蔽泵打到高位罐，然后自流下来，因此不必破真空，冷却油即可在常压下过滤，操作比较简单。但是该工艺不仅需要一套加热装置，还需一些辅助设备，且冷却器为不锈钢制造，一次性投资高，同时也未对冷热油进行热交换，造成了浪费。

3）工艺Ⅲ　待脱臭油借助泵和高真空进入热交换罐的盘管内与脱臭油进行热交换，随后进入脱臭锅进行脱臭，脱臭结束后热油全部放入热交换罐内与待脱臭油进行热交换，最后再在热交换罐内的冷却盘管内通入冷却水将油冷却到70℃以下，之后破真空，过滤即得脱臭油。

该工艺采用的热媒体也为导热油或道生，因此脱臭时温度较高（250℃左右），且脱臭时间较短（2～3h），所以油品质量较高，能耗也较低。同时采用热交换罐，使冷热油能量交换，可大大节约能源及水。但热交换罐的容积近似脱臭锅的容积，加之内部需两套盘管，且需不锈钢材料制造，所以一次性投资高，维修不方便。另外，热交换罐将油冷却后还需破真空过滤，若操作不当将影响产品质量，同时也会使操作复杂化。

4）工艺Ⅳ　待脱臭油用泵打到换热器中，使其同脱臭成品油进行充分热交换后，进入一高真空的暂存罐，由于此时油温还不算高（<150℃），所以此罐用碳钢制造即可，随后再用屏蔽泵将其打入脱臭锅进行脱臭，脱臭完毕后，油流入换热器内与待处理油进行热交换，随后再用冷凝器进一步冷却到70℃以下，再用屏蔽泵将油打到高位罐，之后自流入油池，用泵打去过滤即得脱臭油。

该工艺同样用导热油或道生作为热媒体，因此节约能源，油品质量好（王志宇，1994）。同时采用换热器进行冷热油的能量交换，可大大节约冷却水用量。另外，由于采用屏蔽泵将油打到高位罐，随后自流下来的工艺，因此不必破真空即可将油在常压下过滤，操作比较简单。虽然用两台屏蔽泵，且换热器和冷却器需不锈钢材料，但一次性投资仍低于工艺Ⅲ。

3. 间歇式脱臭工艺缺陷分析

1）油品质量低

（1）热聚合反应。由于间歇式脱臭锅是采用电加热棒或导热油盘管作为加热装置，锅内油脂受热不均匀，操作不好，易造成局部过热，使油脂中的二烯酸酯、三烯酸酯发生热聚合反应，产生直链二聚物、环状二聚物及三聚物等，使油脂黏度和过氧化值增高，游离脂肪酸增加。

（2）脂肪酸异构化反应。由于间歇式脱臭工艺在240℃左右，脱臭时间较长（3～4h），油脂中的脂肪酸顺式双键容易发生异构化反应转变为反式脂肪酸，而且随着时间的延长，反式酸含量也明显增加。

2）脱臭周期长　由于间歇脱臭锅内油层高、油脂翻动不均匀，为了使锅内油脂全部达到较理想的脱臭状态，获得合格的成品油，势必要延长加热时间。另外，冷却时无法强烈搅拌，因而冷却时间也较长，除去空锅抽真空及进油时间外，整个脱臭周期长达6.5h，致使真空发生器耗用蒸汽大，能源浪费严重。

3）脱臭效果差　在脱臭装置中，油层深度是影响脱臭效果的重要因素。较深的油层内绝对压强比较高。因此，单位蒸汽的体积也比较小。在2m深的油层底部通入蒸汽，当设备内维持绝对压强为1.3kPa时，油层底部蒸汽泡内的压强约为20kPa，在这样的压强条件下脱臭效果几乎等于零，脱臭作用仅在油的界面层进行。因此，脱臭效果差，脱臭周期长，蒸汽和冷却水消耗量也大。

4. 间歇式脱臭工艺的改进

1）改进的工艺过程　首先将经脱胶、脱酸、脱色的待脱臭油借油泵输送至蒸汽加热器，连续将油脂加热到100℃左右，然后进入真空脱臭锅内，进行析气、除氧；同时开启直接蒸汽进行水蒸气的蒸馏（脱臭操作）；脱臭油泵将脱臭锅内油脂及时抽出送入导热油加热炉，使油脂加热到240℃左右再回到脱臭锅内，与锅内温度较低的油脂进行传质传热，这样反复循环，直至锅内油温达240℃左右，维持2～3h脱臭结束为止。然后，关闭直接蒸汽，用脱臭油泵将脱臭锅内的高温油脂泵入油脂冷却器，经循环冷却水冷却后回入脱臭锅内，再与脱臭锅内高温油脂进行传质传热，反复循环冷却，冷却时间约1h，将油脂冷却到70℃以下，破真空将油脂用脱臭油泵泵入过滤机中，精滤得到成品油。

2）工艺特点

（1）脱臭周期短：由于采用连续式加热、冷却，且经加热或冷却的油脂回流入脱臭锅内进行传质传热，传热效率较高，除去空锅抽真空时间外，整个脱臭周期缩短至4h，因此可节省大量的能源。

（2）脱臭效率高：利用脱臭油泵进行强制循环使油脂成膜状喷洒到脱臭锅内，增加了直接蒸汽与油脂的接触面积，汽提效率提高；使脱臭锅内底层的油脂连续不断地上升到油面空间进行汽提，减少了油柱高度的影响，使锅内油脂脱臭程度、时间趋于一致，大大提高了脱臭效率。

（3）油品质量好：由于使用换热器连续加热，油脂受热均匀，减少了油脂热聚合及异构化反应发生的概率，又因有析气、除氧过程，脱臭油过氧化值较低，生产出的成品油各项指标均优于原工艺而接近连续式工艺，油品质量能够得到保证。

3）改进前后工艺指标比较　改进前后的工艺指标比较见表 3-10。

表 3-10　改进前后工艺指标比较

指标	脱臭时间 /h	过氧化值 /（meq/kg）	耗电量 /（kW·h）	耗汽量 /kg	温度 /℃
改进前	6～7	5 以下	221.75	8125	240
改进后	3～4	2 以下	168	5683.1	240

经生产试验证明，间歇式脱臭工艺的改进，不但减少了油脂受热的不均匀、局部过热的现象，而且油脂在较高脱臭温度下产生热聚合、异构化反应的概率大大降低；由于有析气、除氧过程，脱臭成品油的过氧化值较低；脱臭时间缩短，成品油质量可以得到保证；电、汽消耗较原工艺节省 25%～30%，生产成本降低。改进原工艺只需增添部分设备，经济效益较为显著，因此改进后的间歇式脱臭工艺，具有很高的推广价值（满时勇，1999）。

近年来，油脂加工过程中的脱臭工艺和碱炼、脱色工艺一起，逐步由间歇操作朝着半连续、连续操作方向发展。其中连续工艺以其低成本、高利润的优势，在 30t/d 以上的炼油厂中正陆续将间歇工艺和半连续工艺全面取代。经广大工程技术人员的不断努力和探索，板式塔和填料塔作为连续、半连续工艺中的主要设备，已经取得了一定的使用成效和经验。

（二）半连续式脱臭工艺

在半连续式脱臭塔中，每一个塔盘作为一个批次蒸馏的设备都有相同的特性，它遵守批次蒸馏的方程式：

$$S = K \times \frac{P}{P^0(T)} \times \ln\frac{C_{\text{in}}}{C_{\text{out}}} \qquad (3\text{-}20)$$

式中，S 为相对的蒸汽消耗；K 为蒸馏常数；P 为在蒸馏罐内的绝对压力；$P^0(T)$ 为在蒸馏温度下纯混合物的气体压力；ln 为自然对数；C_{in} 为进入系统中的纯混合物的浓度；C_{out} 为流出系统中的纯混合物的浓度（Sein，2000）。

假设绝对压力 P 和常数 K 在整个脱臭塔中是恒定的，那 $C_{\text{in}}/C_{\text{out}}$ 值将在第一个塔盘中最小，然后当油降落到下面的系列塔盘时逐渐增加。因此，半连续式脱臭塔需要有不同蒸汽分布类型的许多不同的塔盘设计。

1. 工艺流程　几乎所有的半连续式脱臭塔通常以中和油和脱色的种子油作原料，但如果毛棕榈油经预处理和脱色，它们也能在半连续式脱臭塔内进行物理精炼，此处的工艺描述也包括预处理和脱色系统。

2. 预处理和脱色系统　毛油以控制的流量使用低压蒸汽经过毛油加热器被加热到 105℃。加热后，毛油则通过一台动态的高剪切式的酸混合器与磷酸混合，混合物转入脱色塔，在塔内，当油达到希望的液位并在蒸汽的搅拌下保持适当的脱胶时间，在此滞留期间，胶质、金属物和其他杂质的凝聚发生，这些凝聚物在下面的脱色/过滤过程中被除去。

油混合物经过一个配比混合器循环，此时脱色白土被加入油混合物中，脱色白土是使用一个计量单元由程序控制器来控制的。

脱色白土及油混合物在有蒸汽搅拌的脱色塔内停留设定的脱色时间，在此过程中脱色白土吸附色素和氧化物等。之后，浆状混合物借助自重下落到一个脱色降落罐用于在过滤前的暂时储存。

3. 脱色 从脱色降落罐来的油/白土浆状物被泵入脱色过滤器及精滤器，以过滤白土与杂质，滤液（脱色）则被转移到脱色油罐暂存。

在这个系统中有两台脱色过滤器，总是有一台处于过滤状态，另一台则处于排空及清理状态。在排空和清理时，过滤器被蒸汽加压，这样，过滤机内大部分的油就会被排到脱色油罐，剩下少部分混有白土的油则被排入蒸汽分离器/油浆罐，滤饼则会由蒸汽吹干，在过滤机吹干时聚集的剩油及冷凝水也被排入油浆罐。最后，干饼（废白土）则在过滤机的底部通过排放阀并使用气动振动器被倾倒。

收集在油浆罐内的回收油可以返回脱色塔进行再加工，在批次更换期间，回收油可以通过回收油过滤器进行处理，然后转入脱色油罐或返回毛油罐。

在批次更换期间，一部分的过滤物可用于循环经过脱色过滤机，再返回到脱色降落罐，这样有助于在更换批次排空整个系统前对整个系统进行清洗。

4. 脱酸和脱臭 从过滤系统来的脱色油被储存在真空脱色油罐内，从此处，脱色油被泵送到脱臭系统工艺阶段。

脱色油以控制的流量进入脱臭工段几乎是连续的，在经过脱色油加热器使用蒸汽将油加热到 170℃后，油被输送到脱臭塔顶部的计量盘的上部区，经过定期的时间间隔（根据周期计时），油降落到计量盘的下部，此区域装有液位传感器，一旦油达到下部塔盘的希望液位，上部油的降落就将停止。

从计量塔盘内，借助其自重，油就立即降落到下面的一系列塔盘，在这里油在真空的条件下通过热量回收和加热塔盘被逐步地加热到最终温度（250～260℃），在搅拌蒸汽帮助下，使用蒸汽喷射器或猛犸泵，将游离脂肪酸、酮、醛和其他的杂质从油中被除去，热脱色作用也同时发生，色素物被裂解并从油中蒸馏出来，高真空下的加热是通过一系列的高压蒸汽管来取得的。

影响最终油品质的总停留时间可以从控制柜上设定，设计有三个脱臭塔盘，总的停留时间为 75min，系统的典型周期时间大约是 25min，油从上部塔盘排放到下部塔盘的时间为 2min，为了保证在批次更换时最少的污染，脱臭塔中留有一个空的塔盘以分开两种不同的批次。

精炼油由脱臭塔排出泵送出，并在毛油热量回收器和最终油冷却器内冷却到储存温度。之后，精炼油在储存前先在两个可以交替的精滤器内过滤。脱臭排出泵通常使用无密封屏蔽泵，这样可以使泄露和氧化可能性降到最低（Sein，2000）。

5. 脂肪酸洗涤 从脱臭塔收集的气流在进入真空系统前在洗涤器内被清洗。在填料式洗涤器内，循环的脂肪酸蒸馏物，从上往下流，通常冷凝在气流内的游离脂肪酸和其他的可冷凝物、冷凝的蒸馏物，然后收集在结构塔的底部，从这里脂肪酸被泵出，并在脂肪酸蒸馏物冷却器内冷却，然后再循环到洗涤器的顶部，脂肪酸接受罐内蒸馏物的液位可以通过控制排放储存来维持（刘智锋，1995）。

（三）连续式脱臭工艺

通常采用板式塔与填料塔进行连续式脱臭，在化工设备的发展史中，板式塔和填料塔均为实现气、液两相传质的主要设备，多年来广泛应用于化工、石油、轻工、制药、原子能等工业的蒸馏、吸收、萃取、吸附、洗涤、冷却化工单元过程。在油脂工业中，也早已应用于浸出车间的汽提和尾气回收的矿物油吸收。在板式塔内，气体以鼓泡形式穿过一定数量塔板上的液层，相互接触进行传质，气、液两相的组成变化为阶梯式。在填料塔内，液体则从塔顶沿填料表面呈薄膜状向下流动，气体由下至上呈连续型同液膜逆流接触发生传质，气、液两相组成变化为连续式。根据各自的不同特性，板式塔在塔径较大的场合下（直径 2m 以上）应用更广。因为通过塔板的气泡和液滴的传质速度大大高于填料表面的液膜，板式塔的单位体积生产强度往往几倍于填料塔。而填料塔因结构简单、易用耐腐蚀材料制作、阻力小、特别适合真空条件下操作等优点，也作为重要的传质设备之一。因为填料塔尺寸放大后造价升高，目前还正在被众多工程师作为研究的课题。在大型填料塔的试验研究中，新型规整填料的发展十分迅速。目前在处理不同物料时，与散装填料的应用几乎是并驾齐驱。规整填料以其独特的规则几何形状规定了气、液流路，克服了沟流及壁流现象，消除了放大的效应，同时提供了大量的气、液接触表面积，提高了分离效率，降低了流体阻力。有资料报道，国外已有 15m 直径使用规整填料塔的应用实例（贾友苏，1997）。

1. 填料式脱臭塔 填料式脱臭塔由于无油位的存在和较大的比表面积，因此形成的油膜比较薄，蒸馏负荷轻，在使用过程中所需蒸汽用量也较少，仅为普通板式脱臭塔蒸汽用量的 34%左右，在负压蒸馏过程中产生的飞溅中性油损失较少，能够提高油脂精炼率，便于提高企业的经济效益。自 20 世纪 90 年代末，国内首次引进填料式脱臭塔应用于植物油行业以来，填料式脱臭塔因其蒸汽利用率高、炼耗低等优点得到迅速推广。除此之外，填料式脱臭塔还有另外一个优点，即抑制油脂在脱臭过程中反式脂肪酸的生成，有效降低油脂在经过高温脱臭过程后反式脂肪酸含量的上升。填料式脱臭塔在高温段滞留时间短，同时在填料表面分布均匀且薄的油膜，使得进入填料式脱臭塔的脱色油在尽可能短的时间内完成脱臭过程（宋伟，2005）。

但填料式脱臭塔也存在一定的缺点：其主要职能是物理脱酸，脱臭效果并不如板式塔显著；脱臭油在塔内滞留时间短，脱色油中的热敏性色素不能完全分解，脱色效果不如板式脱臭塔好；由于填料式脱臭塔内部铺有较厚的填料层，脱色油进入填料段后脂肪酸被瞬间蒸发，产生大量脂肪酸蒸气，体积迅速增大，容易产生液泛现象而附着在填料表面；脱臭油中磷脂等胶溶性杂质的存在极易造成塔壁和填料的结焦堵塞，因此对于脱臭之前物料中胶质的含量要求较高，若胶质含量高，会造成故障停机，所以在使用填料式脱臭塔时应紧密配合其他工序。

2. 板式脱臭塔 板式脱臭塔结构简单，可操作性强，脱色油进入板式脱臭塔后，直接蒸汽通过每层塔板底部的直接蒸汽喷嘴喷出，物料在高真空状态下进行水蒸气蒸馏，在脱除臭味组分的同时，由于每层塔板的独特均格结构，形成油脂的被动滞留，延长了油脂在脱臭塔中的停留时间，使得油脂中的热敏性色素彻底分解，从而起到很好的热脱色效果；板式脱臭塔故障率低、结构简单，清洗维护工时短，易于在其他设备检修的同时进行清洗维护，能最大限度地减少因设备检修而影响生产的连续进行，有效提升企业的开机率，从而降低生产的成本。

同填料式脱臭塔一样，板式脱臭塔也具有一定的缺点：板式脱臭塔结构独特，分为上下多层，每层塔板都要克服油层的压力，保证正常的水蒸气蒸馏，所以板式塔汽提蒸汽用量大；板式塔相对于其他结构的脱臭塔，在脱臭时间的控制上不能做到灵活调节；长时间的脱臭滞留，极易造成油脂在脱臭塔内过氧化值升高及新色素的产生，更为严重的是造成脱臭油中反式脂肪酸含量的逐渐增加（李宁，2005）。

3. 组合式脱臭塔　鉴于板式脱臭塔和填料式脱臭塔两种方式的缺点，我国于2001年成功研制、开发了组合式脱臭塔。该塔将填料塔和板式塔有机地组合在一起，既保持了填料塔的物理脱酸效果，又具有高效脱臭和热脱色功能，而且填料部分和板式部分能够分开单独使用，操作灵活，节约了使用费用，特别适用于品种更换频繁的炼油厂和加工油品来源复杂、品质差、色泽深的油品，如米糠油、茶籽油等。

1）工作原理　组合式脱臭塔的上部为填料段，下部为板式段。油从组合式脱臭塔顶部进入，通过分油盘均匀地分布在填料上形成油膜自上而下流动，与逆流的汽提过热蒸汽在填料上汽液逆相接触，首先在填料段蒸馏出脂肪酸和一部分臭味组分，通过真空抽走，油再通过管道流入板式段。板式段中的直接蒸汽从油中呈鼓泡状喷出，再次与油进行接触汽提，油在板式段中通过高真空降低臭味物质的沸点，并通过过热蒸汽的蒸馏，从而达到脱臭的目的，并滞留进行热脱色，脱臭油从脱臭塔底部排出。组合式脱臭塔的填料段和板式段是两个单独的塔体，通过阀门控制的管道连通。填料段的主要功能是脱酸，板式段的主要功能是脱臭和热脱色。加工低酸值油品时，脱色油不需通过填料段脱酸，而由进油管直接进入板式段汽提脱臭。

2）脱臭塔的结构设计　填料段的直径为0.7m，高约9m，塔顶抽真空，当待脱臭油进入组合式脱臭塔的填料段以后，脂肪酸被瞬时蒸馏，产生大量的气体，体积迅速增大，为了防止产生泛液，把塔的头部直径增大到1.1m，使脂肪酸有较大的闪蒸空间，闪蒸段的高度约为1.6m，内装结构填料。闪蒸段与填料段主体通过凹凸法兰连接，闪蒸段下面为进油口和分油盘，脱色油从进油口进入填料段，通过分油盘均匀地分布在填料上。填料段内装满结构填料，下部设有直接蒸汽入口和蒸汽喷嘴，出油管有两根，通过阀门控制流入板式段或直接排出塔体（左青，2004）。

组合式脱臭塔的结构填料是冲压成波纹板形状的薄不锈钢板，厚度为0.2～0.5mm，均布有小孔，根据脱臭塔的直径裁剪成合适的大小放入塔体。它的优点是汽液分散性好，避免了沟流短路现象。

3）组合式脱臭塔的特点

（1）节约汽耗。在脱臭过程中，大部分脂肪酸和易挥发的臭味物质都在填料段中脱除，板式段的蒸馏负荷轻，油在板式段中滞留的时间缩短至半小时左右。因此组合式脱臭塔的蒸汽消耗量非常低，只相当于普通板式塔的30%，与普通填料塔相差不多，为油中的0.5%～1%（王九，2013）。

（2）脱臭效果好，炼耗低。组合式脱臭塔的原理为物理脱酸，脱色油进入组合式脱臭塔填料段后，在5min内迅速脱除大部分脂肪酸，不需要在前处理阶段进行碱炼，避免了在碱炼环节的损失，增加了效益。植物油在该脱臭塔中停留的时间短，能够避免新游离脂肪酸产生而导致脱臭油酸值升高的现象。

（3）油色泽好。脱色油在组合式脱臭塔的板式段内滞留，其中不能用吸附方法脱除的某些热敏性色素，在高温高真空状态下分解，达到了热脱色的效果，由于滞留时间不长，较普通板式塔不易导致过氧化值升高及新色素的产生。因此，通过组合式脱臭塔的成品油色泽较普通填料塔和板式塔浅。

（4）操作灵活，使用及维护费用低。填料段和板式段完全分开，操作工人在操作中可以根据油品质量分别调节最合适的温度、蒸汽大小和滞留时间，有效地避免了浪费。由于填料段对油的胶质含量要求比较高，要求脱色油进入填料段之前必须进行脱胶，将含磷量控制在 10mg/kg，这样会增加一部分炼耗，因此在加工低酸值或对成品油酸值要求不高的油时，可不通过填料段直接进入板式段，这样既节约了脱胶的成本，又避免了填料结焦，同时提高了单位体积的产量，从而提高了效率。

4）组合式脱臭塔工艺　该工艺适用于连续或半连续精炼生产线（赵国志，2006）。脱色后的油通过泵以恒定的流量泵入析气器中，油的流量通过流量计来调节。在析气器中，油通过进料管上的多个喷嘴喷出，析气器中维持大约 400Pa 的绝对压力的高真空度以使油中混入的少量空气得以释放。油从析气器中出来，被泵入油-油热交换器，与从脱臭塔出来的热油进行热交换，加热到至少 170℃。从油-油热交换器出来，油流入导热油加热器，加热到 250～260℃，导热油在导热油炉中被加热到 290～310℃并在整个过程中循环使用。热的待脱臭油从导热油加热器进入组合式脱臭塔中，在填料段中用直接汽汽提出脂肪酸和其他相对易挥发的臭味组分，再进入板式段脱臭和热脱色。脱酸脱臭后的油从组合式脱臭塔中排出，泵入热交换器与待脱臭油进行热交换，再进入冷却器，被水冷却，冷却后油温不高于 70℃，最后通过精滤器，再存入成品油储罐。

组合式脱臭塔是一种新型的油脂脱臭脱酸设备，可以将填料塔脱酸和板式塔脱臭、热脱色等功能有机地结合到一起，使成品油酸值低、色泽浅、节约蒸汽损耗，比单一填料塔和板式塔使用更灵活，费用低、效果好。在实际生产中，加工米糠油、茶籽油、大豆油等植物油具有巨大的优势（王九，2013）。

第五节　油 脂 脱 蜡

一、脱蜡的意义及机制

动植物蜡是高级一元羧酸与高级一元醇所形成的酯。植物油料中的蜡质主要存在于皮的角膜中，其次存在于细胞壁中，蜡在其中是与角质纤维素及少量脂质共存的。米糠、葵花籽、棉籽、菜籽、玉米胚芽等均含有一定量的蜡质。例如，棉籽壳中含脂质 0.34%～0.90%，其中蜡占 20%～22%；葵花籽壳中含脂质 3.9%～5.2%，其中蜡占 57.5%左右。蜡在 40℃以上的高温下溶解于油脂，因此无论是以压榨法制取的粗油中，还是以浸出法制取的混合油中，均混入了一定量晶蜡质。其中以米糠油为甚，一般油脂中的含蜡量都会随料坯含壳量的增加而增加。蜡质熔点较高，人体不能消化吸收，含蜡油用作生产氢化油及食用油的原料时，蜡会影响催化剂的效率及食用油的透明度；用于制皂工业，蜡会影响操作和肥皂质量，由此可见无论食用或工业用都应该除去含蜡油脂中的蜡质。

常温（30℃）以下，蜡质在油脂中的溶解度降低，析出蜡晶粒而成为油溶胶（蜡晶粒为分散质，油脂为分散剂），其具有胶体的一切特性（如光学及电学性质）。因此，油脂中的含蜡量可借助光的散射——丁达尔现象为原理设置的浊度计来测量。随着储存时间的延长，蜡的晶粒逐渐增大而变成悬浮体沉降下来，此时粗油又变成了“粗分散体系”——悬浊液，这体现了溶胶的不稳定性。可见含蜡粗油既是溶胶又是悬浊液。因此，油脂中含有少量蜡质、甚至痕迹量的蜡（5ppm）即可使油脂的浊点升高，也可使油品的透明度和消化吸收率降低，同时使气味和适口性变差，从而降低了食用油的营养价值及工业使用价值。为了提高食用油脂的营养价值和油脂食品的质量，提高油脂的工业利用价值，做到物尽其用、综合利用植物油脂蜡源，从油脂中脱除或提取蜡质乃是一举两得之事（韩景生，1989）。

（一）脱蜡的意义和油脂蜡构成

油脂脱蜡是通过冷却和结晶将油中含有高熔点蜡与高熔点固体脂析出，再采用过滤或离心分离操作将其除去的工序（韩景生，1989）。通常人们所说油脂脱蜡实际上包含两个方面的含义。

其一是将包括玉米油、米糠油、葵花籽油、红花籽油、小麦胚芽油等含有高熔点的蜡除去，这些蜡（wax）本质上是 C_{20}～C_{28} 高级脂肪酸与 C_{22}～C_{30} 高级脂肪醇组成蜡酯（wax ester）。

其二是将油脂在贮藏中产生浑浊的所有固体成分除去，在这些固体成分中，既含有蜡的成分，也往往包含有油的聚合物、饱和甘油三酯等成分。

严格来说，前者应称为脱蜡（dewaxing），后者则应称为冬化（winterization），这实际是两个不同的概念，二者不应混同。另外，即使都是固液分离，棉籽油冬化是在室温附近将固体脂析出进行分离，而从棕榈油中将不同熔点的油脂区分并除去，则是在 0℃附近，将棕榈硬脂与棕榈油酸的高熔点成分顺次结晶化来区分的。因此，对于去除饱和甘油酯工序称为分提（fractionated）更为确切，冬化也可称为自然分提。蜡多含在植物油料种皮和胚芽中，不同植物油及不同加工方法，其蜡的含量各有不同。米糠油中蜡含量为 3%～9%，玉米油为 0.05%，葵花籽油为 0.01%～0.35%，菜籽油为 0.0016%。葵花籽中蜡大部分含在壳皮中，不经脱壳制取毛油中，含蜡量为 0.02%～0.35%，而经脱壳后制取毛油中蜡含量则为 0.011%～0.015%。不同植物毛油中的蜡质含量也不相同，具体见表 3-11。

表 3-11　各种植物毛油的蜡质及不皂化物含量

植物毛油	蜡质含量/%	不皂化物/%
米糠油	3～9	3～5.0
大豆油	微量	0.2～0.5
玉米油	0.05	0.8～2.9
葵花籽油	0.01～0.35	0.3～1.2
菜籽油	0.0016	0.3～1.2
小麦胚芽油	微量	2～6

不同植物油中所含的蜡成分均有不同的差别，各种植物油脂中蜡构成的直链醇含量及其组成又各不同。通常将如大豆油、葵花籽油、玉米胚芽油和菜籽油等含有较少蜡质的植物油冷却至 7～14℃静置，再将析出的结晶用压滤机进行过滤。在过滤蜡质时，油脂中常常存在微量黏性物质、油溶性胶质、皂脚组分等附着在蜡的结晶上，这些物质往往会引起滤布堵塞，

给过滤操作带来明显困难。对于不同杂质、水分、脂肪酸含量、蜡含量的脱蜡对象油，可选择不同的脱蜡工艺，以确保最终产品油的质量（李全宏，2005）。

（二）脱蜡的机制

蜡分子存在酰氧基，使蜡带有微弱的极性，因此蜡是一种带弱亲水基的亲脂性化合物。温度高于40℃时，蜡的极性减弱而溶解于油中。随着温度的下降，油黏度升高，蜡分子在油中的游动性降低，蜡分子的极性增强，特别是低于30℃时，蜡的晶粒慢慢变大，在油中形成分散体即形成浑浊液。随着时间延长，蜡就会慢慢沉降下来，使油品的上层清澈透明，下层表现出乳状白色黏稠浑浊体（庄殿忠，1998）。

利用蜡在食用油中随温度降低溶解度下降的特性，将油由常温降至12℃，从而降低蜡的溶解度。再利用蜡在40℃以下显示极性的特性，根据相似相浸润的原理，将油中显示极性的蜡微粒或蜡分子团俘获住，不让其进入脱蜡油中。为了实现这一目的，相关学者已开展大量实验证明采用有机膜和无机膜相结合的过滤方法可以代替传统工艺过程中的离心过滤和压榨过滤。并且可使能耗大大降低，免去了毛油升温再降温的过程，而且设备投资明显减少，操作简便，工艺简单，无任何污染，产品质量稳定，经双膜过滤后油中含蜡量降至0.3mg/kg以下。

1）无机膜脱蜡机制　无机膜可选择无机复合材料陶瓷膜，为了增大膜与油的接触时间和面积，可将无机复合材料膨化处理，形成不规则的弯曲细长孔道。再经过极性和强度处理，使无机膜与油中蜡所显示的极性相同，使得无机膜能将油中显极性的蜡微粒或蜡分子团俘获住。无机膜实质上是集滤饼过滤、深层过滤、极性相似相浸润为一体的过滤体系。油中蜡结晶较大的颗粒被阻截在无机膜表面（滤饼过滤）；微小颗粒进入弯曲细长的孔道，由于油流过时所引起的挤压与冲撞作用，蜡结晶微小颗粒会紧附在孔道的表面上，很容易被截住（深层过滤）；更细小的蜡分子团进入弯曲细长的孔道后，根据极性相似相浸润原理，很容易被无机膜俘获，从而大大提高了脱蜡效果及过滤速率。

2）有机膜脱蜡机制　在无机膜内侧加设一层有机膜，其作用是使从无机膜中逃逸的蜡晶体微粒和蜡分子团进一步受到有机膜的阻截，保证了脱蜡效果。这些就是双膜法脱蜡新工艺的核心技术。

脱除油脂中蜡质的工艺过程称为油脂的脱蜡。脱蜡方法从工艺上可分为多种，即常规法、碱炼法、表面活性剂法、凝聚剂法、脲包合法、静电法及综合法等。虽然各种方法采用的辅助脱蜡的手段不同，但其基本原理均属常规法冷冻结晶及分离的范畴，即根据蜡与油脂的熔点差及蜡在油脂中的溶解度（或分散度）随温度降低而变小的物理特性，通过冷却析出晶体蜡（或蜡和助晶剂混合体），经过滤或离心分离达到蜡油分离之目的（刘玉兰，2015）。

（三）脱蜡产生的危害及条件控制

脱蜡的效果受脱蜡设备的制约，脱蜡设备复杂，管路较长，且接触大量的化学物质，设备及管道的腐蚀问题很严重，由此会造成溶剂不正常损耗及设备的折旧期缩短。这不仅降低了经济效益，还可能因设备腐蚀穿孔泄露而影响油的食用安全性和生产安全性。

油中的少量固体物质在处理和输送过程中易沉积于设备及管道表面形成污垢，可以加碱液清洗或机械洗刷清除这类污垢，但这些方法会使设备及管道表面与金属结合较牢的氧化保护膜损伤，从而加快腐蚀速率。油中的游离脂肪酸（高酸值毛油）在一定的外部条件（如高温及长时间等）下会产生化学作用，在一定程度上对设备和管道造成腐蚀。

目前，国内对脱蜡油产品仍然主要以0℃下放置5.5h不产生浑浊为标准（李新华，2009）。但随着人们需求的不断提高，越来越多的企业充分意识到企业的产品规格只有顺应日渐增多的市场细分需求，才能满足不同客户的要求，扩大企业自身的发展。因此，现今已有不少厂家开始以下列各项指标的标准方法作为企业标准，即在冷冻试验中，在0℃、12℃和室温下，脱蜡油不产生浑浊时间分别大于48h、72h和5d。

事实上，现行冷却试验只是大体简易验证脱蜡程度方法。严格而言，蜡的准确定量是采用对油中不皂化物进行气相色谱（GLC）、高速液相色谱（HPLC）分析的，但这种方法费时费力，因此国外有不少企业采用浊度计测定浊点的方法。也有的企业将脱蜡后油在0℃条件下，最少放置24h，在油依然透明时，油中蜡含量大体可以确定在50mg/kg以下（李新华，2009）。

二、油脂脱蜡工艺

在油脂脱蜡工艺中，有以下几种：传统脱蜡工艺、溶剂脱蜡法、与精炼相结合的脱蜡技术、表面活性剂法、结合脱胶、脱酸的脱蜡方法及其他脱蜡方法。

（一）传统脱蜡工艺

传统脱蜡工艺的机制是冷冻结晶，然后通过机械方法分离油、蜡，过程中不添加任何的辅助剂和辅助手段。分离时采用加压过滤、真空过滤和离心分离等设备。此法最简单的是一次结晶、过滤。

冷冻过滤法基本流程：含蜡毛油经热交换器与脱蜡油换热后再用冷液冷却至6～8℃，送入结晶罐内，同时按含蜡量加适量助滤剂（白土、硅藻土）以便结晶过滤。结晶约4h，然后放入熟化器继续停留6h以上，使晶体粗大“老化”。然后小心地缓慢加热升温到18℃，此时即可打入卧式滤油机内。以每小时每平方米通过40～50kg的过滤速率进行操作，得到的脱蜡油升温作成品，而蜡渣置于回收罐内，因含65%以上的油，故还必须进一步回收蜡油。该法虽沿用多年，但仅适用于含蜡量低于500ppm的油脂（如葵花籽油），否则过滤速率低、油耗大、助滤机费用高等问题不易克服。

冷却结晶是在冷却室中进行的，室温0～4℃，油于70℃左右时送入外涂保温层的冷却罐中，冷却72h，冷却罐最终油温为6～10℃。降温速度开始24h内，平均为2℃/h；之后24h为0.5℃/h；最后24h总降温度为1～2℃。布袋过滤在过滤室内进行，室温保持在15～18℃，过滤时间为10～12h，布袋可用涤卡、维棉或棉布做，过滤速率是涤卡>维棉>棉布。过滤油在做0℃冷冻实验时，2h以上都透明、清亮，脱蜡油中含蜡量在10^5的数量级以下。过滤介质经受冷冻实验的强度顺序是棉布>维棉>涤卡。

目前,国内大多油厂是冷却结晶后用板式压滤机分离油与蜡糊。葵花籽毛油含蜡比毛米糠油少，可以采用脱胶、脱酸油，在2d内从50℃以上冷却到10～15℃，然后用压缩空气将油送入滤油机，分出的油含蜡在10^5的数量级以下。一般来说，用常规法脱蜡设备简单、投资省、操作容易，但油-蜡分离不完全，脱蜡油取得率较低且浊点高（何东平，2010）。

小厂家生产时多用袋滤法，将脱酸、脱色毛油冷却后直接装入布袋进行过滤脱蜡。该法的特点是过滤速率很低[仅 2～3kg/（m^2·h）]、时间很长，但得率可达 85%，而且质量稳定。该法由于所得蜡中含油较多，而且设备占地面积大、设备利用率低、劳动强度大，一般仅限于小规模使用。经常应用的米糠油脱蜡，典型操作过程如下：先将脱酸脱色糠油在冷藏室 0～2℃条件下，置于冷却罐内使降温到 6～8℃（约需 72h），然后装入若干直径为 150mm、长 1200mm 布袋内（每袋容量 18～20kg），在 15℃条件下过滤约 8h。滤出的油即为脱蜡油，残渣含蜡仅 15%左右，尚需加热至 35～37℃进行装袋压榨。压榨采用特制柜式水压机，每榨需 12h。所得液体称“软蜡”，经脱色、脱臭后出厂，榨饼即蜡饼尚含油 40%～45%，送去精制（倪培德，1989）。

（二）溶剂脱蜡法

溶剂脱蜡就是在经过冷却结晶的蜡油中加入有选择性的溶剂，使油的黏度降低即可易于分离的方法。蜡的分离温度一般要求在 30℃以下，而一般油品的黏度在 30℃以下增加特别快，因此没有可靠的分离设备解决这一问题。加溶剂（可使用的溶剂有已烷、乙醇、异丙醇、丁酮和乙酸乙酯等）后混合油与蜡的密度差加大了，分离设备也就容易选择，如转鼓真空过滤机、密闭式叶滤机或离心机等均可选用。采用溶剂脱蜡法的优点是油得率高（93%～97%）、质量好、过滤快、设备处理量大。但工艺复杂、设备密闭性要求高，存在着溶剂消耗与安全的问题，另外仍会有少量蜡质溶解在脱蜡油内。

1. 工业已烷法 含蜡油由脱酸油罐用泵，以 3000L/h 经换热器，加热至 80℃，泵入高位罐借位能连续转入结晶塔，其中两个塔用地下水冷却（其水温约 18℃），3 个塔用工业水冷却（其水温为 6～10℃），每个塔的出口油温顺次为 76℃、56℃、47℃、38℃和 22℃。油脂经过结晶塔历时约 10h，然后流入养晶罐，停留 5h，使油温降至 20℃。以 3000L/h 送入混合器与输送泵，输入占油量 40%的冷溶剂（18～20℃）充分混合后，输入预涂好的真空过滤机分离蜡、油。制备真空过滤机预涂层时，在预涂调和罐内加入 $2m^3$ 溶剂和适量硅藻土。硅藻土分两次加入，先加 160kg，然后再陆续加入 600kg，搅拌成浆状，浓度控制在 25%～30%。经涂浆加热器加热至 30℃，喷入真空过滤机的转鼓上，使转鼓上预涂上 80mm 厚的硅藻土过滤层，预涂要缓慢进行，每次历时 2h 左右，以获得良好的预涂层结构利于蜡-油分离。真空过滤时，操作压力控制在 50kPa 左右，转鼓转速 15r/min，以 1～1.5mm/h 的进刀速度使刮刀刮下蜡层。滤出的脱蜡油通过接受罐与溶剂气体分离后，由泵输入混合油储存罐，经混合油过滤器过滤后，再由泵送入混合油蒸发器和汽提塔蒸脱溶剂。蒸发器中，混合油浓度控制在 93%～95%，温度为 120℃，混合油经汽提后，基本上脱除了溶剂，再经干燥塔脱水干燥后，由泵经冷却器冷却至 50℃，进入脱蜡油周转罐，经计量槽计量后由泵送往后续工序。

由蒸发器、汽提塔和蒸发罐蒸脱出的溶剂气体经冷凝、冷却、分水后入溶剂储罐。真空过滤机刮刀刮下来的带蜡滤饼，经蜡饼输送机输入蜡饼调和罐，熔化调匀后，用泵送往蜡饼处理罐，分离蜡、硅藻土和溶剂，滤液（蜡）由泵送往蒸发罐蒸脱溶剂。蒸脱完溶剂的粗蜡由泵送往蜡的精制工序。滤渣（硅藻土）用蒸汽把其中的溶剂蒸发后，借液压装置自动打开底盖后排出。

2. 丁酮沉降法 已烷法需通过冷却、过滤等诸多工序，存在不少困难，如溶剂要回收、过滤机又必须特制、滤布也需常更换、助滤剂要混合等，操作烦琐，过滤速率慢。采用丁酮沉降，可以不通过过滤。例如，米糠油和 12%的水饱和丁酮混合，液态油在丁酮中易溶解，固态脂和蜡在常温下不易溶解而析出。油和丁酮容量比为 25∶75，在 12.5℃时缓慢流入槽中，固体不溶物则在沉降承板上沉淀（王瑞元，2009）。

3. 三氯乙烯和甲醇混合液法　毛糠油 1860g 加三氯乙烯、甲醇混合液 1000g（按质量比 64∶36），搅拌、加热至 40℃，成为透明溶液，冷却至 0℃，放置 24h，晶体析出，然后分离。此法主要是处理高酸价米糠毛油，若酸价不高，可以不用甲醇。

（三）与精炼相结合的脱蜡技术

脱蜡与脱胶结合过滤困难，为克服此弊端，采用水化预脱蜡工艺往往对于含蜡量高的毛油行之有效。操作过程：先将浸出毛油冷却到 25℃并保持 24h，然后在此温度下加水混合，约 30min 即可用离心机分出大部分蜡质，这种预处理可使油含蜡量降低至 200～400ppm。然而此法仍为间歇式，效率很低。

脱蜡和碱炼相结合即在常规碱炼工艺中附设脱蜡过程设备。毛油先经热交换器从室温预热到 80℃，再加热到精炼温度（90～95℃），用 30%磷酸进行处理（用量为油重的 0.05%～0.2%），作破乳剂和凝聚剂，同时加碱混合后便用离心机分离出皂脚与含蜡油，将油分道送入热交换器，先降温至 30℃，再到冷却器冷却至 8℃左右，到带搅拌的结晶熟化罐内以慢速搅拌 4～5h，然后用 4%～6%的水混合，到热水加热器升温至 18℃。此时的蜡晶体部分地分散在皂水相内形成重相，最后很容易利用离心机分离、水洗分离将含蜡洗涤水排出。此法不需加助滤剂而效果好、成本低、油损失较少又能连续化生产。但进一步要求从洗涤水中回收蜡和油脂时则有困难。

此外，尚有一种低温碱炼脱蜡法已取得试验性成功（倪培德，1993）。

（四）表面活性剂法

在蜡结晶析出的过程中添加表面活性剂，强化结晶，改善蜡-油分离效果的脱蜡工艺称为表面活性剂法（倪培德，1989）。本法主要是利用表面活性物质中某些基团与蜡的亲和力（或吸附作用），从而形成与蜡的共聚体而有助于蜡的结晶及晶粒的成长，利于蜡-油的分离。

另外，利用一种或多种食用合成表面活性剂（蔗糖脂肪酸酯和丙二醇脂肪酸酯等），可以提高植物油脱蜡的效率。例如，毛糠油加 HLB（亲水亲油平衡值）为 5 的蔗糖脂肪酸酯，在 50℃时搅拌 30min，然后冷却至 5℃，保持 1h 过滤。操作时因蜡和固态脂肪形成了大结块，过滤极为容易，蜡和固态脂得以完全滤去，同时对油还有一定的脱色作用（色素能同蜡质析出并带走）。所用表面活性剂还有甘油酯、山梨醇酯、丙二醇酯等，由 C_{11}～C_{22} 脂肪酸组成。蔗糖脂从单酸酯到三酸酯均好，其他几种都以单脂肪酸酯为好。表面活性剂可单独使用或两种混用，加入量在 0.1%～0.5%。

（五）结合脱胶、脱酸的脱蜡方法

本方法是将脱胶、脱酸、脱蜡三脱合一，同步进行，并采用离心机分离的常温碱炼脱蜡工艺（简称三合一法）。该工艺是国内油脂工作者的研究成果。

将油温调成 25℃左右，加入油重 7%的草酸水溶液（其中含有油 0.2%的草酸），搅拌 10min 以上，加入碱和水玻璃溶液，当出现清晰的油、皂纹路，再用泵循环翻动一下，使其均匀，然后用泵送入离心分离机，如果分出的皂脚很稠，可适当加入不超过油重3%的食盐水，使皂脚稀薄些。分出的皂脚送去综合处理，得到的油已除去90%的蜡，经水洗、干燥、脱色、脱臭，然后把油冷却到室温，再通过冷氯化钙液，冷却至5℃左右。保持2.5～3h，冷冻罐搅拌速度为20r/min，将冷却后的油通过有硅藻土层的压滤机，滤液即成品油。

（六）其他脱蜡方法

1. 添加絮凝剂法　选择 $Al_2(SO_4)_3$ 作絮凝剂，根据杰略奎和朗台求电解质对溶胶影响的聚沉值 r_c 的公式，在其他条件均相同情况下，电解质的聚沉值和反离子价(z)的6次方成反比：

$$r_c = K\frac{1}{z^6} \tag{3-21}$$

叔采-哈代发现下面的规律（叔采-哈代规律）：如果以凝结值倒数表示反离子对于溶胶的凝结能力，则二价反离子的凝结能力为一价的20～80倍，三价是一价的500～1500倍。

可见使溶胶聚沉时，高价离子比低价离子的效率大，即使等量溶胶聚沉所需高价离子的量比所需低价离子的量少，这就是我们应用 $Al_2(SO_4)_3$ 而不用食盐的原因。

又根据水的净化原理，天然水中常含有带负电荷的胶态杂质，添加 $Al_2(SO_4)_3$ 后，Al^{3+} 与水作用生成 $Al(OH)_3$，所形成的 $Al(OH)_3$ 中和胶态杂质的电荷促使聚沉。

2. 稀碱法　本法利用蜡分子在低温下的亲水性，通过碱液富集蜡的分子，以利于蜡结晶。操作时脱酸油在15℃左右进入结晶槽，以冷却剂迅速冷至−1～7℃，并以低剪切力高循环的搅拌器搅拌，促进蜡质结晶，然后按油重的20%～40%加入浓度为1%～3%的低温碱液，保持温度不超过8℃，在连续搅拌15min后，加入油重0.07%～0.15%（浓度为20%～40%）的磷酸溶液，再搅拌15～20min，破乳后送入离心机分离。采用该法脱蜡时的关键是低温、磷酸添加量及磷酸的添加方式。

3. 尿素脱蜡法　本法是通过添加尿素溶液包含蜡分子共结晶的一种脱蜡方法。首先将含蜡油按常规方法碱炼，然后冷却至10℃左右，添加油量3%的尿素（配成饱和水溶液）搅拌、结晶20～24h，经离心分离、水洗干燥即得脱蜡成品油。尿素脱蜡法与常规脱蜡法（即单纯机械分离法）设备通用，脱蜡率较高，残留尿素可结合后续工序脱除，但尿素的分解产物氨会造成环境污染，该方法有待于工艺和设备的进一步完善。

三、油脂脱蜡设备

油脂脱蜡设备主要包括结晶与分离两大类装置。

（一）结　晶　器

间歇式结晶器可分成两种：装有调温介质循环装置的结晶器及安装在冷库内的结晶器。前者为一长圆形的容器，内装搅拌器，器外层为冷却夹套（也可采用炼油锅类似的设备）。后者为直径较小的长圆柱形结晶罐（也可以采用一个斜底，宽度不超过600mm的长方形罐），在罐内设有搅拌器，罐外有一层保温层，保温层的作用是使油脂在冷库中的冷却变得缓慢（何东平，2010）。

（二）结　晶　塔

结晶塔是给蜡质提供适宜结晶条件的设备，分间歇式和连续式，可用于溶剂脱蜡。其主体是直立长圆筒体，由上、下碟盖和若干塔体构成，筒体外安有冷却夹套。在塔内安有数层中心开孔的隔板，塔体中心有搅拌轴，轴上间隔安装搅拌叶和导流圆盘挡板，由变速电机带动，以 10～13r/min 转动，以促进塔内油脂的对流。夹套有外接短管，以便通入冷却水与塔内油脂进行热交换，使蜡质冷却结晶（刘玉兰，2003）。

（三）养　晶　罐

养晶罐是为蜡质晶体成长提供条件的设备，间接式养晶罐与结晶罐通用。主体是一带夹套的碟底平口圆筒体。罐内通过支撑杆装有导流圆盘挡板置于轴心上的桨叶式搅拌轴由变速电机带动，以对初析晶粒的油脂做缓慢搅拌。夹套上连有外接短管，以便通入冷却剂进行冷却，促进晶粒的成长。罐外部装有液位计，以便掌握流量，控制养晶效果。

（四）熔　蜡　罐

为了使蜡饼和软脂分开，生产中要对过滤后的滤饼进行熔化，然后用液压压榨机进行压榨。熔蜡罐的作用是将过滤后的蜡饼熔化，其结构主要为：主体是一个带有平盖和锥底的圆筒体；锥底上装置便于维修轴底承座，更新轴衬可在设备外进行；搅拌轴通过罐体上槽钢平盖与传动装置相接；搅拌轴上有两对桨式搅拌叶；锥底有一对异形搅叶；由电动机带动进行慢速搅拌；罐体内部有加热用笼管；平盖上设有入口，便于观察罐内情况；待熔蜡由入口倒入罐内，蜡饼熔化后，由罐底底部短管装袋进行压榨。

（五）蜡饼处理罐

蜡饼处理罐是溶剂脱蜡法中，用于溶剂、蜡糊和助滤剂分离的设备，也叫作硅藻土过滤罐，主要由碟盖圆筒罐体和带过滤网的快开底盖及液压启闭底盖的装置构成。快开底盖焊有钻孔钢板滤网骨架，骨架上附有 120 目/in 不锈钢滤网。罐体用钢板焊制，当底盖闭合时能承受 980kPa 的压力，对应于滤网骨架下方的罐壁处接有液蜡出口和直接蒸汽管，罐顶设有进料口和混合气体出口管。

（六）加热卸饼式过滤机

在脱蜡和分提操作中，结晶出的蜡晶和脂晶悬浮在油中，要将它们分离，国内普遍采用板式压滤机。由于操作温度低，黏度大，滤饼是可压缩性的，因此过滤时间长，人工卸饼较为麻烦。油脂加工设备中的加热卸饼式过滤机，可以较好地解决这个问题。这种滤油机的主要结构与板式压滤机一样，主要的不同在于滤框中装有蒸汽或热水循环蛇管。

这种滤油机的操作与普通的压滤机一样，液态油在压强差下穿过滤布，由滤板上的油出口流出，蜡（或固体脂）被截留在滤框内。过滤压强达到预定压强时，停止送料，在滤框中通入蒸汽（或调节好温度的热水），使截留在滤框中的固体熔化，打开滤框的出口，使全部蜡（或固脂）排放出来。然后将冷水通入滤框内的加热管，使过滤机恢复到需要的操作温度，关闭滤框上的出口，过滤机又可继续过滤。

由于是在较低的温度下操作，需要较长的时间，因此过滤面积应很大，如在24h内冬化50t棉籽油，必须安装两台滤机，它们的总过滤面积为300m²。该机用加热的方式自动卸渣，非常方便，劳动强度低、卫生条件好，正常运行时，可长期不装拆滤机。缺点是设备占地面积大，耗用钢材多（刘玉兰，2015）。

（七）连续封闭式过滤机

该过滤机的过滤、卸饼、洗涤可以同时进行，实现连续工作，尤其适用于含有挥发性、甚至是易燃性溶剂的悬浮液过滤，在油脂加工中可用于溶剂脱蜡、溶剂分提等。

连续封闭式过滤机由安装在封闭壳体内的若干部件组成。转筒分成数个互不相通的小格，表面设置金属格栅，格栅上覆盖滤网。分配阀由一安装在转筒上的转动盘和一个与之紧密接合的固定盘组成。转动盘上的孔分别与转筒小格连通，当固定盘上的凹槽与转动盘上的某几个孔相遇时，使转筒表面分别处于不同的操作状态。当固定盘上的空白位置与转动盘小孔相遇时，则转筒表面相应区域便停止工作，这里是过渡区，防止两个不同操作区域互相串通。三个辊轮组成了滤网的导向系统。

浸在悬浮液中的格子处于真空下，使滤液穿过滤网，固相则沉积于滤网上形成滤饼层，格子里所收集的滤液通过导管流进接收罐。随着转筒向上旋转，由于格子里仍保持真空，故沉积在滤网上的滤饼层在露出液面时进入吸干阶段。沿着运行途径，滤网离开转筒，随后由刮刀刮下滤网上的滤饼，并把滤网进行洗涤，洗净的滤网又重新转回到转筒上。此外，安装在箱底的搅拌器不断搅拌，使悬浮液均匀。为了使转筒下部在悬浮液中浸没一定深度，借助溢流管使液面维持恒定（丁保淼，2015）。

四、米糠油脱蜡

米糠油精炼的主要步骤包括脱胶、脱蜡、脱酸、脱色和脱臭。米糠油精炼的主要目的是除去如蜡质、胶质、磷脂、FFA及色素等杂质，保留食用油的甘油三酯组分和其他有益的微量组分。

糠蜡作为工业制油原料广泛应用于鞋油、地板蜡和家具、汽车、机床等上光蜡，皮革润饰剂等；制造印刷油墨、打字蜡纸、胶光纸张润饰剂和纸制品添加剂；纤维加工用油剂、乳剂、增进纤维织品柔性、滑性和光泽；用作苹果、梨、柑橘等水果蔬菜保鲜剂；用作化妆品和医药用品等，特别是利用米糠蜡制取三十醇，是新型植物生成调节剂，能使多种作物显著增产。为提高油品质量和开展综合利用，米糠油脱蜡已成为米糠油精炼的重要工序（柴本旺，2000）。

（一）米糠蜡的主要成分

对于米糠蜡的成分研究，早在20世纪20年代就开始了。随着色谱分离技术在脂质分析上的应用，米糠蜡组成分析在20世纪70年代才有了突破。日本岩问、高本及洛克（Tulloch）等先后分析了米糠中醇、酸同系物的碳数组成，进行了碳数的确定。米糠蜡是由多种不同碳链长度的脂肪醇和脂肪酸结合而成的酯类混合物。至于米糠蜡中蜡类组分的含量，至今还未见较详细的报道。糠蜡的平均相对分子质量为740～800，相对分子质量分布范围为600～900。蜡酯分子碳链长度分布范围为C_{44}～C_{62}，蜡酯中脂肪醇（蜡醇）平均相对分子质量为430～

460，脂肪酸（蜡酸）平均相对分子质量为 340～360。蜡酯中醇酸比为（52～56）：（38～48）。蜡醇中有 C_{22}～C_{38} 的 9 种偶碳脂肪醇及少量奇碳醇；蜡酸主要由二十二碳酸（山嵛酸）和二十四碳酸组成，其他偶碳酸不多，奇碳和不饱和酸很少。

糠蜡中的脂肪醇含量为 55%～60%，脂肪酸含量为 40%～45%，其主要组分为：蜂花醇蜜蜡酸酯（C_{30} 醇 C_{20} 酸酯）43%～44%，蜜蜡醇蜜酸酯（C_{20} 醇 C_{20} 酸酯）21%～22%，异蜜蜡醇异蜜蜡酸酯（甲基在 C_{24} 位上）9.5%～10.5%，游离高碳脂肪酸 6.5%～7.5%，高级饱和及不饱和脂肪醇 3%～5%。

（二）糠蜡的物化特性

糠蜡在常温时呈悬浮状态于油中，油温升高则以分子分散状态溶于油中；当油温降至 25℃以下时成结晶状析出。糠蜡不溶于水、丙酮、丁酮，对某些有机溶剂如已烷、轻汽油、异丙醇、乙酸乙酯等具有热溶冷析特性。

糠蜡虽属天然蜡，但它是工业精制品，其组成单纯且稳定。不像巴西棕榈蜡、蜂蜡等天然蜡那样组成很复杂、质量差异大，物化特性介于巴西棕榈蜡和蜂蜡之间，且接近于巴西棕榈蜡，个别性能优于巴西棕榈蜡。它的性状与色泽多为棕褐色硬质固体，精制程度高的呈棕色、棕红色，经漂白处理的呈橙黄色、淡黄色直至白色；常温下相对密度为 0.97，随着温度升高相对密度降低，100℃液态下为 0.78；固体糠蜡（25℃）膨胀系数为 0.0011，100℃液体时为 0.000 64；国产米糠蜡的熔点为 78～80℃，仅次于巴西棕榈蜡；日本高熔点糖蜡熔点为 82～83℃，与巴西棕榈蜡熔点相当；糠蜡的熔点上升力比石蜡等低熔点蜡大，比巴西棕榈蜡低；4℃时硬度为 90g，25℃时为 76.5g；糠蜡的溶剂吸收率介于巴西棕榈蜡与地蜡、蜂蜡之间，溶剂保留率和巴西棕榈蜡相近；糠蜡的光泽度很好，为巴西棕榈蜡的 1.2～1.5 倍，其精制程度越高，光泽度越高；糠蜡可以乳化形成稳定的乳化物，高熔点的糠蜡做成水包油型乳化剂时，要求乳化剂具有的 HLB 为 6～7，低熔点糠蜡为 8～9；纯糠蜡的理论皂化值为 70～76，工业提纯糠蜡通常为 72～80，含油量多的低熔点糠蜡由于本身蜡酯相对分子质量小，皂化值较高（81～105）。由于糠蜡精制方法不同，其纯度相差较大，酸值、碘值、乙酰值等化学常数也不相同。

（三）糠蜡的提取——脱蜡

脱蜡是米糠油精炼工艺的一道关键工序，脱蜡效果的优劣直接影响精炼成品油的质量和精炼得率及糠蜡综合利用的效果。

脱蜡方法从工艺上可分为常规法、碱炼法、溶剂法、表面活性剂法、凝聚剂法、尿素包合法、静电法和综合法等。其原理均是根据糠蜡的物化特性，进行冷冻结晶分离的范畴。脱蜡工艺包括两个方面：一是脱蜡工序在米糠油精炼工艺中的排列顺序；二是脱蜡工艺条件的选择。

对于米糠油脱蜡工艺排列顺序，国内外基本上采用两种不同安排。国外大多数倾向于安排在脱胶与脱酸之间，属于前脱蜡。其主要理由：脱胶后有部分蜡即结晶出来，少量蜡的存在为脱蜡的结晶、养晶创造了条件，有晶种作用，同时避免脱酸时蜡随皂脚而流失，提高蜡的收率。我国通常将脱蜡放在米糠油精炼的最后一道工序，即脱胶、脱酸、脱色、脱臭之后再脱蜡，属后脱蜡。优点：脱蜡时油温不需要冷却至 5～10℃，而只需冷却到 20～25℃，且可以加快过滤速度，减少蜡油数量。这是因为米糠油中如含有微量水分、胶质、蛋白质、游离脂肪酸等杂质，蜡就很难分离析出。经过脱胶、胶酸、脱色、脱臭，去掉了上述杂质，再经冷却后蜡能结晶成较大的颗粒，较易过滤。

脱蜡工艺安排顺序不同，米糠油脱蜡的工艺条件也不尽相同。此处仅对中试脱蜡工序放在精炼工艺末端，采用常规冷却分离的工艺进行讨论（柴本旺，2000）。

（四）常规冷却分离脱蜡

1. 工艺流程 工艺流程如下。

脱臭米糠油→冷却→结晶→养晶→过滤→成品油/蜡糊

2. 脱蜡方法

1）*袋滤法* 此法的分离介质是袋布和蜡饼，过滤推动力为油的密度，此力很小。用这种方法分离油蜡有如下缺点：①过滤速率很慢，一般只有 2～3kg/（m^2·h）；②得率较低，只有 85%；③占地面积大，劳动强度也大；④需要一个冷库。

2）*板式压滤法* 此法的分离介质为滤布和滤饼；过滤推动力为进油泵所给的扬程，一般为 3～5kg/cm^2。用该法分离油蜡，过滤速度不快；过滤所得到的油质量不稳定，滤饼未形成时过滤出来的油要返回去重新过滤；得率也较低，蜡中含油在 65%左右。但该法占地面积较袋滤法小，劳动强度也较袋滤法小。

3）*真空吸滤法* 将糠蜡结晶好后，加入适量的正己烷，以硅藻土作助滤剂，在转鼓真空吸滤机上进行真空吸滤。这种分离方法的特点是：①混合油黏度低，过滤速率快；②滤网上形成的蜡层不断地被刮刀刮下，所以过滤介质的阻力基本稳定，油的质量也稳定；③得率高，可达 94%。但是也存在着不少缺点，主要缺点是：①有容易燃烧的溶剂存在，要有防爆装置；②要蒸发溶剂，能量消耗大；③设备投资费高；④因蜡在正己烷中的溶解度较大，要–5℃时才几乎不溶，所以糠蜡结晶好后加入正己烷时，可能有少量蜡要重新溶入正己烷中，影响脱蜡效果。

4）*离心分离法* 离心分离法的特点：①能连续生产，劳动强度低；②占地面积小；③与溶剂脱蜡法比较，消耗的能量少，且比较安全。但是由于油的黏度大，油蜡密度差小，因此得率较低，而且离心机难免堵塞，蜡糊的处理也很困难。

根据我国的具体情况，编者认为采用板式压滤机作分离设备比较容易实现。但在结晶阶段应该采用连续的逆流冷却的方法，以便控制冷却速率，使结晶出来的蜡，既大又结实。这样，过滤速率可加快，蜡中含油也可降低，油的得率也可提高。同时，使用地下水作冷却介质，不需要冷库，全年都可进行脱蜡生产。

3. 工艺条件 米糠油脱蜡主要分两个阶段进行，即冷却和分离。冷却分三步进行。

（1）经过脱胶、脱酸、脱色、脱臭的油用泵送入冷却罐中用水进行冷却，使脱臭油温度由 150℃左右降至 96～90℃，其目的是通过预冷却减少冷冻机负荷，提高结晶罐的利用率。

（2）经预冷却的米糠油泵入结晶罐进行调温，控制进入夹套冷却介质的流量，调整结晶与冷却速度，以得到良好的糠蜡晶体。在此过程中，先将油从 30～40℃冷却到 20～25℃，时间为 7～8h；然后在此温度下继续结晶 15～17h。

（3）结晶后的油用压缩空气倒入养晶罐，保持油温 20～25℃，养晶 24h，以利于形成稳定的晶型。米糠油与蜡的分离是用压缩空气为动力，通过热卸过滤机进行分离。为了达到理想的分离效果，分离初始靠液位差将油送入过滤机，待蜡层形成后再借助压缩空气进行过滤。

4. 影响脱蜡的因素　米糠油脱蜡过程中影响脱蜡的主要因素有如下几方面。

1）*冷却速率*　糠蜡结晶过程与其他结晶过程一样，是放热过程。当油冷却到一定温度时，油中熔点高的蜡酯首先结晶析出，同时放出结晶热。随着温度继续降低，溶解度较大、熔点较低的蜡也析出。此时，如果冷却速度足够慢，在搅拌作用下，使已经析出的蜡在油中游动，并与要析出的蜡分子相互碰撞，后者以前者为核心，附着在原蜡表面，使晶粒逐渐增大，可得到晶粒大而结实、内部包含较少油脂的晶粒。这个过程需要较长时间，如果冷却速率快，高熔点的蜡刚刚析出，还未与低熔点蜡相撞，低熔点蜡就单独析出。这样晶粒的蜡，其晶粒多而小，即使通过下一步养晶，晶粒中夹带的油还是比较多，晶粒松而不实，给分离带来困难。冷却速率对糠蜡结晶影响非常大，冷却速率慢，糠蜡晶粒较大，且结实；反之，晶粒则小。为不使油脂剧冷而影响结晶效果，油与冷却剂的温度差不能过大，一般控制在 5℃左右。

2）*养晶温度*　所谓养晶，是指经过结晶的糠蜡在同温度下保持一定时间，使尚未结晶的糠蜡继续结晶析出，使小的晶粒继续长大的过程。养晶温度高低对蜡晶形成与晶粒大小影响较大。温度太高，蜡不能全部形成，达不到脱蜡目的；温度太低，油的黏度增大，流动性差，糠蜡晶粒碰撞概率小，不易达到晶粒形成和成长目的。即使晶粒有所增大，由于晶粒周围油膜较厚，晶粒中间夹带的油分也多，结构不够结实。中试时养晶温度过低（5～7℃），使一部分熔点较高的脂析出，这不仅增大了油蜡分离的困难，而且影响了精炼油的收率。

3）*搅拌速度*　糠蜡结晶与养晶过程中，搅拌速度对晶粒的形成及脱蜡效果有一定的影响。若不搅拌，蜡晶析出后，一部分附着在罐壁上，阻碍传热效果，致使糠油受冷不均或局部过冷，影响糠蜡的正常结晶过程；同时，已经析出的糠蜡晶体与将要析出的蜡分子之间的碰撞只能靠对流来进行，碰撞概率大为减少，不利于结晶。若搅拌速度过快，已形成的蜡晶会被打碎，也不利于结晶。因此，在冷却降温过程应配合适当的搅拌。对于米糠油来说，搅拌速度控制在 13～15r/min 为宜。

4）*输送、过滤推动力*　脱蜡过程中经冷却形成的蜡晶仅是糠蜡熔点差异的产物，其结构强度有限，不能承受高剪切力和压力。因此，输送过程中应避免受紊流剪切。否则，将破坏糠蜡晶粒，造成油蜡难以分离，一般多用柱塞泵。中试时，采用压缩空气作为输送与过滤的推动力，很好地避免了蜡晶受剪切作用而被破坏的不良后果。但在过滤时应控制空气压力和流量，以达到油蜡分离的目的（柴本旺，2000）。

参 考 文 献

贝拉蒂尼 E. 1988. 油脂加工. 刘大川译. 北京：中国商业出版社.
曹湘洪. 2007. 生物燃料与可持续发展. 北京：中国石化出版社.
曹艳君，王好平. 1988. 植物油的脱色研究. 沈阳化工，1(27)：15-17.
柴本旺. 2000. 米糠油脱蜡. 粮油食品科技，8(6)：5-7.
丁保森. 2015. 食用油脂贮藏加工技术 100 问. 北京：中国农业出版社.
丁泓滨. 1992. 油脂脱胶和碱炼的方法. 中国油脂，228-34.
国家粮食局人事司. 2007. 粮油质量检验员初级中级高级. 2 版. 北京：中国轻工业出版社.
韩景生. 1991. 油脂精炼工艺学. 郑州：河南科技出版社.
韩抒. 2009. 高酸值米糠油酯化脱酸工艺的研究. 合肥：合肥工业大学硕士学位论文.
何东平. 2005. 油脂精炼与加工工艺学. 北京：化学工业出版社.

何东平. 2010. 食用油脂加工技术. 武汉: 湖北科学技术出版社.
何东平, 齐玉堂, 罗质. 2005. 油脂精炼与加工工艺学. 北京: 化学工业出版社.
胡学烟, 汪勇, 王兴国, 等. 2001. 油脂中的非水化磷脂成因及去除方法的探讨. 中国油脂, 26(1): 29-31.
胡颖慧. 2001. 脱色工艺对油脂品质的影响. 中国油脂, 26(6): 31-33.
黄显慈. 2004. 食用植物油脱色技术. 中国食品报, 2: 26.
贾健辉. 2012. 大豆油脂的生产与检验技术. 北京: 化学工业出版社.
贾友苏, 何全社. 1995. 石蜡吸收技术在尾气回收中的应用. 中国油脂, 中国油脂, 20(4): 23-25.
贾友苏, 张武平. 1997. 利用板式塔和填料塔进行油脂连续脱臭. 中国油脂, 03: 18-20.
江连洲. 2015. 酶在大豆制品中的应用. 北京: 中国轻工业出版社.
李里特. 2002. 粮油贮藏加工工艺学. 北京: 中国农业出版社.
李宁, 刘华. 2005. 新一代油脂脱臭脱酸设备: 组合式脱臭塔. 中国油脂, 30(8): 21-23.
李秋生, 杨继国, 杨博, 等. 2004. 不同磷脂酶用于植物油脱胶的研究. 中国油脂, 29(1): 19-22.
李全宏. 2005. 植物油脂制品安全生产与品质控制. 北京: 化学工业出版社.
李新华. 2009. 粮油加工学. 北京: 中国农业大学出版社.
李新华. 2014. 农产品加工工艺学. 北京: 中国农业出版社.
梁少华. 2001. 适用于油脂的脱酸/脱臭塔. 中国专利: ZL00230136. 9
林威. 1992. 脱臭塔结构与脱臭效果. 中国油脂: (04): 42-45.
刘大川. 1980. 关于脱臭及汽提的理论探讨. 油脂科技, 02: 9-13.
刘景顺. 1988. 油料加工工艺. 北京. 中国农业出版社.
刘永霞, 忻耀年. 1998. 结构填料塔在油脂脱臭中的应用. 中国油脂, 23(2): 9-12.
刘玉兰. 2003. 油脂生产废水的产生及控制. 中国油脂. 28(7): 32-35.
刘玉兰. 2003. 油脂制取与加工工艺学. 北京: 科学出版社.
刘玉兰. 2015. 粮食储藏与加工创新技术丛书现代植物油料油脂加工技术. 郑州: 河南科学技术出版社.
鲁志成, 梁少华, 马传国. 2003. 影响油脂脱臭效果因素的分析与探讨. 中国油脂, 28(11): 22-25.
罗剑勋. 2000. 概述油脂脱胶工艺. 泸天化科技, 1: 51-55.
罗树林. 1998. 影响高温高真空下的间歇脱臭效果和脱臭油脂质量的主要因素及其对策. 中国油脂, 04: 23-26.
马传国. 2002. 油脂脱胶的理论与实践. 中国油脂, 27(1): 24-26.
马传国. 2014. 油脂加工工艺与设备. 北京: 化学工业出版社.
满时勇. 1999. 间歇式脱臭工艺改进的研究. 中国油脂. 24(4): 22-24.
倪培德. 1989. 植物油制取与精炼. 北京: 中国轻工业出版社.
倪培德. 2003. 油脂加工技术. 北京: 化学工业出版社.
彭云向. 2012. 大豆毛油的酶法脱胶研究. 广州: 华南理工大学.
桑井原祯. 1999. 化学机械型式选定. 东京: 日刊工业新闻社.
宋伟, 杨慧萍, 沈崇钰. 2005. 食品中的反式脂肪酸及其危害. 食品科学, 26(8): 500-504.
孙志芳, 高荫榆, 洪雪娥. 2005. 植物油脱色研究进展. 食品科技, 3: 31-32.
孙志芳. 2005. 植物油脱色研究进展. 食品科技, 3, 30: 31-33.
陶瑜. 1999. 油脂加工工艺与设备. 北京: 中国轻工业出版社.
田仁林. 1983. 谷类油脂. 北京: 科学出版社.
涂果, 田华达. 2003. 几种油脂脱色工艺的介绍. 中国油脂, 2(28): 20-22.
王宏建, 周伯川. 2000. 油脂精炼技术的发展及其与国外的差距. 中国油脂, 02: 3-6.
王九. 2013. 生物柴油生产及应用技术. 北京: 中国石化出版社.
王齐国. 2005. 板式脱臭塔的理论与实践. 中国油脂, 07: 29-30.
王瑞元. 2009. 植物油料加工产业学上. 北京: 化学工业出版社.
温士谦. 1982. 植物油生产工艺知识问答. 北京: 中国财政经济出版社.
无锡轻工业学院. 1986. 油脂提取与加工. 北京: 中国农业出版社.
徐凤才. 1994. 油脂的物理精炼和化学精炼. 中国油脂, 02: 18-24.

杨博, 杨继国, 孟庆博, 等. 2003. LecitaseNovo 用于大豆油脱胶的研究. 中国油脂, 28(9): 19-21.
杨国华, 王辉. 1998. 油脂脱臭工艺介绍. 泸天化科技, 03: 192-194.
杨继国, 杨博, 孟炯, 等. 2003. 新型磷脂酶 LecitaseUltra 用于大豆油脱胶的研究. 中国油脂, 28(10): 10-12.
叶克恭. 1997. 食用油脂薄膜脱臭工艺. 粮食与油脂, 3: 36-37.
殷风华. 1997. 中国油脂工业的现状及发展趋势. 中国油脂, 22(5): 3-6.
于殿宇. 2012. 油脂工艺学. 北京: 科学出版社.
余榛榛, 常明, 刘睿杰, 等. 2013. 磷脂酶 C 在酶法脱胶中的研究进展. 中国油脂, 38(7): 19-21.
张根旺. 1999. 油脂化学. 北京: 中国财政经济出版社.
张国馥, 郜山保, 王娟娟. 2011. 浅析油脂精炼技术——吸附脱色. 粮食与油脂, 11: 28.
赵国志, 刘喜亮, 刘智锋. 2004. 油脂脱胶技术. 粮食与油脂, 1: 3-8.
赵国志, 刘喜亮, 刘智锋. 2006. 反式脂肪酸的控制技术. 粮油食品科技, 14(3): 14-16.
赵国志, 刘喜亮, 刘智锋. 2007. 油脂精炼技术最新进展. 粮食与油脂, 05: 5-9.
赵国志, 杨锁玉, 程祖华. 1994. 棕榈油物理精炼技术和产品品质问题. 西部粮油科技. 04: 3-7.
庄殿忠. 1998. 油脂工业企业员工必读. 乌鲁木齐: 新疆科技卫生出版社.
左青. 2004. 如何限制油脂反式脂肪酸含量和摄入量. 中国油脂, 29(7): 70.
Hui YH. 1989. 油脂化学与工艺学. 徐生庚, 裘爱泳译. 北京: 中国轻工业出版社.
Sein MM, Kong KC, 张永飞, 等. 2000. 半连续式油脂脱臭工艺系统. 中国油脂. 25(6): 65-68.
Buchold H, Boensch R, Schroeppel J. 1996. Process for enzymatically degumming vegetable oil. US: 5558781, 09, 24.
Iwama A. 1987. New process for purification of soybean oil by mem-Branese parathion and economic evaluation of the process. J Am Oil Chen Soc, 64(9): 1258.
Kim C. 2001 Enzymatic oil-degumming by a novel microbial phospholipase. Eur J Lipid Sci Technol, 103(4): 333-340.
Koseoglu SS, Rhee KC, Lusas EW. 1997. Bench-scalemembranedegummingofcrudevegetableoil: process optimization. J Membr Sci, 134: 101-108.
Loeffler F, Plainer H, Sproessler B. 1999. Vegetable oil enzymatic degumming process by means of *Aspergillus* phospholipase. US: 6001640, 12, 14.
Ochoa N, Pagliero C, Marchese J, et al. 2001. Ultrafiltration of vegetable oils degumming by polymeric membranes. Separation and Purification Technology, 22-23: 417-422.
SenGupta AK. 1977. Process for refining crude glyceride oils by membrane filtration. US: 4062882, 12, 13.
Sleeter RT. 1981. Effect of processing on quality of soybean oil. J Am Oil Chem Soc: 239-242.
Subramanian R, Nakajima M. 1997. Membrane degumming of crude soybean and rapeseed oils. J Am Oil Chem Soc, 74(8): 971-975.
Welsh WA, Fulton MD. 1989. Method for refiningglycerideoils Using partially dried amorphous silica hydrogels. US: 4880574, 11, 14.

第四章 油脂深加工产品

第一节 人造奶油

19世纪末，由于普法战争期间欧洲缺少奶油，急切需要找到一种奶油的替代品。法国化学家梅吉·穆里斯采用向去掉硬质部分的牛脂中添加牛奶进行乳化、冷却，并于1869年制造出奶油的第一代替代品。从此，人造奶油开始发展起来。在原料的选择、加工工艺与设备方面不断取得进步（倪培德，1993）。

人造奶油的创造和发展，起初是为了弥补天然奶油的短缺及解决天然奶油价格昂贵的问题，随后却因为它不含胆固醇、必需脂肪酸含量高及相对价格较低等，消费量不断增加，并超过了天然奶油，处于领先地位。后来为响应市场发展，出现了品种更多的人造奶油。

一、人造奶油的定义及标准

（一）人造奶油的定义

人造奶油是指那些包括油脂与油溶性添加剂的油相，与水和水溶性添加剂的水相经混合、加工而成的乳化状油脂产品。简单地讲，人造奶油是水在油中的乳状液经固化或不经固化而形成的产品（何东平，2012）。

（二）人造奶油的标准

在人造奶油的生产过程中，各国对其最高含水量的规定，以及奶油与其他脂肪混合的程度上存在差异，影响国际交易。因此，联合国粮食及农业组织（FAO）与世界卫生组织（WHO）联合食品标准委员会制定了统一的国际标准。其定义如下：人造奶油是可逆性或液态乳化状食品，主要是油包水型（W/O），原则上用食用油脂加工而成。这种食用油脂不是或者不是主要从乳中提取的。我国也颁布了人造奶油的国家标准（丁保森和常菊花，2015）。

根据我国专业标准定义，人造奶油是指精制食用油添加水及其他辅料，经乳化、急冷捏合成具有天然奶油特色的可塑性制品（马传国，2004）。

人造奶油中一般含80%左右的油脂。油脂作为人造奶油的主要成分，也是传统的配方。近几年国际上不断涌现出各种人造奶油新产品，其规格在很多方面已超越了传统规定（王道波，2014），在营养价值及食用性能等方面均超过了天然奶油。一大批含较多水相和较少油相，被称为涂抹脂的食品深受消费者的喜欢。例如，1993年美国农业部推出一部新的包括人造奶油、奶油和低脂涂抹脂制品的法规，修改和完善了有关人造奶油产品的含油量、原料油及添加剂等方面的规定（何东平和齐玉堂，2005）。

二、人造奶油的种类

20 世纪 50 年代初期，几乎所有的人造奶油产品都是硬质制品，随后出现了与传统制品有很大差别的新产品。例如，一种轻质的、从冰箱中取出就可以涂抹的软质（或桶装）人造奶油，此外还有多不饱和型人造奶油和低脂涂抹制品等更多产品不断出现，满足了消费者食用便利、富含营养和低热能量等需求（何东平，2012）。

人造奶油可分成两大类：家庭用人造奶油和食品工业用人造奶油。

（一）家庭用人造奶油

家庭用人造奶油主要用于就餐时，可以直接涂抹在面包上食用，少量用于烹调。因此，市场上大多使用小包装销售。家庭用人造奶油应具备口感好的特性，产品的口熔性非常重要，而且风味要好，具有各种使人愉快的滋味和香味。同时应具有较好的保形性和涂抹性，室温下不会熔化、变形，但是在外力作用下则易变形，即使放入冰箱，取出也可直接涂抹在面包上，不会发硬。此外，在营养价值方面，要考虑供能的问题，更重要的是还要考虑为人体提供多不饱和脂肪酸，这是目前日益突出的问题所在（余群力和马云萍，2014）。

目前国内外家庭用人造奶油主要有以下几种类型。

（1）硬型餐用人造奶油：主要特点是模仿天然奶油制作奶油的替代品，熔点接近人体的体温，塑性范围宽，亚油酸含量在 10%左右，属于传统的餐用型人造奶油。

（2）软型人造奶油：主要特征是在配方时添加较多的液体植物油，亚油酸含量为 30%左右，营养性较好，并且提高了低温下的延展性。软型人造奶油通常要求保存在 10℃以下，以避免过软，同时可以提高氧化稳定性。软型人造奶油自 20 世纪 60 年代开始进入市场供应以来，凭借营养方面的优越性，发展迅速，现在日本的软型人造奶油占家庭用人造奶油的 90%以上（马传国，2004）。

（3）高亚油酸型人造奶油：强调其中亚油酸的含量，含亚油酸 50%～63%，与一些植物油中的亚油酸含量相当。但其中存在的反式脂肪酸不利于人体健康，一般认为要尽可能地减少家庭用人造奶油中的异构酸含量。此外，因为亚油酸含量越高，氧化稳定性就越低。在营养学上，亚油酸的摄取需与维生素 K 保持平衡，所以高亚油酸型人造奶油必须添加维生素 E、BHA 等抗氧化剂（何东平，2005）。

（4）低热量型人造奶油：由于油脂摄取量过多会影响身体健康，人们希望能够降低食物中油脂的含量。因此含油脂 40%及 60%的低热量型人造奶油于 20 世纪 60 年代在美国应运而生。其在外观、香味和口感等方面与传统人造奶油相似，属油包水型，但含脂量少于 80%，被称为低脂涂抹脂的产品，上市后深受消费者青睐，并迅速发展，已经从奶油和人造奶油的替代品发展到现在的无论是从品种还是消费数量上都占有明显地位的产品。自 1980 年以来，市场上已经陆陆续续出现了含脂量从 75%低至不足 5%的各种各样的涂抹脂制品，而含脂 80%的人造奶油受到了明显的冷落（王瑞元，2009）。

现在已经有新的水包油型低脂涂抹型产品上市。这类产品的一个缺陷是容易变质，为了达到可以接受的货架期限，对超高温加工和无菌包装都有严格的要求。表 4-1 列举了现有的脂肪含量在 5%～60%的低脂涂抹型人造奶油产品。脂肪含量低于 20%，具有连续水相的油包水型乳化液特性的产品较为普遍（王瑞元，2009）。

表 4-1 几种常见的低脂涂抹型人造奶油

类别	脂肪含量/%	类别	脂肪含量/%
植物脂涂抹人造奶油 I	61	极低脂涂抹人造奶油	20～30
植物脂涂抹人造奶油 II	41	水相连续涂抹人造奶油 I	15
乳脂涂抹人造奶油	41	水相连续涂抹人造奶油 II	9
植物油/乳脂混合涂抹人造奶油	41	水相连续涂抹人造奶油III	5

（5）流动型人造奶油：流动型人造奶油是以选择色拉油为基础油脂，加入 0.75%～5%的硬脂肪制成，其制品在 4～33℃时，固体脂肪指数（SFI）几乎没有明显变化（彭阳生，2003）。

（6）烹调用人造奶油：烹调用人造奶油主要用于煎、炸、烹调，加热时风味比较好、油不外溅、烟点高。

（二）食品工业用人造奶油

食品工业用人造奶油是含有水分，以乳化型出现的起酥油，除具备起酥油所具有的加工性能外，还能利用水溶性的食盐、乳制品和其他水溶性增香剂改善食品的色泽和风味。

通用型人造奶油在很宽的温度范围内都有可塑性和酪化性，熔点一般都比较低，属于万能型，可用于各类场合、各类糕点食品的加工。通用型人造奶油常有加盐和不加盐两种。

专用型人造奶油包括以下几种。面包用人造奶油比家庭用人造奶油硬，要求塑性范围也比较宽，吸水性及乳化性要好，用于加工面包、糕点，作食品装饰等行业。起层用人造奶油比普通面包用人造奶油硬，可塑性范围广，有很好的黏性，因此常用于食品烘烤后要求出现薄层的食品。酥点心用人造奶油比普通起层用人造奶油更硬，配方中添加较多的极度氢化油。

一般人造奶油都是油包水型（W/O）乳状物，水包油型人造奶油由于水相在外边，水的黏度比油小，加工时不会黏辊，延伸性也比较好，这些优点都利于糕点加工。另外，它的硬度也比普通人造奶油低，不受气温变化的影响，可塑范围非常宽（倪培德，1993）。

双重乳化型人造奶油是一种 O/W/O 型乳化物，于 1970 年问世，其特点为既具有 O/W 型人造奶油的特点，与鲜奶油一样，水相作为外相，风味清淡，备受消费者的欢迎。同时又具有 W/O 型人造奶油的特点，油作为外相，不易滋生微生物且起泡性、保形性良好。该制品是先以高熔点油脂和水制成 O/W 型乳状液，再将此乳状液和低熔点的油制成 O/W/O 型乳状液，以低熔点油脂为最外层，高熔点油脂为最内层，水层介于两者之间（丁纯孝，1988）。

调和型人造奶油：这种人造奶油是把人造奶油和天然奶油调和在一起，使其具有人造奶油的加工性能和天然奶油的良好风味。奶油的配合比为 25%～50%，主要应用于糕点和奶酪的加工。

三、人造奶油的品质及影响因素

人造奶油一般用于涂抹面包或供家庭烹调和焙烤，人们对于它的品质最直接的感受是它的延展性、口感及口熔性。餐用人造奶油必须完全熔化在口腔中，否则会产生令人不舒适的“黏糊”的感觉。理想的人造奶油是具有可塑性的，易涂抹在新鲜面包上，而且也应该足够坚固，能够在特定的包装容器中成形，这些性质都主要取决于产品中固态脂含量、脂肪种类及乳化稳定性等。此外，就风味而言，作为天然奶油的仿制品，当然应该具有天然奶油所应有的味道和香气。优质的人造奶油外观呈乳白色或淡黄色半固体状形态，质地均匀细腻，具有天然奶油独特的风味，无霉变、异味、异臭和杂质等。固态脂含量及加工条件是影响人造奶油品质的最主要因素（何东平和闫子鹏，2012）。

（一）人造奶油的品质

1. 延展性 延展性是人造奶油品质中最令人关注的品质之一，其重视程度仅次于对产品风味的重视。有实验证明，在食用的温度下，SFI 为 10～20 的人造奶油产品具有最好的延展性。

锥形针入度计法是用来评价脂肪物质硬度常用的标准方法。对于某些产品来说，硬度测定值与 SFI 值之间的相关性并不是很明显。因为除了固体脂肪含量外，加工过程形成的脂晶体网络也是影响产品流变性的因素之一。针入度值是用标准锥体被松开之后 5s 内压入产品表面内的距离单位数来表示的，一个距离单位为 0.1mm。然后，可以把针入度值转换成与锥体重量无关的硬度指数或屈服值。在对黄油、人造奶油制品的食用延展性能测评中，延展性作为温度函数与针入度有关系：当屈服值达 30～60kPa 时，产品有最好的延展性（刘玉兰，2015）。

2. 油的离析 油的离析发生在当人造奶油脂晶体不能较长时间保持足够的粒度，或不能捕获所有液态油时，即包在产品外部的包装被油浸渍，更严重些的话，油会从包装纸中渗透出来。当用铲车盘存或装卸产品时，包装盒（箱）被一个个堆垛而致使其受到很大压力，就会发生油的离析。常常是在一只金属丝网或一张滤纸上放一个特定形状和重量的人造奶油样品，然后放置于 26.7℃下（有时温度会稍稍高一些）24～48h，通过准确测定油渗过金属丝网或渗入滤纸上的重量来测评油的离析情况（Hui，2001）。

3. 口熔性与稠度 为了使消费者吃起来感觉不到丝毫油腻感和蜡感，高质量的餐用人造奶油放在舌头上应该能够迅速熔化，人的味蕾应该很快就可以觉察到风味物和盐从水相中释放出来。对于家庭用人造奶油和一般用人造奶油来说，熔点一般为 32～33℃。夏季熔点可略高些（34～36℃）。

冷藏温度下的涂抹性、室温（21～32℃）下的可塑性及口腔温下的迅速熔融性是人造奶油的稠度必须满足的几个重要性质。品质指标设计的依据是测定 10℃、21℃和 33.3℃下的 SFI 值。SFI 在 28 以下的人造奶油有比较好的延展性。SFI 在 30 以上的人造奶油制品变硬，失去了延展性。33.3℃时 SFI 低于 3.5 的制品有较好的口熔性，而高于 3.5 的制品口熔性较差。软质人造奶油在 10℃时的 SFI 一般为 21～32（何东平，2012）。一些典型人造奶油制品的 SFI 参见表 4-2。

表 4-2 几种典型人造奶油制品的固体脂肪指数

产品类别	固体脂肪指数（SFI）				
	10℃	21℃	26.7℃	33.3℃	37.8℃
硬质人造奶油	28	16	10	2	0
中稠度人造奶油	20	13	9	2.5	0
软质人造奶油	11	7	5	2	0.5
流体人造奶油	3	2.5	2.5	2	1.5
餐用	29	17		3	0

续表

产品类别	固体脂肪指数（SFI）				
	10℃	21℃	26.7℃	33.3℃	37.8℃
面包用	29	18		13	5
起层用	26	20		17	14
膨化食品用	26	24		21	17

4. 结晶性　人造奶油脂晶的形态是β′-晶型，基料油脂应选一些能够形成β′-晶型的油品。当主体基料油脂为β-晶型油品时，必须有一定比例的β′-晶型硬脂掺入配方中。或者也可以按照0.5%～5%的比例添加失水山梨醇二硬脂酸酯等抑晶剂，延缓β-结晶化（何东平，2012）。

5. 涂抹性　消费者十分关注家庭用人造奶油的涂抹性。在通常使用温度下，产品的SFI值在10～22时消费者较为满意。对于涂抹性要求更高的人造奶油制品，则强调在4.4～10℃内固体脂肪有适宜的分布。

6. 口感与外观　对于高质量的餐桌人造奶油，进入口腔后应该具有一种清凉的感觉。人的味蕾应该能够立即感受到水相的风味和盐（咸）味。基本的口熔性要求是33.3℃下SFI值低于3.5。而较好的口感要求人造奶油在10～26.9℃的熔化曲线陡峭，有微细的脂晶颗粒，结晶热能能够很快被吸收。乳状液滴均匀细小，能够利用乳化剂形成稳定的乳状液。固相颗粒微细且乳状液滴直径在1～5μm的占95%、5～10μm的占4%、10～20μm的占1%的人造奶油制品具有良好的口感（马传国，2004）。

乳化剂和着色剂的选择关系到制品的外观与脂晶、乳状液滴的粒度的大小。固相脂晶粒度大的制品，不仅会有砂粒状的外观和渗油倾向，而且在口中熔化时有胶状或蜡状等不良的感觉。β-胡萝卜素在油中的溶解速度较慢，因此添加时需要粉碎成2～5μm的粒度。油相和水相组分需要通过合适的乳化剂充分混合，构成粒度组成合理的细微乳状液滴。乳状液滴不仅影响制品的结构稳定性，而且会使制品形成渗水的外观或色泽不匀等不良的后果。

7. 风味　制品的风味主要取决于风味剂的合理搭配、固液相组分的颗粒度大小、制品pH及所有组分的分散度等因素的综合协调作用效果，需要通过优选设计选择最优的配方。

8. 营养性　维生素和多不饱和脂肪酸的含量及多不饱和脂肪酸与饱和酸之间的比例关系等几个方面体现了人造奶油的营养功能。维生素A、维生素E的营养强化一般是通过调整制品色泽和作为抗氧化剂分别添加β-胡萝卜素和维生素E来完成的。

富含亚油酸的植物油能有效地预防由血清胆固醇升高引起的动脉硬化、高血压和心脏病等疾病，然而饱和脂肪酸会削弱亚油酸的这一功能。健康型的人造奶油，亚油酸含量一般为28%～53%，多不饱和脂肪酸与饱和脂肪酸的比例一般为（1.6～3.3）：1。

（二）影响人造奶油品质的因素

人造奶油的品质与基料油脂的组成、辅料的选用及加工工艺等密切相关，现分别叙述如下。

1. 基料油脂的组成　首先，所选择的基料油脂的品质必须达到或超过高级烹调油的标准。家庭用人造奶油基料油脂材料要求含有丰富的亚油酸，而一些富含亚油酸的植物油脂不具有稳定的β′-晶型结构。但是基料固脂的晶格性质是影响人造奶油结构稳定性的主要因素之一。β′-型脂晶结构是由非常微细的网络组成，表面积很大，能够束缚大量的液相油水液滴，若基料油脂有强烈的β-化倾向，则已形成的β′-型晶体，在某些储存条件下会转变为β-晶型，使人造奶油组织砂粒化，严重时会导致液相油滴渗漏、水相凝聚的现象。因此，当主体基料是β-晶型类油脂时，需要通过添加抑晶剂（甘油二酯等）来延缓或阻止β-型结晶化的过程（王瑞元，2009）。

构成人造奶油可塑性的基本条件是基料油中固、液两相的比例，二者必须充分合理配比，来使产品的SFI曲线满足性能上的要求。人造奶油制品中，由于水相包括在液相部分中，因此制品性能所要求的稠度与基料油脂的塑性稠度有所不同。

2. 辅料的选用　人造奶油是油水乳化性塑状产品，其口感、风味、外观与天然奶油的相似程度受到乳化剂、风味剂等辅料的直接影响。

乳化剂能够降低油相和水相的界面张力，形成较为稳定的乳状液，从而使人造奶油制品结构更加稳定，有效避免储存期间发生渗油或水相凝聚的现象。乳化剂还有在食品中抵抗淀粉老化、在煎炸过程中起到防溅作用等重要功能。乳化剂的作用机制及其相互作用关系非常复杂，在油脂含量很低时，这些作用更为重要。此外，不同人造奶油制品需要相应的乳化剂。

人造奶油是典型的W/O型乳化体系，而乳化剂分子的两亲性特点使油、水两相产生融合效果。乳化剂具有非极性的疏水基团和极性的亲水基团，它们分别处于分子的两端，形成不对称的结构。在油水两相的界面上亲油基和亲水基分别伸入油相和水相当中，这样不仅使乳化剂自身处于稳定状态，而且改变了油、水两相原来不相容的特性，使其中一相可均匀地分散溶于另一相中，从而形成了稳定的乳化液体系。乳化剂的亲油和亲水基团分别吸附在油和水两相的界面上，形成单薄分子层，较好地降低两相之间的界面张力。一般乳化剂的加入量越多，界面张力的降低也就越大，但不宜超过临界胶束浓度值（刘树兴，2001）。目前，乳化剂的种类比较复杂，但是多数应用于油脂中都具有经验主义和描述性质，只有部分研究结果提出了根本的作用机制，然而实验结果与这些机制却并未达到完全吻合。人造奶油中添加的乳化剂可以通过降低油相和水相之间的界面张力来稳定乳化体系；可聚集分散的水相，确保获得体系均匀、具有良好功能性质的人造奶油产品；还可以阻止微生物的生长（Bot et al., 2003）。不同用途的人造奶油需要添加不同种类的乳化剂，选择标准主要取决于体系所需满足的性质。在煎炸用人造奶油中，需要控制液滴的大小及分散状态以防喷溅；在低脂肪含量的涂抹脂中，水相含量较高，乳化剂的主要目的是束缚水相成分以保证产品的稳定性；对通用型、全脂餐用及工业烘焙用的人造奶油，乳化剂主要是用于改善搅拌性质（王瑞元，2009）。

风味剂的合理选择和正确使用能够使制品产生与天然奶油相似的芳香风味。发酵乳、脱脂乳的馏分及合成香料等香味剂的添加量对人造奶油制品风味有很大的影响，除了与自身品质有关外，还与人造奶油的组织紧密度、基料脂肪熔化特性等有关。

此外，盐、色素、谷氨酸钠、维生素等的合理选用与配方都会影响人造奶油制品的风味和外观。

3. 加工工艺　构成塑性的基本条件是人造奶油中固态脂晶适当的粒度与分散度。因此，人造奶油的品质除了与基料油脂的组成、辅料的选择相关外，还与加工条件密不可分。相同SFI值的基料油脂通过不同的加工工艺，得到的脂晶粒度与数量也不同，从而会影响制品的塑性和结构稳定性。

人造奶油的生产工艺逐渐成熟，实际生产过程中主要包含乳化、急冷、捏合、包装及熟化

5个基本过程。对于普通的W/O型人造奶油，乳化时间约为30min，乳化温度通常控制在60～65℃。然而在前人的研究中发现最适乳化温度与基料油的种类和熔点相关（Andersen and Williams，1965）。乳化温度与晶核数量的形成及晶体的生长有密切联系，进而还会影响产品的酪化性、塑性及风味物质的释放（Greenwell，1981）。急冷过程中乳化液在机械力的作用下脂肪晶粒可迅速形成晶体微粒。捏合过程主要是将原有的结晶网络破坏，使之重新结晶后再开始晶体生长，以此来达到降低稠度并增加可塑性的目的。有研究指出：捏合在打破原有的脂肪结晶网络之后使得晶粒之间形成了相互有关联的二级键，晶体的增长、聚集使得部分二级键转变为一级键，两种键的共同作用决定了三维网络结构的形成，而产品的硬度则取决于不同作用键之间的比例（Haighton，1965）。脂肪产品放在25℃左右的恒温环境中2～3d后熟化，结晶网络可得到进一步完善，还可提高塑性脂肪产品在储藏和运输期间温度变化时产品保持稳定的能力。

4. 其他因素　除上述各种配方、生产过程是影响人造奶油制品品质的主要因素外，包装、储存、运输和使用过程中可能发生的油脂氧化、脂晶体网络破坏、混合脂肪分级等反应也会使产品色泽、光泽、熔点、过氧化值、酸值及营养性等发生改变（华聘聘，2003）。例如，包装材料的选择不当可能会导致人造奶油中的水分透过包装材料而挥发，进而产生人造奶油表面发黄而内部颜色正常的现象（唐年初，2000）。

四、人造奶油的基料与辅料的选择

分提牛油后得到的软质部分是最先用来制作人造奶油的基料油脂，后来人们逐渐使用猪油，随着油脂精炼、加工工艺的发展完善，尤其是油脂氢化技术的开发应用，现在有很多种人造奶油的基料油脂，植物油比例的增大已成为现如今人造奶油发展的一大趋势。

（一）基　　料

1. 基料油脂的种类与品质　人造奶油的基料油脂来源较广，包括动物油、植物油及氢化或酯交换改性油。常用的基料油脂有：①动物油脂，如猪油、牛油；②动物氢化油，如鲸油、鱼油等氢化产品；③植物油，如棉籽油、菜籽油、大豆油、花生油、棕榈油、普通植物油；④植物氢化油，如各种植物油脂的选择性氢化产品；⑤酯交换改性动植物油，如改质猪油、改质羊油、改质牛油等（王瑞元，2009）。

人造奶油必须经过复杂的精炼，基料油脂的品质除需符合高级烹调油或色拉标准之外，总氧化值（TV）、茴香胺值（AnV）、微生物和重金属含量应该小于极限允许值。所有基料油脂都应该是新鲜的加工制品。随着人们健康意识的提升，目前以植物油为主体的基料已经成为人造奶油的发展趋势。

2. 基料油脂的选择　在普通的传统人造奶油中，油相占比较大的比例，约为80%。为达到成品的可塑性要求,通常基料油脂由一定数量的液态油搭配一定数量的固态脂调制而成。而且油脂的配合和选择不是单一的，通常采用两种或两种以上的油脂混合配比，使制品的熔点、晶型和塑性等在较为合适的范围。例如，35℃、38℃、42℃等温度下的氢化油的合理配比，能使制品有较为适中的稠度。

1）固相基料　人造奶油的基料油脂通常以固相基料为主体。固相基料一般包括结构硬脂和主体氢化基料脂。结构硬脂是指用来改善制品塑性和形成β′-晶型结构的氢化硬脂。通常选取在结构上有利于形成稳定β′-晶型的原料油脂，经过深度氢化工艺制成。氢化基料脂是指动植物油经选择性氢化、加工制成的具有不同稠度范围的氢化产品。使用不同的氢化工艺过程，可制备不同熔点、稠度的氢化基料脂。

2）液相基料　人造奶油的液相基料包括基料配方中的液态油脂和氢化基料中所有的液相部分，选用黏度较大的油品有利于形成结构稳定制品。液相基料可以选取一些大宗植物油脂，家用人造奶油液相基料特别是健康型家用人造奶油液相基料，多选用亚油酸含量丰富的精炼植物油。一般以液态植物油为主体基料制作流体人造奶油制品，同时向其中加入0.75%～5%的硬脂。基料油脂在4～32℃时SFI基本无变化。几类人造奶油基料油脂的组成见表4-3（何东平，2012）。

表4-3　几类人造奶油基料油脂的组成

制品类别	基料油脂组成	熔点/℃	比例/%
家用人造奶油	氢化棉籽油	28	85
	氢化棉籽油	42～44	15
	氢化葵花籽油	44	20
	氢化葵花籽油	32	60
	液态油		20
家用软型人造奶油	氢化大豆油	34	40
	氢化棉籽油	34	20
	红花籽油		20
	大豆油		20
糕点用人造奶油	氢化大豆油	35	30
	氢化鱼油	34	50
	大豆油		20
面包用人造奶油	氢化大豆油	34	30
	氢化鱼油	34	30
	氢化棕榈油	50	5
	猪油		20
	大豆油		15
通用型人造奶油	棕榈油+氢化棕榈油		45
通用型人造奶油	大豆油		10
	葵花籽油		20
	椰子油		25

人造奶油的主要原料是油脂，因此原料油脂的化学组成成分和性质是决定人造奶油性能及产品品质的关键因素（雕鸿荪，1988）。在人造奶油制作之初主要使用牛油的软质部分为原料，之后把猪油、羊脂等动物油脂及海产动物脂作为原料添加合成。但是动物油脂存在氧化稳定性差、结晶颗粒粗大、酪化性差等缺陷，并且胆固醇含量较高，对人体健康产生不利影响（高荫榆，1994）。

19世纪后期出现的植物油加氢硬化技术，以及随后发展起来的酯交换技术，使许多种植物油脂作为人造奶油制作原料在技术上成为可能。由于氢化过程中会生成一定量的反式脂肪酸，危害人体健康，而酯交换技术不会改变天然脂肪酸的结构。酯交换技术通过改变甘油三酯中脂肪酸的位置分布达到改变油脂的物理性质和化学性质的目的，获得具有特定熔点的饱和与不饱和脂肪酸的混合脂肪，提高油脂氧化稳定性，是改善脂肪功能特性的有效方法，并且不会产生反式脂肪酸，是一种效果较好且更为健康的加工技术（柴丹，2008）。因此该技术逐渐引起人们的关注，成为国内外学者研究热点。迄今为止，已有使用不同油脂原料通过酯交换制备人造奶油的研究报道（魏翠平，2011）。

酯交换反应一般都要求催化剂的催化作用，以催化酯交换反应的催化剂类别来分类，酯交换反应可以分为两大类：酶法催化酯交换与化学催化酯交换。Schwimmer 认为酶作用于底物具有高度的催化效率及高度的受控性（柏云爱，2011）。有酶参与催化的反应一般反应条件温和，反应过程中污染物排放少，产品易分离等，纯化过程也较为简单。固定化的方法可以提高酶的再生循环利用能力，同时通过载体与酶催化剂之间的相互协同作用，可以提高酶的催化活性。在油脂工业中，主要使用脂肪酶来催化油脂间的酯交换反应。脂肪酶可分为特异性脂肪酶和非特异性脂肪酶两类：特异性脂肪酶一般具有较强的立体选择性，能够特定地催化甘油三酯不同酯键上的脂肪酸水解，进行酯交换反应（赵健，2008）。化学催化酯交换反应最常用的催化剂是甲醇钠，这类反应常需要在较高的温度下能进行，而且经常会产生很多种副产物，会造成酯交换产物在色泽上的变化，甚至直接影响反应油脂的氧化特性与功能特性（绍会，2012）。

（二）辅　　料

人造奶油是油脂和水经乳化后结晶的复合产物，为了改善人造奶油制品的外观、风味、储存性和组织特性等性质，需要添加不同种类的添加剂。

1. 水　　人造奶油是一种可以直接食用的含水油脂制品，制品配方中应用的水必须是纯净水或经精细过滤、杀菌消毒、脱除金属离子等复杂过程处理，符合卫生标准的直饮水。

2. 乳成分　　通常使用牛奶、脱脂乳及喷雾干燥乳清。若使用新鲜牛奶，必须经过高效的巴氏消毒处理。此外，也可使用奶粉，只是乳味稍差一些。发酵乳因乳脂经乳酸菌发酵产生二乙酰丁二酮，添加后可改善制品风味，但其对生产场所和时间有严格要求，已被脱脂奶所替代。近年来，人造奶油生产多用喷雾干燥乳清蛋白，并使用酪蛋白酸钾作为补充。添加0.01%～0.1%的酪蛋白酸钠能够提高无乳型人造奶油的盐味。

然而乳成分的存在容易导致微生物繁殖进而引起人造奶油腐败变质，解决方法是使用防腐剂和冷藏。因此为了完好保存，目前我国一般不在配料中添加发酵乳和鲜牛奶，而是加入脱脂奶粉或植物蛋白。脱脂奶粉的添加量为 0.5%～20%（或是水相的 2%～10%）。

3. 乳化剂　　在人造奶油制作过程中，为了防止油水分离、形成乳化状态，必须添加一定量的乳化剂。为得到理想的乳化效果，一般通过功能实验确定乳化剂的种类、用量及搭配比例，生产加工中很少使用一种乳化剂。

乳化剂在起酥油、人造奶油晶型转化方面的作用已有大量研究。Hernqvist 等（1983）发现，在卡诺拉油基人造奶油中添加甘油二酯，可以大大减缓产生砂粒感的过程，其中 1,2-甘油二酯延缓 β′-晶型转化为 β-晶型的能力要比 1,3-甘油二酯强，并且由相同碳链长度饱和脂肪酸组成的甘油二酯，是很好的 β′-晶型稳定剂。Lee 等（1984）对三硬脂酸山梨醇酯开展了广泛的研究，证实其具有延缓 β′-晶型向 β-晶型转化的作用。Herrera 等（1983）探究了蔗糖酯对氢化葵花籽油的作用，认为蔗糖酯可以减弱晶核的生成，抑制 β′-晶型向 β-晶型转化过程。

此外，乳化剂可以增强和改善人造奶油的功能特性，不仅起到润滑剂作用，而且还有乳化面团中的脂肪、建立质构、改善口感、延长货架寿命、保湿等作用（徐振波，2008）。

4. 稳定剂　在低脂涂抹制品中，常常添加水溶性凝胶剂或增稠剂作为稳定剂。油包水型的人造奶油制品往往受大多数人喜欢，在这类产品中油为连续相，口感润滑，可释放出油溶性奶油风味，具有水分散性小和微生物稳定性好等优点。由于脂含量低，W/O 型的低脂人造奶油在本质上是不稳定的，存在着向 O/W 型转变的可能，很容易出现制品质构分散、粗糙，口感不好的状况。以往为了达到所要求的稳定性，常常采取高度乳化的办法使产品具有极其紧密的结构，以致制品的感官性能变差，口感油腻，且盐与风味的释放变少。因此，除添加乳化剂外，在低脂涂抹制品中，还常添加水溶性凝胶剂和/或增稠剂，如明胶、琼脂、果胶、卡拉胶、黄原胶、动物胶、淀粉或淀粉衍生物、甲基纤维素衍生物或海藻酸盐等，以利于形成乳化紧密度适合、稳定度高、口感佳的产品。

5. 调味剂　食盐作为主要的调味剂，也具有防腐的特性。几乎所有餐用人造奶油制品中都会添加食盐，一般添加量为 1%～3%，有时还会添加适量的谷氨酸钠（0.01%～0.1%），使盐味柔和。软质制品用盐量偏低，硬质制品偏高，在冬季用盐量为 1%～2%，夏季为 2%～3%。

此外，糖也是不错的调味剂，它可降低水分活度，有防腐功效，可满足甜食者的需求，常应用于小包装制品中。

6. 保鲜剂　保鲜剂是指能够防止制品霉变、氧化、腐败变质，使其保持新鲜的一类添加剂。

抗氧化剂有阻止油相发生氧化酸败的作用。常用的抗氧化剂有维生素 E、BHT、BHA、PG 和 TBHQ 等，柠檬酸常用作增效剂。一般情况下维生素 E 浓缩物用量在 0.005%～0.05%，BHT 等合成抗氧剂用量不超过 0.02%，增效剂的用量为 0.01%左右。

金属络合剂能够使制品中的铜、铁等金属钝化，从而有效地防止因金属诱发氧化降解而产生异味的作用，常用的金属络合剂有柠檬酸盐、柠檬酸和 EDTA 等。

生产中常用的抗微生物剂有山梨酸、乳酸、苯甲酸、脱氢乙酸、苯甲酸及其钠盐等。苯甲酸、山梨酸及其盐类特别适用于低脂和低盐产品。添加量一般为苯甲酸、山梨酸或脱氢乙酸 0. 05%，乳酸在 0.25%以上，苯甲酸或其钠盐为 0.1%。

防腐剂的防腐功能受 pH 的影响，一般无盐制品 pH 适宜保持 4～5，加盐制品 pH 为 5～6 为宜。

7. 风味香料剂　风味是人造奶油的一项重要特性，为使人造奶油制品达到天然奶油的风味，常加入少许具有奶油味和香草味等风味的合成香料，代替或加强乳成分本身所含有的香味。可以添加到人造奶油中的人工合成的奶油风味物质有很多种，现已探究出多种对人造奶油风味有贡献的化合物，如短链脂肪酸乙酯、内酯、酮和醛类的混合物等，其中主要的可挥发性成分是丁二酮，它对奶油香味的作用最大（天然奶油中丁二酮的浓度为 1～4mg/kg）。

此外，脂肪的熔融特性和乳化液的紧密程度，都会对香味的浓郁度和感觉速度产生影响，风味的平衡也可以由 pH 和盐分的浓度通过影响各种风味成分在水和油中的分配系数而受到影响。

8. 着色剂　一般人造奶油不需要着色，但有时为仿效天然奶油的淡黄色，需要加入一些着色剂。主要的着色剂为柠檬黄和 β-胡萝卜素，其次是含类胡萝卜素的天然提取物如胭脂树橙油、胡萝卜籽油、红色的棕榈油等。采用姜黄和胭脂树橙抽提物的混合色素比单独使用胭脂树橙油的效果更好（余群力，2014）。

9. 维生素　天然奶油中含有丰富的维生素 A 和少量维生素 D。因此，为改善人造奶油的营养价值，需向其中加入维生素。强化人造奶油制品中维生素 A 的含量要求不低于 4500IU/100g 油，对维生素 D 一般不做要求，可以自行选择，而维生素 E 通常作为抗氧剂加入其中。

（三）人造奶油配方

人造奶油的配方需根据原辅料的供应、产品的要求等多种因素确定，各企业不尽相同，甚至差别很大。一些典型的人造奶油配方见表 4-4 与表 4-5。

表 4-4　人造奶油的典型配方

用料	用量/%	用料	用量/%
基料油脂	80～86	奶油香精	0.01～0.02
水分	7～14	脱氢乙酸	0～0.5
食盐	0～3	固形乳成分	0～2
硬脂酸甘一酯	0.2～0.3	胡萝卜素	微量
卵磷脂	0.1		

表 4-5　典型的人造奶油和低脂涂抹脂的配方

成分		在成品中的含量		
		80%脂型	60%脂型	40%脂型
油相	液态大豆油和部分氢化大豆油配合	79.885	59.585	39.385
	大豆磷脂	0.100	0.100	0.100
	大豆油型单、双甘酯（最大 IV5）	0.200	0.300	—
	大豆油型单甘酯（最大 IV6）			0.500
	维生素 A、棕榈酯、β-胡萝卜素混合物	0.100	0.100	0.100
	油溶性香精	0.015	0.015	0.015
水相	水	16.200	37.360	54.860
	明胶（250 目）	—		2.500
	喷雾干燥乳清粉	1.600	1.000	1.000
	食盐	2.000	1.500	1.500
	苯甲酸钠	0.090		—
	山梨酸钾	—	0.130	0.130
	乳酸	—	调至 pH5	调至 pH4.8
	水溶性香精	0.010	0.010	0.010

通过表 4-5 可以看出，对于低脂涂抹品，还需要加入明胶等稳定剂。加工中关键过程的控制和配方中水结合剂的准确添加是低脂人造奶油生产过程的关键。就配方成分而言，低脂涂抹人造奶油可分类如下：不添加蛋白质和稳定剂的人造奶油；不添加蛋白质，但加入稳定剂的人造奶油；低蛋白质含量并添加稳定剂的人造奶油；高蛋白质含量并添加稳定剂的人造

奶油；低蛋白质含量并添加稳定剂和增稠剂（脂肪代用品）的人造奶油（徐振波，2008）。

五、人造奶油的加工工艺

（一）基本加工工艺

人造奶油发展至今，产品已经多种多样，各具特色。但其生产的基本工艺不外乎原辅料的调和、乳化、急冷、捏合、包装和熟成5个阶段（齐玉堂，2011）。现在人造奶油的生产多采用连续生产过程，工艺流程如图4-1所示。

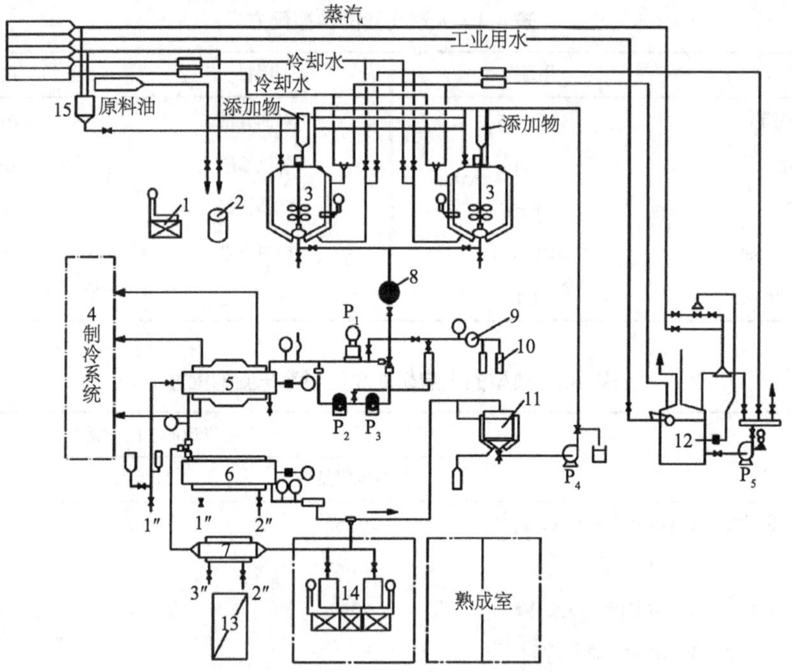

图4-1　人造奶油连续生产工艺

1. 台秤；2. 添加物溶解罐；3. 乳化锅；4. 制冷系统；5. A单元；6. B单元；7. 滞留管；8. 过滤器；9. 压力调整器；10. 氮气瓶；11. 回收油罐；12. 温水罐；13. 操作台；14. 包装设备；15. 热水罐；P_1. 柱塞泵；P_2，P_3. 齿轮泵；P_4，P_5. 离心泵

1. 调和乳化　调和乳化的主要目的是把水和水溶性的添加剂、油和油溶性的添加剂分别溶解形成均匀溶液后，再将其充分混合形成乳化液，两步操作可按间歇程序操作，都在乳化锅中完成；也可通过严格定量、连续混合、连续乳化的装置完成。生产传统W/O型人造奶油形成的乳化液中，水在油中的分散程度十分重要。要注意控制水滴大小适宜，以获得风味良好、不容易繁殖微生物的产品。若水滴过小，分散程度过大，则会导致产品油感重，风味差；水滴过大，风味好，但是容易腐败变质。

在间歇式调和乳化装置中，生产普通的W/O型人造奶油，原料油按比例计量后放入乳化罐，油溶性添加物要在油中溶解后加入，充分搅拌形成均匀的油相溶液，升温到60℃，加入按比例调配好的含水溶性添加剂的均匀水相，迅速搅拌使其形成乳化液。乳化过程中乳化温度的选择是非常重要的，适度的乳化温度能保证形成适当数量的晶核，从而影响晶体的生长。在实际生产中，乳化温度通常控制在60～65℃，时间为15～30min，乳化结束后压力输入急冷机（也称A单元），进口温度一般保持在熔点2℃以上，但是在某些特殊条件下也会对产品进行预冷处理以增加晶体数量（张阜青，2009）。水相的分散度可以通过显微镜来观察。一般罐式搅拌乳化时间长、水分散度差而且不易混合均匀。因此，连续混合、乳化装置正在渐渐取代间歇式乳化装置，分别采用高压混合泵和静态混合器，完成混合和乳化工序。

2. 急冷 生产人造奶油时，乳状液在刮板式换热器上处理，快速过冷以形成尽可能多的晶核。前面工序形成的乳状液由高压泵以 2.1～2.8MPa 的 A 单元中进行快速冷却。急冷机为一管道式刮板换热器，人造奶油乳化液通过轴与冷却筒壁间的空隙时，在冷却内壁上料液冷冻析出结晶。由于轴上刮刀的刮削作用和轴的高速旋转，不断快速地从筒壁上刮下已结晶的产品薄片，并重新和温度更高的产品混合，这使得料液在准确的温度控制下快速成核并进一步乳化，产生较高的总传热系数并均匀冷却人造奶油乳状液。

物料通过 A 单元，温度降至 10℃，此时料液已降到油脂熔点以下，析出晶核，由于 A 单元较高的转速和刮刷套筒内壁的次数，强烈的搅拌作用使物料不致大量结晶，而成为含有微细晶核的过冷液（王瑞元，2009）。

3. 捏合 捏合是将结晶的物料充分捏合搅拌，促使油脂完全结晶，并使产品呈半流体状的过程。从 A 单元输出的过冷液只是部分结晶，随后还需要一段时间使晶核成长，若过冷液在静止的状态下完成结晶，会形成硬度很大的整体，失去可塑性。若要得到有塑性的产品，避免形成整体结构，则必须进行机械捏合。虽然捏合过程会造成原有晶体的破坏，但是捏合搅拌作用能使结晶颗粒更加细小和均匀，诱使结晶和晶体间二级键的进一步生成，从而形成紧密的结晶网络，增加产品的可塑性（Haighton，1965）。在多数生产工艺中，物料需要进入捏制单元或混合器进行捏合。不同人造奶油产品及基料油相的结晶特性不同，在急冷和捏合的组合方式及捏合的程度上，有不同的工艺参数。限制产品捏合程度的目的在于：使产品不会过软，能在条状自动包装机械中进行处理；另外也可避免人造奶油的水相分散成极细小的液滴，以利于产品的风味释放。餐用人造奶油比软质人造奶油的脂肪含量更高，捏合作用过强可能会使产品具有不良的油腻稠度而影响风味。太油腻的稠度还可能会使包装材料与产品互相黏结。

4. 包装和熟化 从捏合机出来的人造奶油，通常会送往包装机，但是有些产品需要先成型再包装。包装后的产品需在恒温室中存放 2～3d 进行熟化，熟化温度随基料油的不同而有所变化，一般在 25℃左右。熟化期内结晶仍在继续，晶体网络进一步完善，形成性质稳定的制品。熟化温度和时间主要取决于产品的配方、加工条件和包装尺寸。合适的熟化条件能有效改善产品塑性并提高产品在储藏期间合理温度波动下保持均匀稠度的能力，并有效改善人造奶油硬度缺陷、熔点升高、起砂和油的离析等一系列问题（张阜青，2009）。然而，不经历熟化过程则不利于人造奶油的功能特性。例如，熟化过的人造奶油能够增加蛋糕的体积，而未经熟化的人造奶油则使蛋糕体积减小（Mondal and Datta，2008）。目前对于熟化过程的研究还存在很大的疑惑，并缺少理论解释。一般认为，人造奶油应存放在高于产品捏合出口温度几度处熟化，熟化过程中产品发生重结晶现象（GB15196—2015）。重结晶现象有利于产品塑性和酪化性的改善。另有观点认为人造奶油在熟化期间主要发生了油脂的同质多晶的转化（Hui，2001）。同时也有学者认为熟化可以推迟 β'-晶型向 β-晶型的转化（Moziar et al.，1989）。但是所有研究结果都认为熟化提高了人造奶油产品的稳定性。不合适的熟化条件又会造成人造奶油产品品质的缺陷。熟化温度过低，晶体进一步生长，结晶网络过度致密，从而造成产品硬度过大，打发度变大，加工难度变大；熟化温度过高，产品发生融化，产品可能出现过软、油脂离析和氧化程度增加等现象（张智明，2013）。

（二）典型人造奶油的生产

不同品种人造奶油的连续加工，主要区别在于急冷结晶和捏合调质过程的不同。

1. 硬质人造奶油的生产　硬质人造奶油的连续生产过程不使用强烈捏合的混合机B单元，而是采用静止管。如果制品使用模压式打印包装设备，则要求产品从A单元流出后直接进入静止管；如果使用充填式打印包装设备，则需要在静止管之前安装一个小型混合机调整其稠度，以得到较软的人造奶油制品，便于包装，但最终产品会稍微偏软。对于易极度过冷的基料油脂混合物（如富含棕榈油的油相），由于它在急冷过程中无法获得充足的时间形成晶体网络，可能会在静止管中或者包装之后变得十分坚硬，为避免制品硬化，可于A单元之间串接一个低速捏制机，以延缓结晶过程。

2. 软质人造奶油的生产　软质人造奶油的连续生产中，为了适量充填包装容器，软质人造奶油在包装前要求易于流动，一般不设置静置管，而采用一个大容量捏合机A单元调质软化，使制品不致在包装容器内过分结晶而脆化。对于固态脂含量低的基料油脂，混合机可衔接于A2和A单元之间，以避免过度结晶而影响制品的涂抹性能（何东平，2012）。

（三）低脂人造奶油的生产

因水相多于油相，W/O型低脂人造奶油生产的乳化工艺与普通制品不同；而且为得到稳定的乳化态，在配方中常要使用明胶等稳定剂。实践表明，控制乳化过程和添加高含量的水结合剂是低脂人造奶油生产的关键。由于能更充分地分散加入的水相液滴，较高的液态油含量能够改善乳浊液的稳定性，故采用富含液态油和低SFI值的基料油脂作原料，更易制备低脂产品。通过对基料油脂进行适当的选择，采用恰当的加工方式，可以确保生产出类似于奶油质构的低脂人造奶油（王瑞元，2009）。

低脂人造奶油加工工艺与传统人造奶油加工工艺很相似，但由于这种水相多于油相的W/O型乳化液本身更不稳定，因此在制备乳状液时油相和水相的温度必须相近，同时要求缓慢混合。由于内相比例较大，乳状液的黏度较高，因此需要强烈搅拌以确保均质，但要严防空气混入。低脂乳状液对管道压力和冷却速率均较为敏感。由于低脂人造奶油黏度较大，因此其包装温度应高于普通制品。

另外，也可借助明胶等凝胶剂，将油相分散在热水相中，先形成水包油型乳化液，冷却乳化液到低于凝胶温度后再搅拌，发生相转变，成为一种油包水型乳状物，从而提高加工自由度和产品稳定性。选用聚甘油酯和单酰甘油的复配乳化剂较适合这种方式。实际操作中，可以用标准的刮板式换热器，甚至可以用静态换热器进行冷却，在高剪切力的捏制单元中完成相的转变。最关键的参数是离开捏制单元之前的冷却时间和凝胶时的温度。

现已出现采用均质和速冷含有大量凝胶剂和增稠剂的水包油型乳液的方法，来制备含脂量很低的涂抹脂制品（何东平，2012）。

六、人造奶油加工设备

人造奶油的生产过程中，除了必需的乳化液制备设备如处理罐、板式换热器和离心泵、混合设备外，生产的关键设备为高压进料泵、急冷机和捏合机等。

（一）高压进料泵

急冷机的进料，根据所设计的最大产品压力和生产的各种人造奶油产品的要求，需安装出口压力为 4MPa、7MPa 或 12MPa 的正向位移泵来完成。一般情况下多选用高压柱塞泵，与物料接触部分用 316 不锈钢材料制造，或选用陶瓷柱塞泵。在泵的出口处安装有气压式或弹簧式脉动阻尼器，或采用较低的泵曲轴旋转速度，以降低压力波动，确保物料流动更稳定。为防止生产线上发生堵塞现象，高压泵通常还配有压力安全阀和相关的管道系统，起保护作用。泵的吸入管上需要安装过滤器，以保护泵和急冷机的工作筒体免受人造奶油乳浊液中的任何可能异物的损坏。

在不需要较大压力的地方，如半液态灌装的工业化人造奶油或起酥油的生产线中，可采用齿轮泵，其最大出口压力为 2.6～3.3MPa。

（二）急　冷　机

急冷机是人造奶油生产过程中的核心设备，在其中可完成初始冷却、过冷、诱导成核和结晶。其实质上是一个高压刮板式换热器，与捏合机共同作用，完成人造奶油生产的关键步骤。在设计上，此设备必须有足够的灵活性，以适应不同的产品类型和生产条件的变化。

现在世界上生产人造奶油急冷机的知名企业有美国的 Cherry-Burrell Votator Division of Louisville、丹麦的 Gerstenberg＆Agger A/S、英国的 CHEMTECH International Limited 和德国的 Schroeder＆Co.，他们各自产品的商标分别为 Votator、Perfecter、Chemetatar 和 Kombinator。刮板式换热器急冷机通常由一个或多个水平放置的冷却组件构成，其结构如图 4-2 所示。

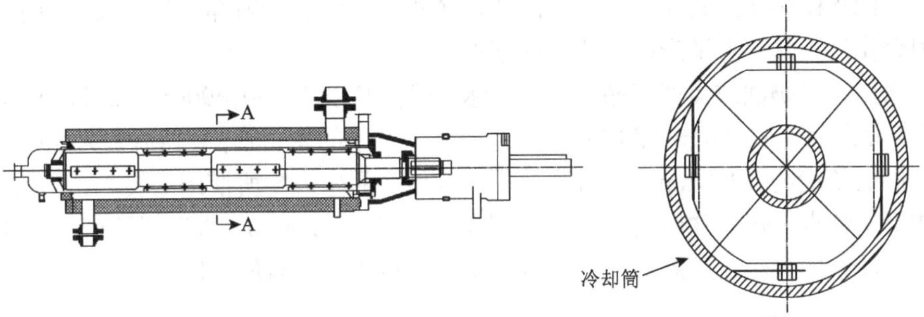

图 4-2　刮板式换热器

冷却组件主要由冷却筒和位于其中的空心轴组成。冷却筒通常由工业纯镍或钢制造而成，以保证较高的传热效率。冷却筒外壁通冷却剂，内壁和轴之间的通道走乳化液。轴上装有可自由移动的刮刀，操作中由轴高速旋转产生的离心力把刮刀推向筒壁，不断地把冷却筒内表面刮干净，始终露出新的冷却面，保持较高的传热效率。

通常轴的旋转速度为 300～700r/min，轴上装有 2～6 排刮刀，这些刮刀通过特别设计的销固定在轴上，并可在固定点上进行移动。

为了防止结晶物料黏结在轴上，轴内通入温水循环，确保轴表面干净。通常在靠近推力/轴支撑部件的某一点泵入温水，根据轴的内部构造在靠近进水口处排出（何东平，2010）。

（三）捏　合　机

人造奶油从急冷设备中出来时只有部分结晶，还需经过一段时间使结晶继续长大。如果在静止状态下完成结晶，就会形成固脂结晶的网状结构，没有可塑性。因此，制作有一定塑性的人造奶油产品时，在乳状液深度冷却之后，必须采用强烈的搅拌和很长时间的机械加工，以打破形成的网状结构，使细分散的固相晶体进一步分散，在液相中形成凝聚结构（顾锦鸿，2000）。这个过程通常在捏合机的结晶器中完成。

捏合机由筒壁内装上杆条（固定杆）和转轴上装有杆条（旋转杆）的大直径圆筒构成。固定在同心转轴的杆按照螺旋形式排列，与筒壁上的固定杆相啮合，当轴旋转时两者对料液产生强烈的捏合作用。捏合机既可以安装在多筒急冷机的冷却筒之间，也可安装在急冷机之后。捏合单元有利于阻止料液大块结晶，保持适当的稠度。有些捏合机装有能够调节工作筒温度的水夹套和用于调节水温的水加热器和循环泵，这有利于防止筒壁上产品的凝结，并可更好地控制物料的温度。

通常捏合机筒内加工体积为每筒 35～105L。市场上有同一支撑架上装有三个捏合筒的 B 单元，每个捏合筒常装有各自的驱动装置，使人造奶油加工中具有更大的灵活性（王瑞元，2009）。

（四）休　止　管

休止管的主要结构是一个细长形的圆筒，内部装有挡板或多孔板，其结构通常还包括入口接头，带凸轮的部件和出口连接法兰。出口连接法兰用于和包装机械直接相连，也可装配出口挤出喷嘴，物料通过开口进料斗系统进入包装机械。休止管常装有夹套，用于温水循环，以减少人造奶油与每个零件不锈钢表面的摩擦，这有利于防止物料的沟流，而且能够降低高压进料泵所需的总出口压力（何东平，2012）。

人造奶油借助高压进料泵的压力强制通过休止管，休止管内部的多孔板能给予物料一定程度的捏合作用，从而保证产品有适当的塑性。

用于餐用人造奶油或类似产品加工时，休止管由长度为 450～900mm 的带凸轮的部件组成，直径通常为 150～180mm；酥皮糕点人造奶油生产中的休止管，直径通常为 300～400mm，带凸轮部件的长度约 1000mm，通常其体积比其他产品生产中所使用的要大，这就有足够的时间形成酥皮糕点人造奶油所需的特定的稠度（何东平，2005）。人造奶油产品的要求不同，静止管所需体积的大小也不同，在生产线中所处的位置也会有所不同。

第二节　起　酥　油

起酥油与人造奶油是食用加工油脂中的两大支柱（倪培德，2007）。19 世纪末在美国起酥油作为猪油替代品出现。世界上最早的起酥油是由棉籽油和牛硬脂混合而成的。自 1910 年氢化技术的引进，将植物油与海产动物油氢化加工成硬脂肪，作为起酥油，其性能要比猪油更好。20 世纪 20 年代随着脂质化学研究的广泛展开，对天然油脂性质和各种化学反应有了更深的认识，1933 年前后发明的高比率起酥油，给焙烤和起酥油行业带来了巨大的变革。1945 年以后，随着乳化剂的迅速发展，又进一步研制成各种各样的专用和特殊用途的新型起酥油制品，如层状糕点（奶油松饼）、蛋糕预混料、糖霜、搅打装饰料、面包等。产品形式也多种多样，分成塑性、流态和片状及粉末型等。技术的逐渐进步，使人们对油脂的了解日益增加。自 20 世纪 40 年代起，猪油总用量降到历史最低点，棉籽油成为主要原料。20 世纪 50 年代大豆油逐渐兴起，取而代之占用量达 49%，跃居首位，直到 1993 年所占份额上升到 75%；同时，随着结晶法、酯交换改性猪油制起酥油问世，猪油重新制取起酥油用于焙烤。牛油则作为煎炸起酥油的增硬和增塑剂。这两种油所占份额，又开始上升，至今已达到 25%以上。20 世纪 60 年代起对棕榈油、椰子油等应用于起酥油的尝试，发现并不适合。自 20 世纪 90 年代起，对起酥油原料油脂提出了许多营养方面颇具挑战的课题。也许不久人们可能不再完全依靠加工的方式，提供某种特色的起酥油产品，而可以直接改变原料油脂的脂肪酸组成来实现。

一、起酥油的定义

起酥油（shorten）是一种工业制备的食用油脂（王瑞元，2009）。它之所以有此名称，是因为不溶于水的脂肪加入面团，可以防止面团混合时谷蛋白的相互粘连，而使焙烤食品变得酥松，这种作用称为油脂的起酥作用。起酥油是用动植物油脂（表 4-6）配制而成的，为具有某些功能特性而进行了各种加工，它脱除了不合乎要求的气味和风味，为典型的百分之百含油脂的制品，可用在烹调、煎炸、焙烤等方面，并可以作为馅料、糖霜和糖果的配料，以改善食品的质构和适口性。

表 4-6　经遗传学改良后的植物油脂肪酸组成的变化

油籽	类型	脂肪酸组成/%					
		C16:0	C18:0	C18:1	C18:2	C18:3	C22:1
大豆油	普通品质	11.0	3.0	22.0	56.0	8.0	—
	N-87-2122-4 低饱和度	5.3（4）	3.2（3）	48.0（25）	38.9（61）	4.6（8）	—
	N-85-2176 低亚麻酸型	9.5	3.3	44.4	39.5	3.3	—
	A-6 高硬脂酸型（功能性）	8.4	28.1	19.8	35.5	6.6	—
	C-1727 高棕榈酸型（功能）	17.3	2.9	16.8	54.5	8.3	—
葵花籽油	普通品质	7.0	5.0	20.0	68.0	—	—
	G-8 高油酸型（稳定性好）	3.3	8.2	84.2	3.5	0.8	—
油菜籽油	普通品质	4.0	2.0	18.0	14.0	9.0	53.0
	M-30（卡诺拉籽，保健性）	2.4	1.0	91.6	1.5	3.3	0.2
卡诺拉籽油	普通品质	4.0	2.0	62.0	22.0	10.0	—
	高油酸型（稳定性、保健性）	4.0	2.0	80.0	6.0	6.0	—
	低亚麻酸型（稳定性）	4.0	2.0	65.0	26.0	3.0	—
花生油	普通品质(稳定性)	10.0	3.0	56.0	24.0	7.0	—
	高油酸型(保健性)	8.0	3.0	76.0	5.0	6.0	—

在人们的传统概念中，起酥油是具有可塑性的固体脂肪，它与人造奶油的区别主要在于起酥油中没有水相，常用于烘焙食物、奶酪制造或食物煎炸用油。人造奶油十分重视风味和口感，而起酥油则以常温下的延展性及对面粉坯料的亲和性为主，气味温和。由于新开发的起酥油有流动状、粉末状产品，均具有与可塑性产品相同的用途与性能，因此起酥油的范围很广，为其下一个确切的定义比较困难，不同国家、不同地区起酥油的定义不尽相同。目前，国内在起酥油生产方面，尚处于起步阶段。发展起酥油可以扩大植物油的用途，提升食品的质量，对促进油脂工业的发展与提升也有一定的现实意义。

起酥油是指精炼的动植物油脂、氢化油或上述油脂的混合物，经急冷捏合制造的固态油脂或不经急冷捏合加工而得的固态或流动态的油脂产品。起酥油具有可塑性、乳化性等加工性质（战宇和郑成，2005）。固态起酥油要求在室温下呈固态且不流动，有相当可观的可塑性，在10～16℃不太硬，在32.5～38℃不太软，可任意形成各种形状而不变形坍塌，用于面包、糕点及烹调。流态起酥油在18～32.5℃有流动性，32.5℃以上呈液体，适用于烘焙食品。对起酥油的一个重要要求是其塑性稳定，晶体细小。晶体粒子之间有微量液体油是形成油脂塑性的主要原因之一。

现在的起酥油有很多种，主要是用15%～20%容量的氮气分散于油脂中（太田静行，1983）。混合入馅饼时，能使其产生酥脆易碎的特性，即表现出起酥性。现在起酥油应用范围极广，指“不含水分且具有可塑性的油脂”。制作起酥油时，不单讲究调配原料油脂，同时在将原料油脂急速冷却调和后，还能使其增强可塑性。因此，如果使起酥油熔化，成为原来的配合油，就会失去制面包等所需要的特性。油脂中被分散的气体增强了制品的可塑性。另外，原料中分散的气体微粒作为基础，聚集二氧化碳，使面包成蜂窝状的效果。

国际上对起酥油的加工角度的定义是：起酥油是一种塑性固体的典范。事实上，从加工的角度评价，起酥油可定义为：它是多种熔融的食用油脂的混合物，经过正确的配制和工艺化冷却、增塑和调温处理制作而成的、工业化大批量制造的、高功能性的塑性固体油脂。

通常用氢化油为基料，配合一定量的硬脂（碘价5～10，用量10%～15%），有些再加入一定量的液体油组成原料油脂，制取不同要求的起酥油。例如，面包用起酥油的原料油脂配方为：氢化大豆油（熔点34℃）40%，棕榈油30%，猪油10%，大豆色拉油20%。起酥油的添加剂有乳化剂、抗氧化剂、消泡剂、氮气等，有时还需加入着色剂和香料。

过去欧美多用猪油为原料，到了19世纪80年代，在人造奶油发明后的10年左右，即利用棉籽油掺入动物脂肪而制成半固体植物性起酥油来代替猪油，这就是所谓的“混合起酥油”（吕季璋和金其荣，1986）。

20世纪早期导入美国的氢化加工法，使起酥油的制造进入另一个新的境界，由纯植物油制成半固体起酥油。现在，许多植物油，如大豆油、棉籽油、玉米胚油都用来制造起酥油。据科学研究发现，人们应多摄取不饱和脂肪酸，因此现今所制造的多数植物性起酥油，其不饱和脂肪酸含量已经提高到22%～33%，碘价为85～95，许多医学专家称其为“特种起酥油”。

加工起酥油时，会向油中充入10%～20%的气体（如氮气、二氧化碳或空气等）。

起酥油生产工艺流程如下。

原料调制配合→急冷捏合→包装→后熟→成品

与人造奶油生产工艺的主要不同之处是没有乳化工序（图4-3）。原料油脂、乳化剂、抗氧化剂等，在配合槽预混合后，经齿轮泵定量地连续送进圆筒形预冷器中，在泵送入的同时，送入氮气或空气，气体吸收量为 10%～15%，气体分散于制品中，在预冷器内用冷水冷却至45℃左右，再送入刮板式换热器中，此装置轴以 500r/min 运转，压力为 20kg/cm^2，急冷至 20℃下捏和，然后挤压成型包装，放在 25℃室内放置一昼夜，使其熟成。

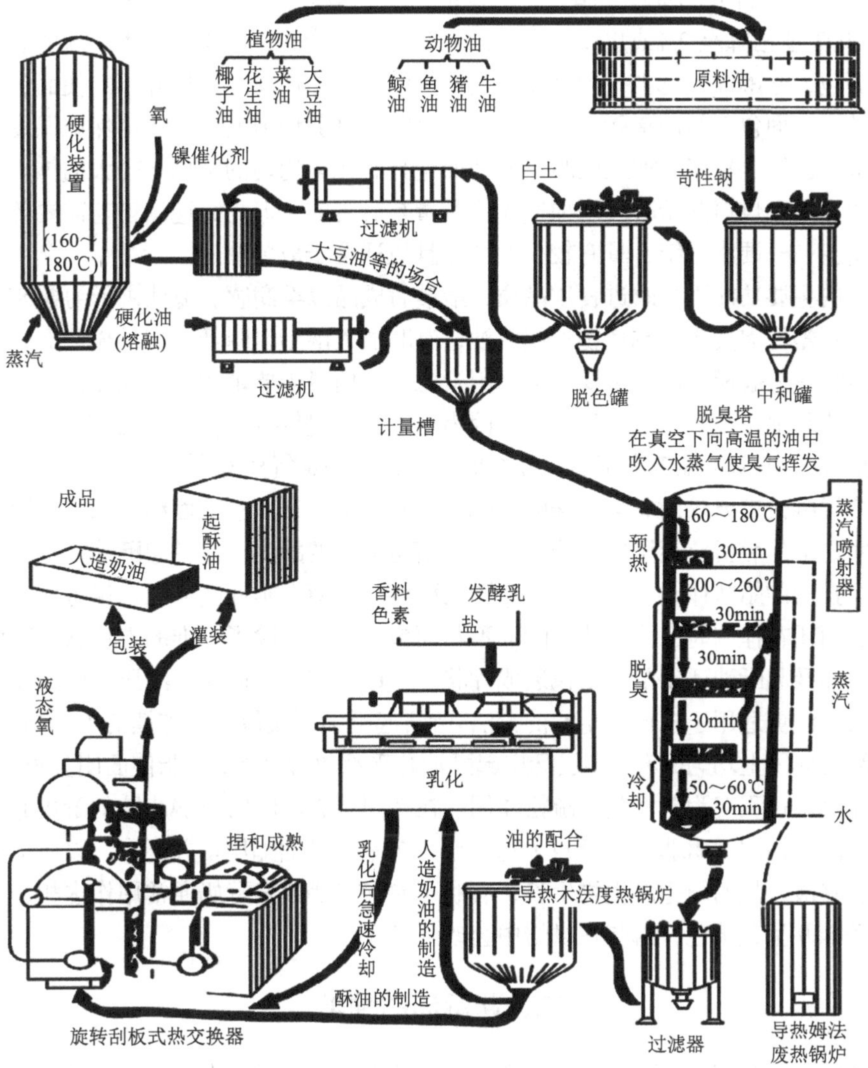

图 4-3　人造奶油、起酥油的制造

起酥油不像人造奶油那样含有较多水分，完全由精制油制成，并经过急冷、捏和而具有较好的可塑性，它不供直接食用，除风味外，着重于组织及稠度，故其熔点较高（40℃左右），一般面食制品业者都乐于采用它。

起酥油品质要求：白色、有光泽、有香味、组织精细，水分含量在 0.5%以下，酸价在1.0 以下，添加剂除香料、乳化剂、抗氯化剂外，不应含其他成分（吕季璋，1986）。

任何一种专用于某种食品的起酥油制品的研制，都取决于很多相互影响的因素。这些要求可以因消费群体的不同而异，而且还取决于生产设备、工艺局限性、产品偏好情况、消费基础及许多其他有影响的因素（Hui，2001）。当今人们为了满足某种独特的需求而设计油脂产品，与此同时，为了使它具有一种多用的应用潜力，也设计了通用性的油脂产品。通用性产品的设计准则是使产品必须具备一种极其不苛求的性质，但是为了一种特定的产品或加工方法所研制出的专用起酥油，其性质必须与要求十分契合。

在所有烘焙食品中，面包含脂量是最低的。直到最近，面包平均含脂量约3%（以面粉计），目前此数值已降至2%或更少，有时面包甚至不加脂肪；但是，要生产软的和有较长货架寿命的面包，起酥油或至少一种乳化剂是需要的。液体油单独使用并不能使面包得到满意的体积与结构。面包起初用猪脂，但这不能满足需要高剪切力混合和较高保证温度的连续化工艺的要求。已知，猪脂内加入硬脂，能使面包具有比较均匀的结构与较大的体积。固脂的存在对强化面团和烘焙开始阶段增加气体保留量是必要的，但是，连续工艺需要的一种起酥油，要比猪脂——硬脂系统，具有较少的变化且更适合于散装输送。

起酥油的主要功能则是改进食用品质，给最后成品以柔润感。脆性饼干约含8%的脂肪，饼干大多使用塑性肉类脂肪或植物油起酥油，有时加入磷脂以降低面团黏糊性而改善其可加工性。虽然脂肪的起酥价值是重要的考虑因素之一，但饼干要求的主要性能是稳定性，特别是苏打饼干比其他包装食品更易于败坏，因为它不含有提供抗氧化作用的糖类。饼干起酥油的抗氧化指标（AOM）稳定度至少应在30h以上，以满足货架寿命要求。

制作多层酥饼皮要求用非常特殊的起酥油。脂肪不与未发酵的面粉、水、面团混合，而是放在面团之上然后折叠滚压成几千层面团和脂肪交叠的酥皮。这种起酥油在宽阔的温度范围内是一个强韧的蜡状体，它必须接近面团的稠度，以便在延伸变薄时，保持住连续的不破坏的薄层。面团在捏制时保冷，使起酥油不与面包粉混合。除了标准的方块状和圆柱状外，酥皮人造奶油及起酥油还用羊皮纸包装成片状，可以立即放在面团上滚压。已经发明了比通用的面团滚压法更适用于机械化生产的方法。酥饼起酥油团块保持不连续的单片与面团混合，但长度足够在面团上均匀分布。多层酥皮起酥油几乎都包含水相，油脂使面团分离并成片状，而水分则在烘焙过程变为蒸汽起到疏松作用。在美国，通常使用90%脂肪的酥皮起酥油，而在其他许多国家则用80%脂肪的酥皮人造奶油。单辛酸甘油酯用量并不多，以保证起酥油形成稳定的乳状液，从而防止微生物生长，有利于储存。奶或发酵奶通常用作水相，以使酥皮起酥油有香味并呈金黄色，磷脂在烘焙中会改善色泽。

二、起酥油的种类

起酥油的应用范围很广，产品随着食品工业的发展和人类需求的不断增加而变化。因而可以从许多角度对起酥油进行分类。由于现代油脂加工水平的不断提高，起酥油产品已适应食品工业的多种需求，并形成了较为完善的品种体系（何东平和闫子鹏，2005）。

（一）按原料来源分类

按原料来源，可分为植物性起酥油、动物性起酥油和动植物混合型起酥油。

1. 植物型起酥油 由不同程度氢化植物油组成。

2. 动物型起酥油 如猪脂。

3. 动、植物混合型起酥油 由动物脂肪加上植物油或轻度氢化植物油组成。

（二）按制造方法分类

1. 全氢化型起酥油　原料油全部由不同程度氢化的油脂组成，其氧化稳定性特别好。

2. 混合型起酥油　氢化油（或饱和程度高的动物油）中添加一定比例的液态油作为原料油，这类起酥油的可塑性范围较宽，可根据要求任意调节。

3. 酯交换型起酥油　用经酯交换的油脂作为原料制成。

（三）按使用添加剂的不同分类

1. 非乳化型起酥油　不添加乳化剂，可用于煎炸与喷涂。

2. 乳化型起酥油　添加乳化剂，用于面包、糕点、饼干的焙烤等。

（四）按产品性能分类

1. 通用型起酥油　用于各种场合的加工，应用范围广。

2. 乳化型起酥油　含乳化剂较多，通常含10%～20%的单脂肪酸甘油酯。其加工性能较好，常用于加工西式糕点和配糖量多的重糖糕点。

3. 高稳定型起酥油　可长期保存，不易氧化变质。全氢化起酥油多属于这种类型。其AOM值在100h或150h以上，适于加工饼干、椒盐饼干及煎炸食品。

（五）按产品性状分类

1. 可塑性起酥油　这是开发最早，也是目前应用最广、室温下呈固态的塑性产品。

2. 液体起酥油　同其他产业一样，糕点、面包产业也朝着自动化、大型化方向迅速发展。由于具有可塑性的油脂在连续供料上存在困难，由此开发出了液体起酥油制品。

1）*液体起酥油的分类*　液体起酥油是指在常温下具有流动性，能用泵输送，性质稳定，具有各种加工特性的油脂产品，它可分成以下3类。

（1）流动型起酥油，油脂呈乳白色，不透明状，内有固态脂的悬浮物。

（2）液体起酥油，油脂为透明液体。

（3）O/W乳化型起酥油，为含有水的乳化型产品。

2）*液体起酥油的性质*

（1）流动性。油脂的流动性是糕点、面包连续化生产过程中，计量、输送所不可缺少的特性。一般应将黏度控制在6Pa·s（6000cP）以下。

（2）稳定性。液体起酥油是以液态油为基础，添加固态脂和乳化剂加工而成，这些成分应不会分离析出。

（3）可加工性。可加工性与可塑性对于糕点加工来说同样重要，可通过对其中固体成分与乳化剂的添加控制来满足产品的需求。

3. 粉末油脂　粉末油脂又叫作粉末起酥油，是在方便食品发展过程中出现的。粉末油脂一般含油脂50%～80%，也有的高达92%左右。在油脂中加入蛋白质、胶质和淀粉等包裹壁材使之变成乳化物，接着进行喷雾干燥形成粉末状态。其特点是油脂呈细小的颗粒被胶体物质所包裹，散落性优良，与外界气体隔离，稳定性好，因而方便使用、保存和运输等。粉末油脂可以很方便地添加到糕点、即时汤料等方便食品中使粉末油脂有粉末状、粒状及薄片状等多种形态的产品。

1）起酥油絮片　这是一种凝固成薄片状、具有较高熔点的产品。一般采用的基料油脂碘值为 60 与 65 相配合。熔点通常为 43～48℃（月桂类脂生产的起酥油絮片的熔点较低，为 38～42℃）。这类起酥油生产的基本过程包括配料混合、均匀喂料、冷却结晶、迅速移走结晶热及挤压成片等步骤，均由一套冷却滚筒机组完成。

2）粉末起酥油　目前多数采用喷雾干燥法生产粉末起酥油。其典型成分如下：脂肪 79.5%～80.8%；蛋白质 7.9%～8.1%；碳水化合物 1.15%～4.6%；无机物 3.5%～3.8%（K_2HPO_4、CaO 等）；水分 1.55%～1.7%（倪培德，2007）。粉末起酥油有两种产品：①经喷雾干燥的、含有载体的脂肪乳化物；②经过喷雾冷却或加工成粒状的混合脂。各种喷雾干燥制备的粉末起酥油皆是部分加氢起酥油包埋于水溶性物质中的制品。油脂可以和各种载体，如脱脂乳、玉米糖粉、酪蛋白酸钠、大豆分离蛋白等一起均质成溶液。为了使最终产品具有功能，在油相中可以添加乳化剂。产品含油量可以为 50%～82%，这取决于原先乳液的组成。由于喷雾干燥粉末起酥油可以很容易地和其他干物料混合，所以它被应用在某些预混制品方面。在无载体相助的条件下，也能把硬脂加工成粉末或微珠粒状。有两种制备粉末或粒状硬脂的方法（倪培德，2007），即塔内部喷雾冷却法或脂通过在冷却滚筒表面上凝固，然后被破碎、筛分到一定粒度范围的方法。这些产品可作为花生蛋白稳定剂、制备特殊的预混制品，以及用在需要比硬脂絮片熔化更迅速的场合中。

3）通用起酥油　市面上出售的通用起酥油有带乳化剂及不带乳化剂两种。未乳化的起酥油特别适用于制作小甜饼、饼干及煎炸。假如要求有特殊功能，乳化剂混合物可加到起酥油或面团内。某些起酥油含有少许硅酮作为去泡剂，硅酮含量通常低于煎炸用旧的适宜量，以便不破坏有些形式的小甜饼如香草。这类起酥油一般在高的氧化稳定性及大的塑性范围两种性质之间取折中值。通用乳化起酥油含有中等碘值的单酰甘油 5%～8%，这种起酥油主要用于糖霜、糕点及乳酪化性能优良的其他甜食。乳化剂是硬单甘油酯与软单甘油酯的折中产物，前者在糕点中功能最好，后者能制造好的糖霜。在一个对糕点及糖霜的表面活性剂效应的统计设计研究中，Traux 发现，含有 1.5%单酰甘油、1.08%聚山梨酸酯 60 和 0.42%失水山梨酸单硬脂酸酯的起酥油，在糕点和糖霜中功能良好。家用起酥油的单酰甘油含量仅为工业乳化起酥油的一半，因此前者用于煎炸工艺时，不会接连冒烟。

除了 100%脂肪产品外，市场上已有通用的烤焙用人造奶油（bakers' margarine）和 80%～90%脂肪起酥油乳状液供应。这种起酥油通常含有发酵奶或奶油香味，而且乳化剂的含量可能与其他乳化起酥油一样多，这种产品可给予烘焙食品以更丰富的颜色和香味。

4）煎炸起酥油　大量油脂在商业上被用来作为煎炸产品的原料，主要有圈饼、肉、鱼、果仁、土豆片及其他多元化的小吃食品。餐馆的食品可能采用深层煎炸或平锅油煎。选择煎炸用油时必须考虑油脂的更换速度、食品类型、吸油量和最后产品的货架寿命。最重要的是起酥油特性的风味的特定性和固脂含量，高质量的起酥油应有清淡柔和的风味，许多脱油，特别是未经氢化的起酥油，会产生某种油特有、敏锐的滋味。例如，红花籽油及花生油会产生果仁味；玉米油产生像谷物的玉米味；猪脂和牛脂产生肉味等，根据油脂和食品的相对数量和风味强度可以大致推断。这种异味经常是不易觉察的，但在某些情况下，消费者喜爱购买某种品牌的产品。例如，土豆片，它的风味是加工中油脂所给予的。起酥油稳定性的要求取决于油脂的更换速度、炸制条件和最后产品的货架寿命。如果更换速度很快，非氢化油也可使用，玉米油、葵花籽油及棉籽油都是可接受的。使用多不饱和酸含量较低的液体油，如花生油、棕榈油或产于美国南部的低亚油酸葵花籽油可得到稳定性稍高的油脂。不推荐未氢化大豆油，因为炸后产品会带有鱼腥味。如果煎炸的食品马上消费，这气味也不难闻。大豆油如果经轻度氢化去掉一些亚麻酸，更易为大众所接受。

5）全氢化起酥油　单一的油脂（如棉籽油、大豆油）经过一定程度的氢化，可以制成起酥油。这种起酥油比稠度相同的混合型起酥油碘值更低，稳定性能更好。例如，棉籽油全氢化起酥油的碘值为60～65，亚油酸含量为10%～15%，AOM值为70h。稠度不同的两种或更多种氢化油混合之后，稳定性变好，可塑性范围增大，这种起酥油称为混合型氢化油。这种类型的氢化油多用作加工饼干的高稳定型起酥油。起酥油的使用类型可根据季节进行调整，夏、春、秋多为全氢化油，冬夏多为混合型。

6）酯交换型起酥油　以混合油脂为原料，经过酯交换反应，使混合油脂的熔点与其他物理性质发生变化。如此制得的起酥性，碘值、稳定性均无大的变化，并能保持原来油脂中不饱和脂肪酸的营养价值。

7）乳化性起酥油　起酥油含乳化剂量较多，用于加工西式糕点。用这种起酥油加工的面包、糕点，体积大、松软、口感好、不易老化，油的加工性能也好。配糖量多的重糖糕点使用的起酥油，要有更高的起酥油，可添加10%～20%的单酰甘油。

8）高稳定型起酥油　这类起酥油加工成的食品可以长期保存，不易氧化变质，适于加工饼干、糕点及煎炸食品。例如，用棉籽油制得的饼干用起酥油，AOM值可达150～200h。

混合型起酥油中，植物油较多，较容易氧化酸败，其AOM值约为40h，有的只有16～18h。但因为可塑性、稠度较好，且价格便宜，故常用来制作点心、面包等（谢文磊，1998）。

三、 起酥油的功能特性及影响因素

起酥油的功能特性包括可塑性、起酥性、酪化性、乳化性、吸水性、氧化稳定性及煎炸性。对其功能特性的要求因其用途不同而重点各异，其中可塑性是最基本的特性（马传国，2004）。

（一）可　塑　性

起酥油在一定温度范围内具备塑性物质的特征，拥有一定稠度的性质称为可塑性。保持可塑性的温度范围称为塑性范围。塑性范围宽的起酥油可塑性好，便于涂布，面团延展性好，制品酥脆。脂肪的可塑性可粗略地用稠度去衡量，只有稠度合适的塑性脂肪才具备良好的可塑性。影响稠度（可塑性）的因素主要有如下几点。

1. 基料油脂固液相比例　基料油脂中固脂与液体油的比例是构成塑性的首要条件。固相低于5%不呈塑性，高于40%则容易形成坚实结构。起酥油固液相比例一般控制在10%～30%。可塑性好的起酥油固液相比例为15%～25%。基料油中固脂含量的测定方法有固脂指数法（SFI）与核磁共振法（NMR）。NMR测得的结果是固脂的绝对含量（SFC）。SFC与基料油脂稠度关系的研究不及SFI，所以目前多以SFI衡量基料油脂的固脂含量。表4-7为猪油和起酥油在不同温度下稠度与固体脂肪含量的关系。

表 4-7 可塑性脂稠度和固体脂肪含量的关系

温度/℃	猪油		全氢化起酥油	
	微针入度 mm/10	固体脂肪/%	微针入度 mm/10	固体脂肪/%
50	—	0	—	0
45	—	0.5	—	2.6
40	—	2.0	—	5.7
35	—	4.5	336	9.4
30	378	10.5	2122	12.6
25	137	21.0	101	14.0
20	105	26.0	45	19.7
15	73	29.0	24	21.7
10	41	32.0	16	17.8
5	—	—	—	31.4

SFI 是随温度变化而变化的，在配料时需要注意，若需要在使用温度下有适当硬度的起酥油，就必须选择有适当的 SFI 的原料油脂。

2. 固脂甘油三酯结构及液相油脂黏度 起酥油固脂的晶体结构影响起酥油的稠度。不同品种的油脂有不同的稳定晶型，起酥油与人造奶油一样期望获得 β′-型结晶。β′-型脂晶较 β-型细小，在相同 SFI 下，基料油中固相颗粒较多，总表面积较大，因而能扩展起酥油的塑性范围，使其外表光滑均匀并具有乳化的能力。脂肪酸碳链长短不整齐的甘油三酯稳定的晶型是 β′-型，当基料固体脂肪中含有稳定的 β′-晶体甘油三酯时，整个固体脂肪都会形成稳定的 β′-晶体。相反，则形成稳定的 β-型晶体（马传国，2002）。

基料油脂中液体油脂的黏度和起酥油的稠度呈正相关，从而也直接影响其可塑性。基料油脂的熔点也会影响起酥油的稠度。甘油三酯种类少及各种甘油三酯熔点相近的油脂（如椰子油、可可脂），塑性范围窄，稠度受温度变化的影响大，不适宜选作基料油脂，因此，基料油脂多选甘油三酯组成复杂的油品，熔点一般在 10～65℃。

3. 固相脂晶的粒度和分散度 基料油中固相脂晶的粒度和分散度是构成塑性的另一基础条件。塑性脂肪中固相脂晶的颗粒细度要求细到重力与分子内聚力相比，重力可忽略不计；固相脂晶间的空隙要求小到液相油滴不致流动或渗出，使基料油中的组分通过分子内聚力而紧紧结合在一起。脂晶粒度小，固相总表面积大，分子内聚力大，起酥油稠度大，塑性范围宽。相反，则塑性范围窄。

脂晶的粒度和分散度与起酥油加工条件有关。过冷、急速冷却及激烈搅打捏合的加工条件，可产生众多的脂晶核，阻止晶核之间的内聚、长大，促使脂晶核在基料油中的均匀分布而形成整体组分的内聚结构，从而获得稳定的塑性。

4. 添加剂和熟化处理 起酥油加工过程中，过冷却析出的 α-晶型向 β′-晶型转化需要一定的时间与温度条件，当其离开充填包装生产线后，结晶化（晶型转化）仍在继续进行。当 α-晶型释放出结晶热后才转化成 β′-晶型。如果晶型转化阶段，不能提供结晶热的温度条件，将使过冷效果保持延续性；反之，如果使产品处于稍高于 α-晶体熔点的温度（稍低于充填温度）下进行熟成处理的话，则 α-晶型就能顺利转化成 β′-晶型，并在缓慢转化过程中脂晶的粒度会得到调整，从而使产品获得稳定的塑性范围。

5. 冷却加工条件　基料油脂中固相脂晶的粒度和分散度对塑性的构成，也是一个重要的条件。

起酥油加工中一些添加剂（乳化剂、抑晶剂）能延缓阻止基料油脂中固脂 β-结晶化，从而使产品稠度得到保证。

（二）起　酥　性

起酥性是指烘焙糕点具有酥脆易碎的性质。它是各类饼干、薄脆饼与酥皮的主要性质。起酥油以膜状一层一层地分布在烘焙食品组织中，起润滑作用，使制品组织脆弱。一般稠度合适、可塑性好的起酥油起酥性也好。过硬的起酥油在面团中呈块状，使制品酥脆性差；相反，过软的起酥油在面团中呈球状分布，使制品多孔粗糙。

油脂的起酥性用起酥值表示，起酥性与起酥值呈负相关，即起酥值小的起酥性好。表 4-8 列出了几种油脂的起酥值。从其中可以看出，椰子油和椰子油氢化油等可塑性差的油脂，起酥值大，起酥性也差；猪油等可塑性好的油脂，起酥性也好（起酥值小），但猪油经氢化后起酥性降低（起酥值升高）。

表 4-8　几种油脂的起酥性

油脂	熔点/℃	起酥值
猪油		<60
50%猪油+50%起酥油（牛脂：大豆油=8：2）		约 70
氢化猪油（1）	34.8	约 82.7
20%猪油+80%起酥油（牛脂：大豆油=8：2）		约 85
氢化猪油（2）	42.9	约 97.7
鲸油为主体的混合型起酥油	—	112.4
牛脂为主体的起酥油	37.4	119.5
起酥油（牛脂：大豆油=8：2）		
起酥油（菜籽）	39.4	120.0
起酥油（棉籽）	44.0	123.0
氢化猪油	49.2	126.2
椰子油	24.0	127.5
椰子油氢化油（1）	27.3	127.9
人造奶油（棉籽）	35.3	140.2
椰子油氢化油（2）	35.0	155.2

对于某种特定烘焙制品，能覆盖粉粒表面积最大的油脂具有最大的起酥性。影响起酥性的因素有以下几个方面：脂肪的饱和度越高，起酥性越好；脂肪的用量越大，起酥性越好；固体脂肪指数合适的，起酥性好；其他辅料及其浓度合适的，起酥性好；混合程度剧烈的，起酥性好。

（三）酪 化 性

把起酥油加到混合面浆中后，高速搅打，于是面浆体积增大。这是由于起酥油裹吸了空气，并使空气变成了细小的气泡，油脂的这种含气特性就叫作酪化性，酪化性可用酪化值（CV）表示，用 100g 油脂中所含空气的毫升数表示酪化价。

起酥油的酪化性要比奶油和人造奶油好得多。加工蛋糕如果不使用酪化性好的油脂，则不会产生大的体积。

起酥油的酪化性取决于可塑性、基料油组分、甘油三酯结构及其工艺条件等。图 4-4 和图 4-5 所示为加工条件对酪化值的影响（马传国，2004）。

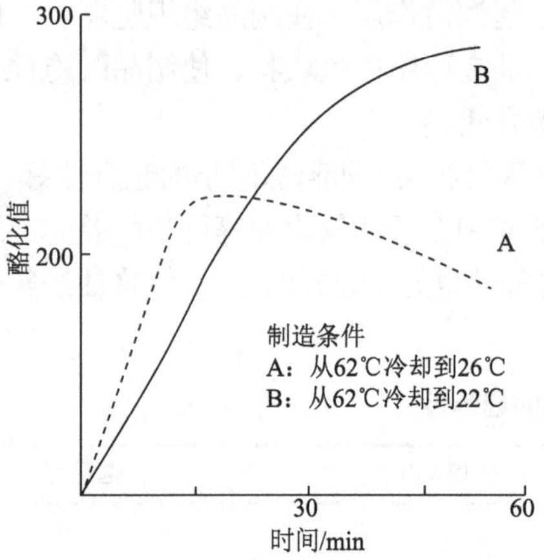

图 4-4　冷却温度与酪化值

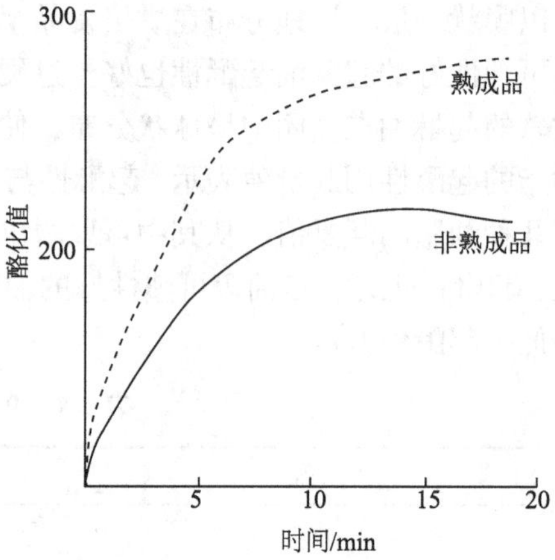

图 4-5　熟成时间与酪化值

（四）乳 化 性

蛋糕面团是 O/W 型乳浊体，奶、蛋、糖与面粉共溶于水相，起酥油在乳浊体中的均匀分布直接影响面团组织的润滑效果和制品的保鲜程度。即使固脂乳化性优于液体油，也不足以使其在水相中分散均匀。因此，糕点起酥油一般都添加乳化剂，以提高油滴的分散程度。乳化性能影响蛋、糖的起泡能力，适量添加起泡剂可以减少乳化性的负面影响。

（五）吸 水 性

起酥油属可塑性物质，因此虽然不使用乳化剂，但也能吸收和保持一定量的水分。起酥油的吸水性取决于其自身的可塑性及乳化剂添加量，油脂经氢化可增加吸水性。例如，22.5℃左右时，几种不同类型的起酥油，具有如下的吸水率。

猪油、混合型起酥油吸水率为 25%～50%；氢化猪油吸水率为 75%～100%；全氢化起酥油吸水率为 150%～200%；含单、双甘酯的起酥油吸水率为≥400%。

吸水性对加工奶油糖霜与烘焙糕点有着重要的功能意义，它可以争夺形成面筋所必需的水分，从而使制品酥脆，口感更佳。

（六）氧化稳定性

一般油脂在烘焙、煎炸过程中，由于天然抗氧剂的热分解或本身不含天然抗氧剂（猪脂），因此烘焙、煎炸制品的稳定性差、货架寿命缩短。起酥油基料油通过氢化、酯交换改性，不饱和程度降低或是组合（或添加）进了抗氧剂，从而提高了氧化稳定性。起酥油的氧化稳定性不一定代表烘焙制品的储存稳定性。因此，在设计起酥油氧化稳定性时，需要根据起酥油的用途而有所区分。例如，椒盐饼干等制品由于没有含糖糕点烘焙形成的氨基酸和糖反应物的保护，需使用 AOM>100h 的高稳定性起酥油。

（七）煎 炸 性

起酥油的煎炸性包括风味特性和高温下的稳定性。应能在持续高温下不易氧化、聚合、水解与热分解，并能使制品具有良好的风味。起酥油的煎炸性一般与基料油脂饱和度、甘油三酯脂肪酸碳链长短、消泡剂与煎炸条件（温度、煎炸物水分、油渣清理及油脂置换率）等有关（马传国，2004）。

（八）各种油脂深加工产品性质比较

在生活中我们会接触到许多不同的油类，而这些油类的用途都是根据其特有的性质而随之的副产物，它们也会拥有与起酥油相类似的性质，下面是一些生活中所常见的油脂。

1. 无水奶油（anhydrous milk fat，milk fat，anhydrous butter oil） 又称为乳脂或乳脂肪（全国工商联烘焙业公会组织，2006）。以奶油或稀奶油作为原料，通过物理方法将脂肪球破坏，使脂肪从脂肪球中游离出来融合在一起形成脂肪连续相，然后将脂肪连续相分离出来即得到无水奶油。破坏脂肪球的方法有加热熔融、脂肪球的机械粉碎等。无水奶油在一些气候温暖的国家里，如在印度很早就已是一种大众化的食品。无水奶油普及的原因之一是它的保存期长，如果是采用半透明的不透气包装，即使在热带气候中，无水奶油也能在室温下储藏数月之久。无水奶油适用于牛乳的复制与还原，同时还能广泛地应用于冰淇淋和巧克力工业。在婴儿食品与方便食品的生产过程中，无水奶油也得到广泛使用，逐渐取代了现今所使用的植物脂肪。将来，无水奶油在乳品工业中将发挥更大的作用。这是因为乳品工业需要一种更稳定的乳脂肪，使牛乳的储藏和运输更加方便，并能均衡牛乳生产的季节性变化。无水奶油的包装：200kg 铁桶/1000kg 木箱。无水奶油的典型成分数据：99.9%以上的乳脂肪，0.1%以下的水。无水奶油还可加工成片状，使制作丹麦面包、酥类点心等更加方便，属烘焙油脂顶级之选。目前我国使用的奶油与无水奶油大部分来自新西兰、澳洲、欧洲、美国等乳品技术发达的国家。

2. 稀奶油（cream） 牛乳经分离后得到的含脂率高的部分称为稀奶油，产品执行中华人民共和国国家标准 GB19646—2010。

3. 发酵奶油（fermented cream） 由稀奶油通过乳酸发酵而制成的乳制品，具有乳酸发酵的微酸香味，较一般奶油更具有浓烈天然奶脂香味，且入口即化、清爽不油腻，多用于高档面包和西点等烘焙产品。

4. 动物鲜奶油（fresh butter） 以稀奶油为原料，添加稳定剂，经混合、均质、杀菌、包装而成。打发性、融合充气性效果较差，较不稳定，其风味为本身所有，且耐煮、耐烤，风味不易被破坏、散失。可用于表面装饰或制作慕斯和一些小西点等。

5. 超特级奶油（special grade vegetable oil） 产品特色：纯植物性油脂，油脂融合性佳，增加烘焙产品口感，纯正牛乳风味，包装适中，方便取用，风味温和，食而不厌，产品回温快。产品用途：制作霜饰奶油（butter cream）、夹心奶油、各式面包及西点、重油蛋糕及各类水果蛋糕、各式中点、礼饼、糕饼、馅料调味等。

6. 高级黄油（high quality butter，high grade butter，advanced butter） 采用国内外流行香型、配方及加工工艺配制而成（表 4-9）。牛油香味浓郁、纯正，具有良好的耐烘烤性。油质细腻、柔滑，有白、黄两种颜色。用途：制作各类糕点、蛋糕霜饰裱花、各类小西点、饼干、速冻食品等。

表 4-9 高级黄油的应用配比

	高级黄油/g	鸡蛋/g	糖粉/g	低筋面粉/g
装饰料中应用	1250	250	250	250
蛋糕中的应用	1250	1250	1250	1250

7. 起酥油（shortening） 我国台湾地区称其为白油、雪白乳化油、乳化油等。起酥油的原料为符合食品质量标准和卫生标准的油和脂。具体包括精炼的动物油脂，如牛油、猪油、鱼油等；不精炼可直接食用的无水奶油；精炼的植物油脂，如棕榈油、椰子油、棕榈仁油、大豆油、菜油等；精炼加工的油脂，如经过氢化、分提、酯交换等改性工艺过程再经过精炼的油脂。例如，通过氢化再精炼而得的氢化棕榈油、氢化豆油、氢化椰子油等；经过分提而得的棕榈硬脂、棕榈液油等；还有把棕榈油与豆油或其他油脂经酯交换再精炼所得油脂都能用来加工起酥油。起酥油中常用的食品添加剂有抗氧化剂、乳化剂。煎炸起酥油中可以使用消泡剂。我国起酥油与人造奶油不同之处在于不需乳化，不含有水分，是一种浅色、无味道的油脂产品。日本的起酥油也有添加人工香精的。

8. 面包流体起酥油（bread fluid shortening） 在液体起酥油中加入乳化剂单（双）酸甘油酯、乙酰化单（双）酸甘油酯、硬脂酰乳酸钠（SSL）、聚山梨酸酯 60、蒸馏单甘酯、琥珀酸单甘酯等，极大地改善了起酥油在面团中的充气性、稳定性及分散性，既发挥了面包组织柔软作用，又具有对面包的起酥作用，提高了面包的柔软度，延缓了面包老化速度，延长了面包保鲜期。乙酰化单（双）酸甘油酯、硬脂酰乳酸钠（SSL）既是面包抗老化剂和保鲜剂，又是面团增筋剂和改良剂，提高面团的搅拌耐力、发酵耐力、醒发耐力和吸水率，增强了面包坯在烤炉中的膨胀力，增大了面包比体积和体积。面包流体起酥油适合于机械化、自动化、连续化的面包生产线。

9. 人造奶油（margarine） 又称为人造黄油、麦淇淋、玛琪琳、玛雅琳等。人造奶油的配料：食用油脂 80%以上，牛乳或奶粉加水 16%，盐 3%，乳化剂，抗氧化剂、防腐剂，pH 调节剂，香精、色素。色素也可不加，即成白色的人造奶油。人造奶油所用油脂原料与起酥油原料油脂相同。人造奶油的加工过程：材料分两部分，一部分为油溶性材料，溶于油脂内；另一部分为水溶性材料溶于水相内。将此两部分材料搅拌混合，灭菌，通过急冷捏合设备（VOTATOR）结晶、搅拌、灌装、熟化等工序而形成固态油脂。人造奶油具有良好的可塑性，其含水量一般在 15%～20%，熔点较高，是奶油的代替品。

1）涂抹面包用人造奶油（spread-able margarine） 要求很容易地涂在面包片上，在口腔内受人体的体温很容易融化，味道与奶油类似即可，至于可塑性范围大小、打发性都不太重要。

2）烘焙用人造奶油（bakery margarine） 用于加工蛋糕、奶油装饰、面包等烘焙食品，并不单独直接食用，熔点比涂面包用人造奶油高，可塑范围要宽，同时打发性要好，易拌入空气。

3）丹麦面包用人造奶油（Danish bread margarine）　因丹麦面包要求面团软，延展性好，若裹入油脂太硬或太脆，折叠开皮时，易穿破面团。反之若油脂太软，于折叠开皮时无法形成层次，以致熔化，渗入面团，失去起层的效果。因此该类油脂要求熔点高，同时可塑性要好。奶油风味浓郁，具有良好的操作性、延展性、可塑性，专为丹麦面包、可颂面包设计的专用油脂，丹麦面包及可颂面包层次分明、风味香醇。

人造奶油的主要成分如表 4-10 所示。

表 4-10　人造奶油的主要成分

油相		水相	
成分	含量	成分	含量
油脂	80%左右	水	16%左右
卵磷脂	0.3%～0.5%（以脂肪计）	凝乳	>1.2%
单酸甘油酯	0.2%～0.5%	脱脂乳粉	0.5%～1.5%
BHA	最大 0.1g/kg	食盐	1.5%～3%
BHT	最大 0.1g/kg	苯甲酸钠	最大 1g/kg
PG	最大 0.1g/kg	山梨酸钾	最大 1g/kg
生育酚浓缩物	0.005%～0.05%	脱氢乙酸	0.05%
β-胡萝卜素	微量	柠檬酸	微量
维生素 A	1500～3000IU/100g	香精	微量
维生素 D	100IU/100g		

10. 超级玛琪琳（super margarine）　业内称超级人造奶油。产品特色：精选新鲜动物性（纯牛油）、植物性油脂，经过特殊加工精制而成。风味与天然奶油相似，却有比天然奶油更加方便的操作性和可塑性，更适中的软硬度，充气量大，组织均匀细腻，吸水量多，制作成品酥松爽口。产品用途：具有更地道的天然奶油风味，纯美甜香，制作各式面包、餐包又松、又香、又可口；具有优良的可塑性，适合用于制作各式中、西点、蛋糕制品、造型美观，香甜可口；具有更强的打发性，制作各种奶油霜饰、奶油夹心，滑润柔和，爽而不腻。仓储条件：置于室温通风良好处。

11. 高级玛琪琳类（high quality margarine for all purpose）　①产品特色：精选新鲜油脂加工，油脂组织细腻，打发性、融合性良好，具奶油风味，油脂软硬度适中，好操作，可塑性强。②产品用途：制作各式奶油蛋糕（pound cake）、面包、霜饰奶油、各式西点、菠萝包、餐包馅料等。③仓储条件：置于常温阴凉处即可。

12. 酥油（buyer oil substitute）　无水的人造奶油即酥油，它是随着烘焙行业的快速发展，由人造奶油衍生出来的无水油脂产品。酥油一般不含水和盐，呈天然奶油的金黄色，带有浓郁的奶油味道。而且通常含有适量的乳化剂，有良好的乳化性能。酥油的成分包括食用油脂、食品乳化剂、抗氧化剂、香精、色素。酥油的原料油脂同起酥油，酥油的加工工艺同人造奶油。酥油通常有两种，一种是固态塑性状态，另一种是透明的液态，称为液态酥油。液态酥油多用在戚风蛋糕、海绵蛋糕等。液态酥油的原料油脂多为液体油脂，如轻度氢化植物油脂或不经氢化的食用植物油脂或经分提去除硬脂的液体油脂。固体状酥油塑性范围宽，香味浓郁，可用于多种加工烘焙食品如面包、蛋糕、曲奇等。

13. 特级酥油（special grade butter oil substitute） 精选优质澳大利亚牛油，经分提后合理配以纯正天然无水奶油，特殊加工精制而成。产品具有天然奶油的特征，奶香味浓郁自然，有良好的耐烘烤性和可操作性。不含水分，品质稳定，是天然奶油的良好替代品。可广泛用于制作各式面包、重油蛋糕、各式小西点、曲奇饼、饼干、酥式中点等。

14. 月饼馅料专用油（shortening for Chinese moon cake filling） 安定性高，保存性佳，操作性优，应随季节变化相应调节软硬度。黄色奶油味色泽金黄，具有宜人的天然奶油风味，品质优良，适用于一般馅料制作。白色奶油味色泽雪白，芳香自然，组织细腻精纯，适用于绿豆沙、白豆沙馅料制作。白色无味色泽雪白，组织细腻精纯无异味，突显馅料原味，适用于水果馅料制作。

15. 月饼专用油（refined oil for Chinese moon cake） 采用花生油加工广式月饼时常遇到一些问题，如油色太深，并且不稳定，从而影响月饼外观、外观色泽和内在色泽；用未经脱色脱臭处理的花生油加工的广式月饼的货架期较短，易发霉与氧化酸败；用花生油制作月饼时，若师傅经验不够，会发生走油现象；月饼皮为高油面团，大量液体油的加入使面团的韧弹性下降，从而使面团刻模时花样不太清晰，影响月饼外观；由于油本身吸水性低，因此烘烤后月饼返软过程缓慢等。月饼专用油的特点如下：在月饼专用油中，选择性地添加了几种品质优良的乳化剂。由于它们既能防止面筋蛋白之间的粘连，又能适当提高面团的可塑性，因此提高了面团的可操作性。用这种专用油制得的广式月饼皮的面团具有更适宜的模压韧性，从而可以取得花纹清晰、外形完整的效果；在月饼专用油中，乳化剂的量十分关键，由于乳化剂的吸水作用高于油脂，从而进一步限制面筋蛋白吸水，并使烘烤后的月饼皮保留住更多的水分，使其回软迅速。由于添加了能够使面团组织细腻化的乳化剂，饼皮中的油能迅速返到皮的表面，因此月饼有较好的光泽；同时，添加了乳化剂，大大提高了油脂的乳化分散能力，促使油迅速均匀分布于面团之中，提高了可操作性。用月饼专用油来制作月饼皮面团，操作过程简易；用月饼专用油制作的月饼有较长的货架期。精选全精炼植物油作为其主要成分，并另外使用了氧化稳定性更佳、润滑性优于液体油的固体脂肪作为次要成分，这样做有利于提高面团的韧性，而且高品质的油品使月饼的耐储存性得到提高；月饼专用油中添加了天然色素，使月饼油具有橙黄色泽，外观诱人，在优效抗氧化剂的存在下，其色泽十分稳定，这种色素是一种营养物；在月饼专用油中加入适当复配的坚果类香料，风味醇厚且稳定。

16. 油炸专用油脂类（frying oil or fat） 精选新鲜油脂经特殊加工制成，产品安定性良好，发烟点高，耐油炸，不易酸败和劣变（变味、变色），油炸食品含油量低，干爽可口，外观好，油炸时油烟少，有利于工作环境清洁与卫生。适合各式油炸食品汉堡包、面包圈、蛋糕圈等（全国工商联烘焙业公会，2006）。

17. 食用猪油（edible lard） 由猪脂肪提炼而得。原料必须是经由兽医人员检验符合食用卫生要求的猪板油、猪肥膘、猪内脏脂肪和含有脂肪的组织和器官。猪油的制取通常有干法熬制和湿法熬制。湿法熬制一般温度比较低，熬得的猪油气味较为温和。猪油含有较多的不饱和脂肪酸，又缺乏天然抗氧化剂的保护，容易氧化。一般精炼后会加入合适的抗氧化剂，以延长油脂的使用寿命。

四、人造奶油与起酥油的风味

1. 食品风味的含义包括滋味和气味两方面　滋味用舌感鉴别，而气味用鼻子的嗅觉鉴别，但两者往往要结合进行。例如，单凭舌感而不用嗅觉则很难辨别芝麻油与大豆油的区别。

纯粹的油脂是无味无臭的，天然油脂的滋味和气味是由于其中混有其他成分所产生的。人造奶油与起酥油的风味，除了取决于原料油脂的品质外，在很大程度上还和配入的添加剂与加工条件有关。

1）*滋味*　滋味包括味道、口熔性、油脂结晶的粗细及在口中形成油膜的厚度等。人造奶油的口熔性是舌感好坏的首要因素，人造奶油放入口中应能迅速熔化而无粗硬或黏软感。只有口熔性好的人造奶油才能感到溶于水相中添加物的味道，如盐的咸味、糖的甜味等，否则即使配方中配有优质添加剂也不能被舌感所接受。软型人造奶油的口熔性很好是其主要优点之一，优质人造奶油应有纯正的味道，而不应有苦味、酸味等异味。

研究指出，要使舌感有滋味，采用的呈味成分必须是水溶性的，油脂只能给予味道的变化，即改变或降低食品的味道。因为一般呈味物质是水溶性的，如果舌头被油脂覆盖，则影响呈味物质向感受体转移。人造奶油是油包水型的乳状物，因而首先与舌头接触的是油相，待油相熔化后才能感到水相中添加物的味道。反之，逆相人造奶油为水包油型乳状物，水相首先与舌头接触，水溶性呈味物质能立即被舌感接受，迅速感到逆相人造奶油的味道。

2）*气味*　食用油脂的气味是判断其质量的重要手段之一，评价油脂的滋味也离不开气味。人造奶油与起酥油的气味取决于油脂与添加剂的种类及质量。例如，在人造奶油中添加奶油香精及经过发酵的乳品，就可赋予产品类似于奶油的香味；原料油脂变质就会使产品带有酸败气味或肥皂气味（周鸿荪，1988）。

此外，对于油脂气味的评价往往带有习惯上的嗜好性。例如，东方民族喜爱芝麻油的香味，而有些欧美人却认为芝麻油有异味。可见油脂的气味取舍应根据消费者的爱好来定。

2. 人造奶油与起酥油的优势　关于人造奶油与起酥油的营养价值及风味的评价问题，随着时间的推移，人们的看法也在逐步改变。鉴于人造奶油、起酥油原是天然食用油脂的替代品，其营养价值与风味同天然食品相比有所欠缺之处。但是由于现代食品科学技术的迅速发展，以及人类对食品营养及爱好的改变，人造奶油、起酥油不仅在数量上迅速增多，而且在营养和风味上也赶上、甚至超过其他食用油脂，具有较多的优势。

1）*人体热量来源*　油脂是人体发热量最高的营养素，每克脂肪可产生 9000cal①的热量，为同量蛋白质或碳水化合物的 2 倍以上。因此摄取一定的热量，含脂肪的食物量，要比不含或少含脂肪食物的量少得多，可以减轻消化器官的负担；反之如仅从米饭或含脂肪很少的面食品中获取热量，摄取量较大，肠胃负担也重。正常情况下膳食中总热量的 20%～35%应由脂肪提供，一个成年人每日需要脂肪量为 1～2g/kg 体重。此外，食物中各种成分在胃中所停留的时间不同，碳水化合物停留时间最短，蛋白质其次，脂肪的停留时间较长。人造奶油中一般含脂肪 80%，而起酥油是纯粹的脂肪，因而摄取餐用人造奶油或含人造奶油、起酥油较多的食品对人体能起到耐饥与耐寒的作用。

---

① 1cal=4.1816J

2）油脂的消化吸收　上述油脂在胃中停留时间较长，但这并不意味油脂的消化性能差，相反实际上油脂的消化率很高。油脂消化率与熔点有关，一般认为油脂熔点在人的体温以上者消化率较差，如表 4-11 所示。

表 4-11　油脂的消化率

油脂	熔点/℃	消化率/%
乳脂	30 左右	96.9～97.1
猪脂	36～40	97.3～98.1
羊脂	46～48	87.6～88
牛脂	44～46	93.1
软牛脂	30	96.8
甘油硬脂酸酯	49～54	80.1～93.5
豆油	液体	97.5
葵花籽油	液体	96.5
玉米胚芽油	液体	96.8
棉籽油	液体	97.8
花生油	液体	98.3
棕榈仁油	28	98.0
椰子油	24	97.9
混合氢化油	41.3	96.6
氢化花生油	37	98.1
氢化花生油	39	95.5
氢化花生油	50	62

由表 4-11 中的数据可见，从消化率的角度来看，以液体油作原料制造人造奶油与起酥油消化率较高；高熔点的动物脂或氢化油较差。人造奶油是乳化状态的食用油脂产品，有利于消化，对消化不良及轻微消化系统病患者尤为有益。

3）供给人体必需脂肪酸　人体能够由碳水化合物合成饱和脂肪酸和油酸，但却不能合成亚油酸、亚麻酸及花生四烯酸。这些必须从食物中获得的营养成分称为必需脂肪酸，据报道，人体每日最少应摄取 6g 必需脂肪酸（以亚油酸汁），否则将影响正常的生理代谢。例如，缺乏亚油酸会使婴儿产生皮肤干燥和生长迟缓等症状，人乳中的亚油酸含量是牛乳的 8 倍，因而用牛乳喂养婴儿必须增加乳中的亚油酸含量，使之接近母乳。另外，动脉硬化是引起心血管系疾病的一个重要因素，血液中胆固醇浓度过高会导致动脉硬化症，医学上已经确认给患者食用含亚油酸多的植物油能降低血液中胆固醇的浓度，因为亚油酸等脂肪酸和胆固醇形成的酯对胆固醇有搬运作用；反之，饱和脂肪酸却能增加胆固醇的含量，各种油脂对人体血清胆固醇的影响见表 4-12（每天食油脂 60g，进食 7d 后测得）。

由表 4-12 可见，米糠油、玉米胚芽油、红花籽油等含必需脂肪酸很高，能使血清胆固醇大幅度下降；而猪油、奶油等动物油脂能使血清胆固醇上升，因而采用富含多不饱和脂肪酸油脂的软型人造奶油，其生理功能将胜于天然奶油。

表 4-12　食用油脂与血清胆固醇的变动率

油脂	变动率/%	油脂	变动率/%
调和米糠油	−26	芝麻油	−2
米糠油	−17	花生油	−1
玉米胚芽油	−17	大豆油	−1
红花籽油	−16	棉籽油	0
葵花籽油	−12	菜籽油	0
植物性人造奶油	−2	猪油	+18
鱼油人造奶油	+19	奶油	+38

研究认为，人体每日脂肪摄入量应达到最佳的比例平衡，脂肪摄取量应占总摄入能量的30%～50%，其中应包括 1/3 的饱和脂肪酸，1/3 的单不饱和脂肪酸，1/3 的亚油酸。根据这种要求，选择适当的油脂原料进行合理的配合就能得到具有特殊营养价值的人造奶油产品。

4）提供维生素　在很多人造奶油的配方中规定了添加维生素的标准。例如，日本、美国等对某些产品规定添加维生素 A 与维生素 D 的要求，使人造奶油的营养更为全面。

五、起酥油的原料

（一）基料油脂

一些大宗的植物油脂与陆地、海洋动物油脂及它们的氢化或酯交换产品，都可用来作起酥油的基料。这些油脂都必须经过严格的精炼，使其符合高级烹调油的品质（马传国，2002）。

1. 基料油脂组成

1）液相油脂　起酥油基料油脂中液相油脂应选择一些氧化稳定性较好，以油酸与亚油酸组成为主的油脂。为了调整一定的稠度范围，需要选择一些黏度较大的食用油脂。液相油脂包含基料固脂中的液相部分。

2）固相油脂　基料油脂中的固相油脂是起酥油功能特性的基础，一般多选用能形成 β'-晶型的硬脂。脂肪酸碳链长短不整齐的甘油三酯与甘油三酯组成比较复杂的动植物油脂，都可通过氢化加工成基料脂或直接选作基料油脂固相。

油、猪脂和牛脂是天然起酥油基料脂。它们也可以和棉籽油、菜籽油与鱼油等配合，通过极度氢化加工成凝固点为 58～60℃的硬脂而用于起酥油基料配方。

2. 基料油脂的稠度　基料油脂的稠度主要取决于基料油固、液相组分的合理分配与调整。不同起酥油制品的功能特性不同，其稠度不同。固态（塑性）类起酥油稠度设计的原则是：固液相油脂比例必须满足塑性条件，液态起酥油的稠度设计以构成固相脂晶在液相油脂中的稳定悬浮体作为基准。

塑性起酥油基料油脂稠度设计时，固相部分应选用能形成 β'-脂晶、甘油三酯组成较复杂的油脂，当选用猪脂或 β-晶型氢化豆油、葵花籽油与椰子油时，需掺入一定比例的 β'-晶型硬脂，以便通过 β'-脂晶的诱导使得全部固脂晶体 β'化。

除了某些专用起酥油（涂抹料）需要陡峭的熔化曲线以外，一般用途及糕点和糖霜塑性起酥油的基料油脂，常温下应呈塑性固体，在 21～27℃下有合适的稠度，在较高和较低的温度下稠度变化不大，其碘值应为 25～29。

如前所述，起酥油等塑性脂肪的稠度一般以 SFI 值表示。塑性起酥油 SFI 值一般在 15～25。SFI 值超过 25，属硬（脆）起酥油，SFI 值低于 15，起酥油太软，而 SFI 值为 15～22 的起酥油具有较宽的塑性范围。

流体起酥油基料油脂稠度设计时，固相部分应选用能形成 β'-脂晶的油脂。使其脂晶粒度符合悬浮颗粒特征。基料油中固相脂肪含量一般为 5%～10%，其熔点范围应能确保 18～35℃下悬浮基料稳定。SFI 值一般为 6～8。

基料油脂的稠度通过氢化基料油（表 4-13）、氢化硬脂、动物脂肪及液体植物油的合理配方进行调整。

表 4-13 大豆起酥油的氢化基料油脂

项目			Ⅰ	Ⅱ	Ⅲ	Ⅳ
氢化条件	开始温度/℃		148.8	148.7	148.9	140.5
	氢化温度/℃		165.7	165.8	165.7	140.8
	压力/MPa		0.12	0.12	0.12	0.29
	催化剂/Ni%		0.01	0.01	0.01	0.01
	终点碘值		82～85	79～81	71～73	105～107
分析数据	固脂指数	9℃	17～19	20～22	41～44	<5
		21.0℃	8～10	12～14	28～30	<3
		33.4℃	0	0	10～12	0

3. 基料油脂的配合 为使起酥油具有较宽的塑性范围，需要采用不同熔点的油脂进行配合。其配比需依据产品的要求来确定。最广泛应用的是控制其固体脂肪指数，也有的是控制熔点、冻点、浊点、折光指数和碘价。此外，还必须考虑原料油脂的晶型，几种油脂配比后，使制备塑性起酥油时能形成 β'-型结晶；制备液体起酥油时，使其形成 β-型结晶。

（二）牛 油

传统上，牛油因所含的固体脂肪可以提供一定的塑性和独特的风味而被应用于烘焙产品中，以达到润滑、添香的目的。以牛油为原料生产的起酥油，在 200℃左右的高温烘焙后，香味会比同等条件的植物性人造奶油的风味更加厚实，口感方面也有所提升。同时，牛油可以提供塑性黏度的需求，在很宽的温度范围内达到食品加工的可操作性，在生产起酥油、人造奶油时，能够达到产品流动与延展的需求。此外，牛油温度适应性强，同样条件下结晶速度比棕榈油快，而且不存在后结晶现象，具有明显更好的操作性能。特别是在冬季，使产品回温达到理想的使用状态所需要的时间明显比一般的植物性起酥油短。

其容易起砂（sandiness or graininess），起砂是指塑性人造奶油、起酥油产品中产生砂粒般的晶体或大于砂粒的小块，以及较大的粒状晶体转变成坚硬的米粒状晶粒的现象，是产品劣化的一种表现。起砂的人造奶油、起酥油应用在烘焙产品中，会对产品造成不良影响。例如，在制作面包过程中，使用有砂粒的产品，会将面皮顶破，进而将面包发酵过程中产生的气体释放，最终使面包的体积缩小，面包也不再松软可口。起砂的种类主要有两种：一种晶粒用手指揉搓时不易熔化，具有较高的熔点；另一种晶粒手指揉搓很易熔化，但可以长至 2～3mm 或更大（周胜利等，2011）。

（三）棉 籽 油

棉籽油是由棉花副产物棉籽加工而来，是一种重要的植物油脂，且不含有反式脂肪酸，广泛应用于煎炸油、人造奶油、蛋黄酱、代可可脂等产品中，也是制备零反式脂肪酸起酥油的重要原料之一。

由于棉籽油中存在着一定量的高熔点甘油三酯，所以其凝固点较高，低温储藏时，高熔点成分的甘油三酯会析出，从而造成油品的流动性能下降，不易于存储和运输，且影响其外观品质和使用性能。因此，为了提高棉籽油在低温条件下的感官质量，通常采用分提脱脂（冬化）的方法对棉籽油进行处理，除去低温条件下易使棉籽油变黏稠浑浊的高熔点甘油三酯（刘方波，2005），而分提所得的高熔点甘油三酯（分提固脂）也是制备零反式脂肪酸起酥油非常好的原料（谢志军等，2011；王辉，2014）。

（四）猪 油

猪油分提固脂熔点为 39.4℃，碘值为 66.84g/100g，固脂脂肪酸组成如表 4-14 所示。所用的氢化棉籽油熔点为 56.5℃，碘值为 5g/100g，固体脂肪含量如表 4-15 所示。由表 4-15 可以看出，氢化棉籽油的固体脂肪含量很高且随温度变化很小，可以增加原料油的塑性范围，有利于生产宽塑性的起酥油。由于一次猪油分提固脂颗粒粗大，晶型为典型榈油或棉籽油硬脂片制得，所以可以通过添加部分氢化棉籽油和氢化棕榈油来使其满足晶型要求。通过相容性的研究发现，猪油分提固脂与氢化棕榈油的相容性没有与氢化棉籽油的相容性好，所以选择氢化棉籽油（朱向菊等，2005）。

表 4-14 猪油分提固脂脂肪酸组成（%）

C14:0	C16:0	C16:1	C18:0	C18:1	C18:2	C18:3	C20:0	C20:1	其他
1.79	21.17	5.13	9.19	45.33	14.10	0.66	0.15	0.99	痕量

表 4-15 猪油分提固脂、极度氢化棉籽油固体脂肪含量（%）

原料	0℃	5℃	10℃	15℃	20℃	25℃	30℃	35℃	40℃
猪油分提固脂	33.8	33.15	28.7	23.77	21.91	14.55	6.2	3.55	—
极度氢化棉籽油	96.78	96.55	96.22	95.91	95.66	95.50	95.44	95.22	93.74

起酥油基料油可由原料油直接混合而成，也可由原料油交换而来，而上述方法能否实现，需由相容性分析确定。相容性主要是指混合油脂在其结晶的过程中，不同的甘油三酯分子间互相融合的性质。油脂是不同甘油三酯的混合物，其结构组成复杂，当两种不同的油脂混合时，结晶特性会相互影响，进而改变其应用性质。等温曲线线性越好，说明混合油脂的相容性越好；反之，则相容性越差。两种互不相容的油脂混合使用，极易出现起砂、起霜等现象（季敏和李勇强，2013）。采用相容性分析法研究混合油脂的结晶性质十分有效。

（五）棕 榈 油

目前棕榈油最常用的是作为起酥油应用于饼干、糕点等食品领域。棕榈硬脂是一种倾向于形成 β'-晶型的油脂，因此具有更细的晶型，能够包裹住更多的空气与液态油使产品更加疏松而不硬（Ghotrb et al.，2002）。用非氢化的棕榈油代替氢化棕榈油基础研究即可除去食品中的反式脂肪酸，但非氢化棕榈油因饱和度较氢化处理的棕榈油低，二者结晶性质存在较大差异，使得反式脂肪酸仍大量存在于食品中。因此，需要逐步减少食品中的反式脂肪酸含量，首先需要明确氢化处理前后，植物油结晶熔化性质的差异。以部分氢化棕榈起酥油和非氢化棕榈起酥油为研究对象，利用差示扫描量热仪研究二者结晶性质的差异，为食品工业中反式脂肪酸的替代和去除提供理论的参考。

油脂结晶时温度降到熔点以下时会长时间维持液态，这是因为必须要等到晶核形成以克服自由能障碍才能结晶为固态。成核则需要体系中存在的不纯物质作为晶核，油脂再围绕这个晶核进行结晶，这即为非单纯油脂体系的异质成核机制（罗通彪，2015）。

（六）富含中长链甘油三酯起酥油基料油

将棕榈硬脂（PS）和中长碳链甘油三酯（MLCT）以 6 种不同体积比（2∶8、3∶7、4∶6、5∶5、6∶4、7∶3）混合来制备低热量、零反式脂肪酸的营养功能性起酥油基料油。6 种起酥油基料油中不含反式脂肪酸，亚油酸含量在 18%～36%；随着 PS 含量增加，起酥油基料油的固体脂肪含量增加，含有 30% PS 的起酥油基料油的固体脂肪含量符合理想蛋糕用起酥油要求；随着 PS 含量的增加，起酥油基料油的 β'-晶型含量增加；起酥油基料油吸热熔化的过程中存在 β-晶型向 β'-晶型转变的过程，其热量曲线和脂肪酸组成与甘油三酯的组成密切相关（张阳，2014）。

6 种起酥油基料油的固体脂肪在 60℃下全部熔化，而且随着 PS 含量的增加，样品中的 SFC 增加。PS 含量在 50%及以上的起酥油基料油，在 25℃下的 SFC 大于 25%，所以不适合作为蛋糕用起酥油。含有 20% PS 的起酥油基料油，具有较宽的起塑性，但是在 25℃下 SFC 太低，不适合作为起酥油，而含有 30% PS 和 40% PS 的起酥油基料油不仅具备较宽的起塑性，在 25℃下的 SFC 为 15%～25%，在 55℃下固体脂肪全部熔化，但在 40℃下，只有 30% PS 的起酥油基料油含有较低的 SFC（6. 93%），不会产生砂感，适合作为蛋糕用起酥油。

六、起酥油的辅料

起酥油使用的添加剂有乳化剂、抗氧化剂和增效剂、消泡剂、氮气等，根据产品要求，有时还加些香料和着色剂。

（一）乳　化　剂

起酥油是由基料油与一定量的乳化剂经过特殊加工工艺而制成的专用油脂产品。其中，油脂主要提供适宜的塑性范围、晶型结构等功能性质，而乳化剂在面团中可以和面筋蛋白相互作用，从而形成面筋网络，同时也可与水形成有序的结构，增强了起酥油的吸水性与充气性，增大烘焙食品的体积，提高了面团的机械加工性能，并获得了良好的风味与口感，防止食品的老化，延长了食品保质期（田利春等，2005；倪培德和唐宝奎，2009）。

乳化剂是具有较强表面活性的化合物，能降低界面张力，增强起酥油的乳化性和吸水性，能在面团中均匀分布，强化面团，防止面包硬化，保持水分，防止老化，还有利于加气，稳定气泡，提高起酥油的酪化性，增大面包的体积，并能节省起酥油，表 4-16 列出了一些用于起酥油的乳化剂。

表 4-16　用于起酥油的乳化剂

乳化剂名称	应用的制品	乳化剂名称	应用的制品
甘油酯	R、M、C、B、S、I	环氧单甘酯	B
甘油二酯	R、M、C、B、S、I	无水山梨醇单硬脂酸酯	M、C
磷脂	B	聚山梨醇酯 60	R、M、C、B、S、I
乳酸单甘酸	M、C	聚甘油酯	C、I
硬脂酰乳酸钙	M、C	琥珀酸单甘酯	B
硬脂酰乳酸钠	B、S	硬脂酰富马酸钠	B、S
丙（撑）二醇酯	B、S、I	蔗糖酯	C、B、S
二乙酰酒石酸单甘酯	B	硬脂酰乳酸酯	M、C、B

备注：R. 零售起酥油；M. 糕点混合粉；C. 糕点；B. 面包及面包卷；S. 甜食品；I. 糖霜及夹心

1. 乳化剂吸水性的测定　分子蒸馏单甘酯、卵磷脂、斯潘-60 及其相互组合进行吸水性实验，结果见表 4-17。由表 4-17 可以看出，这 7 种乳化剂的吸水性有强有弱，但同种乳化剂在油脂（a）与油脂（b）中的吸水性能几乎相当。吸水性最好的为单甘酯：斯潘-60=1：1（*m*/*m*）的乳化剂，最差的为卵磷脂。以全统酥油的吸水性为参考指标，则单甘酯、单甘酯：斯潘-60=1：1（*m*/*m*）及单甘酯：卵磷脂：斯潘-60=1：1：1（*m*/*m*/*m*）这三种乳化剂的吸水性与之较接近，作为起酥油乳化剂的候选对象。

表 4-17　吸水性实验结果

乳化剂种类（*m*/*m*）	油脂（a）吸水量/（mL/20g）	油脂（b）吸水量/（mL/20g）	全统酥油吸水量/（mL/20g）
单甘酯	24	23	—
卵磷脂	15	15	—
斯潘-60	17	17	—
单甘酯：卵磷脂=1：1	20	21	—
单甘酯：斯潘-60=1：1	25	26	—
卵磷脂：斯潘-60=1：1	21	21	—
单甘酯：卵磷脂：斯潘-60=1：1：1	24	25	—
空白	—	—	28

注：油脂（a）. 棕榈硬脂与棉籽油 1：1（*m*/*m*）酯交换反应油；油脂（b）. 棕榈硬脂与棉油固脂 1：1.25（*m*/*m*）酯交换反应油

2. 乳化剂酪化性的测定　依据酪化性测定方法，对分子蒸馏单甘酯、卵磷脂、斯潘-60 及其相互组合进行酪化性实验，以密度降低量作为酪化性指标，结果见表 4-18。

表 4-18　酪化性实验结果

乳化剂种类（*m*/*m*）	油脂（a）密度降低量/（kg/L）	油脂（b）密度降低量/（kg/L）	全统酥油密度降低量/（kg/L）
单甘酯	0.12	0.12	—
卵磷脂	0.22	0.23	—
斯潘-60	0.17	0.16	—

续表

乳化剂种类（m/m）	油脂（a）密度降低量/（kg/L）	油脂（b）密度降低量/（kg/L）	全统酥油密度降低量/（kg/L）
单甘酯：卵磷脂=1：1	0.20	0.19	—
单甘酯：斯潘-60=1：1	0.14	0.14	—
卵磷脂：斯潘-60=1：1	0.22	0.21	—
单甘酯：卵磷脂：斯潘-60=1：1：1	0.19	0.21	—
空白	—	—	0.20

注：油脂（a）. 棕榈硬脂与棉籽油 1：1（m/m）酯交换反应油；油脂（b）. 棕榈硬脂与棉油固脂 1：1.25（m/m）酯交换反应油

由表 4-18 可知，同种乳化剂在两种体系油脂中表现出的酪化性相似。但不同种乳化剂，其酪化性能存在差异。对比全统酥油的密度降低量，则卵磷脂、单甘酯：卵磷脂=1：1（m/m）、卵磷脂：斯潘-60=1：1（m/m）及单甘酯：卵磷脂：斯潘-60=1：1：1（m/m/m）这 4 种乳化剂接近全统酥油，作为起酥油乳化剂的候选对象。

3. 乳化剂的复配　若选用单一的乳化剂或者两种乳化剂的配比，其吸水性与酪化性不能够同时与全统酥油相匹配。而单甘酯：卵磷脂：斯潘-60=1：1：1（m/m/m）乳化剂其吸水性与酪化性均与全统酥油接近。所以，可以考虑选择这 3 种乳化剂进行复配，确定三者之间的最佳配比，以发挥相互之间的协同作用，使其吸水性与酪化性均与全统酥油相当（倪培德和唐宝奎，2009）。

（二）抗氧化剂和增效剂

氢化植物油起酥油比相同碘值的动物油起酥油稳定，这是因为前者含有天然的抗氧化剂维生素 E 的量达 0.1%，故后者应添加抗氧化剂或者与前者混合，使维生素 E 含量达 0.03%，使用时配成在植物油中的浓度为 30%的维生素 E 浓缩物加入油中。对于亚油酸含量较高的植物性起酥油，也需要加抗氧化剂。

常用的抗氧化剂除了维生素 E 之外，还有合成的酚类抗氧剂 BHA、BHT、PG 和 TBHQ。它们可按 0.01%单独使用，也可按 0.02%混合使用（可增效），但应该注意的是应根据起酥油的用处和抗氧化剂的特点选择合适的抗氧化剂。

例如，PG 虽然有较强的抗氧化能力，但其热稳定性差，在烘烤与煎炸温度下很快就会失效，并且在水分存在的情况下，与铁结合生成蓝黑色的结合物，故不适于烘烤和煎炸的起酥油。BHA 与 BHT 对植物油尤其是高亚油酸起酥油的抗氧化能力比较弱，但其热稳定性好，适于烘烤和煎炸用起酥油，高温下 BHA 会放出酚的气味。因此，它常常是少量地与其他抗氧剂混合用于烘焙油和煎炸油。

起酥油常用的抗氧化剂的增效剂有柠檬酸、磷酸、抗坏血酸（VE）、酒石酸及硫代二丙酸等多元酸。

（三）消　泡　剂

食品炸制过程中为安全起见，煎炸用起酥油中要添加 0.5～3.0ppm 的硅酮树脂作为消泡剂。

（四）氮　　气

由于氮气呈微小的气泡状分散在油脂中，使起酥油呈乳白色不透明状。一般起酥油的氮气含量为每 100g 起酥油含 20mL 以下的氮气，氮气还助于提高起酥油的氧化稳定性。

七、起酥油原料与辅料的选择与配比

（一）原料油脂及其选择

起酥油所用的原料油脂包括许多动植物油及其氢化脂，具体应用需视油脂来源和加工条件而定。例如，日本动植物原料油的比例大致为 4∶6；而目前在美国主要使用廉价的大豆油与 25%的动物脂肪，而不用海产油脂；棕榈油作为起酥油逐年在增长，这是因为其不仅在价格方面具有竞争力，而且其自然特性适合生产起酥油，如在室温下呈半固态、不含亚麻酸、氧化稳定性良好等（高红艳，2007）。

（二）原料油脂的配合

为使起酥油具有较宽的塑性范围，通常都是采用不同熔点的油脂基料进行配合。可以是同一种油脂通过氢化制成不同熔点的基料（如表 4-19 为大豆油生产的基料），也可以用不同熔点的不同油脂进行调配。最方便的办法，是根据产品的要求控制 SFI 值的范围及其变化程度（SFI 曲线的斜率）。同时，还需考虑搭配后原料油脂的结晶型式（倪培德，2009）。

表 4-19　大豆油生产的基料

碘价（IV）	固脂指数（SFI）/%					冻点/℃	快速冻点/℃
	10℃	21.1℃	26.8℃	33.4℃	41℃		
108	约 4.1	约 2.1	—	—	—	—	—
86	16～22	7～11	3～5	—	—	29～33	—
81	23～29	8～14	5～7	—	—	32～36	—
76	37～43	20～26	14～20	约 3.4	—	35～38	—
66	58～64	48～54	43～49	24～30	2～8	42～47	—
61	64～70	57～63	52～58	38～44	15～9	44～47	—
>5	—	—	—	—	—	—	51～55

（三）起酥油的生产工艺

1）普通起酥油的生产　　起酥油的各种各样的产品，是利用在不同条件下所加工的各种油脂制品，按不同的配方混合加工而成的。为了达到所需要的功能与营养特性，必须考虑加工条件、设备、油脂固-液比、含氮量、结晶性质（凝固所用设备和工艺参数）等，以及产品在使用之前的特别储存等因素，使之有利于起酥油的制成与保存。正确配制的流态混合物，只有在所用设备提供了可控冷却、结晶和捏合等工艺条件下，方可转变为可塑性固体（陶瑜，1991）。

起酥油不同于人造奶油，不是直接食用油脂，是食品加工专用油脂。起酥油还用来作为煎炸与烹调油脂使用。目前世界各国生产的起酥油虽然品种多种多样，但作为生产起酥油的原料油脂，都需要经过碱炼、脱色、脱臭。需要氢化的油脂先经过碱炼、脱色，再进行氢化。氢化后还需要进行碱炼、脱色、脱臭，即精炼氢化油（精炼固体脂）。作为起酥油的原料油脂都需精炼，充入的氮气纯度应在99.9%以上。生产起酥油所用的精炼固体与液体油脂，应根据产品用途、生产季节，按一定的比例调节产品需要的熔点和固体脂指数。例如，固体型起酥油生产工艺（彭阳生，2003）如下。

精炼固液体油脂→预混合→充氮气→急冷→捏合→起酥油（包装）→进恒温仓库（熟化）

（1）基本工艺流程与操作。尽管起酥油产品多种多样，但基本过程都包括原辅料的调和、急冷捏合、包装与熟成四个阶段，而且主要设备与生产人造奶油的通用。就 Votator 生产塑性起酥油工艺与设备为例，基本过程如图 4-6 所示。

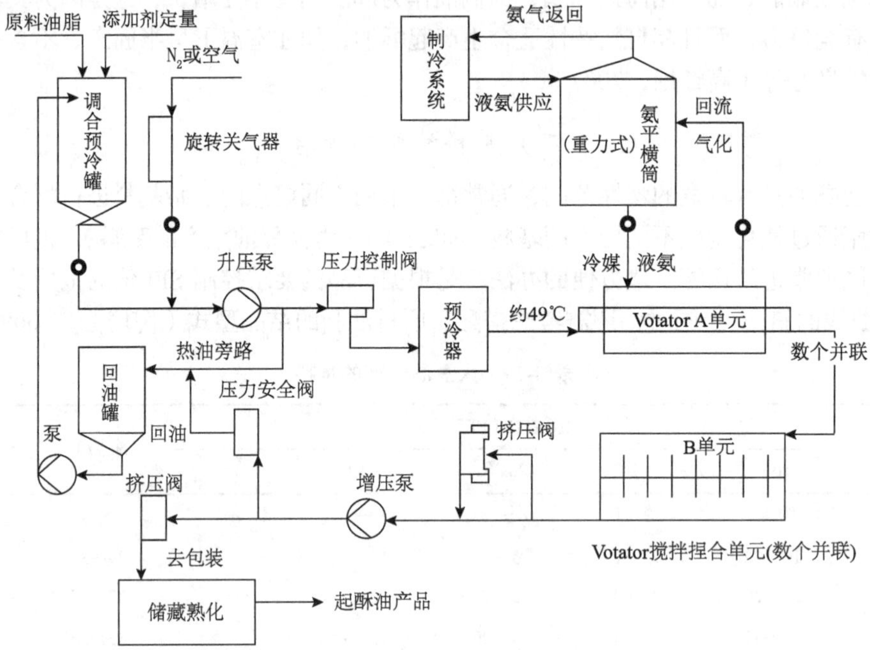

图 4-6　起酥油的生产工艺流程

原料油脂和添加物经计量后进入调和罐，并需在罐内将其预先冷却到大约 49℃。再用升压泵（齿轮泵）打出，同时在泵前按定量（流量阀控制）导入氮气与油一起进入 A 单元。然后通过 A 单元迅速冷却到过冷状态（15.5～26.7℃），部分油脂开始结晶。接着到 B 单元连续混合、结晶，出口温度控制在 30℃左右。A 单元和 B 单元均在 2.1～2.8MPa 下工作。高压是由升压泵作用于挤压式压力控制阀所形成的。当起酥油通过最后的背压阀（挤压阀）时，突然降至大气压而使充入的氮气膨胀时，产品达到光滑奶油状组织和白色外观，开始时为液态，然后进入容器，不久即可形成半固体状。一旦产品不合格或产生设备故障时，可将“废油”返回回收罐去前面重新调和。

（2）急冷与直接膨胀制冷。只有提高 A 单元的急冷，才能使起酥油形成细小的晶体。物料在冷却器内的停留时间必须限制在 20s 以内。因此必须采用能有效传递热量的冷媒，常用的冷媒有液氨和含氟氯烃，其制冷方式通常称为“直接膨胀气化制冷”。一般有 4 种形式：重力自流循环制冷式（安装在换热器上方）；强制循环制冷式（安装在换热器下方）；气化池式制冷系统；液体溢流式制冷系统（LOF 装置，用一台低压接收器代替平衡罐、容量扩大）。

（3）搅拌捏合 B 单元。生产起酥油在 B 单元所需捏合的时间一般比加工人造奶油长些（2～3min），转速可以稍低些。对设备要求不高，不必利用夹套冷却降温；也不一定采用不锈钢材料制作。

（4）熟化。除前述餐用人造奶油以外，塑性食用油脂通常在包装后，应立即运送到恒温（27℃左右）库内存放 24～72h，这种净置的热处理称为"熟化"。这有利于改善产品的可塑性与奶油性，保持在储存期产品的均一程度。

（5）C 单元的应用。C 单元实际上是一台装有偏心刮刀轴的 A 单元。设置在 B 单元以后，继续对捏合后的物料进行再一次捏合混合、使产品进一步冷却到 A 单元已达到过的温度。这样可以缩短产品熟化所需要的时间，而且有利于控制产品在灌装时的黏度和温度，但多数情况下不一定用（倪培德和唐宝奎，2009）。

2）流态起酥油的生产　液体起酥油的品种很多，制法不完全一样，主要有以下三种（华聘聘，2000）：①最普通的方法是把原料油脂及辅料调和后用 Votator 的 A 单元进行急冷，然后在储存罐中存放 16h 以上，搅拌使之流动化，然后装入容器。②将硬脂或乳化剂磨碎成细微粉末，添加到作为基料的油脂中，用搅拌机搅拌均匀。③将配好的原料加热到 65℃使之熔化，缓慢搅拌，徐徐冷却便形成 β-型结晶，直到温度下降至装罐温度（26℃左右）。

制备流态起酥油的技术难点有以下几方面。

（1）配方设计。产品可流动的温度区间的设定。根据我国气候条件及食品加工车间的室温，起酥油应在 15～35℃均可流动。

（2）固体脂肪含量值的设定。油脂中固脂量高于 14%时会丧失流动性，而>5%时 β′-晶体固脂将无法保持均一的悬浮分散。

（3）乳化剂及其他添加物的设定。

（4）加工工艺的正确选择。由于流态起酥油必须保持一种固脂均匀悬浮分散的状态，所以它的制备方法是否准确是尤其重要的，一般来讲有以下几种方法。

A. 急冷结晶法。方法为：原料调配→加热熔化→速冷→捏合→熟化→包装。此法的优点是可以利用现有的生产人造奶油或起酥油的 A、B 单元来进行速冷与捏合。其缺点是熟化工艺不易控制，产品常呈塑性而失去其流动性。

B. 超微粉碎法。方法为：硬脂加乳化剂等加热熔化→缓慢冷却凝固→超微粉碎→把它加入已冷却好的液油中→均质研磨→陈化→包装。此法的优点是可以简化陈化工艺，但超微粉碎过程的控制较难，因为粉碎产生的摩擦热会导致脂晶体熔融结团。

C. 调温结晶法。方法为：原料配制→加热熔化→搅拌下调温结晶→回温或老化→流态化后包装。该工艺对生产用的设备要求不高，但调温、老化工艺参数要求十分严格，一般情况下此过程要历时 3～4d，产品才会稳定。但也可以在充分了解物料结晶习性的前提下，采用正确的调温处理加快产品稳定的过程。

3）粉末起酥油的生产　生产粉末起酥油的方法有很多种，目前大多是采用喷雾干燥法生产。将油脂、包裹壁材、乳化剂和水一起乳化。然后喷雾干燥，使其成为粉末状态。使用的油脂通常是熔点为 30～35℃的植物氢化油，也有的使用部分猪油等动物油脂和液态油脂。使用的包裹壁材包括蛋白质和碳水化合物。蛋白质有酪蛋白、明胶、乳清蛋白、大豆分离蛋白等植物蛋白等。碳水化合物可采用玉米、马铃薯等鲜淀粉，也可使用植物胶、淀粉衍生物、环糊精及乳糖等，有的专利介绍使用纤维素或微结晶纤维素。乳化剂使用卵磷脂、甘油一酸酯、丙二醇酯和蔗糖酯等（倪培德和唐宝奎，2009）。

其工艺过程为：将按比例配制好的壁材溶液在一定温度下（50～70℃）加入定量的油脂进行充分搅拌混合，形成O/W型乳化液，需要时加入一定量的乳化剂。经高温瞬时灭菌与高压均质机进一步乳化后，由高压均质泵（20～40MPa）送入喷雾干燥塔内，采用热风顺流式干燥，得到成品粉末油脂。

典型粉末起酥油的成分为：脂肪79.5%～80.8%，蛋白质7.6%～8.1%. 碳水化合物4.1%～4.8%，无机物（K_2HPO_4、CaO等）3.5%～3.8%，水分1.5%～1.7%。

4）起酥油絮片的生产　这是一种凝固成薄片状具有较高熔点的产品，一般采用的基料油脂碘值为60与65相配合。熔点通常为43～48℃（桂类脂生产的起酥油絮片的熔点较低，为38～42℃）。这类起酥油生产的基本过程包括配料混合、均匀喂料、冷却结晶、迅速移走结晶热及挤压成片等步骤，均由一套冷却滚筒机组完成（王瑞元，2009）。

5）棉籽油与棕榈硬脂化学酯交换法制备零反式脂肪酸起酥油　通过对酯交换反应条件单因素试验，并对酯交换产物SFC测定，确定的棉籽油与棕榈硬脂酯交换反应的最佳条件为：反应温度90℃，催化剂用量0.5%，反应时间60min。

利用等温曲线，对不同比例棉籽油与棕榈硬脂的酯交换产物进行相容性分析。结果表明，各等温曲线线性较好，即其相容性较好，符合起酥油的相容性要求。

将不同比例棉籽油与棕榈硬脂酯交换产物固体脂肪含量（SFC）与市售焙烤型起酥油全统酥油SFC比较，发现棕榈硬脂与棉籽油比例为1∶1时，其酯交换产物SFC与统酥油SFC接近。同时，对该酯交换产物进行X射线衍射法分析，发现其晶型为β'-型，符合起酥油晶型要求；并通过气相色谱测定其酯交换产物中脂肪酸组成，结果未检测出反式脂肪酸。因此，该比例酯交换产物适宜用作零反式脂肪酸起酥油（王辉，2014；孟宗等，2013；冀聪伟，2012）。

6）猪油干法分提及起酥油的实验室制备方法　为了叙述方便，把实验中的速冷部分简化成A部分，捏合部分简化为B部分。综上，起酥油的制备如下。

原料→4～60℃（加热）→43～60℃（制冷）→A部分（停留时间小于20s）→15～28℃（制冷）→B部分（料温回升3～5℃，2～5min）→熟化（24～72h，27℃）。

原料通过加热呈熔融态，破坏原有的结晶状态，重新结晶。预冷的目的是减轻A部分的热负荷，一般预冷到温度刚好高于其熔点，为43～46℃，预冷使A部分冷却能力达到最大，并确保油脂过冷时能产生最多数量的晶核。

从A部分流出的物体将进入B部分，在此，过冷物体产生大量晶体，因而料温因结晶热和机械捏制热而升高。从A单元排出的物料完全处于一种半液态的过冷状态，这种过冷的物料已经做好了产生大量晶体的准备，同时为利用B单元增塑，做好了理想的预制备工作。据报道，物料流过B单元时料温通常必须升高5～8℃。除了餐用人造奶油之外，塑性食用油脂通常在其包装之后，应立即运到恒温室中存放24～72h，这种静置的热处理称为"熟化"。一般在27℃左右进行熟化，熟化改善了产品的塑性和奶油性，并提高了塑性脂肪在储存器合理的温度下保持均一稠度的能力。熟化可以防止后结晶和重结晶现象，后结晶现象取决于产品配方所用油脂结晶的习性及物料剩余的过饱和度，重结晶现象就是高、低熔点的固脂组分的混合物，经历了低熔点晶型体重新结晶为更佳稳定熔点更高的晶型体的过程。重结晶过程的长短，取决于所用油脂原料的结晶习性和产品包装尺寸（朱向菊，2005）。

7）猪油与棕榈硬脂酶法酯交换制备零反式脂肪酸起酥油　通过对猪油和棕榈硬脂酶法酯交换后产物 SFC 的测定分析，确定了较为理想的反应条件：反应温度为 60℃，酶添加量为 8%，反应时间为 1h。在此条件下两种油脂以一定比例混合后酯交换反应可达到动态平衡。在确定了酶法酯交换反应最佳条件的基础上，利用等温曲线对酶法酯交换前后油脂的相容性进行了研究。结果表明，经酶法酯交换后等温曲线变得更加平直，两种油脂的相容性得到显著改善。酶法酯交换后得到3种与市售澳之轮无水酥油SFC曲线相似的产品，分别为棕榈硬脂含量33%、40%和 50%。通过 X 射线衍射对 3 种比例油脂酯交换前后的晶型进行了分析，结果表明，酯交换改变了 3 种混合体系的晶型，使其由以 β-晶型为主转换成了以 β'-晶型为主，所得产物具有结晶均匀细小，质构光滑柔和的加工特性，适于用作起酥油（冀聪伟，2011）。

8）樟树籽油为原料制备的零反式脂肪酸塑性油脂　樟树籽油是一种富含中链脂肪酸的油脂。首先优化了二氧化碳超临界萃取 CCSO 的各种参数，然后分别以 CCSO、极度氢化大豆油、紫苏油及棕榈油硬质为原料，采用酶法酯交换，对酯交换和物理混合产品中甘油三酯的组成、热性质、晶型、微观结构、生育酚含量与甾醇含量等性质进行了测定比较，最终制备了营养健康型高中链零反式脂肪酸人造奶油和起酥油。主要研究内容及结果如下。

（1）采用 Box-Behnken（BBD）法对二氧化碳超临界萃取 CCSO 的操作参数（压力、温度和时间）进行优化，并与椰子油的理化性质进行比较。结果表明，当提取压力为 21.16MPa，提取温度为 45.67℃，提取时间为 2.38h 时，得到最大提油率的均值为 42.82%。

（2）以达到酯交换平衡所需时间和反应前后熔点的差异为指标，对影响酶法酯交换反应的主要因素如催化剂用量和反应温度进行了单因素实验。结果表明，当反应温度为 65℃，反应时间为 8h，酶用量为 10%（*m*/*m*）时，酯交换的效果好，工艺经济节约。

（3）采用 CCSO、极度氢化大豆油、紫苏油为原料，在优化的条件下，以不同配比[60：40：100、70：30：100 和 80：20：100（*m*/*m*/*m*）]进行酶促酯交换，并测定了产物 TAG 组成、固体脂肪含量、晶型、生育酚含量、甾醇含量等特性。结果表明，酯交换前原料与酯交换后产物的脂肪酸无明显变化。同时，产品油脂的 MCFA 含量都有较大提高（8.58%～17.82%）。随着温度的升高，EI 的固体脂肪含量明显低于 NI，EI 总生育酚的含量（27.92～36.70mg/100g）低于 NI（51.44～55.59mg/100g）但两者甾醇含量并没有很明显的差异。与之相比，通过酯交换改性之后的中的晶型大幅度降低，更适合作为生产人造奶油的基料油脂（唐亮，2012）。

9）棕榈硬脂与豆油酯-酯交换制备起酥油　研究了棕榈硬脂与豆油酯-酯交换制备起酥油的工艺条件。实验选择催化活性较高的氢氧化钾/甘油作为催化剂，通过单因素实验，详细考察了各反应条件对棕榈硬脂与豆油棕榈硬脂与豆油酯交换程度的影响，这些反应条件包括反应时间、反应温度、催化剂配比及催化剂用量。结果表明氢氧化钾/甘油催化棕榈硬脂与豆油酯-酯交换制备起酥油的最适反应条件：反应时间为 50min，反应温度为 140℃，氢氧化钾：甘油（*m*/*m*）为 1：1，催化剂用量 1.5%（以油重计）。在最佳的反应条件下，酯交换程度可达 95%，甘油三酯含量为 81%，反应产物中的脂肪酸能够达到随机化分布。实验表明由于甘油的引入带来了甘油解副反应，致使部分甘油酯组分含量的增加。在保证酯交换达到完全随机化的前提之下，适当地调整催化剂配比，减少催化剂用量，缩短反应时间和降低反应温度可有效地控制甘油解副反应的发生（金宁，2012）

酯交换作为一种重要的油脂改性技术具有悠久的历史，早在 20 世纪 50 年代就已应用于食用油脂工业（Sarah，2007；Lars，1961；Hoerr，1955），是改善油脂物理性质的重要方法。目前酯交换技术在制造低反式酸起酥油、人造奶油、代可可脂与涂料工业中已广泛应用（Herb and Audsley，1956）。据报道，酯交换改性油同氢化油相比具有风味好、异构体少、原料脂肪酸尤其是人体必需脂肪酸组成不变和不产生反式酸等优点，可生产出有较高营养价值的塑性脂肪（杨博等，2006）。根据酯交换催化反应机制的特征，可将酯交换反应分为化学酯交换和酶法酯交换。就我国目前国情而言，无论从油脂酯交换改性所需花费的生产成本，还是从工业化操作的可靠性来看，化学酯交换法都具有强大的生命力（Norizzah，2004）。

第三节　可可脂及代用品

一、可可脂及代用品的特性

巧克力因其细腻甜美的口感和特有的芳香在世界内受到广泛欢迎。实验证明，巧克力对人体还具有诸多的食疗作用，如缓解情绪、防治心血管疾病、增强免疫力、延缓衰老等。正是因为巧克力有如此多的益处，所以近年来全球的巧克力市场保持了高速的增长。早在 2002 年，全球巧克力市场的销售额约为 422 亿美元，占整个糖果市场的 54.5%。巧克力及巧克力制品是全球糖果消费中销售额最大的组成部分，其原料可可脂是一种具有良好物理性质的贵重油脂，是生产巧克力的天然原料，由于受到地域与气候等因素的影响，可可脂产量有限，远远无法满足巧克力制品生产发展的需要，市场价格昂贵。为了满足人们的需求，降低成本，众多科技工作者为此付出了艰辛的努力，利用较普遍、便宜的油脂原料，采用各种改性技术，如氢化、酯交换、分提等制作出了具有和天然可可脂物理性质相似的替代品。随着科技水平的提高，一些可可脂代用品已得到广泛的认可。可可脂代用品通常称为“硬白脱”，在室温下的固体脂肪含量和天然可可脂十分相像，完全可以用来替代或扩大传统巧克力制品中的可可脂成分，应用于糖果、饼干、食品涂层料、巧克力制品等。按照原料油脂的来源及其性质可分为三类：类可可脂（CBE）、非月桂酸类代可可脂（CBR）、月桂酸类代可可脂（CBS）（战宇等，2005）。

（一）可可脂的特性

可可脂是一种植物硬脂，液态呈琥珀色，固态时呈淡黄色或乳黄色，具有可可特有的香味。天然可可脂在最稳定的结晶状态下，熔点为 32～35℃，它在 30℃时的固体脂肪含量高达 40%以上，但在 35℃时即能迅速降至 5%以下，因此使得巧克力糖果产品在室温时很硬，但入口即化，是一种既有硬度，熔解又极快的油脂，具有口熔性佳及口感清凉的特点。同时，其还具有良好的氧化稳定性。可可脂的特性有如下几点。

（1）可可脂的组成主要以甘油三酯为主，含量达到 98%，其余成分为约 1%的游离脂肪酸、0.3%～0.5%的甘油二酯、0.1%的单酰甘油、0.2%的甾醇（谷甾醇和豆甾烷醇）、150～250mg/kg 生育酚和 0.05%～0.13%的磷脂。脂肪酸组成以棕榈酸（占约 25%）、硬脂酸（占约 36%）和油酸（占约 34%）为主。50%的不饱和油酸主要分布于 β 位上，而饱和酸（棕榈酸和硬脂酸）分布以 α 位为主。可可脂的对称脂肪酸中 1-棕榈酸-2-油酸-3-硬脂酸甘油酯（POSt）占 36%～42%，2-油酸-1,3-二硬脂酸甘油酯（StOSt）占 23%～29%，2-油酸-1,3-二棕榈酸甘油酯（POP）占 13%～19%（Hui，2001）。在对称组分中 POSt 所占的比例决定了形成稳定型晶体基础——β-晶型，根据生产巧克力的要求，最终产品应具有紧密组织与光亮外观，这就要求晶形以β-型为主。经过调温工艺，也就是液态巧克力经过降温使其结晶，然后再经过升温使其稳定性较差的晶体熔化，重复结晶，经此过程就会转变成稳定的β-型。

（2）由于可可脂特殊的甘油三酯组成，其具有短的熔化范围，熔程在27～35℃。室温条件下，可可脂呈固体状，较坚硬但是易碎。固体脂肪含量在37℃时接近于0%。这使得所制的巧克力能很好地符合人体口腔的熔化温度（Jahurul et al.，2013）。

（3）可可脂存在同质多晶的现象，因此：①当储存巧克力的时候会有多晶型转移的风险，这种转换会破坏产品的光泽。②加工中，如果采用可可脂制巧克力，需对巧克力进行仔细调温处理，否则就较软，不符合巧克力硬度的要求，调温不当同样会使得可可脂形成粗糙的晶体，影响巧克力的质地与外观。由于天然可可脂在储存和加工中要求高，加上天然可可脂产量少，所以寻找一种油脂或通过适当的改性来弥补和发掘新的代用脂成为趋势，这也是进行大量研究工作来寻找取代可可脂产品的因素。对于巧克力食品的专用油脂主要包括纯天然的可可脂、类可可脂和代可可脂这三大类。通过对不同类型的油脂性质的研究，以生产不同档次的巧克力产品，满足不同的消费群体（Lipp et al.，2001）。

脂相是巧克力中唯一连续的相，它对巧克力中其他风味物质的分散与释放起着非常重要的作用。可可脂在27℃以下是坚硬与易碎的，当温度越过很窄的区间（27～33℃）时，大多数可可脂开始熔化；当温度达到35℃时，基本全熔，这种熔融特性正是可可脂适宜作为糖果应用的关键所在。可可脂存在同质多晶现象，因此制作巧克力过程中需要进行仔细的调温，以便得到正确的晶型体。调温不当，可可脂会形成较为粗糙的晶型体，影响巧克力的质地和外观（起霜）（魏强华等，2003）。在化学性质方面，可可脂一个典型的特性就是几乎50%的不饱和油酸分布在甘油基β位或2位上，而饱和的棕榈酸与硬脂酸分布在α位或1,3位上。可可脂甘油三酯的这种分布特性提供了非常有价值的结晶形式和熔解性能，使得巧克力在体温下即可快速融化。在食用高品质的巧克力过程中，巧克力快速熔解形成一种冷却效应，即人们通常享受到的特殊“口感”。因此，选择可可脂的代用品应注意以下两点：①可可脂的代用品熔解特性应类似于可可脂，以便获得同样的口感；②如果可可脂只是部分被替代，添加的脂肪不应严重地改变可可脂的结晶形式和熔解特性。

（二）可可脂代用品的物化性质

1. 类可可脂的物化性质　类可可脂除脂肪酸组成和甘油三酯类型与可可脂接近外，其主要特性也非常接近。所以，二者互溶性好。在不同温度下，都可以以任意比例相混合，其溶化曲线变化很小，这对巧克力加工生产工艺极为重要。在制作巧克力时，类可可脂需要进行调温。所以，也称为调温型硬脂，在巧克力生产中，一般类可可脂代替可可脂的使用量为5%～50%。类可可脂所制巧克力在黏度、硬度、脆性、膨胀收缩性、 流动性和涂布性方面达到可以乱真的地步。尤其在30～35℃时，两者几乎完全一致，类可可脂巧克力的口味类似天然可可脂巧克力，口感同样香甜鲜美，无口糊感，因此在食品工业中应用日益增加。

2. 非月桂型代可可脂的物化性质　这类非月桂酸型硬脂的碘值为52～67，皂化值为186～200；熔点为34～40℃。这类硬脂具有可可脂相似的硬度、脆性、收缩性和涂布性能，但与天然可可脂相容性较差，口熔性较慢，这是由于油酸氢化所形成的异构体扩大了甘油酯的熔距范围。由于其化学组成和天然可可脂有较大差别，表现其物理特性也不相同，因此在使用上受到一定限制。虽然如此，非月桂酸型硬脂在巧克力生产中具有较高的稳定性，较少发生酸败，产品具有较稳定的光泽和较长的货架寿命，因此在巧克力生产中依然得到应用。

3. 月桂型代可可脂的物化性质　月桂酸型硬脂是由较短的碳链脂肪酸的甘油酯组成，饱和程度高，其碘值为 2～6，皂化值为 240～250，在 20℃以下具有很好的硬度、脆性和收缩性，而且有良好的涂布性和口感，制作巧克力时不需调温（蔡云升和张文治，1999），加工过程中结晶快，在冷却装置中，停留时间短。但由于脂解酶的作用能引起脂肪分解，使产品易于产生皂味，变形、温度比可可脂低，制成的巧克力在高温下易变形，与天然可可脂相容性较差。如果可可脂掺入量过高时，则造成巧克力硬度降低，产品易发生冒霜发花，味道清淡，熔点较宽，制成的巧克力有蜡状态（王红，2009）。

（三）可可脂的组成

可可脂的主要脂肪酸组成为：棕榈酸 24.0%～27.0%，硬脂酸 32.0%～35.0%，油酸 33.8%～36.9%，亚油酸 27.0%～40.0%，与羊油脂肪酸组成十分相似。但是可可脂的主要甘油三酯分子是油酸在 Sn-2 位，棕榈酸和硬脂酸在 Sn-3 位的 β-POSt、β-POP 及 β-StOSt，其总量可达 70%以上。这种特殊的甘油三酯分子结构，使可可脂具有其他油脂无法比拟的物理特性，即塑性范围极窄，熔点变化范围很小，且接近人体温度，在稍微低于人体的口腔温度时，即会全部熔化，残留固态脂为 0，呈现良好的口熔性；凝固收缩易脱模，有典型的表面光滑感与脆性，无油腻感等。正是由于这些独特的性能可可脂广泛应用于巧克力、糖果外衣和点心等食品制造业中。天然可可脂具有 7 种不同的结晶形态（表 4-20）（何东平，2010）。

表 4-20　天然可可脂的晶型及熔点

晶型	熔点（最终）/℃	平均融化范围/℃	晶型	熔点（最终）/℃	平均融化范围/℃
γ	16～18	4～7	β′	30～33.7	25～33
α	22～25	15～24	β	34～36.4	24～34
α+γ	25.5～27.0	18～28	无定型	37～40	—
β″	27～29	13～29			

将可可脂加热熔化后，采用不同的结晶速度会产生不同的结晶形态，从而得到可可脂的多种熔点和硬度。在巧克力糖果制作过程中，如果调温工作做得好，则结晶将会形成稳定的 β 型，而使巧克力产品具有非常良好的光泽、硬度及光泽稳定性，否则将会造成产品硬度不足与光泽不良的情况。

表 4-21 给出了经调温与未经调温处理的可可脂熔点与固体脂肪含量的变化。巧克力制品在存放过程中，容易出现晶型转换，使产品的光泽被破坏，产生起霜现象（王瑞元，2009）。

表 4-21　不同温度下可可脂熔点与固体脂肪含量的变化

可可脂	熔点/℃	固体脂肪含量（SFC）/%		
		20℃	30℃	35℃
未经调温	25.5	50.1	7.0	1.2
经调温	33.3	70.0	42.4	1.2

可可脂是一种具有良好物理性质的贵重油脂，是生产巧克力的天然原料，但价格贵、性质易变化，随着科技水平的提高，一些可可脂代用品已得到广泛的认可。不同国家生产的可可脂的脂肪酸组成见表 4-22。可可脂代用品可以用来替代或扩大传统巧克力制品中可可脂成分，应用于糖果、饼干、食品涂层料、巧克力制品等。

表 4-22 部分国家可可脂的脂肪酸组成

来源地	厄瓜多尔	巴西	加纳	象牙海岸	马来西亚	爪哇
棕榈酸/%	25.6	25.2	25.4	26.0	25.0	24.2
硬脂酸/%	35.9	33.4	37.7	37.0	37.3	37.2
油酸/%	34.7	36.6	32.8	32.8	33.4	34.2
亚油酸/%	2.5	3.4	2.7	2.8	2.5	2.8
亚麻酸/%	0.1	0.2	0.1	0.2	0.1	0.1
花生酸/%	1.0	1.1	1.1	1.1	1.2	1.2
山嵛酸/%	0.1	0.2	0.2	0.1	0.2	0.2

（四）起 霜 现 象

巧克力风味独特，所含多酚物质对心脑血管疾病具有很好的预防作用（Serafini et al.，2003；Crews et al.，2008；Davison et al.，2012；Mohr-Kahaly，2011），因此消费量日益增加，在中国巧克力的年增长率高达 10%～15%（宋非，2007；戴高诺，2007；张苓，2010）。然而，巧克力在储存和销售过程中会出现热变形、发霉及起霜等各种质量问题，其中起霜（bloom）问题所占比例高达 70%以上（张培茵等，1996；张兰，2006），成为困扰巧克力产业的一大世界性难题。巧克力的起霜现象即表面出现白斑甚至整体呈现出灰白色，失去原有光泽的现象（屠用利，1999；任雁和张惟广，2005）。19 世纪初人们就开始着手研究起霜，并对霜的形成有了初步的认识。巧克力起霜分为两种：糖霜与脂霜。相对湿度高于 70%时，巧克力表面湿气增加使砂糖晶体溶化，当相对湿度降低时，砂糖又开始重新结晶形成糖霜。糖霜的发生率低，影响巧克力质量的比例不大，可以通过控制加工和储存过程中的湿度来避免糖霜的出现（Lonchampt and Hartel，2006；高荫榆等，2001）。脂霜的发生率很高，对巧克力质量影响很大，其形成与巧克力中所用的油脂密切相关，包括可可脂与代可可脂（Chapman et al.，1971）。起脂霜（简称起霜）巧克力有很多种形态，表面被发灰的物质覆盖或者出现各种或大或小的白色斑点。

引发起霜的原因很多，包括加工过程（Dhonsi and Stapley，2006；Afoakwa et al.，2008；Marty and Marangoni，2009）、原材料组成及储存条件等。其他因素，如乳化剂、巧克力夹心等都会影响脂霜的组成和形态。起霜形式的多样性及起霜形成条件的复杂性使研究起霜难度增加，巧克力产品的多样性也使对脂霜的分析变得更加复杂。目前国内对巧克力起霜问题的研究报道很少，并且主要针对可可脂巧克力和类可可脂巧克力。华聘聘（2003）对巧克力起霜的主要原因进行了总结，认为有三种原因导致起霜：①可可脂晶体由Ⅴ型向Ⅵ型转化；②代可可脂与可可脂相容性差；③涂层中部油脂向外层迁移。王红等和孙晓洋等分别对可可脂、类可可脂、CBS 和 CBR 的概念、基本组成及理化性质进行了分析，而对于 CBS 巧克力起霜的研究尚未报道。国外对可可脂巧克力起霜的研究已有上百年的历史，研究者提出了一系列机制来解释这一现象，其中包括晶型转变、油脂迁移、共晶作用等。CBE 具有与可可脂类似的甘油三酯组成，因此其起霜的机制与可可脂巧克力相同或相似；CBR 巧克力品质低劣，但在储存过程中起霜现象不明显，样品在室温下放置几个月仍未起霜；CBS 巧克力作为 20 世纪 60 年代研发的新产品，由于出现时间较晚，并且与可可脂相容性差，产品容易软化并起霜，导致其发展受限，到目前为止对其起霜问题的研究甚少。有些研究者认为可直接将可可脂基巧克力的起霜理论套用至 CBS 巧克力起霜之中。然而，两种巧克力诱发起霜的因素之间存在显著差异。

（1）原料组成。可可脂同质多晶型复杂，CBS 同质多晶型简单（Rossell，1975；Lutton and Fehl，1969；Lutton，1950）；高熔点乳脂分提物在抑制可可脂基巧克力起霜的问题上效果显著，而用于 CBS 巧克力中不仅不能延缓起霜，反而会诱发霜的形成。

（2）加工过程。可可脂巧克力必须先经适度调温，再以恰当的冷却速率凝固成型才能形成均匀稳定的晶型，从而延缓起霜，而 CBS 巧克力的冷却速率需足够快以保证油脂充分结晶，温度越低、结晶速率越快，越有利于抑制起霜。

（3）储存过程。可可脂巧克力于低温储存可以延缓起霜，储存温度升高或波动会导致巧克力中低熔点甘油三酯流动性增加，引发起霜或品质下降；CBS 巧克力于略低于 18℃时储存比高温或温度波动条件储存更易起霜（Choi et al.，2005；Hodge and Rousseau，2002；Smith et al.，2004；Kinta and Hatta，2005）。

（五）可可脂和可可脂代用品的现况分析

目前国外对巧克力中可可脂等价物的测定已做了大量研究，可可脂中的多种不同组分都曾被作为外来脂肪的指示剂添加入巧克力中。由于甘油三酯组分占可可脂的 95%以上，故研究多集中于甘油三酯。国外有关巧克力中外来脂肪分析方法的研究与开发方法主要集中在色谱分离如气相色谱、液相色谱和薄层色谱，其他检测方法如热裂解质谱、近红外色谱（NIR）、傅里叶变换红外光谱（FTIR）、核磁共振（NMR）等及联用技术的开发与应用，结合各种统计学分析方法如单变量回归分析、多元线性回归分析和偏最小二乘回归分析等方法了解外来脂肪的添加情况（Buchgraber et al.，2004）。而国内对巧克力和巧克力制品的研究尚属于初级阶段，对一些检测项目，如可可脂、非脂固形物、总可可固形物、乳脂肪、总乳固体、代可可脂含量还没有相关的标准检测方法可供参考。据报道，可可脂中含有的硬脂酸和油酸，具有控制血液中胆固醇含量的作用，利于保护毛细血管的弹性，可软化血管、防止动脉硬化，改善血液循环，预防心血管疾病的发生。可可脂还富含可可黄烷醇，其具有抗氧化作用，可以帮助人体对抗一系列疾病，减轻老化影响；可可脂含有的多酚类、钾等物质，对心血管也非常有好处；其富含的苯乙胺、镁等物质，可帮助调节情绪，使人心情愉悦。因此，巧克力中可可脂的含量也被称为巧克力的“含金量”。从营养学角度看植物油氢化会带来两大问题：①原来的不饱和脂肪酸成为饱和脂肪酸，也就是说，油酸这样的不饱和脂肪酸形成了饱和脂肪酸，丧失了原有可降低血胆固醇和甘油三酯的营养价值；②油脂在氢化过程中可产生部分反式脂肪酸，由于反式脂肪酸完全不被人体接受，所以会导致人体生理功能出现多重障碍。它可增加血液黏稠度和凝聚力，促进血栓形成；可提高低密度脂蛋白胆固醇量，降低高密度脂蛋白胆固醇量，促进动脉硬化；增加Ⅱ型糖尿病的发病率；影响婴幼儿和青少年中枢神经系统的生长发育（陈银基等，2008）。很多国家已出台规定限制或禁止食品中使用反式脂肪酸；

我国也规定在婴幼儿食品中不得使用氢化油脂（GB10765—2010，婴儿配方食品标准），以限制反式脂肪酸的使用量。代可可脂巧克力因脂肪酸种类的不同，产品的营养价值较可可脂巧克力有很大的差异。可可脂中的硬脂酸、油酸、棕榈酸有较高的营养价值，代可可脂中的月桂酸等饱和脂肪酸会给人体健康带来不利影响，尤其是油脂氢化后所产生的反式脂肪酸，成为人体健康的"慢性杀手"。研究表明，大量食用代可可脂巧克力，除了代可可脂中脂肪酸的不良影响外，其含有的其他成分如甲硫氨酸能促使动脉硬化形成，皂角苷会导致碘缺乏，嘌呤会促使痛风发作（宋立华等，2007；武丽荣，2005）。我国已制定了《巧克力及巧克力制品》国家标准和《代可可脂巧克力及代可可脂巧克力制品》行业标准，规范了巧克力生产，起到了为消费者把关，对消费者负责的作用。

二、可可脂替代品的种类及制取方法

自20世纪50年代以来，生产者已利用氢化、酯交换、分提等各种加工技术将一些普通而廉价的食用油脂，加工成具有与天然可可脂在物理特性方面相类似的替代品，用它们取代天然可可脂。

（一）可可脂替代品的种类

目前，世界上可可脂替代品种类繁多，概括起来可分为两类：类可可脂和代可可脂（王瑞元，2009）。

1. 类可可脂　天然可可脂具有熔点窄、SFI曲线陡峭及100%的β-型稳定结晶等特性，这与其甘油三酯组成中，一油酸二饱和酸的对称型甘油三酯分子为主要成分（含量在70以上）直接相关。因此，可以通过制备与天然可可脂的甘油三酯分子结构一致的脂类，作为可可脂的代用品——类可可脂。

类可可脂是指甘油三酯组成和同质多晶现象与天然可可脂十分相似的代用脂，具有与可可脂相似的对称型甘油三酯分子结构。因此，其塑性、熔化特性、脱模性等都十分相似，可以与天然可可脂完全相溶。制取类可可脂（CBE）的原料油应当含有尽可能多的对称性甘油三酯分子。类可可脂的生产可以采用直接提取、分提及生物技术改性等方法实现。

2. 代可可脂　代可可脂是一类口熔性好的人造硬脂。其脂肪酸及甘油三酯组成与天然可可脂完全不同，但在物理特性上，接近天然可可脂，具有与天然可可脂相似的熔化曲线。在20℃时硬度很大，而在25～35℃能迅速熔化。

由于甘油三酯结构不同于天然可可脂，代可可脂与天然可可脂的相容性差。代可可脂可用不同类型的原料油脂进行加工制造。目前常见的有两种类型，即月桂酸型和非月桂酸型代可可脂。

1）月桂酸型代可可脂　月桂酸型代可可脂是利用月桂酸系列的油脂，如椰子油、棕榈油等，采用氢化、酯交换、分提等工艺过程制备而成。月桂酸型代可可脂具有与天然可可脂相似的熔点、SFI曲线等物理特性，在品质上以采用分提加工所得的产品为佳。由于甘油三酯组成与天然可可脂完全不同，且由于含有相当量的短碳链脂肪酸如月桂酸，这类代可可脂与天然可可脂的相容性差，最多不超过6%。

（1）优点：在20℃以下，具有很好的硬度、脆性和收缩性，并且涂布性和口感良好；在制作巧克力时无需调温，简化了生产工艺；在加工过程中结晶快，在冷却装置中停留时间短；

价格便宜。

（2）缺点：当有脂解酶或其他微生物进入涂层制品内会引起脂肪分解而使产品产生不良皂味；代可可脂变形的温度比天然可可脂低，巧克力在高温下易变形，必须贮藏于28℃以下；代可可脂与天然可可脂在三甘酯结构和物理特性方面都与可可脂不同，因此与可可脂相容性较差；熔点较宽，制成巧克力有蜡状感。月桂酸型代可可脂在长期存放中会由β′-型晶体逐步转变为β-型，产品容易起霜发花，味道变清淡。

2）非月桂酸型代可可脂　主要利用非月桂酸类的液态油，如大豆油、棉籽油、玉米油、菜籽油等采用氢化及分提等工艺加工而成。它们也具有与天然可可脂近似的熔点、SFI曲线等物理特性，在品质上也以经过分提加工的产品较佳。

（1）优点：与天然可可脂的硬度、脆性、收缩性、涂布性能相似；制作巧克力不需要调温，简化了生产工艺；制出的巧克力价格便宜；没有产生肥皂味的危险；与天然可可脂脂肪酸组成相似，和天然可可脂相容性优于月桂酸型代可可脂，耐热性好（倪培德和唐宝奎，2009）。

（2）缺点：由于含有反式油酸较多，熔点范围较宽，口内熔化较慢；巧克力有蜡状感，结晶时收缩性小，脆性较差。

对所要求的巧克力品质而言，巧克力的脂相，即可可脂起到主要作用。巧克力必须具备的品质包括在低于室温时具有一种脆硬而不油腻的质构，优良的储存品质，以及在接近人体温度时熔化迅速。

巧克力类似物，即配方中用代用脂肪替代部分或全部可可脂的产品，已得到发展以满足生产需要，而且在某些应用方面，它们提供了比巧克力更为优越的技术优势。如今生产的仿巧克力制品远比20世纪30年代所流行的作为脂肪涂层用的、劣质巧克力代用品好得多。这种改善主要归因于油脂加工业领域内技术的提高。这种观念及可以“量身定做”的脂品在20世纪50年代就获得大众的认可，这一点可以通过当时有大量的描述制造具有特殊物理和化学性质的可可脂代用品方面的专利得到证实。1953～1954年，可可脂的价格猛涨，这刺激了人们研制可可脂代用品的热情。期间，在糖果涂料方面的研究达到高潮。糖果工业开始了解可可脂代用脂所带来的均一性和多样性，并从中获益。这些方面的原因加上经济上的优势，使已经建立起来的可可脂代用品市场得以巩固。可可脂代用品，常被称为“硬白脱”，在室温下的固体脂肪含量与可可脂的十分相像，在接近人体温度时能迅速熔化并且稳定性高。这类脂品的主要应用市场，包括糖果、饼干和薄脆饼干、行业涂层料和滴剂用的巧克力伴侣（转换物）。可可脂代用品被用来替代或扩大传统巧克力制品中所存在的可可脂成分，它们同样可以被广泛应用在模铸制品（无论是实心的还是空心的）、核芯和用于沉积物如滴剂和夹杂物方面。“硬白脱”同样可以用在非巧克力涂层料配方中，通常指具有各种色彩和风味的潘司中。可可脂具有许多非常招人喜欢的性质，而这就为可可脂代用脂品的评价提出了标准。正如巧克力中可可脂的情况那样，在产品被消费之前，脂相提供了一种可以使其他贡献于风味、香味和颜色方面的成分，保持一种可以被接受形式的连续基质。在室温下，要求它具有相当高的固体脂肪含量，通常为90%左右，以防止用手触摸时有一种油腻或胶黏的感觉。在消费时，这种脂必须迅速完全熔化，并最大限度地释放出所有风味物。可可脂代用品的选择将基本决定风味的释放和稳定性、起初的光泽度和光泽保持性、硬度和脆性、与配方中所存在的其他脂肪的相容性、结晶速度和收缩率。无脂的固体（主要是可可粉、糖和乳制固体物）将对产品的风味、颜色和味觉觉察出来的细腻度影响很大。结合起来，这些方面将构成最终产品的总体品质、流变性质、价格及最终商品的被认可性（Hui，2009）。

（二）可可脂代用品的制取方法

可可脂代用品的制取工艺主要根据原料油脂的来源品种、产品的规格要求而定。一般不外乎由氢化、酯交换（含酶法酯交换）与分提三部分组合而成。其中制取 CBE 通常只需采用单一的分提工艺；制取 CBS 或 CBR 时，则一般需要选择两种工艺的组合才能实现。上述工艺及相关设备配套前已述及，以下仅将代可可脂生产方面的某些典型制取方法与动态做一简要介绍。

1）利用溶剂分提技术制取 CBE 产品

（1）用丙酮作溶剂[混合比例（7～9）：1]，在 10℃下保持 4h 结晶、过滤分提芒果油，可得到 55%～60%的硬脂产品，即为 CBE。用同样的方法将得到的牛油树脂及棕榈油硬脂，按比例配合也能达到同类性质的 CBE 产品。

（2）用工业已烷作溶剂（混合比例 1：2）从 65℃开始将混合油按 6℃/h 速率降温到 10℃，结晶 3.5～4h，过滤、分提、精炼即可得到 CBE 产品。

2）采用氢化-分提法制取代可可脂　基本步骤如下。

植物油脂→氢化-异构化→（溶剂）分提→CBS 或 CBR

（1）将 50%的棕榈油（Ⅳ58.3）和 50%的大豆油（Ⅳ129.5）相混合，加入 0.5%的废镍催化剂，在 200～210℃、0.1MPa 条件下氢化。反应产物的Ⅳ为 66.3，反式酸含量为 47.5%，熔点为 33.1℃。然后加入丙酮（3：1），在 20℃下结晶、过滤。将滤液再冷却到 0℃，再过滤去除滤液，即得到 CBR 产品。其Ⅳ为 59.0、反式酸为 462%、熔点为 34.7℃，脂肪酸组成为棕榈酸 25.4%、硬脂酸 4.5%、油酸 61.7%。

（2）先将棕榈仁油或椰子油进行溶剂分提，然后再进行选择性氢化可得到 CBS 产品。

3）采用酯交换-氢化法制取代可可脂　基本步骤如下。

棕榈油+其他植物油→酯交换反应→氢化-异构化→CBS 或 CBR

例如，棕榈油和葵花籽油按 3：7 的配比进行酯交换反应后，水洗除去催化剂，脱色脱臭成为交酯化精炼油。然后加入 0.3%的镍催化剂（含镍 23%），并加入 53.6×10^{-6} 的甲硫氨酸，进行氢化-异构化反应（温度 190℃、搅拌速度 500r/min、压力 0.2MPa）。反应产物的饱和脂肪酸含量为 22.6%、熔点为 36.8℃、反式酸为 63.4%。

第四节　调　和　油

调和油的生产起源于 19 世纪末期的美国，最初并不是单纯植物油脂的调和，而是动植物油脂的混合。由于当时美国缺乏猪油，因此将高熔点的牛脂和棉籽油进行调和作为猪油的替代品，实践也证明这种调和油跟猪油同样具有起酥的功能（胡传荣，2003）。至此开启了调和油发展的历史。

我国调和油的研究发展起步较晚，一直到 20 世纪 80 年代，调和油的研究和发展才被正式纳入油脂发展计划。当时，虽然国内很多科研机构都为改善油脂品质，应对行业要求及配制营养健康油脂进行大量的研究工作，但并未大量生产。随着人们生活水平的提高，消费者也对油脂品质提出了更高的要求。在 2000 年中国营养学会提出了人体摄入脂肪酸的比例（Jiang et al.，2012）。随后，众多营养学者及油商企业都致力研究油脂的合理调和以适应人体的需求，到现在调和油的生产技术日益成熟，尽管我国调和油的发展很迅速，但是目前为止，国家尚未出台一项正式的调和油国家标准，因此目前调和油的发展还处于探索阶段（车君艳，2014）。

调和油的出现有效地改善了人体对各种脂肪酸的需求，并且调和油具有良好的可控性，可以根据消费者及市场的需要生产符合条件的功能性油脂，在油脂工业的发展上筑起一道里程碑（车君艳，2014）。

一、调和油的概念

调和油，是一类为适应现代人对营养、健康饮食及使用便捷的需求，将两种或者两种以上的油脂按照一定比例调配而成的新型食用油品种（任泽林，1998）。

油脂一直以来就是维持人们生命与健康中必不可少的营养物质之一。油脂热能含量丰富，是组成人体细胞组织不可缺少的重要成分（Shan and Sylveater，2005）。

不同种类的食用植物油脂，由于脂肪酸组成和甘油三酯结构上的差异，具有不同的物理化学性质和生理代谢功能。饱和脂肪酸含量高的油脂，容易使血清中低密度脂蛋白胆固醇积累，从而导致动脉粥样硬化，诱发心血管疾病；而不饱和脂肪酸含量高的油脂，氧化稳定性差，过量摄取容易引起过氧化物积累而导致肝脾病变甚至致癌；亚油酸则是人体必需的脂肪酸，摄取不足会导致生理代谢紊乱而引发一些疾病。最新科学研究表明，符合生理代谢营养要求的食用油脂，饱和酸、单不饱和酸和多不饱和酸的比例为 1∶1∶(1～15)，且(n-6)∶(n-3)=4∶1。因此根据生理代谢要求，将两种或两种以上食用油脂进行科学调配，可以补充单一品种食用油脂营养功能结构不合理的缺陷。食品工业用油脂在考虑营养功能的同时，往往更看重油品的稳定性和使用性能，将稳定性和营养性好的油进行调配，可获得既有营养又具有行业功能的专用油脂（何东平，2012）。实际运用中，一些高级食用油脂产品，往往是综合考虑油源组织、加工成本、稳定性和风味等各种因素，经过科学调配、精心加工而成的。既满足消费者的口味嗜好，又顺应人们的生理营养需求。

二、调和油的分类

调和油的种类很多，根据其使用功能的差异，主要可分为以下三类。

（一）风味调和油

根据消费者普遍喜爱芝麻油、花生油香味的倾向，把菜籽油、米糠油、棉籽油等进行全精炼，然后与香味浓郁的芝麻油或花生油按一定比例调配，制成轻味芝麻油或轻味花生油供应市场需求。

（二）营养调和油

由玉米油、大豆油、葵花籽油、红花籽油、米糠油配制而成，其亚油酸和维生素 E 含量都高，可制成脂肪酸比例均衡的营养健康调和油，供高血压、冠心病及必需脂肪酸短缺症患者食用。

（三）煎炸调和油

利用氢化油和全精炼的棉籽油、菜籽油、猪油或其他油脂调配成起酥性能好、烟点高、稳定性强的煎炸用油（赵云霄，2013）。

三、调和油的加工

随着科学技术的进步，人们生活水平的改善，饮食营养逐步引起人们重视。如今，国外在强调要多食植物油之外还要求人们改变长期以来只食用一种油脂的习惯，把两种以上油脂混合起来取长补短调和食用，从而获得一种脂肪酸组成比较平衡，营养价值比较高的油脂。迄今为止国外市场已有上百种调和油供消费者选用，我国食用调和油品牌虽然比较多，但真正调和的品种比较少，也有少数人在调和油的膳食比例方面做了一些研究。李桂华等（2005）曾经依据人们饮食中的猪脂摄入量，选用了十几种色拉油调配出脂肪酸组成比例、维生素 E 含量均符合现阶段的健康标准的营养调和油。胡晓军（2006）也在营养调和油方面进行了一定的研究，他们在大量数据的基础上，运用计算机软件建立调和油配比的数学模型，最终获得脂肪酸配比较为合理的调和油配方。配方设计常用的方法有许多种，谢岩黎等（2009）参照中国营养学会 2000 年提出的膳食脂肪酸建议，建立调和油脂肪酸配比的数学模型，根据数学模型计算原料油的比例，但是这种方法不能唯一确定一个比例，需要继续分析调和后油脂的脂肪酸组成来确定最终比例。张泽生（2008）等根据原料油的脂肪酸含量建立矩阵来计算原料油的比例，此种方法计算量比较大，需要编写计算机程序来降低计算难度。

制备调和油时，原料油脂可先调配再精制，或者也可将各原料油脂先精制后再进行调配。具有食用油脂精炼生产能力的企业，一般是将各种原料毛油脱胶、脱酸，然后分类贮存，随后综合油品资源、品质设计、市场需求及加工成本等因素，科学调配后再进行脱色、脱臭（或进一步脱脂）而成。对于没有精炼能力或生产规模小的企业，则是将各种精炼后的油脂进行调和。调和油的加工简单，在一般精炼车间即可完成，不需要添加特殊设备。

调制风味调和油时，将各原料油按设计比例输入调和罐中，在 35～40℃下搅拌混合 30min 即可。如要调制高亚油酸营养调和油，则需在常温下进行调和，并加入一定量的维生素 E。如要调制饱和程度较高的煎炸调和油，则调和时温度要高些，一般为 50～60℃，最好再加入一定比例的抗氧化剂。所有调和油在包装前均需经过安全过滤机，以除去调和过程中偶然混入的不溶性杂质（何东平，2012）。

现在的商业化提取调和油的主要方法是溶剂萃取法，虽然这是一种提油率极高的方式，但是这种利用石油类物质馏分进行浸提的方法存在着环境及安全问题的双重隐患（李杨，2009）。水酶法作为一种新兴的提油方法，其以“安全、高效、绿色”为目标，通过机械和酶解方式共同作用，降解植物细胞壁获得高品质油脂（李大房，2006）。目前水酶法已应用于调和油脂的制取中。在烹饪过程中控制好加热温度和时间可有效保持水酶法调和油的营养功能性（李丹，2014）。王梅等（2012）采用挤压膨化预处理水酶法提取调和油，并采用响应面法对酶解工艺条件进行优化。得到最佳的酶解条件为：加酶量 1.84%，酶解温度 50℃，酶解时间 3.3h，物料质量分数 17.6%，酶解 pH 为 8。经验证实验可知，在最优酶解工艺条件下，调和油提取率达到 91.67%，制取的调和油满足饱和脂肪酸∶单不饱和脂肪酸∶多不饱和脂肪酸=0.46∶1∶1，*n*-6 多不饱和脂肪酸∶*n*-3 多不饱和脂肪酸=4∶1，符合中国人民的膳食营养平衡要求。

参 考 文 献

阿普尔怀特 TH. 1991. 油脂化学与工艺学. 秦洪万, 厉秋岳, 谢锡怡, 译. 北京: 中国轻工业出版社.
柏云爱, 梁少华, 刘恩礼, 等. 2011. 油脂改性技术研究现状及发展趋势. 中国油脂, 36 (12): 1-6.
蔡云升, 张文治. 1999. 糖果巧克力生产工艺和配方. 北京: 中国轻工业出版社.
柴丹. 2008. 以大豆油为原料制备零反式脂肪酸人造奶油/起酥油的研究. 无锡: 江南大学硕士学位论文.
车君艳. 2014. 芝麻玉米调和油最佳配比及烹饪控制的研究. 扬州: 扬州大学硕士学位论文.
陈银基, 鞠兴荣, 周光宏. 2008. 饱和脂肪酸分类与生理功能. 中国油脂, 33(3): 35-38.
戴高诺. 2007. 把脉国内巧克力市场现状. 数据, 4: 30-31.
雕鸿荪. 1988. 人造奶油与起酥油的加工技术. 北京: 中国食品出版社.
丁纯孝. 1988. 多相乳化型人造奶油的制法. 中国油脂, (5): 24-25.
高荫榆, 熊春红, 陈才水. 2001. 三种巧克力晶型衍变与起霜花关系研究. 食品科学, 11(5): 11-13.
高荫榆, 张鹏, 张才水, 等. 1994. 无氢化全植物性人造奶油和起酥油新油源的探索. 南昌大学学报, 16(2): 82-87.
顾锦鸿, 龙瑜敏. 2000. 人造奶油加工设备的研究. 中国油脂, 25(6): 96-101.
关庭. 2003. 食品添加剂手册. 北京: 化学工业出版社.
何东平. 2005. 油脂精炼与加工工艺学. 北京: 化学工业出版社.
何东平, 齐玉堂, 罗质, 等. 2005. 油脂精炼与加工工艺学. 北京: 化学工业出版社.
何东平, 闫子鹏, 刘玉兰, 等. 2012. 油脂精炼与加工工艺学. 2 版. 北京: 化学工业出版社.
胡鼎如. 1990. 粮油食品英语. 郑州: 河南人民出版社.
胡晓军, 李群, 梁霞, 等. 2006. 脂肪酸配比合理的调和油的研究. 山西农业科学, 34(2): 79-81.
冀聪伟. 2012. 低胆固醇猪油基焙烤起酥油的研究. 无锡: 江南大学硕士学位论文.
冀聪伟, 陆健, 孟宗, 等. 2011. 猪油与棕榈硬脂酶法酯交换制备零反式脂肪酸起酥油的研究. 中国油脂, 36(12): 20-24.
金宁, 何蓉, 李浩杰. 2012. 棕榈硬脂与豆油酯-酯交换制备起酥油的研究. 粮油仓储科技通讯, 28(3): 41-46.
李大房, 马传国. 2006. 水酶法制取油脂研究进展. 中国油脂, 31(10): 29-32.
李丹, 李杨, 梁静, 等. 2014. 不同方式提取调和油的热稳定性研究. 食品工业科技, 35(20): 133-136.
李桂华. 2005. 功能性调和油的研制. 中国粮油学报, 20(3): 61-65.
李桂华. 2006. 油料油脂检验与分析. 北京: 化学工业出版社.
李杨, 江连洲, 杨柳, 等. 2009. 水酶法制取植物油的国内外发展动态. 食品工业科技, 30(6): 383-387.
刘树兴, 李宏梁, 黄峻榕, 等. 2001. 食品添加剂. 北京: 中国石化出版社.
罗通彪, 司炜. 2015. 非氢化棕榈起酥油结晶速率的研究. 食品研究与开发, 36(11): 22-25.
吕季璋, 金其荣. 1986. 食品的加工与贮藏. 江苏: 江苏科学技术出版社.
马传国. 2002. 油脂深加工与制品. 北京: 中国商业出版社.
马传国. 2004. 油脂加工工艺与设备. 北京: 化学工业出版社.
孟宗, 刘元法, 胡鹏, 等. 2009. 牛油基起酥油起砂原因分析(Ⅱ)—结晶动力学、晶体形态. 中国粮油学报, 24(3): 62-65.
孟宗, 孟祥永, 徐子剑, 等. 2013. 零反式脂肪酸涂抹脂的制备研究. 中国油脂, 38(10): 39-44.
倪培德. 2007. 油脂加工技术. 2 版. 北京: 化学工业出版社.
倪培德, 陈大淦, 唐年初, 等. 1993. 植物油制取与加工工艺学. 无锡: 无锡轻工业学院.
倪培德, 唐宝奎. 2009. 油料加工与操作技术问答. 北京: 化学工业出版社.
彭阳生. 2003. 植物油脂加工实用技术. 北京: 金盾出版社.
齐玉堂. 2011. 油料加工工艺学. 郑州: 郑州大学出版社.
全国工商联烘焙业公会组织. 2006. 中华烘焙食品大辞典 原辅料及食品添加剂分册. 北京: 中国轻工业出版社.
任雁, 张惟广. 2005. 巧克力起霜问题探讨. 粮食与油脂, 11: 36-39.
任泽林, 霍启光, 卢建军, 等. 1998. 维生素 E 研究的新进展. 饲料工业, 19(5): 1-5.
邵会. 2012. 酶法酯交换制备营养型人造奶油基料油的研究. 郑州: 河南工业大学硕士学位论文.

宋非. 2007. 中国巧克力市场研究. 天津: 天津大学硕士学位论文.
宋立华, 李云飞, 汤楠. 2007. 食品中反式脂肪酸的分析方法研究进展. 上海交通大学学报(农业科学版), 25(1): 80-85.
宋志华, 黄健花, 金青哲, 等. 2009. 氢化大豆油中反式脂肪酸气相色谱分析方法的研究. 中国粮油学报, 24(4): 163-167.
太田静行. 1983. 食用油脂的性质及应用. 陈友根译. 湖南: 湖南科学技术出版社.
唐亮. 2012. 以樟树籽油为原料制备零反式脂肪酸塑性油脂的研究. 南昌: 南昌大学硕士学位论文.
唐年初, 王兴国. 2000. 人造奶油常见缺陷及对策. 西部粮油科技, 25(5): 37-39.
陶瑜. 1991. 起酥油的生产及在食品工业中的应用. 陕西粮油科技, 1: 18-23.
田利春, 傅亮, 蒋笃孝. 2005. 乳化剂在食品工业中的应用进展. 农产品加工(学刊), (5): 54-56.
屠用利. 1999. 巧克力脂肪起霜的探讨. 食品工业, (6): 16-17.
王辉. 2014. 棉籽油酯交换法制备零反式脂肪酸起酥油的研究. 无锡: 江南大学硕士学位论文.
王梅, 江连洲, 李杨, 等. 2012. 响应面法优化水酶法制取调和油的工艺研究. 食品工业科技, 33(21): 218-222.
王瑞元, 穆彦魁, 李子明, 等. 2009. 植物油料加工产业学. 北京: 化学工业出版社.
魏翠平, 王瑛瑶, 栾霞, 等. 2011. 人造奶油研究现状及其制备技术. 中国食物与营养, 17(6): 32-35.
魏强华, 高荫榆, 何小立. 2003. 巧克力调温工艺及其发展. 食品与油脂, 1: 16-17.
武丽荣. 2005. 反式脂肪酸的产生及降低措施. 中国油脂, 30(3): 42-44.
谢文磊. 1998. 粮油化工产品化学与工艺学. 北京: 科学出版社.
谢岩黎, 何保山, 任丹丹, 等. 2009. 新型食用调和油的配方设计及分析. 河南工业大学学报自然科学版, 30(4): 29-31.
谢志军, 王会, 张科红. 2011. 棉籽油干法分提工艺实践及分提产品的应用. 中国油脂, 36(8): 18-20.
徐振波, 王兴国, 刘元法, 等. 2008. 乳化剂在全牛油基人造奶油配方中应用. 中国油脂, 33(7): 7-12.
杨博, 杨继国, 李行方, 等. 2006. 棕榈油硬脂和大豆油酶法酯交换的研究. 中国油脂, 31(1): 27-29.
尤新. 1999. 玉米深加工技术. 北京: 中国轻工业出版社.
余群力, 冯玉萍. 2014. 家畜副产物综合利用. 北京: 中国轻工业出版社.
苑函. 2014. 巧克力中可可脂与代可可脂的 GC-MS 分析与营养比较. 湖北农业科学, 54(7): 1707-1709.
战宇, 郑成, 宁正祥. 2005. 食品分子生物学. 北京: 中国轻工业出版社.
张阜青. 2009. 棕榈油基人造奶油品质缺陷及改善. 无锡: 江南大学硕士学位论文.
张兰. 2006. 巧克力“起霜”现象的探索. 四川食品与发酵, 42(5): 42-44.
张苓. 2010. 民族巧克力品牌发展现状及发展对策. 管理工程师, 2: 6-8.
张培茵, 石长波, 王兆宏. 1996. 关于巧克力“起霜”现象的研究. 食品科学, 01: 34-38.
张阳, 杨博, 王永华. 2014. 富含中长链甘三酯起酥油基料油的理化性质研究. 中国油脂, 39(6): 53-56.
张泽生, 王瑞, 孙长霞, 等. 2008. 营养调和油的配方研究. 天津科技大学学报, 23(2): 39-42.
张智明. 2013. 工艺参数对人造奶油结晶特性的影响. 郑州: 河南工业大学硕士学位论文.
赵健, 王二霞. 2008. 油脂酯交换催化剂研究进展. 粮食与油脂, (9): 14-16.
赵云霞. 2013. 油脂深加工技术一本通. 北京: 化学工业出版社.
钟立人. 1999. 食品科学与工艺原理. 北京: 中国轻工业出版社.
周鸿苏. 1988. 人造奶油与起酥油的加工技术. 北京: 中国食品出版社.
周胜利, 张阜青, 金青哲, 等. 2011. 牛油基起酥油起砂原因及改善探讨. 农业机械, 10: 50-53.
朱向菊, 裘爱泳, 金青哲, 等. 2005. 以猪油分提固脂为原料的起酥油的研制. 中国油脂, 38(8), 11-14.
朱向菊. 2005. 猪油干法分提及起酥油的制备. 无锡: 江南大学硕士学位论文.
Afoakwa EO, Paterson A, Fowler M, et al. 2008. Modelling tempering behaviour of dark chocolates from varying particle size distribution and fat content using response surface methodology. Innovative Food Science & Emerging Technologies, 9(4): 527-533.

Bot A, Flöter E, Lammers JG, et al. 2003. 14-Controlling the texture of spreads. Texture in Food: Semi-Solid Foods, 2003: 350-372.

Chapman GM, Akehurst EE, Wright WB. 1971. Cocoa butter and confectionery fats. Studies using programmed temperature X-ray diffraction and differential scanning calorimetry. Journal of the American Oil Chemists Society, 48 (12) : 824-830.

Choi YJ, Mccarthy KL, Mccarthy MJ. 2005. Oil migration in a chocolate confectionery system evaluated by magnetic resonance imaging. Journal of Food Science, 70 (5) : E312-E317.

Crews WD Jr, Harrison DW, Wright JW. 2008. A double-blind, placebo-controlled, randomized trial of the effects of dark chocolate and cocoa on variables associated with neuropsychological functioning and cardiovascular health: clinical findings from a sample of healthy, cognitively intact older adults. American Journal of Clinical Nutrition, 87 (4) : 872-880.

Davison G, Callister R, Williamson G, et al. 2012. The effect of acute pre-exercise dark chocolate consumption on plasma antioxidant status, oxidative stress and immunoendocrine responses to prolonged exercise. European Journal of Nutrition, 51 (1) : 69.

Dhonsi D, Stapley AGF. 2006. The effect of shear rate, temperature, sugar and emulsifier on the tempering of cocoa butter. Journal of Food Engineering, 77 (4) : 936-942.

Haighton AJ. 1965. Worksoftening of margarine and shortening. Journal of the American Oil Chemists' Society, 42 (1) : 27.

Hodge SM, Rousseau D. 2002. Fat bloom formation and characterization in milk chocolate observed by atomic force microscopy. Journal of the American Oil Chemists Society, 79 (11) : 1115-1121.

Hoerr CW, Waugh DF. 1955. Some physical characteristics of rearranged lard. Journal of the American Oil Chemists Society, 32 (1) : 37-41.

Jahurul MHA, Zaidul ISM, Norulaini NAN, et al. 2013. Cocoa butter fats and possibilities of substitution in food products concerning cocoa varieties, alternative sources, extraction methods, composition, and characteristics. Journal of Food Engineering, 117 (4) : 467-476.

Kinta Y, Hatta T. 2005. Composition and structure of fat bloom in untempered chocolate. Journal of Food Science, 70 (7) : s450-s452.

Lee S, Deman JM. 1984. Effect of surfactants on the polymorphic behaviour of hydrogenated canola oil. European Journal of Lipid Science & Technology, 86 (12) : 460-465.

Lipp M, Simoneau C, Ulberth F, et al. 2001. Composition of genuine cocoa butter and cocoa butter equivalents. Journal of Food Composition & Analysis, 14 (4) : 399-408.

Marty S, Marangoni AG. 2009. Effects of cocoa butter origin, tempering procedure, and structure on oil migration kinetics. Crystal Growth & Design, 9 (10) : 4415-4423.

Miura S, Konishi H. 2001. Crystallization behavior of 1,3-dipalmitoyl-2-oleoyl-glycerol and 1-palmitoyl-2, 3-dioleoyl-glycerol. European Journal of Lipid Science and Technology, 103 (12) : 804-809.

Mondal A, Datta AK. 2008. Bread baking-a review. Journal of Food Engineering, 86 (4) : 465-477.

Moziar C, Deman J, Deman L. 1989. Effect of tempering on the physical properties of shortening. Canadian Institute of Food Science & Technolog, 21 (4) : 238-242.

Norizzah AR, Chong CL, Cheow CS, et al. 2004. Effects of chemical interesterification on physicochemical properties of palm stearin and palm kernel olein blends. Food Chemistry, 86 (2) : 229-235.

Rossell JB. 1975. Differential scanning calorimetry of palm kernel oil products. Journal of the American Oil Chemists Society, 52 (12) : 505-511.

Serafini M, Bugianesi R, Maiani G. et al. 2003. Plasma antioxidants from chocolate. Nature, 424 (6952) : 1013.

Shah SJ, Sylvester PW. 2005. Gamma-tocotrienol inhibits neoplastic mammary epithelial cell proliferation by decreasing Akt and nuclear factor kappaB activity. Experimental Biology & Medicine, 230 (4) : 235.

Simopoulos AP. 2001. Evolutionary Aspects of Diet. Clifton: Humana Press.